中国当代青年建筑师 II

下册

CHINESE CONTEMPORARY YOUNG ARCHITECTS II

何建国 主编

天津大学出版社
TIANJIN UNIVERSITY PRESS

图书在版编目(CIP)数据

中国当代青年建筑师：全2册.2 /何建国主编. —天津:天津大学出版社，2014.3
ISBN 978-7-5618-5008-4

Ⅰ. ①中… Ⅱ. ①何… Ⅲ. ①建筑师—生平事迹—中国—现代②建筑设计—作品集—中国—现代 Ⅳ. ①K826.16②TU206

中国版本图书馆CIP数据核字（2014）第040592号

主　　办　《中国当代青年建筑师》编委会
承　　办　北京中联建文信息咨询中心
媒体支持　中国建筑师联盟网（www.CACD.org.cn）
主　　编　何建国
执行主编　王红杰
统　　筹　何显军
编辑部主任　刘胜
编　　辑　李伟林　张辉　林新　宋扬　高慧　刘琴　李红芸　李兆臣　王宏民　王松　吴云峰　郑杰
美术设计　何世领
责任编辑　油俊伟

出版发行　天津大学出版社
出 版 人　杨欢
地　　址　天津市卫津路92号天津大学内（邮编：300072）
电　　话　发行部：022—27403647　邮购部：022—27402742
网　　址　publish.tju.edu.cn
印　　刷　北京华联印刷有限公司
经　　销　全国各地新华书店
开　　本　285mm×280mm
印　　张　58
字　　数　1060千
版　　次　2014年3月第1版
印　　次　2014年3月第1次
定　　价　698.00元（上下册）

（凡购买本书，如有缺失、脱页、请向本社发行部调换）

前言
PREFACE

中国当代的青年建筑师是一股不可忽视的力量，他们在建筑界声名鹊起，他们所承接的项目的分量也在日渐加重，他们在中国建筑大发展的时代背景下，有更多的机会施展才华，具有理论和实践紧密结合的成长轨迹，必将成为未来建筑设计的中坚力量！

他们作为中国建筑史发展的一个片段，展现出了这个层面应有的风貌。面对激烈的市场竞争，在复杂的建筑行业链条中，许多青年建筑师执着追求、蓄势待发，他们也需要更多的肯定和鼓励！

今天，关注青年建筑师的发展，不仅是市场需求，更成为中国设计崛起的标志！

编者

中国当代青年建筑师 II

CHINESE CONTEMPORARY YOUNG ARCHITECTS II

目录（下册）

国机集团 CMCU 中机中联

中国当代青年建筑师 II

CHINESE CONTEMPORARY YOUNG ARCHITECTS II

目录（下册）

PROGETTO CMR
MASSIMO ROJ ARCHITECTS

刘春阳（Lucy Liu）

刘春阳在建筑行业拥有20多年的实践工作经验。先后从事建筑学教学、设计实践、房地产策划及项目管理等工作。她是业界资深建筑师、规划师，经验极其丰富，在建筑设计市场有较强的竞争力。在读研究生期间参与国家级项目有关建筑物理环境及节能环保方面的研究工作，“采用图像处理技术测试建筑光环境”2007年12月获中国照明学会中照照明科技创新奖三等奖。论文《利用微机对色环境作定量及心理反应分析》获天津市优秀论文二等奖。

刘春阳于2011年加入波捷特(北京)建筑设计顾问有限公司，担任高级项目建筑师，主要负责项目设计、管理以及与客户的协调工作，以确保客户满意度。英文流利，在国际设计团队中承担设计主创、项目管理、团队建设及质量控制等方面工作。

教育背景

1984—1988年　太原理工大学建筑系学士
1990—1993年　天津大学建筑系硕士

工作经历

1993年3月—2001年　太原理工大学建筑系/讲师、副教授
2007年3月—2009年1月　BMW Brilliance 宝马汽车公司/建筑顾问
2009年1月—2011年8月　德杰盟工程技术（北京）有限公司/副总建筑师
2011年8月至今　波捷特（北京）建筑设计顾问有限公司/高级项目建筑师

主要作品

重庆融豪翡翠城（泸州）总体规划及首期建筑设计
柒牌总部大楼建筑设计
河北白沟会展中心建筑设计
廊坊永清县土地储备交易中心
中房长沙市芙蓉区总体概念设计
包头鹿城广场规划及建筑设计
北京怀柔雁栖湖高尔夫庄园规划设计
北京知蜂堂总部建筑、景观及室内设计
延庆七中建筑设计
北京市旧城改造第一个试点项目——北京南池子大街灯笼库胡同改造项目

地址：北京市朝阳区东大桥路8号，尚都国际中心A座706~707室 100020（中国）
电话：010-58702891
传真：010-58702892
网址：www.progettocmr.com
www.progettocmr.cc
电子邮箱：c.liu.cn@progettocmr.com

波捷特1994年由意大利设计大师马西莫·罗伊创立于米兰，是意大利最大的一家建筑设计公司，世界建筑设计公司百强之一。波捷特一直恪守“以人为本”的设计原则，在综合设计领域为数以千计的客户提供咨询服务。

自成立20年来，波捷特发展迅速，逐渐在罗马、布拉格、巴塞罗那、伊斯坦布尔、迪拜、金奈、雅典、墨西哥、新加坡等城市设立分公司，同时也是欧洲最大的建筑师网络EAN的意大利合作伙伴。

2003年正式进入中国市场，以北京、上海和天津为主要基地，开展城市规划、建筑设计、空间规划和室内设计等综合性设计服务。我们的设计团队主要来自意大利和中国，他们相互默契配合为中国市场量身打造了创新的设计方案，通过多文化、多学科的方法提供各类项目的专业咨询服务，项目范围涉及住宅、酒店、写字楼、工业、商业以及公共场所等各个领域。

近年殊荣

2013年　世界百强建筑事务所
　　波捷特跻身世界建筑设计公司百强
　　中国别墅业主最喜爱的高端设计机构奖
2012年　世界百强建筑事务所
　　波捷特跻身世界建筑设计公司百强
2012年　世界百强建筑事务所
　　全国人居经典规划设计金奖
2011年　US Awards奖——发展@办公Maire Tecnimont 新总部的室内设计
2011年　China Awards——中国地区最佳建筑设计公司奖
2011年　中国商人奖
2011年　世界百强建筑事务所
2010年　优质设计奖——K-word产品设计冠军
　　Maccaferri集团新总部一等奖
　　第二届嘉科米尼项目奖——Eurosky项目获得住宅类奖
　　“金熊猫”奖——中国地区最佳意大利企业
2010年　METRA国际设计师大赛
　　加里波第大厦荣获最具革新性建筑一等奖
2010年　世界百强建筑事务所

BAIGOU CONVENTION AND EXHIBITION CENTER

白沟会展中心

项目业主：白沟区政府
项目地点：河北 白沟
建筑功能：商业会展
用地面积：75 120平方米
建筑面积：137 240平方米
设计时间：2011年1月7日
主创设计：刘春阳
设计团队：张静、刘锋、Andreas Kippe、 Christian Hartmann、莫冬梅

规划设计构思：方案“融化的冰”，建筑设计思路沿“多功能”的特点展开，模块式功能分区布局，现代风格的建筑外形。项目首要解决多功能、多股人流和多个出入口的问题。根据各人流活动特点安排相对位置。

整个地块的建筑覆盖区以自然冰裂的形态根据功能要求划分成大小不等的5个区块，在各功能块之间形成了大量可销售的商铺，即使在不举行会展期间，仍能保持商业氛围。沿北侧中部围合出一大型广场。地块南侧形成3块大小不等的展览馆，占去首层建筑面积的一半，在僻静的南侧形成布展的物流通道。北侧广场则是人流汇集区，各功能空间的出入口集中布置在广场四周。北侧区的两座建筑分别为会议中心和文教娱乐中心。会议中心在西北侧，与北侧马路对面的星级酒店相呼应。将文教娱乐中心布置在地块的东北侧，靠近主干道形成小广场，解决文教娱乐区青少年宫及健身中心的出入口问题，以保证在会展与非会展期间，其功能仍然可以正常执行。

ZHIFENGTANG HONEY PRODUCT FACTORY

知蜂堂蜂产品工厂

项目业主：育强地产“知蜂堂工厂”
项目地点：北京
建筑功能：工业、办公
用地面积：25 340平方米
建筑面积：38 010平方米
设计时间：2013年11月
项目状态：施工图设计中
主创设计：刘春阳
设计团队：张静、Andrea Ardizzi

项目由4栋不同功能的建筑（办公楼、员工宿舍楼及两栋综合制剂楼）组成。根据甲方要求，建筑群应体现企业生产蜂产品的特点，同时富有时代感，并希望展现知蜂堂注重研发和创新的企业文化。

设计关注点在于4栋功能完全不同的建筑如何统一协调，既满足采光通风的基本需求，又使其具有强烈的蜂产品特色。基于这方面的考虑，采用金属网包裹建筑作为外立面用材，使不同功能和立面特色的建筑统一起来；金属网采用大小不等的六边形组合使建筑立面变化丰富，同时演绎蜂元素的建筑语言。

建筑师将办公楼和员工宿舍楼用共享大厅连接起来，沿街形成一栋建筑，展现知蜂堂总部大楼的气势，两栋综合制剂楼之间相对的建筑立面，用“切割”的设计手法，使两栋建筑相互吸引，呈现一个整体的动态趋势，整个建筑群具有优雅、大气、睿智、以人为本的设计特点。

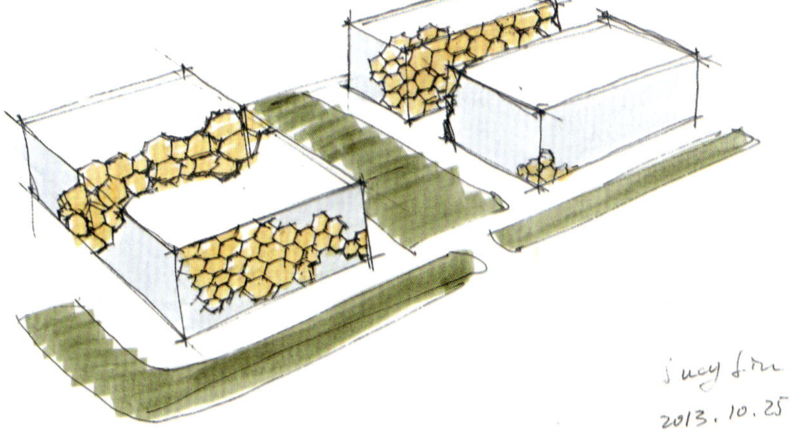
2013.10.25

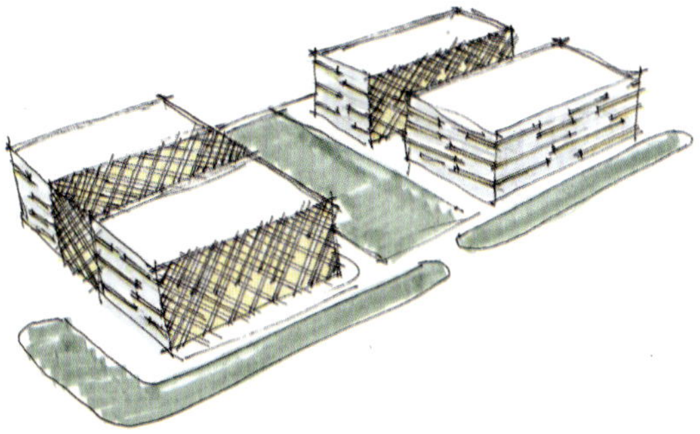
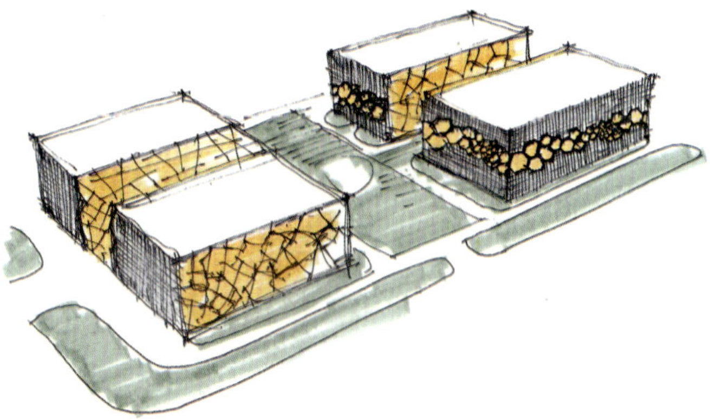
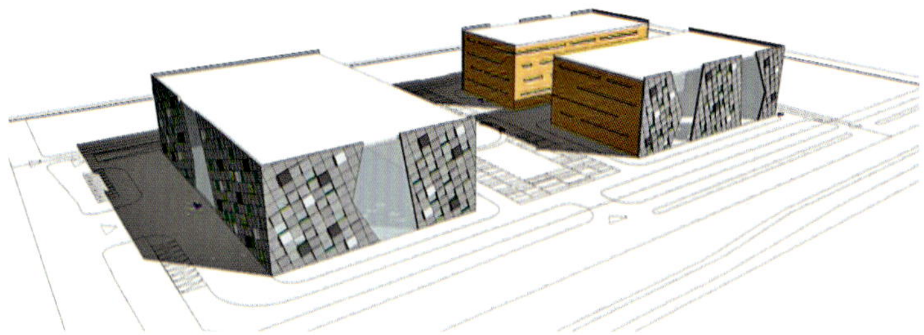

TOPWIN · YANQI LAKE MANOR OVERALL MASTERPLAN

通盈·雁栖湖庄园项目总体规划

项目业主：通盈房地产投资有限公司
项目地点：北京
建筑功能：高尔夫会所、大型企业会所、艺术沙龙、创意工作室、150间客房的高端精品设计酒店及温泉SPA
用地面积：170 496平方米
建筑面积：120 000平方米
设计时间：2011—2012年
项目状态：在建
主创设计：刘春阳
设计团队：Paolo Palmisano、Valentina Leporace、张静

项目设计具有以下特点。

1. 建筑顺应地势而建，最大限度地保护现有的自然生态环境，减少土方量。

2. 可建地块因建筑而划分，保护建筑与建筑之间的生态环境，旨在为自然环境留下“喘息”的机会，杜绝连续建设的机会和可能。

3. 可建地块相对较完整，为建筑师再创作留出尽可能大的空间。

4. 最大限度地利用现有景观资源，包括自然的和人工的景观资源。保证组团一、组团二每栋建筑都有GOLF景观，组团三每栋建筑都有湖景。

5. 可建区域控制在一定的坡度范围内，道路组织尽可能服务于更多的建筑并尽量简短，减少交通工程量。

6. 建筑布置考虑均好性，相同类型的建筑尽可能拥有同等大小的土地资源和景观资源。尽量使每栋建筑都有卖点，不存销售死角。

SEVEN BRAND HEADQUARTERS

柒牌总部大楼

项目业主：柒牌集团
项目地点：福建 厦门
建筑功能：办公楼
用地面积：8 775平方米
建筑面积：25 500平方米
设计时间：2011年3月
项目状态：在建
主创设计：刘春阳
设计团队：陶然、Christian Hartmann

柒牌总部大楼项目，坐落于厦门市思明区观音山片区，塔埔东路与虎仔山路交叉口东北侧，东临大海，该项目集业务办公、服装展示、配套商业功能于一体。企业主打产品"中华立领"体现的是不同于西方男士服装的这一特点所展现的正直、刚毅、理性的精神内涵，诠释在建筑语言上为棱角分明、挺拔的竖向线条。这一重复出现的竖向主旋律，极富韵律感，不单是柒牌集团的文化诉求，也是企业的特色风格，主体建筑设计为两个薄板，沿地面形成8.88度夹角，朝大海展开，围合成舒展、豪华、明亮的通透中厅，塑造饱含文化性和科学性的人文环境，形成观景、聚会、接待、沟通共享空间。

轻盈的玻璃和柔和的曲线在建筑朝向大海的一侧形成建筑的次旋律，旨在表现男性坚硬外表下开放、宽广、豁达、感性、温和的另一面。

CONCEPTUAL MASTER PLANNING OF FURONG DISTRICT, CHANGSHA CITY

长沙市芙蓉区总体概念设计

项目业主：长沙市中住兆嘉房地产开发有限公司
建筑功能：居住、教育、商业配套
建筑面积：1 186 399平方米
项目状态：在建
设计团队：Andreas Kippe、 Anders Knoll、刘璐、陶然

项目地点：湖南 长沙
用地面积：532 800平方米
设计时间：2010年8月
主创设计：刘春阳

项目设计遵循如下原则。

1. 整体性原则：充分考虑功能配置的齐全性以及地块资源配置的合理性，在空间上创造形态丰富的城市视觉形象，并根据不同区位对每位客户特点进行产品设计，满足消费者的心理诉求。

2. 独立性原则：基于地块被规划道路自然划分的特点，对各地块独立性给予充分考虑，并满足项目分期开发的需要。

3. 系统升级的原则：考虑项目长期竞争力的优势，从产品形式到配套资源应该顺应城市不断升级发展的节奏。按建造分期，整个楼盘由古典形态走向现代形态，客户群由行业精英到时尚青年。

4. 策略性原则：优先考虑启动策略对于整个项目的重要意义。首期以低密度花园洋房精彩亮相，其后由小户型城市精装公寓保驾护航，并与商业内街展示区相连接，引导客户渐入佳境。

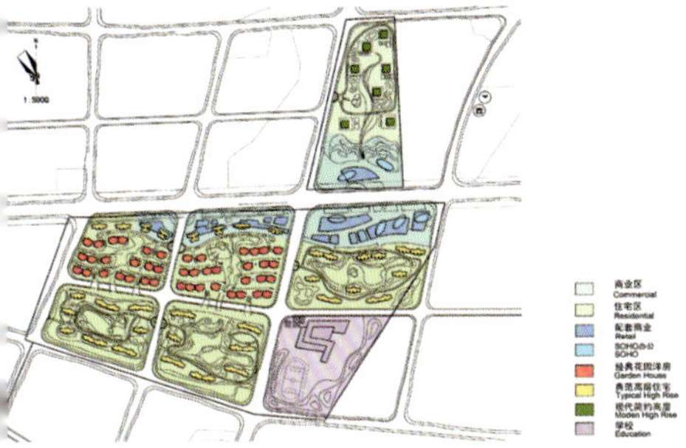

功能分区分析图

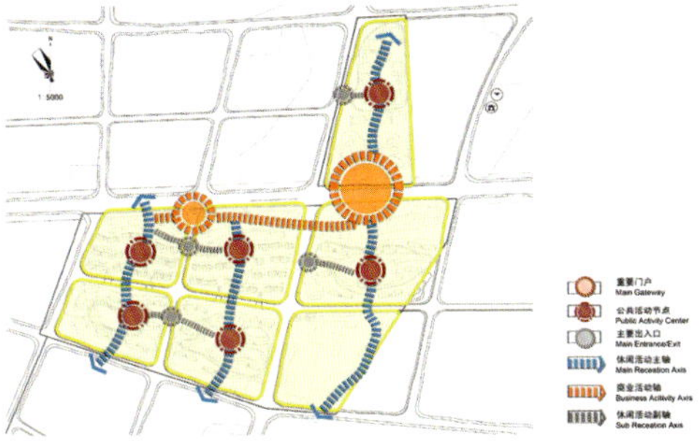

规划结构分析图

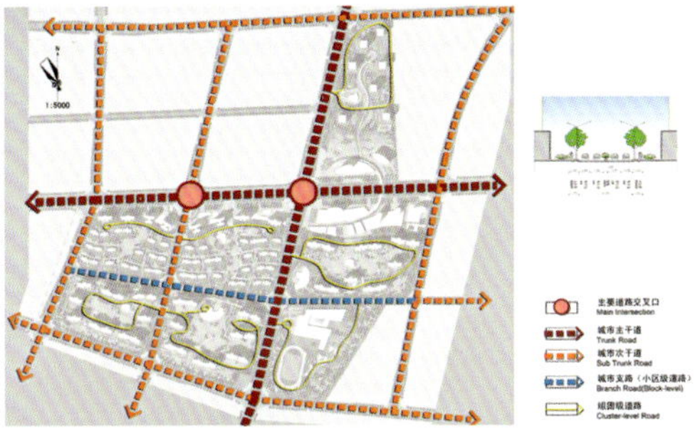

道路结构分析图

交通系统分析图

ARCHITECTS

李晋

李晋，1971年生，博士，华南理工大学建筑学院、亚热带建筑科学国家重点实验室副教授，硕士生导师；绿色建筑设计与技术实验室副主任、营造技术实验室主任；国家一级注册建筑师、中国绿色建筑委员会青年委员会委员、绿色建筑工程师、中国建筑学会会员、世界华人建筑师协会资深会员；科学中国人（2012）年度人物·杰出青年科学家奖获得者。

主要研究领域：绿色建筑、体育建筑。绿色建筑并非一种流派或风格，绿色建筑只有立足于本地气候，才能实现建筑与气候的协调统一；才能达到节能、环保与创造健康人居环境的目标。而只有根植在中国固有气候特质之上的建筑，才能培植出具有中国特色的绿色建筑文化和地域建筑之美。体育建筑是独特的大空间建筑类型。立足亚热带气候，探索将大空间体育建筑与绿色建筑技术、理念相融合的建筑设计方法。充分发挥建筑设计的气候调节作用，以利于体育馆的节能、环保以及运动环境的自然更新。

教育背景

1989—1993年　吉林建筑大学建筑学院/工学学士
1997—2000年　哈尔滨工业大学建筑学院建筑研究所，体育建筑研究方向/建筑学硕士
2003—2011年　华南理工大学建筑学院，体育建筑、绿色建筑研究方向/工学博士

主要作品

1. 广州大学城广东药学院体育馆（2010年广州第16届亚运会排球比赛馆）
2. 重庆理工大学体育馆
3. 南京理工大学体育中心
4. 常平体育中心
5. 佛山市南海全民健身中心
6. 北京电影学院新校区校园规划
7. 凤凰传媒·凤凰广场建筑设计全球方案征集作品
8. 东莞莞城英文实验学校

学术研究成果

立足亚热带建筑科学国家重点实验室，积极展开亚热带条件下的建筑气候适应性理论研究。主持国家自然科学基金1项，参加2项；主持参加亚热带建筑科学国家重点实验室自主课题4项；完成开放课题1项。在《城市建筑》《建筑学报》《新建筑》《华南理工大学学报》（自然科学版）等刊物及国际会议发表论文50余篇，EI检索10篇。应邀在泛亚热带地区绿色建筑国际会议、建筑学会教育建筑年会、海峡两岸大学的校园地区会议、全国建筑学专执委会议上演讲。在国内提出并实践大跨度空间整体绿色种植屋盖体系，是体育馆适应湿热地区气候、塑造健康运动环境的基础性研究之一。立足华南理工大学建筑设计研究院，将基础研究成果运用于创作实践，主持参与设计体育建筑、校园规划项目多项，获得多项国家、建筑学会、省部级优秀设计奖。“交互体”方案2013年8月获得凤凰传媒·凤凰广场建筑全球方案征集三等奖（前三名中唯一中国获奖方案）。绿色建筑研究与实践被2013年11月13日《科技日报》前沿人物版报道，报道被人民网、求是理论网、光明网、凤凰网等多家主流媒体转载。

GUANGDONG COLLEGE OF PHARMACY GYMNASIUM, GUANGZHOU UNIVERSITY CITY

项目业主：广州大学城广东药学院
项目地点：广东 广州
建筑功能：城市与高校体育馆、训练馆
用地面积：26 000平方米
设计内容：方案设计、初步设计、施工图设计
建筑面积：14 488平方米
座席数量：4 980席
建筑造价：1.2亿元
设计时间：2005年3月—2005年10月；2008年12月—2010年6月
项目状态：竣工
设计单位：华南理工大学建筑设计研究院
设计团队：何镜堂、郭卫宏、李晋

广州大学城广东药学院体育馆（2010年广州第16届亚运会排球比赛馆）

立足于亚热带气候，体育馆全面采用了适宜的被动技术，建筑的形体、空间与自然通风、采光、遮阳等技术有机协同，屋顶绿化形成隔热层，实现夏季被动降温，有效节约了能源，创造了宜人的运动环境。体育馆东西向出檐形成北高南低富韵律感的折线，展示出富有活力的建筑性格；东西界面垂直遮阳板线条流畅、挺拔，构成简约的美感。

设计立足环境，实现建筑与城市空间、景观的有机结合。主入口的大台阶向城市广场开放，并与人行天桥相连，可将人流引向体育馆副馆屋顶。屋顶平台逐级跌落，设置大面积的绿化，形成层次丰富的绿化景观平台。在平台上，可观赏校际绿化带以及中央公园景色，最大限度将城市景观延续到校园之中。

Guangzhou2010
SAMSUNG

CHONGQING UNIVERSITY OF TECHNOLOGY GYMNASIUM

重庆理工大学体育馆

项目业主：重庆理工大学	项目地点：重庆
建筑功能：高校体育馆、训练馆、游泳池	设计内容：方案设计、初步设计、施工图设计
用地面积：20 000平方米	建筑面积：12 560平方米
座席数量：3 650席	建筑造价：0.8亿元
设计时间：2005年3月—2006年8月	项目状态：建成
设计单位：华南理工大学建筑设计研究院	设计团队：何镜堂、郭卫宏、李晋

体育馆位于重庆理工大学花溪校区内，是山地建筑，较全面诠释了“建筑随室外气候环境变化的实时应变性”的设计理念。体育馆的设计随山就势，游泳池、训练馆、体育馆由低到高，随山势而上。建筑利用深远的屋檐，将山形地势和早晚温差所产生的山地风引入馆内；东西立面设置智能化机械通风百叶，根据室外风环境和室内的运动需求决定开闭，夏季不用空调。实现了体育馆室内微气候的自然调节，创造了较为舒适的运动环境。同时采用了适宜的建造技术，控制了整体造价，体现了经济、节能、健康的理论。

NANJING UNIVERSITY OF TECHNOLOGY SPORTS CENTER

南京理工大学体育中心

项目业主：南京理工大学
建筑功能：高校体育馆、训练馆、游泳馆
用地面积：40 000平方米
座席数量：4 690席
设计时间：2011年4月—2012年12月
设计单位：华南理工大学建筑设计研究院

项目地点：江苏 南京
设计内容：方案设计、初步设计、施工图设计
建筑面积：21 144平方米
建筑造价：1.8亿元
项目状态：在建，预计2014年竣工
设计团队：何镜堂、郭卫宏、李晋

体育中心位于紫金山南麓，南京理工大学孝陵卫校区，由体育馆、篮排球训练馆、乒乓球训练馆、游泳馆组成。建筑富于渐变韵律的折板，汇聚为现代简约的形态；整体造型庄重而不失动感，体量方正充满力量；简洁、雅致的形态与色彩使体育中心与校园环境相融合。

设计立足当地湿热气候，建筑的形体、空间设计与自然通风、自然采光等多项被动节能技术相结合；在体育馆与训练馆之间引入庭院；运用形体自遮阳技术，减少体育馆的辐射得热，减少对空调的依赖，力求在自然调节的状态下，创造健康、宜人的运动环境。

"INTERACTION" PHOENIX MEDIA · CONCEPT OF PHOENIX PLAZA

“交互体”——凤凰传媒·凤凰广场概念方案（全球方案征集）

项目业主：凤凰出版传媒股份有限公司　　项目地点：江苏 昆山
建筑功能：城市综合性文化、商业地标　　设计内容：方案设计
用地面积：23 420平方米　　建筑面积：121 804平方米
设计时间：2013年6月
设计单位：华南理工大学建筑学院
设计团队：李晋、梁胜、郑学帅、张鹏、刘凯

概念方案的功能布置将文化产业、商务、办公作等比切分，并相互错位进行布置，建构商业带动文化、文化提升商业的一体化联动体系。

通过架空首层营造具有强烈空间引导性的公共城市广场，有效地吸引城市人流。结合核心开放式城市广场，建立“交互体”的建筑理念，通过营造展廊式的交错性坡道，在有效联系功能的同时，促进建筑内部的人群之间以及其与城市人群之间的互动关系，带来城市开放性综合体的体验。

建筑外观设计结合内部错落的空间形态，采用了“凤凰交织”的形态理念，在体现现代建筑的流线感的同时隐含凤凰的寓意。整体色彩朴素淡雅，凸显文化、商业综合体的独特文化气质。

“交互体”方案获凤凰广场全球方案征集三等奖（前三名中唯一中国获奖方案）。

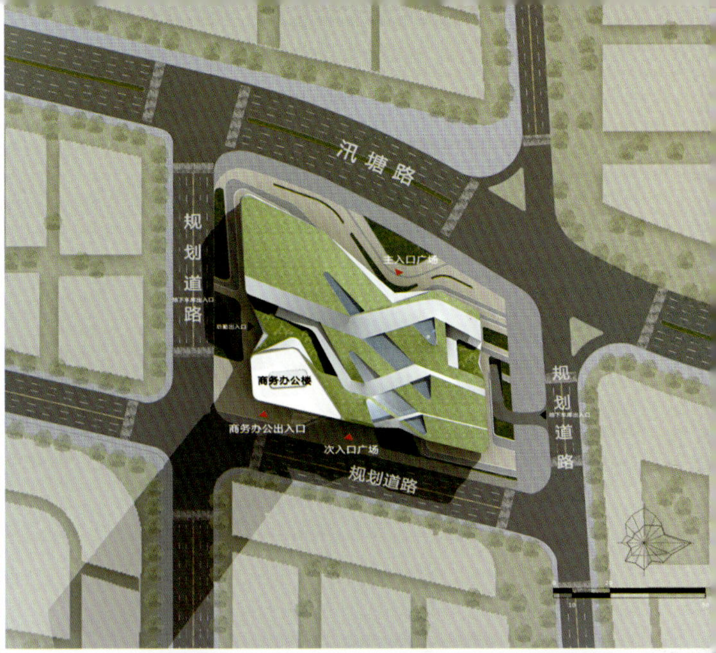

ARCHITECTS

UPRIGHT&PURE
ARCHITECTURE
正清建筑

刘小青

总建筑师、总经理
国家一级注册建筑师

教育背景
1989年 清华大学建筑学院/学士学位

工作经历
2012年创办深圳正清建筑设计有限公司/总建筑师、总经理
万科企业股份有限公司万创设计管理中心/副总建筑师
中惠熙元房地产集团有限公司/工程设计中心总经理
中建国际(深圳)设计顾问有限公司 /设计董事/深圳公司副总建筑师
深圳市电子院设计有限公司三所 /副总建筑师
深圳市市政工程设计院/建筑师、高级建筑师
中国建筑东北设计研究院/助理建筑师、建筑师

主要作品
重庆万科悦府
南京万科金域蓝湾项目二期
天津万科朗润园项目二期
天津万科东丽湖四期
中惠熙元广场
重庆招商·滨江花园城
振业星海名城七期——振业国际商务中心
振业星海名城五期——第五公社
中惠新城·加州园

深圳市招商·城市主场
龙岗体育公园
广东汕头超声电子多层印制板生产线及LCD生产线

荣获：2005年全国人居经典建筑规划设计方案竞赛建筑金奖
荣获：深圳市第十五届优秀工程勘察设计一等奖
荣获：2005年双节双优杯住宅方案竞赛金奖
荣获：2005年中国高尚住宅户型创新金奖
2005年中国最具升值潜力人居环境楼盘
荣获：2005年全国人居经典建筑规划设计方案竞赛建筑金奖
荣获：1993—2003年深圳龙岗十年优秀建筑设计大赛A类二等奖
荣获：2004年信息产业部电子工程优秀设计一等奖

地址：深圳市福田区益田路3013号
南方国际广场D栋1508室
电话：0755-82824645
传真：0755-82824645

邮编：518034
网站：www.sz-up.net
电子邮箱：zqsj@sz-up.net

深圳正清建筑设计有限公司成立于2012年1月，公司核心成员来自深圳市著名公司如中建、万科等。

公司理念：专注设计本身，通过设计为项目创造效益，为用户营造优美空间，为社会做贡献。

公司定位：原创精品。

公司创始人刘小青女士，曾任中建国际（深圳）设计顾问有限公司设计董事副总建筑师、万科企业股份有限公司万创设计管理中心副总建筑师，对建筑设计和房地产开发有着全面深刻的了解和丰富的实操经验，熟悉房地产开发流程，尤其对如何通过设计为项目创造效益深有研究，并且已经操作实施了很多成功案例。

正清专注于设计本身，并可提供项目的前期定位、策划、盈利分析、成本控制、方案设计和施工图设计、后期产品效果控制、示范区营造开放等设计相关的全过程服务。不仅仅居于乙方的立场去设计，还居于甲方立场思考问题、控制效果，这就是正清与普通设计院的差异。

服务精神：全方位、专业、创新、团队服务。

正清的服务是将设计师对文化和情感体验的整体营造融入到项目的设计中，并结合独特的艺术创意与严谨的技术实现为客户提供高品质的精品设计，让正清精品成为社会建筑环境中的佼佼者。

ZHENYE GROUP · FIFTH COMMUNE

振业·第五公社

项目业主：振业地产
项目地点：广东 深圳
建筑面积：113 000平方米
设计时间：2003—2005年
主创设计：刘小青
设计单位：中建国际（深圳）设计顾问有限公司
获奖情况：2005年全国双节双优杯住宅方案竞赛金奖

项目位于深圳市南山区前海路与港湾大道之间，为振业集团开发的大型社区——星海名城第五期。项目定位为面向年轻人的小户型产品，由4栋32层的塔楼、9层的连接体组成。

一、规划设计

设计旨在迎合年轻人需求，创造出时尚新颖、富有雕塑感、整体大气的建筑，力图使本工程从片区中脱颖而出。

综合考虑与已建建筑及城市道路关系，同时又需满足5.27的高容积率，4栋高层塔楼中1栋独立，另3栋以9层的连接体相连。独立层塔平面呈“H”形，相连3栋塔平面根据地形量身定做，为三角形和方形。4栋塔楼按不同的角度错落有致地布置，形成一个友好而富有趣味性的界面，同时使每户都有开阔的视野和景观。为连接南面两栋塔楼的连接体作了架空处理，使得原有的28米绿化带延伸至五期。

二、建筑设计

住宅均为一梯多户，半外廊设计，使得核心筒和走廊均有良好的采光和通风。

在造型设计中，利用规划本身带来体型的丰富多变，连接体的穿插，建筑不同角度转折，再采用简洁的线条、明快的色彩等手法，创造出大气时尚、明快活泼的建筑形象。

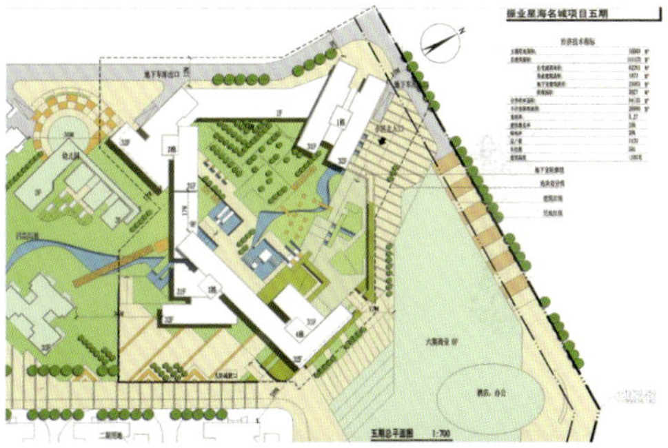

CMPD · URBAN HOME

招商 · 城市主场

项目业主：招商地产
项目地点：广东 深圳
建筑面积：80 000平方米
容 积 率：7.67
设计时间：2003—2005年
主创设计：刘小青
设计单位：中建国际(深圳)设计顾问有限公司
获奖情况：2005年全国人居经典建筑规划设计方案竞赛建筑金奖
2007年广东省优秀工程勘察设计二等奖

项目位于深圳市八卦二路与上步北路交会处，为城市的零星地块。如何在满足容积率的前提下减小建筑体量、节省用地、改善庭院环境，实现面积小而功能齐全的户型布置成为设计目标。

项目采用双“L”形体量+连接体的穿插组合，避免了建筑自身及周围设施遮挡，视线开阔。通过几个体块的组合穿插，减轻了大体量建筑的压迫感，并使建筑富有动感。

为了营造高品质的庭院空间，底部作架空处理，局部架空高达23米，结合城市原有绿化带，形成了层次丰富，气势宏大的室外空间。

建筑外观突破了八卦岭旧城区的形态，采用公建化设计，化零为整，通过水平线条组织窗、阳台，以深浅蓝灰色系搭配，通过线条与色彩的处理，弱化建筑体量，凸显其轻巧、明快的个性。

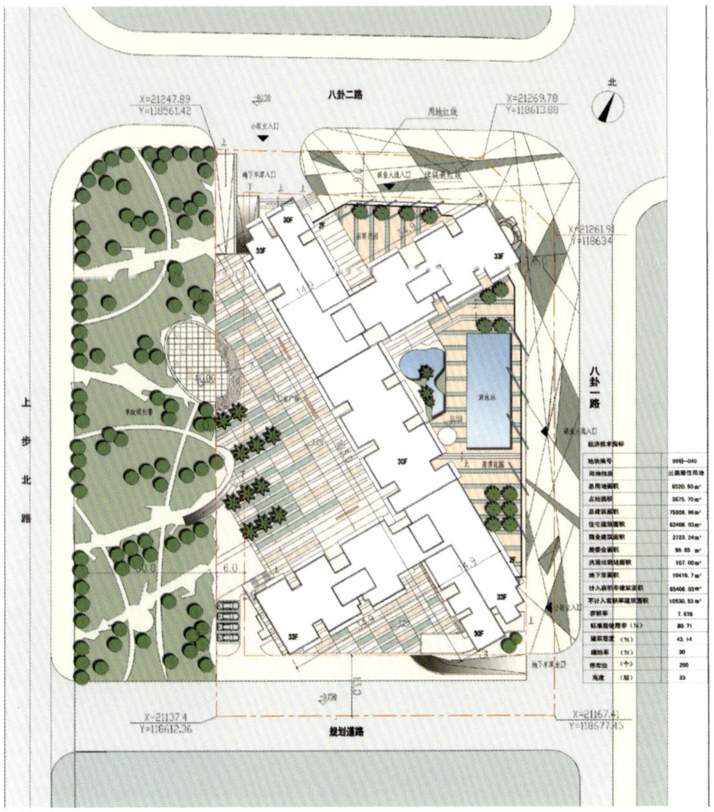

总平面图

呼应已有城市节奏，延续上步路空间序列

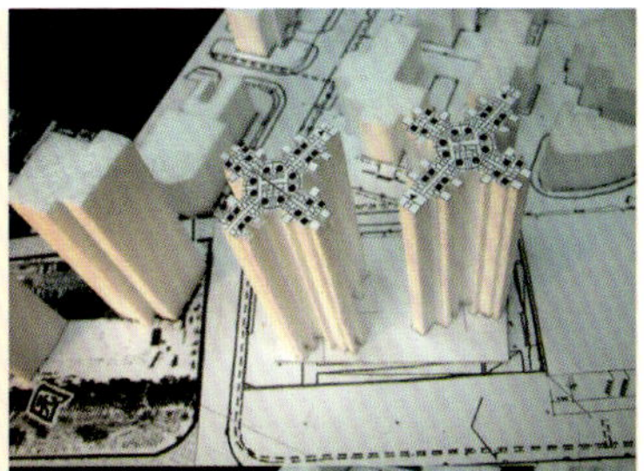

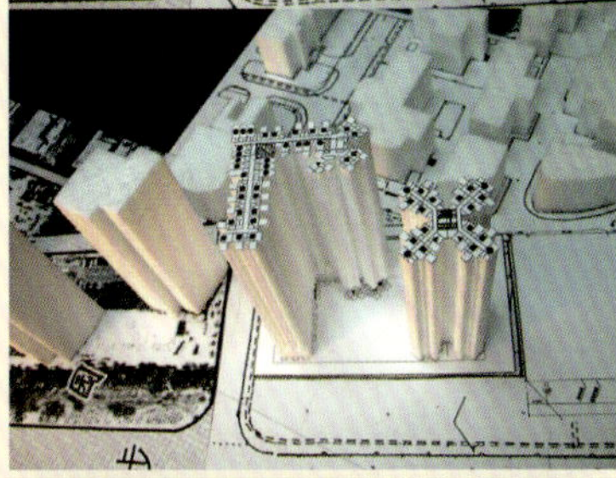

散点式布局

太像住宅，造型难以突破，对视严重，外观过于普通，不够高档

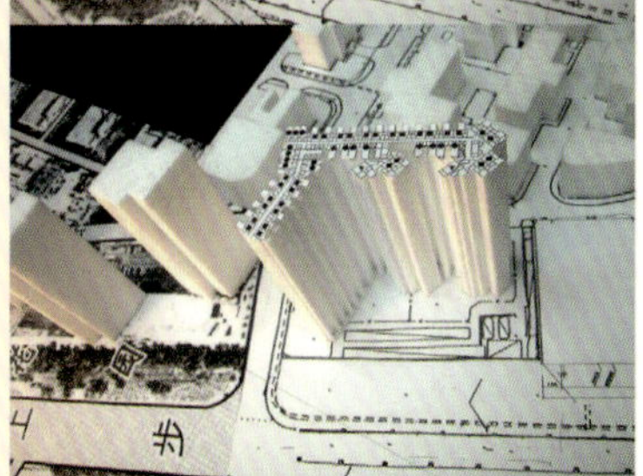

一体化布局

体量过于庞大，像一堵厚实的大墙，尺度偏大，影响城市景观

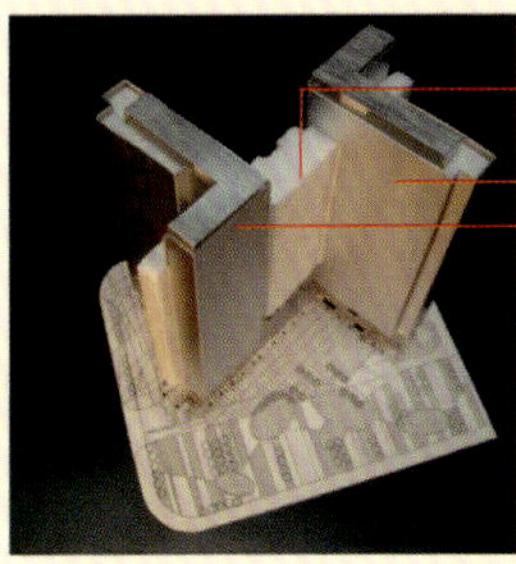

连接体

“L”形体量

“L”形体量

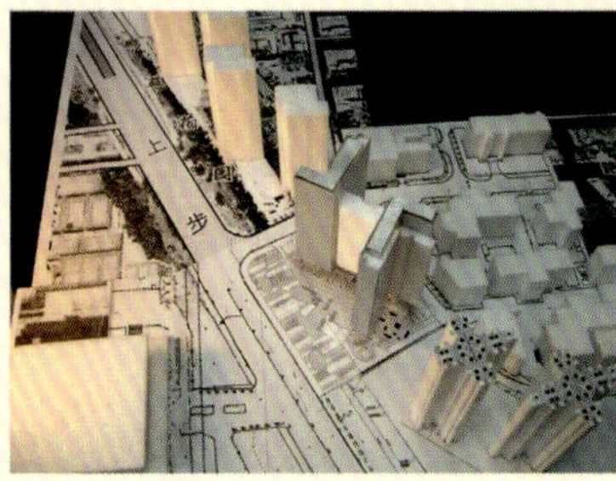

联合体量

两体量+连接体，利用穿插组合方式，减轻厚重感，延续已有空间序列

布局分析图

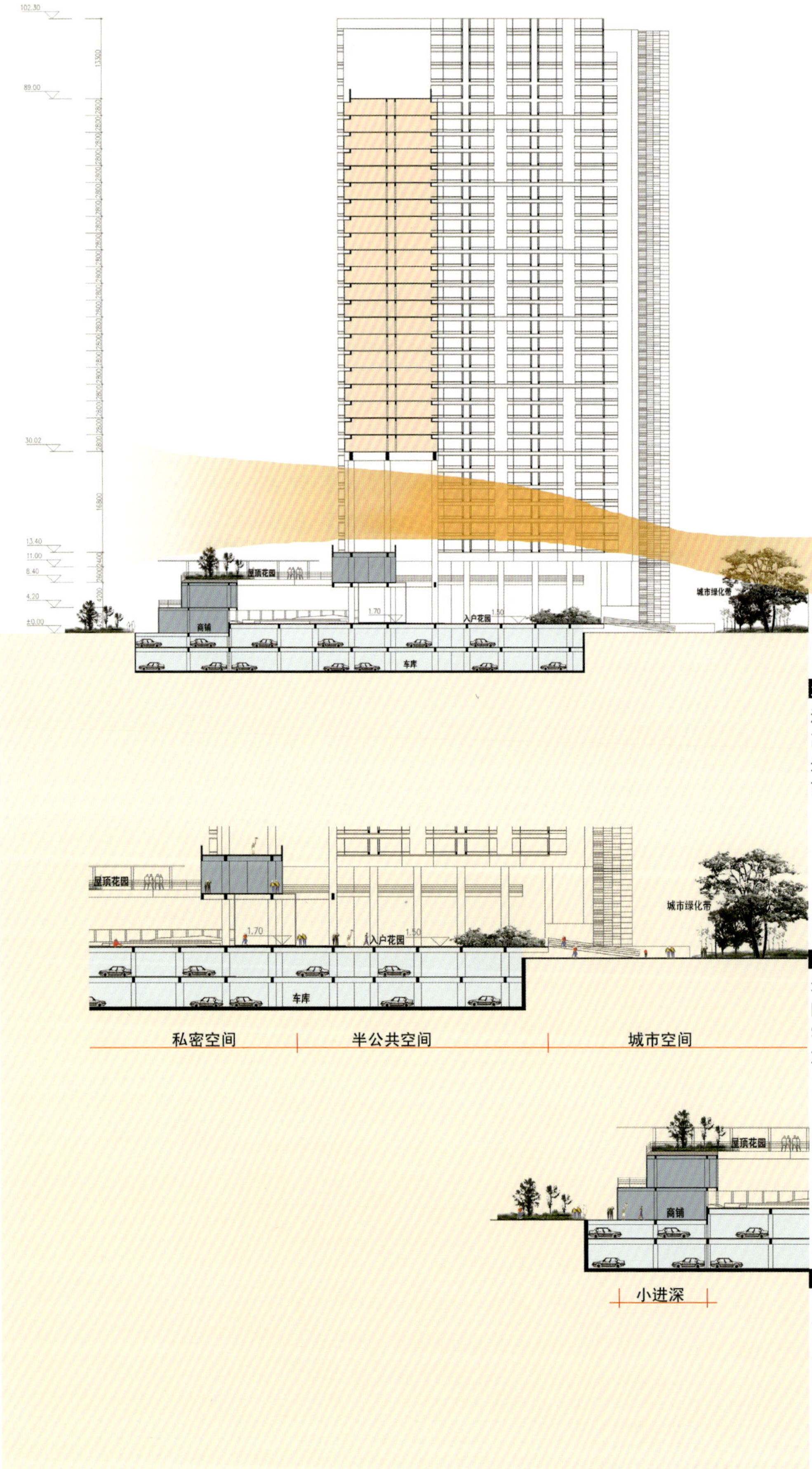

场地设计图

场地设计

通过架高入户花园，增强领域感，提高档次。采用1.5米高差，结合坡道，延续城市绿化带，形成丰富界面，易连成一体

入口环境

通过组织城市绿化带、前广场、后庭院、营造城市空间—半公共空间—私密空间，序列、层次丰富

联合大堂入户，气势宏大

商业

15米进深，分合适宜

首层商业临街设置，二层商业采用扩大平台实现沿街化，既缩小进深，又为使用留足余地

ZHENYE GROUP · INTERNATIONAL BUSINESS CENTER (XINGHAI FAMOUS CITY PHASE VII)

振业·国际商务中心（星海名城七期）

项目业主：振业地产
项目地点：广东 深圳
建筑面积：97 500平方米
建筑高度：150米
设计时间：2006年
主创设计：刘小青
设计单位：中建国际(深圳)设计顾问有限公司
获奖情况：深圳市第十五届优秀工程勘察设计一等奖

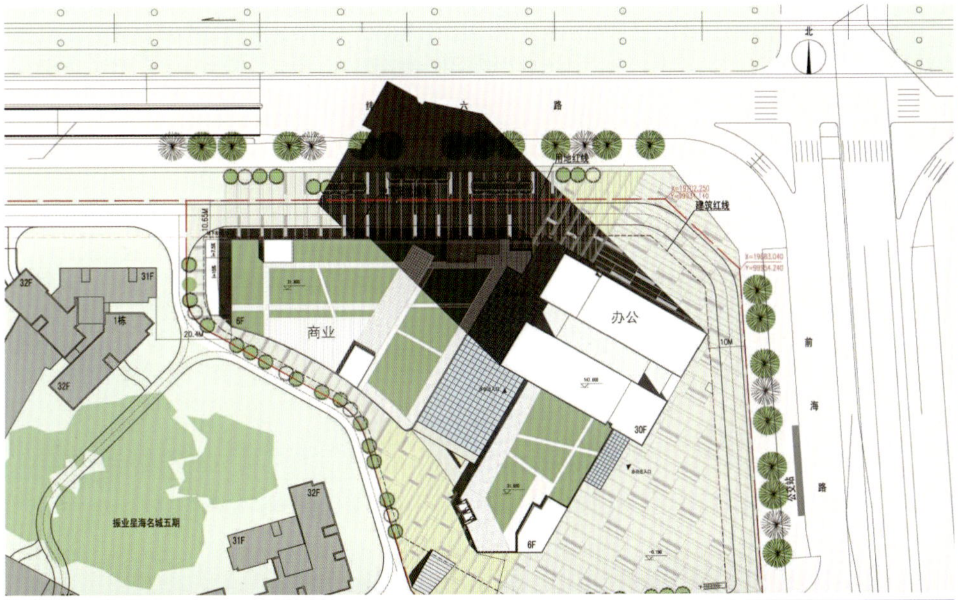

项目位于深圳市南山区前海路与港湾大道之间。位于星海名城东北角，与已经竣工的二期、五期相邻，基地大致呈直角梯形。为高层综合办公楼，由30层主楼、6层高裙房及3层地下车库组成。

在地块内延续星海名城内28米宽大绿洲这一主轴线，用斜向60度天桥贯穿裙房的开放中庭构成这一主轴的尽端。基地只有东南角一个市政路连接点，将是主要人、车流出入方位，本方案在用地东南侧留出大面积城市广场，把地面环境还给城市，减少塔楼对城市道路的压迫感，塑造理想的楼前环境，丰富商业空间和城市空间，并将立体化的商业和休闲生活带入小区。

根据基地用地形状和周边环境的特点，主楼布置在基地东北角、中庭主轴东侧，避免对五期、二期住宅的视线遮挡和造成压抑，在小区空间形态上处于醒目位置，成为地标性建筑。

主楼呈矩形并相对正南北向偏转30度，东北和西北展开面向城市公园——最好的景观面；尖角正对纬六路高架立交和前海路，使道路噪声对办公环境的影响减至最低。

塔楼采用中核布局，为改善内核交通空间品质，标准层东南、西北两短边设置一系列二层高的空中开放露台，使电梯厅全部实现自然采光、可控通风，提升了品质。

建筑采用现代风格，简洁明快，立面比例划分讲究，楼梯修长挺拔，整栋塔楼充满向上生长的激情，成为南山西区新地标。

CMPD・JIANGCHENG BAY

招商・江城湾

项目业主：招商地产
建筑面积：500 000平方米
建筑地点：重庆
设计时间：2005—2006年
主创设计：刘小青
设计单位：中建国际（深圳）设计顾问有限公司
获奖情况：2005年全国人居经典建筑规划设计方案竞赛建筑金奖

招商・江城湾项目位于重庆市江北区，为城市中心滨江地带，用地东面为渝澳大桥，南面为嘉陵江北岸滨江路，阳面对江，自然条件优越。

滨江住宅为一梯二户或一梯三户，每户均可同时享受到江景及庭院景观。庭院住宅为一梯三户或一梯四户，部分连接体为一梯二户。庭院住宅除了能享有丰富的庭院景观外，大部分也都能避开层数较少的沿江住宅，享受到优美的江景资源。

商业主要沿南面北滨路及东面布置，1~2层。商业空间有收有放，点线面结合，线性的商业街与商业广场穿插变化，形成了趣味多变的商业空间。

在造型设计中，为了打破板式建筑本身的体量，采用连接体的穿插、建筑沿不同角度转折、屋顶天际线的高低错落等手法，力求使建筑形体既大气典雅，又丰富活泼。

北
总平面图

广州南方建筑设计研究院

SOUTH CHINA ARCHITECTURAL DESIGN&RESEARCH INSTITUTE

刘海燕

职务：副总建筑师
职称：国家一级注册建筑师
广州市建设工程交易中心评标专家
广东省注册建筑师协会会员

教育背景
1990年　毕业于江西工业大学（现南昌大学）建筑系

工作经历
1990年7月—1994年3月　江西九江市城市规划设计院
1994年3月—1999年3月　核工业（北京）第二研究设计院
1994年3月—2003年12月　中信华南（集团）建筑设计院/副总建筑师

主要作品
北京市97住宅设计竞赛　荣获：首都规划建设委员会颁发的优良方案奖
深圳市龙岗区中心城垃圾焚烧发电厂　荣获：核工业部部级优秀工程设计一等奖
深圳银湖颐园别墅　荣获：核工业部部级优秀工程设计一等奖
保利·凤翔花园（南宁）　荣获：2005南宁联合国国际人居展一等奖
2006南宁人居建筑与规划大赛银奖

深圳国际金融中心
广州第二人民医院门急诊楼
湖南长沙有色地勘产业大厦
保利·凤翔花园（南宁）
保利·山水怡城（南宁）
保利花城花园（花都）
柳州江边领地
暨南大学医学教学楼
广东汕尾市某办公楼
广西南宁亭洪路10+1商业大道
保利·龙腾上园（南宁）
保利·童心缘（南宁）
招商依云曦城（佛山）
肇庆山林湖尚城
广州东方国际广场
江西南昌市委党校新校区
中信山语湖A4、A5区
保利·21世家（南宁）
保利东湖花园（广州）
柳州丹桂苑
施恩（广州）工业园第二期

沈耀东

出生年月：1970年3月
职　　务：副院长
职　　称：国家一级注册建筑师/注册城市规划师

教育背景
1988年9月—1993年7月　同济大学建筑系建筑学

工作经历
1993—1995年　上海纺织建筑设计研究院/助理建筑师
1995年至今　广州南方建筑设计研究院/副院长

主要作品
四川人民医院川港康复科技综合大楼
都江堰百伦广场
毕棚沟娜姆湖游人接待区酒店
犀浦百伦广场
开阳金碧苑
上海城市新汇
清镇和美生态园
武汉海赋江城

广州总院
地址：广州市天河区瘦狗岭路551号
广之旅大厦23楼
电话：020-38203408
传真：020-38203039
网址：www.nanfangsj.com

广州南方建筑设计研究院成立于1993年，是国家建设部批准的建筑行业建筑工程甲级设计单位（设计证书号：A144017989）。本院是一家集规划设计、建筑设计、环境设计、室内设计及建筑技术研究为一体的综合性设计企业，全院共设7个综合设计所，同时成立了BIM智慧城市设计分院，持有国家注册师资格证人员30多人，并在北京、武汉、重庆、成都、南京、上海、东莞等地设立了分院。

广州南方建筑设计研究院在这些年的发展历程中始终摆正自己在设计市场中的位置，将工程性与个性化结合，既注重建筑创作的个性化，又追求对市场的紧贴。依靠多年的积累，运用企业持有的体制上的优势、操作上的灵活性，从纯知识型向着资本—知识型转变，一种新的打造精英设计团队的设计院模式正在逐渐成熟。通过对原有生产方式的改进和提高，争取高端市场，走精品化道路。迄今为止，我院已承接过复杂结构、高层建筑、大跨度建筑等各类设计任务。作为一家观念新颖的设计单位，我院确立了立足国内、接轨国际的战略方针，在10多年的经营历程中，还与美国、加拿大、澳大利亚等多国设计机构合作完成过众多的优秀作品。本院不仅承接设计任务，而且在CAD软件技术的开发应用与建筑节能新技术方面均取得了显著的成绩。

广州南方建筑设计研究院一贯注重设计质量，推行全面质量管理，并已通过ISO 9001—2008质量管理体系认证。本院遵循“优质设计，热忱服务，科学管理，持续发展”的质量方针，坚持走“管理创新、质量兴业、科技强院”之路；充分发挥自己的品牌优势、人才优势、信誉优势，积极应对各种激烈的挑战；敢于竞争，善于竞争，在竞争中谋求更大更快的发展，提升综合竞争力。

设计院新设立的国际所I.A.I，主导建筑师Iain Gray博士曾参与设计了澳洲、东南亚和中东的一些著名的项目。设计院正不断开拓国际市场，目前已在亚洲、非洲和澳洲等地区承接项目。

ZHUANG YUN CAVE (GUANGXI ETHNIC CULTURE VILLAGE)

壮韵洞天（广西民族文化村）

项目业主：广西保利房地产有限责任公司
建筑面积：1 699 510平方米
设计阶段：规划及方案设计
设计单位：广州南方建筑设计研究院
设计团队：王希、程璐珣

项目地点：广西 南宁
建筑功能：住宅
设计时间：2010年
主创设计：刘海燕

项目用地为民族文化旅游加地产用地，总规划用地面积约76.4万平方米，其中实际用地面积约59.2万平方米。项目将以房地产开发为中心，充分发挥保利集团的资源优势，倾力打造一个以房地产为主的集旅游、休闲、娱乐、餐饮、商业等为一体的大型文化旅游地产项目，构建南宁文化地产的大品牌。

项目总平面规划充分结合用地丘陵地形及自然湖泊，以山水为设计主体，创造性地提出“一湖多岸”的滨水设计概念，在利用原有水体基础上将水体渗透到每个功能板块，并以水为界将整个用地分为三大功能部分。东北部布置以壮、苗、侗、瑶为主的少数民族文化旅游中心，包括民族生态博物馆、布洛陀宫、民族村寨、民族演艺场和民艺一条街，让游客全方位获得亲身的文化旅游体验。位于北端的梯田侗寨大酒店以“龙胜梯田”为造型，顺山形层层递进，与自然山水融为一体。西部由南至北依次布置西班牙、法国、荷兰3个风情社区，与南面商业风情区整体开发。基地北侧生态防护绿地依现状地形进行景观美化，连通绿地内竹排涌和用地内的景观水系，引进“百越印象”设计理念，打造“歌圩山水”的知名文化景观，使其和本项目旅游园区融为一体。

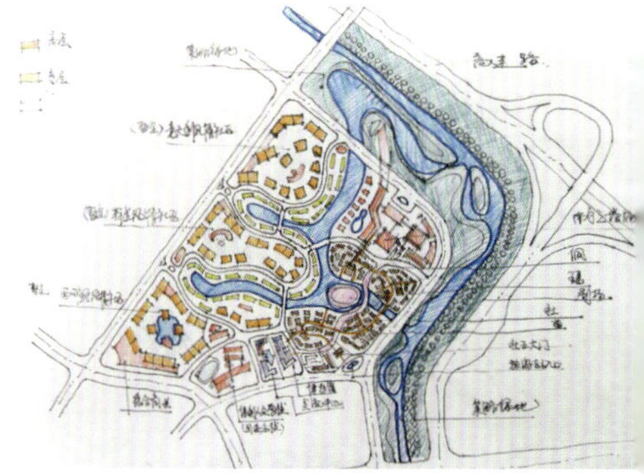

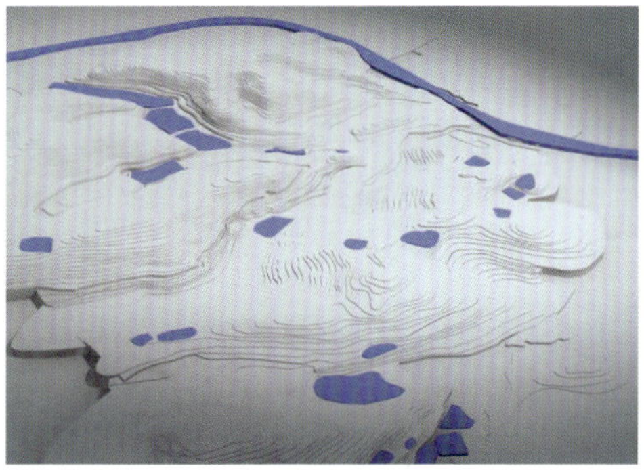

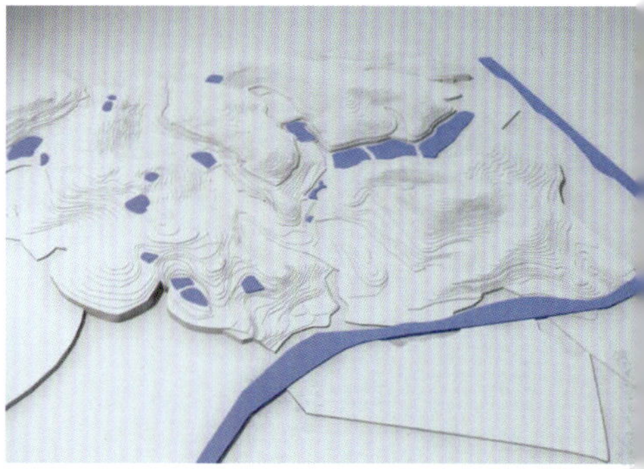

POLY ·LONGTENGSHANGYUAN (NANNING)

保利·龙腾上园（南宁）

项目业主：广西保利置业集团有限公司
项目地点：广西 南宁
建筑面积：91 110平方米
建筑功能：住宅
设计内容：方案设计、施工图设计
设计时间：2008年
项目状态：竣工
设计单位：广州南方建筑设计研究院
主创设计：刘海燕

项目位于南宁市凤岭新区的南宁中国—东盟国际商务区、东盟各国联络部基地区域内，总用地面积8万平方米，其中越南与老挝联络部基地各占4 000平方米，其余为住宅、商业用地。

项目用地呈北低南高的地势，高差近23米，且中部有一市政隧道东西横穿。设计将东盟国际商业第一街布置于南北老挝园区与越南园区的中心位置。针对市政隧道对商业的整体影响，项目结合原地形，通过巧妙的竖向设计，在实现市政交通、商业人流及周边住宅区人流空间上立体分流的同时，利用地势高差形成开敞式地下车库，大大降低了后期运营成本。整个商业街由局部围合与半围合的弧形商业街区组成，配以多样化的休闲设施、景观绿化、主题雕塑等，使沿途景观与商铺既协调统一又变化有致，丰富多彩。

总平面图

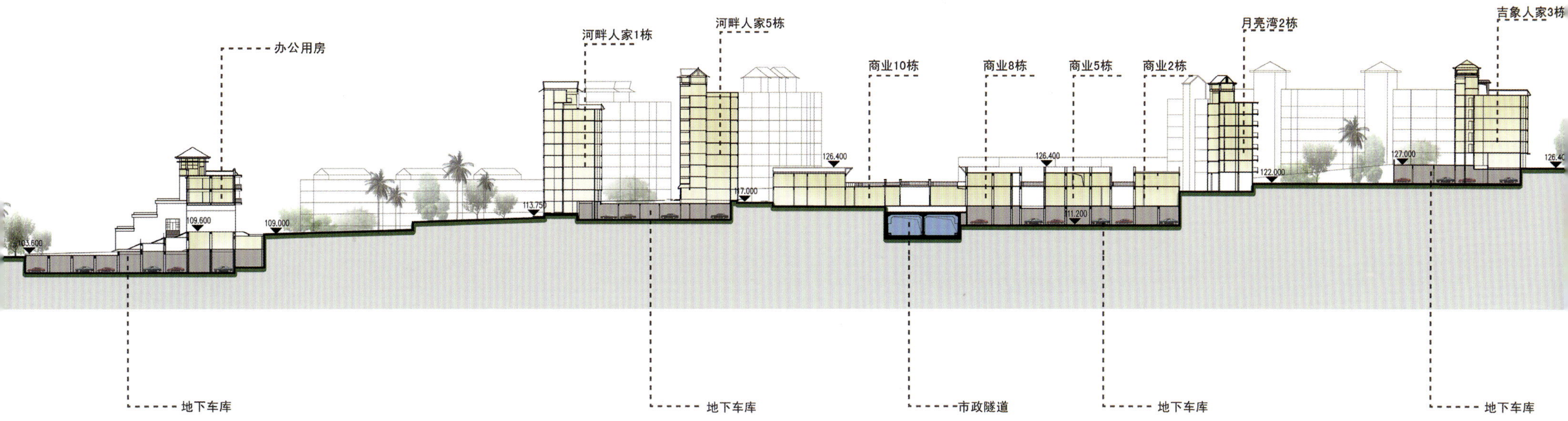
办公用房
河畔人家1栋
河畔人家5栋
商业10栋
商业8栋
商业5栋
商业2栋
月亮湾2栋
吉象人家3栋
103.600
109.600
109.000
113.750
126.400
126.400
122.000
127.000
地下车库
地下车库
市政隧道
地下车库
地下车库

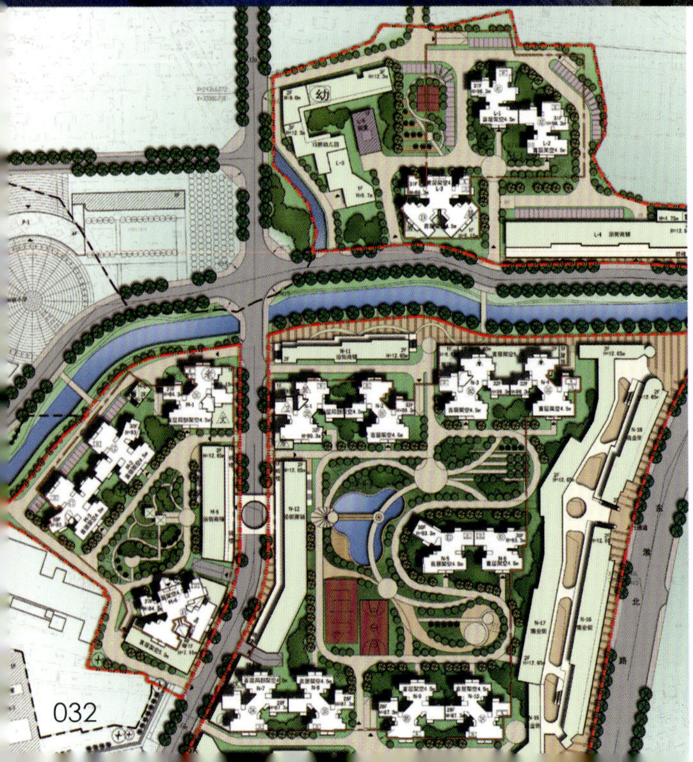

GUANGDONG POLY LIWAN DONGJIAO PROJECT

广东保利荔湾东漖项目

项目业主：广东保利置业有限公司
项目地点：广东 广州
建筑面积：418 526平方米
建筑功能：住宅
设计内容：规划、方案及施工图全程
设计时间：2012年
项目状态：在建
设计单位：广州南方建筑设计研究院
主创设计：刘海燕
设计团队：凌建生、林洁明、黄旭波、曾令歆、蔡莹等

项目为广州市荔湾区东漖村城中村改造项目，是白鹅潭经济圈重要配套住宅区，定位为尊贵高端的高品质住宅产品。项目用地被规划道路和河涌分为3个地块，规划重点就在于使住宅分而不离，各地块建筑群体布局统一设计，建筑相互呼应，形成一个整体。点、线、面结合的网络式商业大大地提高了整体项目的商业价值。根据商业人流主要流向和河涌现状，分别打造沿东漖北路的时尚商业步行街及临河涌的水岸风情酒吧街。

建筑采用Art Deco风格立面处理手法，以现代精练的建筑语言，在充分尊重建筑功能的基础上，以高耸、生长的建筑形式，表达外形简洁大方，内涵高贵丰富，尊贵而现代的建筑形象，呈现明朗丰富的国际特色，恰当地代言了荔湾品牌项目的新形象。

GUCCI
Louis Vuition
D&G
Longchamp
Dior
Armani
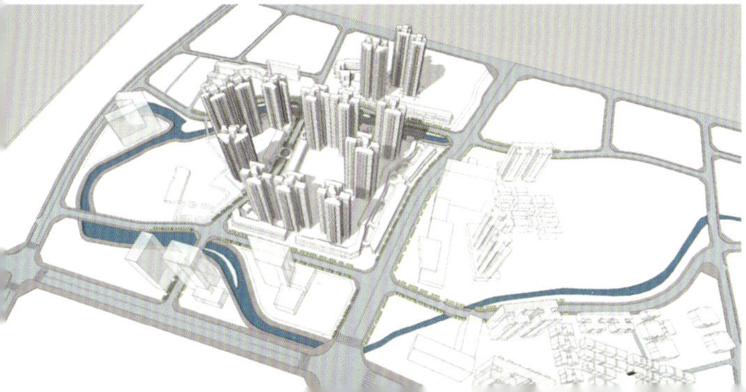
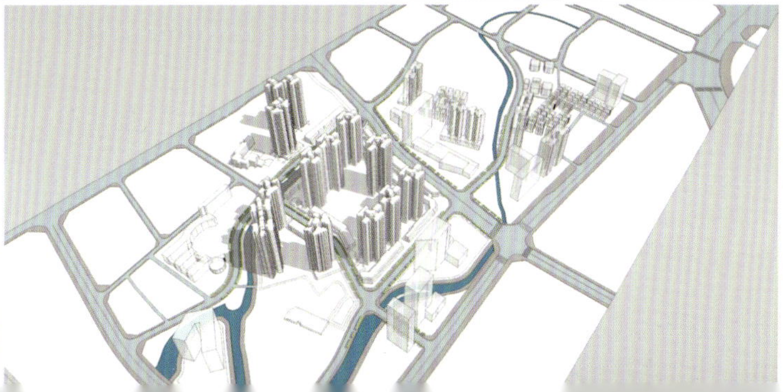
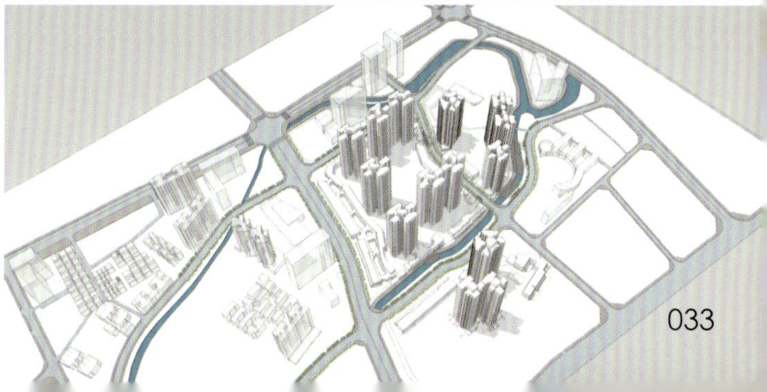

SHANGHAI CITY XINHUI

上海城市新汇

项目业主：上海金宏浦投资管理有限公司
用地面积：32 061平方米
建筑功能：商业办公综合的创意园区
项目状态：在建
主创设计：沈耀东
项目地点：上海
建筑面积：77 273平方米
设计时间：2011年9月—2012年9月
设计单位：广州南方建筑设计研究院
设计团队：刘洪江、钱珍等

创意园区的建设，重点在于空间的规划既要有利于沟通与交流，又要有利于放松心情，还要有利于作品与产品的展示，进而激发创作激情，从而满足高品质企业的内在需要。

空间规划中既借鉴了新天地与田子坊等上海里弄的空间模式，又引入了传统院落层层递进的空间形态，同时，将现代抽象绘画的构图与上述空间模型相结合，创造出现代与传统相结合的建筑与外部空间形式。既满足人们对传统生活方式的回味，又试图激发人们的创意灵感。

项目中规划了下沉式广场、地面层广场与屋顶花园等多层级的休闲场所，广场数量多，尺度宜人，有利于人们的休憩与放松。

BORBONESE

GUIZHOU HUCHENG HEMEI ECOLOGICAL AGRICULTURE SIGHTSEEING GARDEN

贵州湖城和美生态农业观光园

项目业主：清镇市和美贸易有限公司
项目地点：贵州 清镇
用地面积：177 013平方米
建筑面积：28 140平方米
建筑功能：度假区与旅游商品集散中心
设计时间：2010年
项目状态：在建
设计单位：广州南方建筑设计研究院
主创设计：沈耀东
设计团队：刘洪江、陶蒙莉莉、伍浩斌、李晓蓉

项目规划重点在于对区域环境的保持与建筑用地的有效利用。贵州山多地少，本项目用地现状为大量的荒坡地与少量的耕地，规划中结合度假功能的需求，将山地进行规划与整理，形成“梯田”与果园的组合，结合层层叠叠的屋顶绿化，既满足了度假氛围的要求，同时又将农用地作为生活污水后期处理的场地，体现了农耕文化传统特色与当代可持续发展的规划理念。

建筑的造型与规划基于对场地的有效利用，体现了村落的总体意象，同时形成了具有“梯田”意象的建筑造型。

湖城和美生态农业观光园

陆诗亮

陆诗亮，1972年出生，博士，哈尔滨工业大学建筑学院副教授，硕士生导师；哈尔滨工业大学建筑设计研究院总院副总建筑师；哈尔滨工业大学建筑学院寒地建筑第三研究所所长；中国建筑学会体育建筑专业委员会理事；中国寒地建筑学术委员会委员；中国建筑学会会员；中国体育科学学会会员；第九届中国青年建筑师奖获得者。

主要研究领域：体育建筑设计及其理论。针对全国体育建筑热潮，提出基于环境整合的低造价体育场馆建设理念，作品多基于经济制衡理论从城市经营角度出发，以低造价、弹性多功能复合设计思想与环境相融合，注重场馆赛后的社会效益运营与经济投入间的关系研究。近年主持参与设计体育场馆工程实践项目40余项，获得多项国家级、省部级、院级优秀设计奖项。

教育背景

1992—1997年　哈尔滨建筑大学建筑学院/建筑学学士
1997—2006年　哈尔滨工业大学建筑学院/工学博士，导师梅季魁
2007—2012年　哈尔滨工业大学钢结构研究所/博士后，导师沈世钊

工作经历

2006年10月至今　哈尔滨工业大学建筑学院/教师
2011年3月至今　哈尔滨工业大学建筑学院寒地建筑研究三所/所长
2010年9月至今　哈尔滨工业大学建筑设计研究院/副总建筑师

主要作品

1. 2013年第13届全运会副主赛场大连市体育中心
2. 第13届全国冬季运动会主会场新疆乌鲁木齐冰上项目体育中心
3. 第10届全国民族运动会冰上项目主会场鄂尔多斯冰雪运动娱乐中心
4. 2013年第13届全运会分赛场丹东市体育中心
5. 2010年第10届广东省全运会主体育馆广东省惠州市体育馆
6. 第16届广州亚运会排球馆广州大学城外语外贸大学体育中心
7. 第26届深圳世界大学生运动会分赛场深圳大学城体育中心

学术研究成果

近年主持参与国家自然科学基金，教育部及省级、校院级纵向科研课题10余项，在《建筑学报》《华中建筑》《哈尔滨工业大学学报》《城市建筑》等刊物发表与体育场馆建筑设计有关的论文40余篇。参与编写了《奥运建筑——从古希腊文明到现代东方神韵》《体育建筑创作新发展》等多部体育建筑图书论著。多次应邀在全国体育建筑专业委员会、亚洲建筑国际论坛、全国体育建筑讲习班、全国建筑学专执委会议、海峡两岸建筑工作坊上做主题演讲，同时担任北京市自然科学基金、《华南理工大学学报》《城市建筑》以及杂志评审人，参与杭州奥博新城体育中心、郑州体育中心、江苏靖江体育中心、锦州体育中心、青岛体育中心等多项有影响力的体育项目评审工作。率领学生获得国际顶级建筑设计大赛——2012年美国EVOLO摩天楼国际设计竞赛唯一的一等奖，作品名称为《喜马拉雅水塔》（Himalaya Water Tower），这是中国建筑师第一次打破欧美国家对此项世界顶尖建筑竞赛大奖的垄断，获得中国新华社及美、英、日、加拿大等国内外几十家主流媒体的广泛赞誉及众多转载。

DALIAN SPORTS CENTER

大连市体育中心

项目业主：大连市星海湾管理中心
项目地点：辽宁 大连
建筑功能：体育场、体育馆、网球中心、棒球场、运动员训练基地
设计内容：方案设计、初步设计、施工图设计
用地面积：800 000平方米
建筑面积：体育场125 000平方米
体育馆73 000平方米
网球中心36 000平方米
训练基地98 700平方米
座席数量：体育场60 000席
体育馆18 600席
网球中心10 000席
建设投资：80亿元
设计单位：哈尔滨工业大学建筑设计研究院
合作设计：美国纳得华设计公司
设计团队：梅洪元、陆诗亮、初晓、魏志平、李弘玉、苑雪飞、梁斌等
设计时间：2009—2010年
建设时间：2010—2013年

大连市体育中心位于大连市南关岭朱棋路以西，岭西路以北，规划总占地面积80万平方米，建设内容包括主体育场、体育馆、游泳馆、网球中心、棒球场及大连市体育训练基地。在城市空间战略上，体育中心规划选址体现了大连市“西拓北进”的城市发展思路，西拓至旅顺，北进至金州，构筑“两城”（即大连主城区与大连新市区）的空间格局。作为新城市中心区的启动项目，体育中心除了为全运会及赛后的观演及体育运动、休闲娱乐、商业活动提供功能完备的场所设施之外，更成为推动北部新城发展的催化剂，吸引投资，整合带动城市周边区域发展，改善城市空间环境。

面对规划用地的限制，体育中心采用灵活的布局方式，以飘逸的“运动之脉”为主线贯穿整个基地。体育场及体育馆作为主体建筑，形成由南向北的发展主脉，顺应其动态趋势布局游泳馆、网球馆、田径训练馆等其他场馆及开放空间。环境及景观规划力图通过多层级的户外空间及活动内容的建构，创造符合体育主题及自然生态的环境，为大连市民提供高品质的活动场所。

“海”是大连市城市自然地理文脉的代表，旋涡、海浪、皮艇、礁石等是构成海洋的乐章，场馆建筑形象的塑造则充分体现对海洋及健康等寓意的追求。体育中心造型采用仿生形态，以简洁、抽象、飘逸的造型唤起人们对“海”的向往。主体育馆主体部分采用连续扭曲旋转向上的造型，配合两侧训练馆及观众入口大厅跳跃的造型，犹如涌起的浪花旋涡；游泳馆结合平面布局，将墙面、屋面与地面融为一体，模拟了波浪奔涌的景象；主体育场仿佛海中乘风破浪的皮艇；综合训练馆等则以收敛平缓的曲线隐喻岸边的礁石。

DALIAN SPORTS CENTER — MAIN STADIUM

大连市体育中心——主体育场

项目业主：大连市星海湾管理中心
项目地点：辽宁 大连
建筑功能：体育场
设计内容：方案设计、初步设计、施工图设计
用地面积：134 700平方米
建筑面积：体育场125 000平方米
座席数量：体育场60 000席
下层固定座席29 816席；上层固定座席28 236席；无障碍座席120席；
贵宾座席628席；无障碍贵宾席16席；包厢座席2 016席
建设投资：12亿元
设计单位：哈尔滨工业大学建筑设计研究院
设计团队：陆诗亮、魏志平、初晓、张玉影等
设计时间：2009—2010年
建设时间：2010—2013年

作为举办2013年全运会闭幕式的场地，主体育场位于体育中心中北部，占地面积约26万平方米，总建筑面积逾12万平方米，包括6万人规模的主体育场及2块标准室外田径训练场，体育场最高点高度逾60米。体育场采用椭圆形平面，通过“S”形疏散平台与体育馆相连。

作为体育中心统领整体建筑群的重要建筑，体育场的建筑形象对体育中心的整体形象定位尤其重要，其最终效果表达与材料密不可分。体育场外围护罩棚材料主要为通透的膜材，不仅可以减小屋盖自重，提高施工速度，而且膜材还可重复利用，有利于环保，体育场整体造型结合看台的布置方式采用流动的曲线，同时结合观众二层平台入口上部罩棚的曲线变化交错流动，屋顶、看台、雨篷与外围护结构作为整体，由透明打点ETFE充气薄膜材料沿横向线条划分拼块组合而成，象征之意不言而喻。简洁、通透的ETFE充气薄膜表皮配合高科技的灯光效果，赋予体育场如梦幻海洋般的视觉感受。

DALIAN SPORTS CENTER — GYMNASIUM

大连市体育中心——体育馆

项目业主：大连市星海湾管理中心
建筑功能：体育馆
建筑面积：体育馆73 000平方米
建设投资：7.2亿元
合作设计：美国纳得华设计公司
设计时间：2009—2010年
建设时间：2010—2013年

项目地点：辽宁 大连
用地面积：186 300平方米
座席数量：18 600席
设计单位：哈尔滨工业大学建筑设计研究院
设计团队：陆诗亮、初晓、魏志平、李弘玉
设计内容：方案设计、初步设计、施工图设计

大连市体育中心——体育馆位于体育中心的中西部，分为中心体育馆和附属配套设施两部分，中心体育馆可容纳18 600位观众，总建筑面积73 000平方米，是可进行国际篮球比赛、体操比赛等多项赛事及可举办文艺演出、电影节等多功能活动的大型甲级体育馆。附属配套设施功能为停车场和商业服务设施及部分设备用房，建筑面积为34 500平方米，还包括连接中心体育馆与附属配套部分的架空平台，面积为7 700平方米。

DALIAN SPORTS CENTER — TENNIS CENTER

大连市体育中心——网球中心

项目业主：大连市星海湾管理中心
项目地点：辽宁 大连
建筑功能：网球场、室内训练馆、室外附属场地
设计内容：方案设计、初步设计、施工图设计
用地面积：110 000平方米
建筑面积：36 000平方米
座席数量：决赛场地10 000席；半决赛场地2 000席
建设投资：4亿元
设计单位：哈尔滨工业大学建筑设计研究院
设计团队：梅洪元、陆诗亮、李弘玉、吕适新、苑雪飞、梁斌等
设计时间：2009—2010年
建设时间：2010—2013年

大连市体育中心——网球中心位于体育中心西部，紧临主体育馆，包括主赛场、带有4块标准场地的室内训练馆、2块半决赛场地、14块室外比赛热身训练场地及地下停车场。

主赛场为矩形平面，观众座席露天设置，不带雨篷。为了衬托主体育馆的主体地位，网球主赛场、室内训练馆均采用下沉式的布局。半决赛场依室内训练馆一侧展开布置，为有效削减建筑体量，采取了赛时临时搭建座席的使用方式。

网球中心与训练馆以绿带连通，主网球场选址偏向西南，以增大与体育馆间的距离，形成与体育场和体育馆较为舒展的整体布局，同时最大限度地在主赛场东侧及北侧形成开放空间，缓解比赛期间大量人流及车流对城市交通的压力。

网球主赛场建筑形态迥异于曲线形的主体育馆及体育场，考虑城市界面及体育馆主广场的景观需求，整体造型虚实结合，利用半透明的、色彩渐变的金属穿孔网墙将建筑内部各种复杂的功能用房沿城市及体育馆方向包裹起来，形成富于变化的表皮肌理。

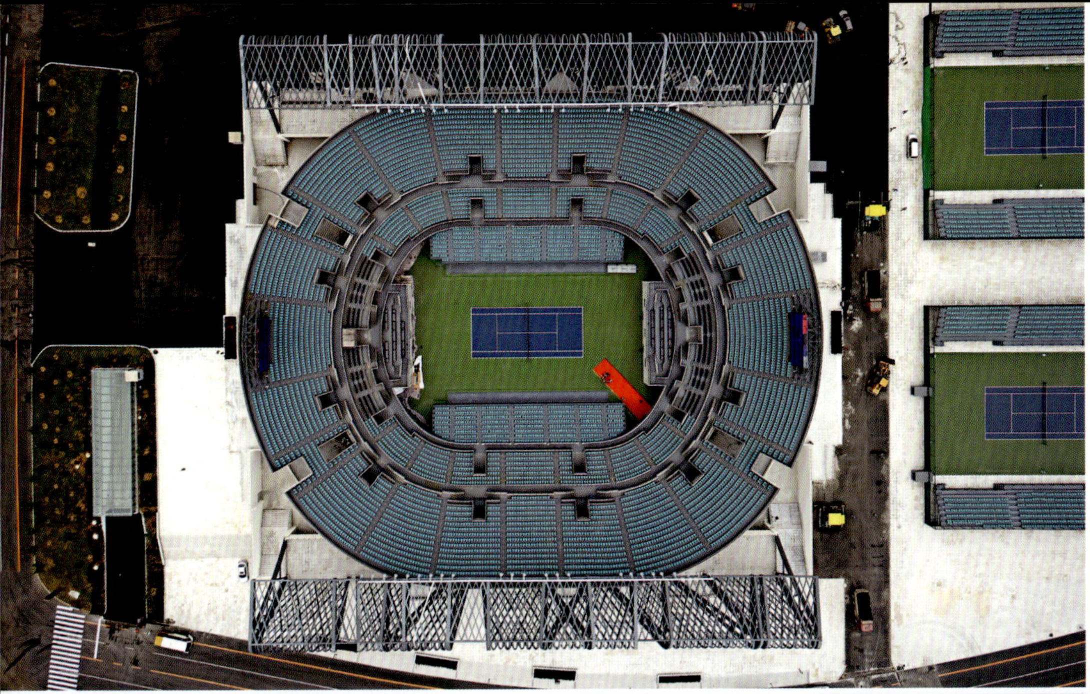

DANDONG SPORTS CENTER

丹东市体育中心

项目业主：丹东市城乡规划建设委员会
项目地点：辽宁 丹东
建筑功能：体育馆、游泳馆、训练馆
设计内容：方案、施工图设计
用地面积：178 800平方米
建筑面积：体育馆16 800平方米
游泳馆8 915平方米
训练馆7 869平方米
座席数量：体育馆5 500席
游泳馆800席
建设投资：1.8亿元
设计单位：哈尔滨工业大学建筑设计研究院
设计团队：梅洪元、陆诗亮、陈晗、张赫、唐昕
设计时间：2009年
建设时间：2009—2012年

丹东北屏青山，南接黄海，体育中心建筑形象创作紧扣当地自然和人文环境特点，寄情山水，创造兼具地域特色和时代精神的标志性建筑景观。屋盖塑造出中部隆起、四周舒展的建筑形体，简洁、大气的曲线轮廓与远处起伏的山脉遥相呼应。体育馆、游泳馆、训练馆突出滨水建筑特质，利用相同的屋面形式统一，三馆屋面如同三片杜鹃花(丹东市花)的花瓣，轻盈地飘落在鸭绿江畔。

一、总平面布局设计

基地南北方向长551米，东西方向367米，用地十分紧张，在限制中追求和谐，创造与环境有机结合的“美丽画卷”成为建筑创作的出发点。体育馆、游泳馆、训练馆形成建筑群，以山岭为背景，更显恢宏气势。 各场馆围合形成的圆形中心广场是外部空间的景观核心，赛时可作为人流主要集散空间，平时可作为群众休闲健身的户外场地。

二、复合高效的功能空间设计

设计为场馆的运营和使用提供灵活高效的空间，实现场馆功能的可持续发展，是丹东市体育中心建筑创作的目标。项目临近城市道路，因此附属用房设有商服、健身、会议、办公等多元化的经营性空间，为场馆的日常运营提供了物质基础。

体育馆除了满足篮球、排球、羽毛球、乒乓球等比赛要求外，还能为杂技表演、会议、展览及演出提供场地。游泳馆设有一席标准比赛池和一席短池，可满足国际游泳比赛的要求以及平时训练和开展群众性休闲健身活动的需要，另外还设置一席专供儿童使用的浅水池，充分满足不同年龄层次市民的使用要求。

训练馆一层可满足篮球、排球、羽毛球的训练需求，二层可进行网球训练，平时可作为市民健身的室内场地。连接三馆的平台下空间布置有经营性商业附属用房，包括管理办公、休闲健身、商服、餐饮等，在平时可对外开放，形成集健身、餐饮、旅游、休闲购物为一体的综合功能体，提高场馆的生存能力，为实现以馆养馆提供可能性。

ARCHITECTS

集美组
NEWSDAYS

齐胜利

总建筑师/总规划师

性　　别：男
出生日期：1965年9月10日
籍　　贯：内蒙古包头市

集美组机构/总建筑师、总规划师
北京东方华太建筑设计工程有限责任公司广州分公司/总经理

专业资格

高级环境艺术设计师；中国建筑学会会员；中国建筑学会室内设计分会会员；同济大学建筑城市规划硕士；比利时鲁汶大学建筑学硕士

教育背景

1982—1986年　上海同济大学建筑系/城市规划学士
1986—1988年　上海同济大学建筑系/城市规划硕士
1993—1995年　比利时LEUVEN大学/建筑学硕士

工作经历

1988—1993年　华南理工大学建筑学系/讲师
1996—1998年　集美组室内设计工程有限公司/高级建筑师
1998—1999年　中山盛兴玻璃幕墙有限公司/总建筑师
2000年至今　集美组机构/总建筑师、总规划师
　　北京东方华太建筑设计工程有限责任公司广州分公司/总经理

主要作品

1989年　湖南省株洲市新城市中心详细规划（获全国竞赛一等奖）
1989—1991年　广东省中山市小榄镇总体规划（获全国乡镇规划评比一等奖）
1992年　广东省海口市世界贸易中心规划设计（获全国竞赛二等奖）
2001年　杭州云栖假日度假酒店（五星级休闲度假酒店）
2002年　浙江省宁波市保税区行政中心（建筑综合体）
2003年　广州金叶子温泉度假酒店（五星级休闲度假酒店）
2004年　惠州汤泉政府接待基地（五星级酒店）
2004年　苏州香山国际大酒店（五星级休闲度假酒店）
2006年　中山清华坊（现代中式住区）
2008年　广州长隆酒店二期扩建（国内最大型的五星级生态酒店）
2009年　郑州上街雅乐轩酒店
2010年　惠东白盆珠温泉度假酒店（五星级温泉度假酒店）
2010年　东阳市白云书院精品酒店及会所（五星级精品酒店）
2011年　郑州·祥营水牛张项目（综合性住宅区）
2011年　丽水德加·养生文化园项目（五星级精品酒店）
2011年　河南商丘联盟新城项目（综合性住宅区）
2011年　河南郑州环球美食城总体规划
2005—2012年　郑州联盟新城三期、四期、五期、六期
2012年　英德市金海湾度假区（旅游度假区）
2012年　湘家荡君澜度假酒店（五星级精品酒店）
2012年　安吉君澜度假酒店（五星级精品酒店）
2013年　思念果岭温泉度假区（五星级温泉酒店）
2013年　许昌鄢陵生态新城（综合性住宅区）
2013年　海南三亚亚龙湾君亭酒店（五星级精品酒店）

获奖情况

2007年　被评为“全国百名优秀室内设计师”
2008年　第四届海峡两岸四地设计大赛中主持的“广州长隆酒店扩建工程”项目荣获公共建筑方案“铜奖”
2008年　第四届海峡两岸四地设计大赛中主持的“苏州太湖香山国际酒店”项目荣获公共建筑方案“创意奖”
2008年　第四届海峡两岸四地设计大赛中主持的“中山清华坊”项目荣获住宅建筑工程“铜奖”
2009年　北京市第十四届优秀工程设计评选中主持的“河南郑州联盟新城三期”项目获得二等奖
2010年　第八届中国国际室内设计双年展中主持的“惠东白盆珠温泉度假酒店”获得“银奖”
2010年　第八届中国国际室内设计双年展中主持的“南湖宾馆湖畔楼建筑设计”获得“银奖”
2010年　第八届中国国际室内设计双年展中主持的“苏州太湖国家旅游度假区中心区招商服务中心建筑设计”获得“银奖”
2010年　第八届中国国际室内设计双年展中主持的“嘉兴湘家荡环湖公园休闲文化中心建筑设计”获得“银奖”
2010年　第八届中国国际室内设计双年展中主持的“开封西北湖湿地会馆建筑设计”获得“铜奖”
2010年　第八届中国国际室内设计双年展中主持的“嘉兴湘家荡江南水乡古村建筑设计”获得“优秀奖”
2012年　北京市第十六届优秀工程设计评选中主持的“中山清华坊”项目获得二等奖

从业10几年来，拥有丰富的专业设计经验，曾主持和参与了几十项不同规模与类型的五星级酒店及现代中式住区的设计项目。

地址：广州市天河区员村四横路128号红专厂N1栋集美组
电话：86-20-38250306
传真：86-20-38736446
邮政编码：510655
电子邮箱：newsdays@newsdays.com.cn
新浪微博：http://weibo.com/newsdays
网址：www.newsdays.com.cn

集美组成立于1994年，由加拿大SHERMAN DESIGN AND CONSTRUCTION 与集美组机构合资建立，拥有由具有海外教育背景的专业人士组成的强大的设计策划及工程管理团队。经过近20年的发展，已经成为在中国设计工程领域享有盛誉的机构，为业主之项目提供广泛的设计咨询以及工程服务。

集美组提倡创造，保护创造。其事业发展之本是鼓励集体主义和个人主义并举。这是近年来其事业一直保持领先的原因，并形成以此为基础的企业文化。

CHIME LONG HOTEL, GUANGZHOU

广州长隆酒店

项目业主：广州市番禺区香江野生动物世界有限公司
项目地点：广东 广州
建筑功能：酒店
用地面积：149 637平方米
建筑面积：197 231平方米
设计时间：2007年
竣工时间：2009年
设计单位：集美组机构
设计团队：齐胜利、吴剑锋、刘鹰、田亲清、Jeffery等
获奖情况：第四届海峡两岸四地设计大赛中公共建筑方案铜奖

项目地处广州新“名片”——长隆集团的中心地段，与原长隆酒店紧密结合在一起。新酒店共有1 068间客房，包括一间拥有5 000平方米宴会厅的国际会展中心和配套服务设施。

项目的设计意图是创造一种全新的度假生活。通过丛林、动物、城堡、岭南这4个概念强调项目的独特主题。新长隆国际度假酒店将是一个独特、狂野、高贵且私密的世界一流的主题度假村。独特的环境和豪华的设施将为所有到访者提供一种难以忘怀的体验。

总平面图

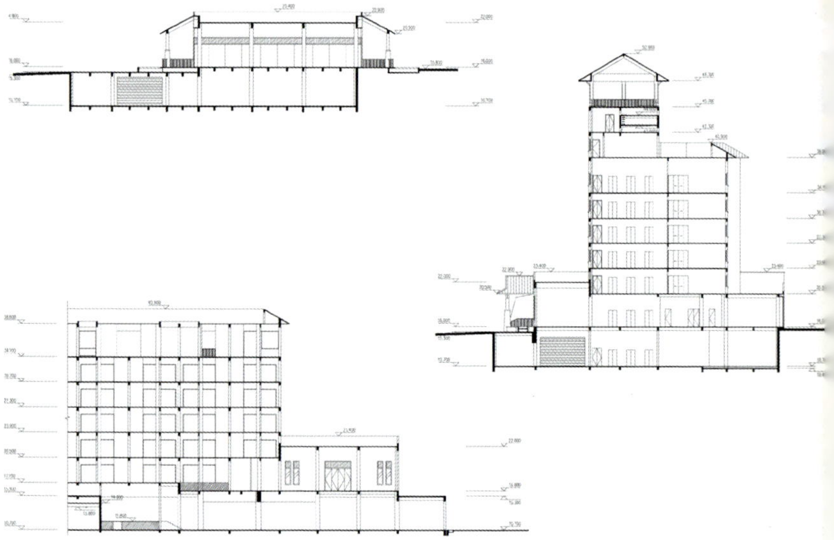

剖面图

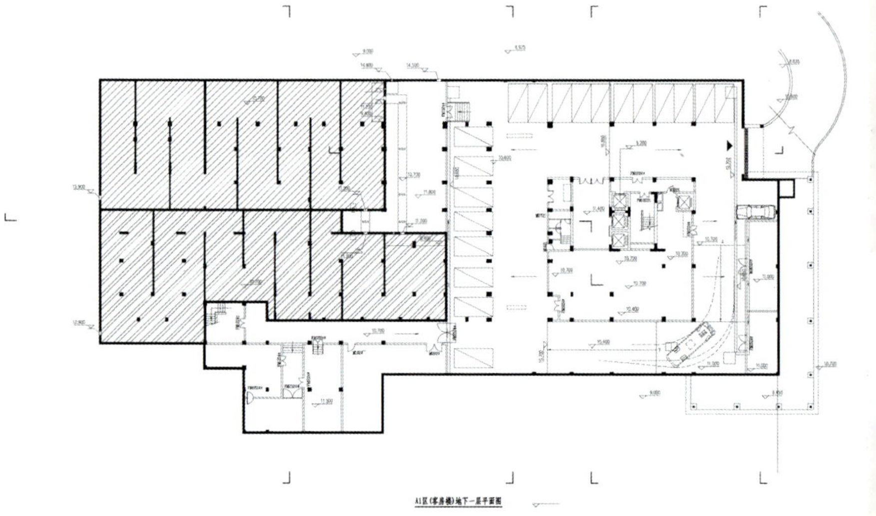

平面图

立面图

PATTRA RESORT, GUANGZHOU

广州金叶子温泉度假酒店

项目业主：五叶神集团
项目地点：广东 增城
建筑功能：度假酒店
用地面积：252 246平方米
建筑面积：42 000平方米
设计时间：2004 年
竣工时间：2007年
设计单位：集美组机构
设计团队：齐胜利、罗卫星、刘鹰、肖莺等

项目由度假酒店、温泉养生区、度假别墅区及森林景观区组成。设计在注重东方韵味的场所精神创造的同时，糅合西方对营造简约生活空间的追求，实现“休闲”和“优雅”的统一。

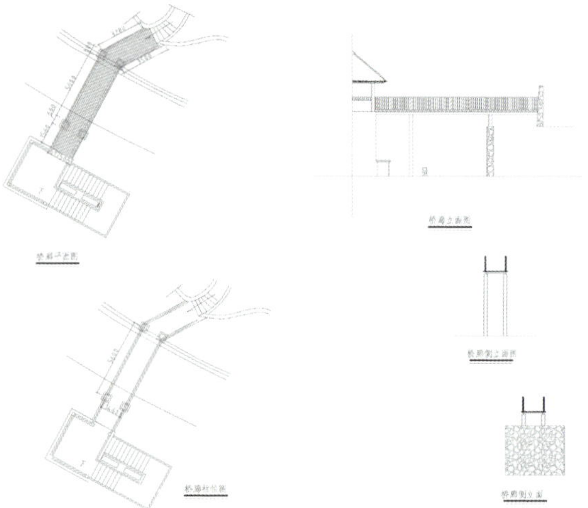

平立剖面图

立面图

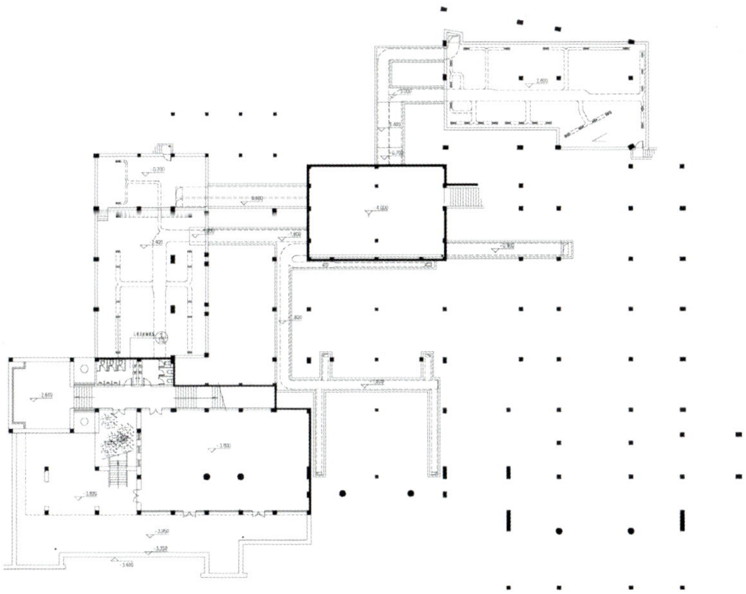

会所平面图

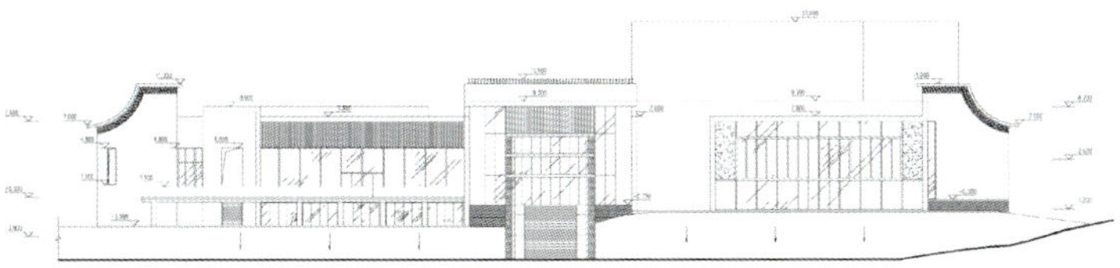

会所立面图

QINGHUA LANE, ZHONGSHAN

中山 · 清华坊

项目业主：中山市圣都房地产开发有限公司
项目地点：广东 中山
建筑功能：住宅
用地面积：800 380.3平方米
建筑面积：706 752.2平方米
设计时间：2006年
竣工时间：2009年
设计单位：集美组机构
设计团队：齐胜利、陈向京、田亲清、邓燕虹、肖莺
获奖情况：第四届海峡两岸四地设计大赛中住宅建筑工程铜奖

项目位于中山市南区树涌村“老虎臀”，地块东、南、北三面环山，中央形成相对平缓的坡地和面积约6万平方米的湖面，青山绿水的自然环境为该项目提供了一块不可多得的休闲居住用地。

建筑风格：营造一种意象中式住宅，而非具象中式住宅。

1. 根据中式传统建筑或构件进行取舍、并置、抽离和改造。

2. 使用中国传统材料如青火砖、青石等以及现代朴素的材料如素混凝土、金属材料、玻璃等。局部用鲜艳的颜色。

3. 采用现代主义设计手法来创建绿色休闲的高档生活社区。

酒店剖面图

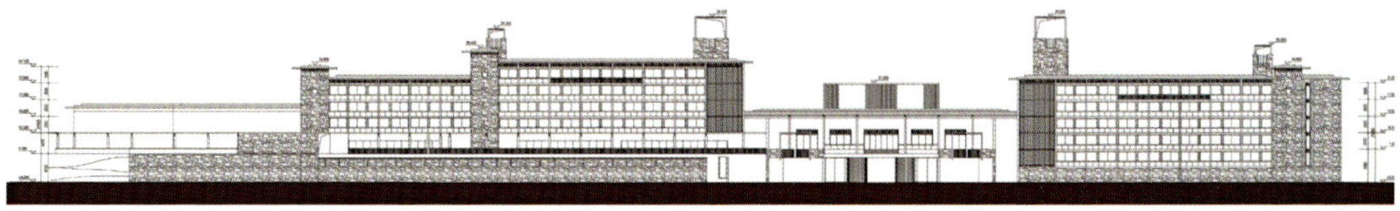

酒店正立面图

DONGGUAN HOTEL

东莞大酒店

项目业主：广东世纪城集团酒店管理有限公司
项目地点：广东 东莞
建筑功能：酒店
用地面积：167 276平方米
建筑面积：78 158平方米
设计时间：2010—2011年
设计单位：集美组机构
设计团队：齐胜利、吴剑锋、张楚洪、陈海利、关卫婷等

以打造南方顶级度假型精品酒店为目标，以高端会议、高端商务客、高端休闲度假客为目标客户，注重私密性的营造，合理布局设计。“养生”引申作内涵，“现代”引申作手法，“艺术”引申作形式，“生态”引申作追求，以浓郁的东方韵味，为魂，为核心之本。

祁斌

副总建筑师
建筑创作一所/所长
国家一级注册建筑师
教授级高级建筑师

教育背景
2009—2010年　美国麻省理工学院/访问学者
2009—2010年　美国哈佛大学/客座评论建筑师
1996年至今　清华大学建筑学院/建筑设计及理论专业硕士

工作经历
2007年至今 清华大学建筑设计研究院/副总建筑师
2005年至今 清华大学建筑设计研究院/建筑专业一所所长
1998—2001年 日本佐藤综合设计（AXS）/研修

刘玉龙

董事
副院长
副总建筑师
国家一级注册建筑师

教育背景
1987—1992年　同济大学建筑城规学院/建筑系学士
1996—1998年 清华大学建筑学院/建筑系硕士
2001—2007年　清华大学建筑学院/建筑系博士

工作经历
2007年至今　清华大学建筑设计研究院有限公司/董事，副院长，副总建筑师
2001—2007年　清华大学建筑设计研究院/建筑工程设计三所所长
2004年　法国CSTB可持续发展设计研究
1992年至今　清华大学建筑设计研究院

朱晓东

副总建筑师
清华康宁翰研究中心主任
国家一级注册建筑师
高级建筑师

教育背景
1984—1989年　清华大学建筑学院/建筑系学士
1989—1991年　清华大学建筑学院/建筑系硕士
1999—2000年　巴黎维尔曼建筑学院（L' Ecole d' Architecture Paris-Villemin）学习

工作经历
2007年至今　清华大学建筑设计研究院/副总建筑师

陈若光

2A1建筑工作室主任
国家一级注册建筑师
高级工程师

教育背景
1989—1994年　清华大学建筑学院/建筑系/建筑学学士
1997—2000年　清华大学建筑学院/建筑系/建筑学硕士

工作经历
2010年至今　清华大学建筑设计研究院有限公司/2A1建筑工作室主任
2000年至今　清华大学建筑设计研究院有限公司/高级建筑师

栗铁

绿色建筑工程设计所/所长
国家一级注册建筑师
高级工程师

教育背景
1995年　北京建筑工程学院/学士
2002年　法国巴黎E.A.P.V.S.建筑学院/获法国国家建筑师文凭DPLG

工作经历
2007年至今　清华大学建筑设计研究院/绿色建筑工程设计所
2004—2007年　清华大学建筑设计研究院/一所
2000—2001年　法国包赞巴克建筑事务所/实习
1995—1999年　北京市建筑设计研究院/三所

清華大學 建筑设计研究院有限公司
ARCHITECTURAL DESIGN & RESEARCH INSTITUTE OF TSINGHUA UNIVERSITY CO., LTD.

清华大学建筑设计研究院成立于1958年，为国家甲级建筑设计院。2011年1月，经教育部批准，改制为清华大学建筑设计研究院有限公司。

设计院依托清华大学深厚广博的学术、科研和教学资源，作为建筑学院、土水学院等院系的实践基地，十分重视学术研究与科技成果的转化，规划设计水平在国内名列前茅。

设计院现有工程设计人员600余人，其中院士3人、勘察设计大师3人，国家一级注册建筑师100余人，一级注册结构工程师60余人，高级专业技术人员占40%以上，人才密集、专业齐全、人员素质高、技术力量雄厚。作为国内久负盛名的综合设计研究院之一，业务领域涵盖各类公共与民用建筑工程设计、城市设计、居住区规划与住宅设计、城市总体规划和专项规划编制、详细规划编制、古建筑保护及复原、景观园林、室内设计、检测加固、前期可研和建筑策划研究以及工程咨询。

设计院自成立至今，始终严把质量关，秉承“精心设计、创作精品、超越自我、创建一流”的奋斗目标，热诚地为国内外社会各界提供优质的设计和服务。

我们的队伍是年轻的、充满活力的，如果说建筑是一座城市的文化标签，我们的建筑师将用流畅的线条勾勒她，灵魂的笔触描绘她，迸发的激情演绎她，目的只有一个——让世界更加美好。

地址：北京市海淀区清华大学设计中心楼
电话：010-62789999
传真：010-62784727
网址：www.thad.com.cn
电子邮箱：jzsjy@tsinghua.edu.cn

XUZHOU ART MUSEUM

徐州美术馆

项目业主：徐州市日报社
建筑功能：展览
建筑面积：23 114平方米
设计时间：2007—2008年
设计单位：清华大学建筑设计研究院有限公司
获奖情况：2011年第六届中国建筑学会建筑创作奖优秀奖
2011年教育部优秀工程勘察设计奖一等奖

项目地点：江苏 徐州
用地面积：18 000平方米
建筑高度：24米
竣工时间：2010年
主创设计：祁斌

徐州美术馆是一个城市资源优越的公共文化建筑，建筑设计从普通市民的参与性角度出发，在城市历史、环境、人文脉络中梳理出让普通公众能够领悟感触的线索，将最优越的城市资源尽可能地开放给市民，使建筑生长于市民生活之中，让公共文化建筑体现“公共性”价值。开放的公共文化建筑为城市生活注入新的内涵，让城市和建筑回归普通人的情感认同。

XUZHOU CONCERT HALL

徐州音乐厅

项目业主：徐州市建设局
建筑功能：剧院、歌舞、演播室
建筑面积：13 322平方米
设计时间：2007—2008年
设计单位：清华大学建筑设计研究院有限公司
获奖情况：2011年中国室内设计评选优秀公共空间设计作品
2012年中国室内设计评选十佳公共空间设计作品
2011年第十四届中国室内设计大奖赛中国室内设计学会奖
2012年中国建筑学会建筑设计奖（建筑创作）银奖
2013年教育部优秀工程设计奖二等奖
2013年全国优秀工程勘察设计行业奖一等奖

项目地点：江苏 徐州
用地面积：40 000平方米
建筑高度：28.9米
竣工时间：2010年
主创设计：祁斌

徐州音乐厅以音乐演出为主功能，兼具歌舞剧院、演播室等多种功能。设计取意徐州的市花——紫薇花的形态。建筑整体犹如层层展开的花瓣，勾勒出花朵婀娜的形态，绽放在云龙湖平静的水面上。开放的室外看台及休闲空间环绕建筑主体，以云龙湖为舞台背景，成为城市公共演出的开放舞台，也为市民提供一处观湖休闲的公共空间。建筑契合场所、地形、功能特征，形成具有象征性的理性的建筑形态，融入山水城市最优美的景观中，也象征着锐意创新的城市新精神。

SCHOOL OF MEDICINE, TSINGHUA UNIVERSITY

清华大学医学院

项目业主：清华大学
建筑功能：科研、教育
建筑面积：46 500平方米
竣工时间：2006年10月
设计团队：关肇邺、刘玉龙、付昕、胡珀、姜娓娓
获奖情况：2007年北京市优秀工程设计一等奖
2008年中国建筑学会建筑创作优秀奖
2008年全国优秀工程勘察设计行业奖一等奖
2008年全国优秀工程勘察设计金奖

项目地点：北京
用地面积：23 803平方米
设计时间：2002年10月—2005年3月
设计单位：清华大学建筑设计研究院有限公司

清华大学医学院楼位于清华大学校园西部，本设计通过对校园肌理的拓扑和发展以及围合、院落、轴线、尺度的运用，形成具有清华校园空间特色的建筑群体。

面对圆明园、清华校园两大文物保护区的限制，以渐退的体量、八角形的入口、红砖和相同质地墙面砖的有机组合等手法的运用，在延续文物保护区历史文脉的同时，得体地表现时代特征。

建筑空间体现科学实验和人文精神的结合，在安排好复杂技术功能的前提下，创造出诸多不同尺度的交往空间，促进学术交流。

INNOVATION PARK BUILDING, DALIAN UNIVERSITY OF TECHNOLOGY

大连理工大学创新园大厦

项目业主：大连理工大学
项目地点：辽宁 大连
建筑功能：科研教育建筑
用地面积：31 880平方米
建筑面积：36 635平方米
设计时间：2003年12月—2005年6月
竣工时间：2006年10月
设计团队：刘玉龙、胡珀、Pierre Soucy、王育娟
获奖情况：2007年教育部优秀设计奖二等奖
2008年全国优秀工程勘察设计行业奖三等奖

大连理工大学创新园大厦位于大连理工大学校园轴线北部端点上，是校园内一处重要的制高点。布局因地制宜，借势造景，创造校园轴线开放的端点，形成校园空间的标志建筑。

主楼由12层主楼和16层翼楼构成“T”形，正中的门洞使校园轴线由此延伸到北端。东翼利用台地地形，形成室外学术论坛和绿地台地的呼应。

平面布局采用模块化理念，体现教学科研建筑的灵活性。高层主楼交通核心在平面两端，形成开放式使用区域，为将来的更新改造提供了最大的灵活性；隔层设置一个两层高的交流研讨区。创新平台与学术论坛、绿地台地形成动态室外活动空间，创造科研、创新、交流相融合的空间环境。

建筑外饰面采用黑色铝塑板和金属铝板、菊花黄石材等相互映衬，加上柱廊、金属格栅、百叶等的点缀，形成既富有科技感又丰富的建筑形象。

BEIJING MERLIN CHAMPAGNE TOWN

北京美林香槟小镇

项目业主：北京美林房地产开发有限公司
项目地点：北京
建筑功能：居住
建筑面积：91 000平方米
设计时间：2002年9月—2003年6月
竣工时间：2005年6月
设计单位：清华大学建筑设计研究院有限公司
主创设计：朱晓东

以简约、清新的设计风格展现邻区小镇建筑的特征。

TOURISM COLLEGE OF BEIJING UNION UNIVERSITY COMPREHENSIVE TRAINING BUILDING

北京联合大学旅游学院综合实训楼

体块组合、肌理严谨、关联延展、实用可变，形成北四环引人注目的新建筑。

项目业主：北京联合大学
项目地点：北京
建筑功能：教学、办公
建筑面积：35 000平方米
设计时间：2010年3月—2011年5月
竣工时间：2013年7月
设计单位：清华大学建筑设计研究院有限公司
设计团队：朱晓东、周昊、郭垚

ZENGCHENG CITY CHILDREN'S PALACE, GUANGZHOU

广州增城市少年宫

项目业主：增城市城乡建设管理局
建筑功能：少年宫
建筑面积：55 800平方米
项目状态：在建
设计团队：陈若光、史立群、唐艳春、吴剑
项目地点：广东 增城
用地面积：26 000平方米
设计时间：2012年12月—2013年9月
设计单位：清华大学建筑设计研究院有限公司

一、无限

无穷或无限的数学符号为“∞”，即“没有边界”的意思。对纸带进行180度翻转再首尾相连就得到“莫比乌斯环”。莫比乌斯环能够完美地展现一个“二维空间中一维可无限扩展之空间模型”。设计造型的创意来自数学符号“∞”，表达了“探索无极限”的主题。青少年们身临其境，在科学与艺术的海洋中，探索无限美好的未来。

二、彩带与飞翔

造型拟喻了展翅飞鸟，孩子们来到这里嬉戏和学习，进入知识的海洋向着美好的明天展翅高飞。

三、城市空间

封闭围合不是这里的性格，少年宫及其广场将是开放的，市民性的，尤其建筑的二层设计了对城市开放的平台空间，打造充满城市活力的公共空间。

四、岭南建筑

兼容并蓄的开放品格，和谐有机的系统思维，勇于进取的创新精神。

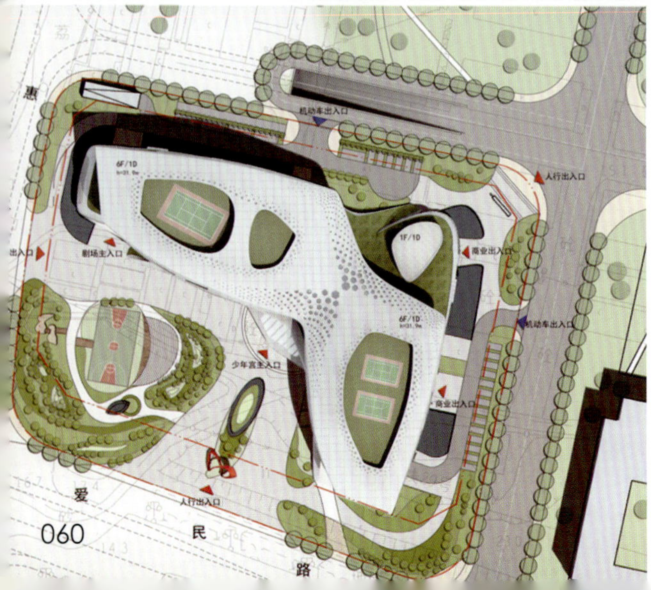

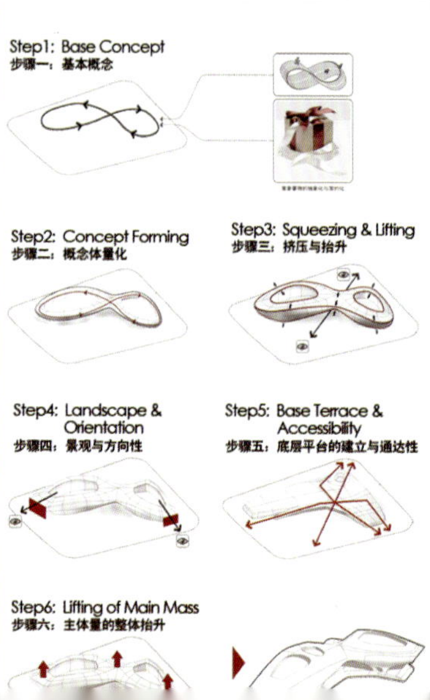

BEIJING UNIVERSITY OF TECHNOLOGY GYMNASIUM

北京科技大学体育馆

项目业主：北京科技大学
建筑功能：体育
设计时间：2004年11月—2005年9月
设计单位：清华大学建筑设计研究院有限公司

项目地点：北京
建筑面积：24 662平[illegible]
项目状态：建成
设计团队：庄惟敏[illegible]

北京科技大学体育馆在奥运期间，承担奥运会柔道、跆[illegible]比赛，[illegible]残奥会期间作为[illegible]轮椅篮球、轮椅橄榄球比赛场地。工程由主体育馆和一个50米×25米标准[illegible]构成，主体育馆赛中设60米×40米的比赛区和观众座席8 012个，满足奥运会及残[illegible]。奥运会后，临时看台拆除，恢复为5 050标准席，可承担重大比赛赛事、[illegible]、跆拳道赛事及学校室内体育比赛、教学、训练、健身、会议、文艺演出等。

ARCHITECTS

北方时代建筑勘察设计研究院有限公司
BSAD
Beifang Shidai Architectural Exploration, Design & Research Institute Co., Ltd.

苏勇

中央美术学院建筑学院/讲师
北方时代建筑勘察设计研究院北京院/总建筑师/教授级高级建筑师

同济大学建筑城规学院/建筑学博士
重庆大学建筑城规学院/建筑设计及其理论硕士
德国凯泽斯劳滕工业大学/建筑学院访问学者
研究方向：城市设计及其理论

主要成果

教育部霍英东教育基金奖
《北京力迈国际学校》获内蒙古自治区优秀设计二等奖
《南京东大商业街》获内蒙古自治区优秀设计三等奖
《赤峰市医院》获内蒙古自治区优秀设计三等奖
《北京市轨道交通总网概念规划》《河南郑州市轨道交通总网概念规划》等地铁装修战略规划

主要作品

山西平遥国际演艺中心、北京钟鼓楼地区保护性城市设计、北京力迈国际学校、上海嘉定新城区总体景观规划、南京江宁大学城中心区城市设计、南京江宁东大商业街、重庆大学城总体规划、重庆国际金融贸易区修建性详细规划、重庆沙坪坝区城市中心区城市设计、湖南长沙HC新城修建性详细规划、山东理工大学新校园修建性详细规划、山东青岛胶南水城商务区及度假酒店区概念规划、河南登封颍河东路片区修建性详细规划、安徽合肥东方国际会展中心规划设计、安徽马鞍山广播中心及电视塔规划设计、安徽马鞍山地税局办公楼、安徽省地税局汤池培训中心等20几项大中型规划与建筑设计项目。迄今为止，已在国内各级核心期刊发表20余篇学术论文。撰写专著《当代中国大学城规划设计与建设研究》，参编《居住区规划原理》。

地址：北京市海淀区西四环北路 158 号慧科大厦东区 7A
邮编：100142
电话：010-88592821
传真：010-88592625
网站：www.cccc-cf.com
电子邮箱：zcjsjy-bj@163.com

北方时代建筑勘察设计研究院有限公司创建于1956年，1987年获得甲级设计资质，目前拥有建筑工程设计甲级资质、工程地质勘察甲级资质、城市规划设计乙级资质、市政工程设计乙级资质、工程造价咨询乙级资质、建筑工程招投标代理乙级资质、工程建设监理乙级资质等多项资质。拥有专业技术职称人员160人（其中教授级高工4人，高级职称36人，中级职称70人），国家一级注册建筑师8人，国家一级注册结构工程师7人，国家一级注册公用设备师2人，国家二级注册建筑师5人。

公司成立至今，先后承担了一大批具有时代特征和影响力的建筑勘察设计项目，涉及博物馆、图书馆、医院、宾馆、写字楼、商厦、彩电中心、厂房等，曾先后荣获优秀勘察设计奖、科技进步奖等40多项奖项。

公司于2007年在北京成立分公司，北京院业务领域涉及城市规划设计、建筑设计、景观设计、室内设计等。现有技术人员40余人，其中一级注册建筑师3人，一级注册结构师3人。公司始终本着精心、诚信、发展的企业宗旨，恪守诚信原则，为客户价值提升提供专业化的技术服务。

IMPRESSION PINGYAO INTERNATIONAL PERFORMING ARTS CENTER, SHANXI

山西印象平遥国际演艺中心

项目业主：平遥县印象文化旅游发展有限公司
项目地点：山西 平遥
建筑功能：文化
建筑面积：26 900 平方米
设计时间：2012 年
竣工时间：2013 年 1 月
设计单位：北方时代建筑勘察设计研究院有限公司
主创设计：苏勇
设计团队：王虹、赵峰、张朝蓬、冀国奇、张铁泷、刘文萍、杨景乔等

印象·平遥大型实景演出项目是全国第一个以山西历史文化，晋商特色，民族特色，山西人、事、物为表演主题的演出项目。地块位于平遥古城西侧，与古城比邻，目的是为平遥传统文化氛围极其浓厚的区域，创造一个延续古城墙风貌特征，并能为古城文化和平遥民间艺术实现传承和颂扬的场所。

建筑设计的灵感来源于古城内绵延起伏的屋面，有高潮、有低谷，一波三折，起起落落，展示着古城曾经的繁华和沧桑。新的剧场建筑将这种绵延起伏的形态提炼升华，用平遥最具代表性的“土”与“瓦”以巧妙的穿插、悬挑、转折、跌落等现代简洁的手法聚合成一座“灵气往来、求之无端”的“舞动剧场”，赋予建筑以节奏感很强的造型意境，并表达出传统建筑的内涵。

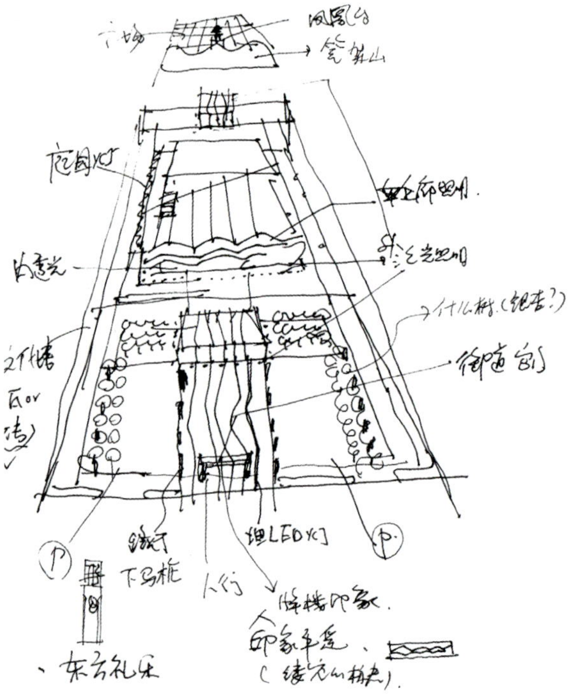

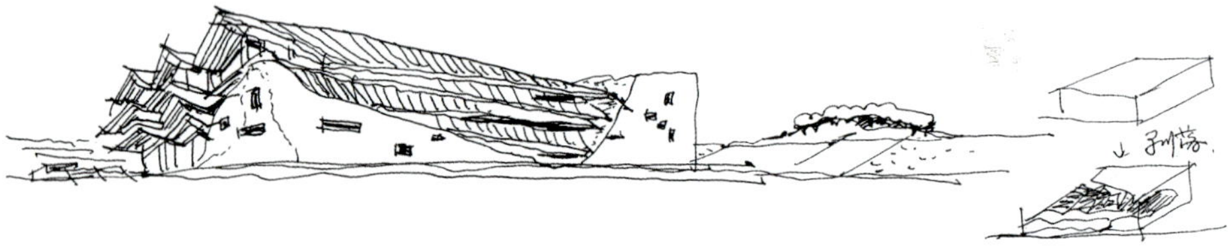

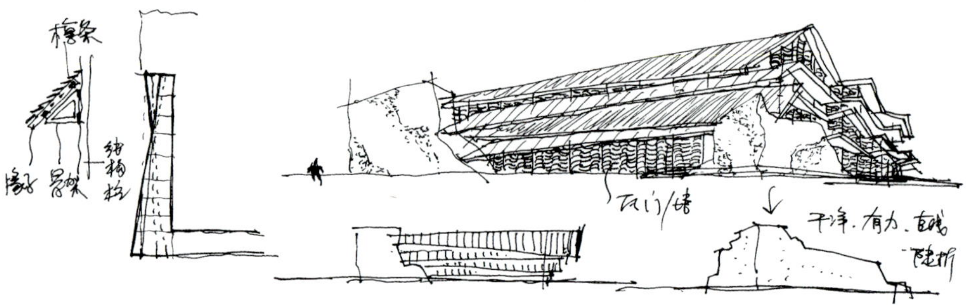

DONGDA COMMERCIAL STREET, NANJING

南京东大商业街

项目业主：南京江城房地产开发有限公司
项目地点：江苏 南京
建筑功能：商业
建筑面积：100 000平方米
设计时间：2008 年
竣工时间：2010 年
设计单位：北方时代建筑勘察设计研究院有限公司
主创设计：苏勇
设计团队：杨忠昌、佟东丽、 张朝蓬、 陈智、刘文萍等

项目位于南京市江宁区，南依南京市二环路，北部与西部分别与东南大学新校区和内环路相接。基于本项目的区位条件特点和服务对象的考虑，本项目定位为面向大学生及白领阶层消费群体的集商业、娱乐、运动、休闲、餐饮及研发孵化等功能于一体的，体现文化性与高品位的江宁开发区南部的商业中心。

由于新的城市缺少老城区充满人性化的生活气氛，但同时也具有老城区所不具有的高品质环境，因此在新的城市进行建设时，就应该在传统的城市生活特征和新的城市生活要求之间保持一种动态的平衡，既有生活的延续与又有生活的创新。“延续”主要表现在对传统城市功能和传统城市空间特征的模拟，引入商业、宾馆、文化娱乐、餐饮、办公等传统城市功能以及步行街、城市广场、小游园等城市公共生活空间。“创新”主要表现在引入新的城市功能（如研发、电子数码城等）和控制较适宜的开发强度，以保持良好的空间环境质量。

TANGCHI TRAINING CENTER OF ANHUI · LOCAL TAX BUREAU

安徽省地税局汤池培训中心

项目业主：安徽省地税局
项目地点：安徽 合肥
建筑功能：商业
建筑面积：7 200平方米
设计时间：2009 年
竣工时间：2010 年
设计单位：北方时代建筑勘察设计研究院有限公司
主创设计：苏勇
设计团队：陈智、刘文萍等

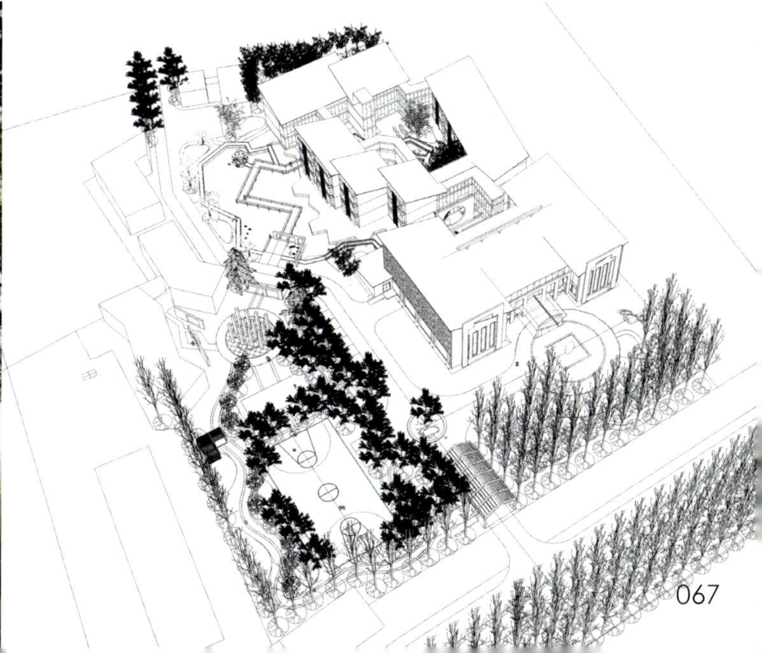

建筑的本质是空间，而空间是建筑设计的灵魂。

总体规划注重基地自身环境与周边环境的协调关系，表现在空间布局上就是将基地东面的水杉林在基地内加以延续。利用基地在纵深方向的深度，自然、有机地形成了6个层层递进的空间层次，分别为前院—天井—大堂—水院—内庭—后花园。

徽派建筑的外部形体以白色马头墙、坡顶小青瓦为特征，建筑细部则以石雕、砖雕、木雕为特征。我们的形式策略是先解构再重构，即先对上述传统形态特征进行必要的简化抽象和拓扑变形，使之适应新的建筑尺度和功能需要。例如所有建筑坡屋面均采用灰色混凝土瓦，既与传统徽派建筑的坡顶小青瓦相呼应，又统一了因功能和空间组织的不同而形成的多变的建筑体量。在建筑主立面的东立面设计了两片剪影式马头墙，这主要考虑到传统马头墙作为防火和防风功能在现代建筑中已经不存在，因此在现代建筑中它只是以一种剪影方式印象式地存在。为表达传统徽派建筑细部形式的木雕特征，我们将外墙面分为两个层次，基层采用毛面石材，面层采用小木作构件、大木作做法的手法，通过将徽派建筑中独特的木雕格窗简化后拓扑放大变形，以一种类型化的手法表达了徽派建筑的形式精神。

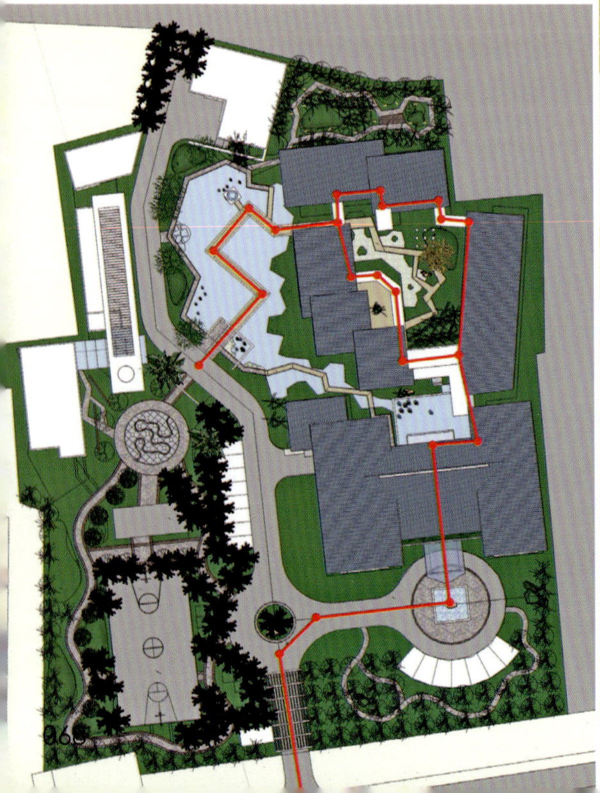

THE OFFICE BUILDING OF MA'ANSHAN LOCAL TAXATION BUREAU

马鞍山地税局办公楼

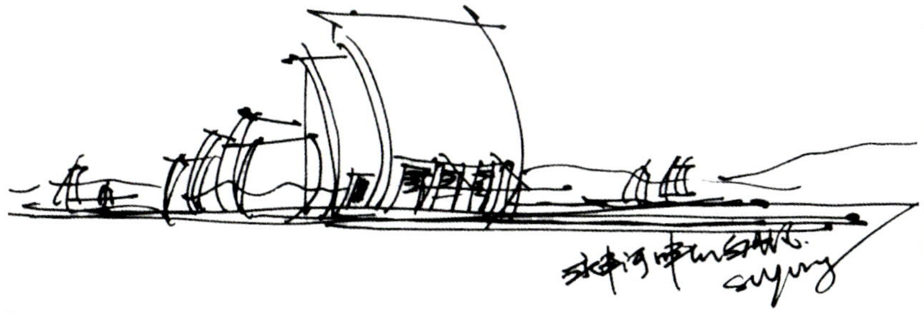

项目业主：马鞍山市地税局
项目地点：安徽 马鞍山
建筑功能：办公
建筑面积：50 000平方米
设计时间：2007 年
竣工时间：2010 年
设计单位：北方时代建筑勘察设计研究院有限公司
主创设计：苏勇
设计团队：张朝蓬、刘文萍等

诗意解读 诗意营造

项目位于马鞍山新区，北临永丰河。构思源于对场地的现象学解读。河水，河水中来来往往的行船，河水边随风摇曳的芦苇，场地中盛开的野花……幻化为五片高高低低的白帆，起起伏伏的波浪雨篷，流动的空间动线和空中的屋顶花园。对环境的诗意解读营造出一种充满诗意的办公环境。

ARCHITECTS

中国建筑西南设计研究院有限公司

CHINA SOUTHWEST ARCHITECTURAL DESIGN AND RESEARCH INSTITUTE CORP.

孙浩

出生年月：1975年2月
籍　　贯：湖北 浠水
职　　务：设计二院总建筑师
职　　称：高级建筑师/国家一级注册建筑师

教育背景
1993—1998年 重庆建筑大学/建筑学学士

工作经历
1998年至今 中国建筑西南设计研究院有限公司

主要作品和参与项目
2013年 四川省非物质文化遗产保护中心
2012年 郭沫若故居博物馆及文化苑（参与）
2011年 资阳九曲河商业街
广州博物馆方案（参与）
成都电力生产调度基地A楼（参与）
2010年 金融后台服务中心
2009年 马拉博国际会议中心（参与）
2008年 常州市体育会展中心体育馆会展中心（参与）
2007年 昆明星耀体育运动城体育场馆
2005年 青岛游泳跳水馆方案
2002年 重庆袁家岗体育中心体育场（参与）
2001年 重庆袁家岗体育中心游泳跳水馆（参与）

获奖情况

重庆袁家岗体育中心体育场	获2006年全国优秀工程勘察设计奖金质奖
重庆袁家岗体育中心游泳跳水馆	获2006年全国优秀工程勘察设计奖铜质奖
昆明星耀体育运动城体育场馆	获2009年全国优秀工程勘察设计行业奖建筑工程二等奖
常州市体育会展中心	获2010年全国优秀工程设计金奖

ARCHITECT
CSWADI

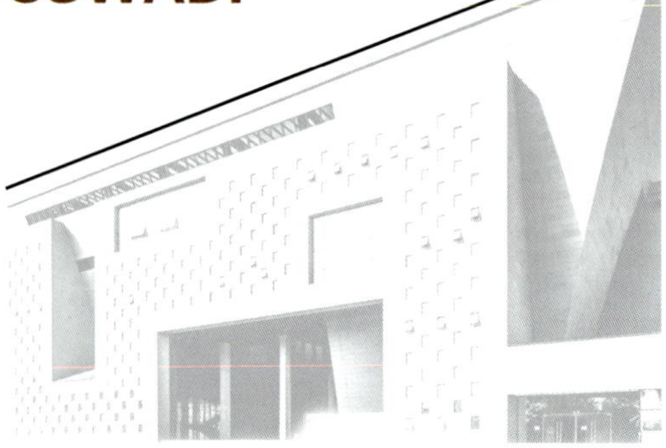

公司简介

中国建筑西南设计研究院有限公司始建于1950年，是中国同行业中成立时间最早的大型甲级建筑设计院之一，隶属世界500强企业中国建筑工程总公司。建院60多年来，我院设计完成了近万项工程设计任务，项目遍及我国各省、市、自治区及全球10多个国家和地区，是我国拥有独立涉外经营权并参与众多国外设计任务的大型建筑设计院之一。2004年以来连续被亚洲建筑师协会评为“中国十大建筑设计公司”并获得“全国工程勘察设计百强”企业的称号。

目前，全院及下属全资及控股公司共有员工2 700余人，其中设计主业员工1 400余人，教授级高级建筑师、教授级高级工程师58人，高级建筑师、高级工程师450余人，国家一级注册建筑师、一级注册结构工程师、注册公用设备工程师、注册电气工程师、注册造价工程师、注册城市规划师、注册咨询工程师等300余人。多年来，西南院共培养出中国工程勘察设计大师4人、国家有突出贡献中青年专家1人，建设部有突出贡献中青年专家2人，四川省学术和技术带头人4人，四川省有突出贡献专家3人，享受政府特殊津贴24人，四川省工程设计大师20人。

作为中西部最大的建筑设计院和国家基本建设的重要国有骨干企业，我院以“精心设计、服务社会”为己任，坚持以繁荣建筑创作为宗旨，不断完善创新设计理念，力创建筑设计精品，在工程设计和科研方面获国家级、部级和省级以上优秀奖600余项，并取得了国家优秀设计金质奖5项、银质奖4项、铜质奖5项的创优佳绩。60多年的设计耕耘，我院在博览文化建筑、体育建筑、医疗建筑、教育建筑、旅游建筑、居住建筑以及空间结构等设计领域具有独特的设计优势，而严格、规范的ISO 9001质量体系认证管理更使我院的设计质量为业界广泛认同。

在加强生产经营、科技创新和内部管理工作的同时，我院认真做好企业党建工作和企业文化建设的各项工作。多年来，我院在改革发展中相继获得建设部全国工程建设管理先进单位、精神文明建设先进单位、全国优秀勘察设计院、四川省先进单位、2008年抗震救灾先进集体、中国最具品牌价值设计机构、四川省勘察设计行业企业文化建设先进单位等荣誉称号。

“十二五”时期，我院将在中建总公司的领导下，紧紧围绕“一最两跨、科学发展”的战略， 坚持“品质保障、价值创造”的发展理念，按照“专业化、区域化、标准化、信息化、国际化”的发展策略，落实院“科学发展、品质一流”的战略目标，按照“设计精品、成就员工、服务社会、报效国家”的发展使命，弘扬“人本文化”的精神和“诚信务实、创新超越”的核心价值观，不断向“国内发展领先、品质一流，最具竞争力的建筑设计企业”的愿景迈进。

我院的经营范围包括：建筑行业建筑工程、人防工程设计及相应的咨询与技术服务；市政公用行业给水、排水、热力、桥梁、隧道、风景园林等工程设计及相应的咨询与技术服务；智能化建筑系统工程设计及相应的咨询与技术服务；商物粮行业、通信铁塔等工程设计及相应的咨询与技术服务；城市规划设计；城市设计；室内外装饰设计；建筑、公用工程科研试验项目；工程总承包及项目管理；工程监理；境外建筑工程的勘测、咨询、设计和监理项目以及这些项目所需的设备、材料出口，对外派遣上述项目勘测、咨询、设计和监理劳务人员。

地址：中国成都天府大道北段866号
邮编：610042
电话：028-62550203 / 62550205
传真：028-62550200
电子邮箱：xnyjg@vip.163.com
网址：www.xnjz.com

KUNMING XINGYAO SPORTS CITY STADIUM

昆明星耀体育运动城体育场馆

项目业主：昆明星耀体育运动城有限公司
项目地点：云南 昆明
用地面积：108 000平方米
建筑面积：53 555平方米
建筑功能：大型体场育馆
设计时间：2005年
竣工时间：2007年3月
设计团队：黎佗芬、孙浩、刘宜丰、黎晓、吕岩、叶凌、革飞、李勤、乔辉、刘亚伟、赵广坡、金蓓、陈平友、李肇华、倪先茂
获奖情况：2008年四川省优秀工程设计一等奖
2009年全国优秀工程勘察设计行业奖建筑工程二等奖

体育馆结合体育场和网球中心等多功能的设计，节省了用地，设施共用、资源共享，减少了投资，造型大气磅礴，具有许多优点，最主要的是实现了多功能的赛后使用，让体育公共建筑更好地服务大众。

多功能是我们强调的重点，为此合理地设置活动及升降看台，走道、功能房的布置使场地可进行比赛、表演、马戏、会议等多种活动。馆内利用剩余的空间设置了多种经营项目，有效地提高了其利用率。体育馆、体育场、训练馆及健身中心、篮球馆的结合，整合了大型空间，使之具有承接大规模会展的可能性。功能造型上彼此共享。另外，昆明具有高原气候的特点——风大，对体育场的竞技比赛有影响，因此将网球训练馆布置在南北两侧，客观上起到挡风的作用，改善了竞技条件。

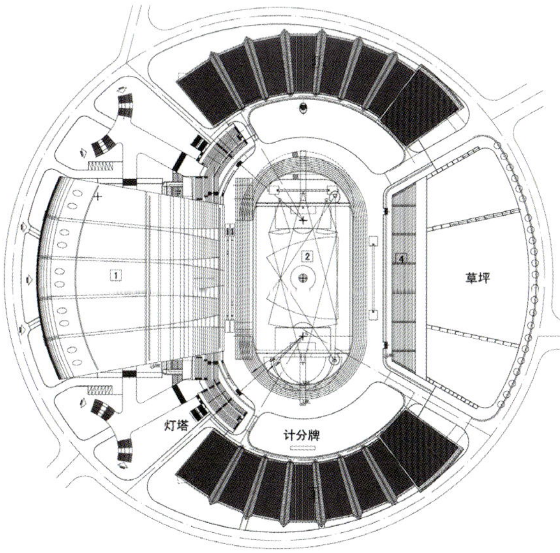

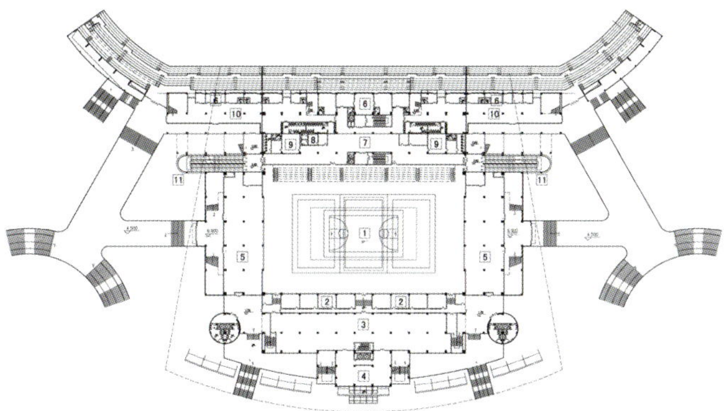

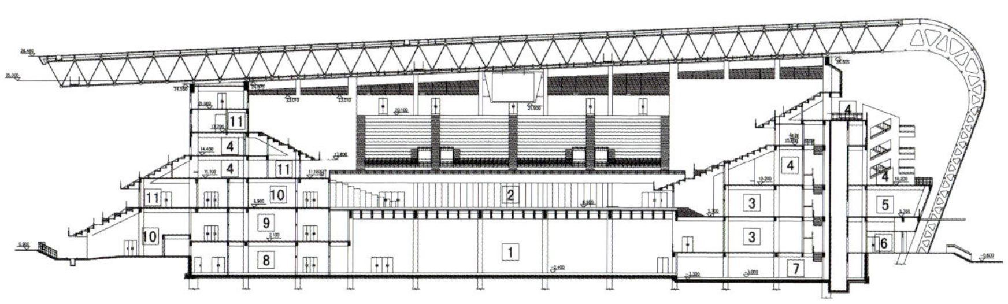

SICHUAN INTANGIBLE CULTURAL HERITAGE PROTECTION CENTER

四川省非物质文化遗产保护中心

项目业主：四川省文化厅
项目地点：四川 成都
用地面积：6 696平方米
建筑面积：9 800平方米
建筑功能：展览、办公
设计时间：2011年
竣工时间：2013年5月
设计团队：孙浩、蒋明伟、刘宜丰、杨畅、张晓未、李永宝

建筑形体抽象为倒锥形的“陶罐”，采用上大下小的出挑形式，具有一定的视觉冲击力。带形体量的错动方式,既避免了主体体量的单一感，利用主、次两组体量的相互穿插渗透创造了空间趣味性，又为平面及内庭的布置创造了良好条件，做到了功能与造型的统一，也使结构布置更加合理。

建筑采用了下沉天井、灵活设置的庭院、廊桥、晒坝等传统建筑空间元素，赋予建筑丰富的空间趣味性，并增强建筑的人文色彩，体现非物质文化遗产内涵。

根据建筑功能及造型特点，建筑局部出现8米悬挑结构。设计上采用型钢混凝土梁，并结合直腹杆型钢封边桁架体系，提高其整体性，确保了悬挑构件的安全性。

FINANCIAL BACKGROUND SERVICE CENTER

金融后台服务中心

项目业主：成都金控置业
项目地点：四川 成都
用地面积：108 000平方米
建筑面积：227 976平方米
建筑功能：办公
设计时间：2010年
设计团队：孙浩、欧鹏、王永、朱健、宋良聃
张晓未、程涛、唐剑、李成农、张喆
黄捷、杨畅、耿创

本方案为围合式布局，东南侧行列式板楼与西北侧的“L”形高层围合形成中心庭院，中心庭院通过行列式板楼之间的空间与用地东侧的城市绿地沟通互动，构成园林式、景观化的工作环境。错动的板楼在空间序列上形成和谐的韵律感与节奏感，赢得了最大化的景观视野，延续了完整的城市界面。

为了让楼内的办公人员获得更多享受和接触室外景观、阳光、空气，办公楼被设计成由若干“盒子”错动构成的体量，由此，大量楼层获得了室外平台。在这个更靠近办公桌的场所，新鲜的空气、婆娑的绿树与人们辛劳后的懒腰、哈欠及片刻的休憩一起融在和煦的暖阳里。

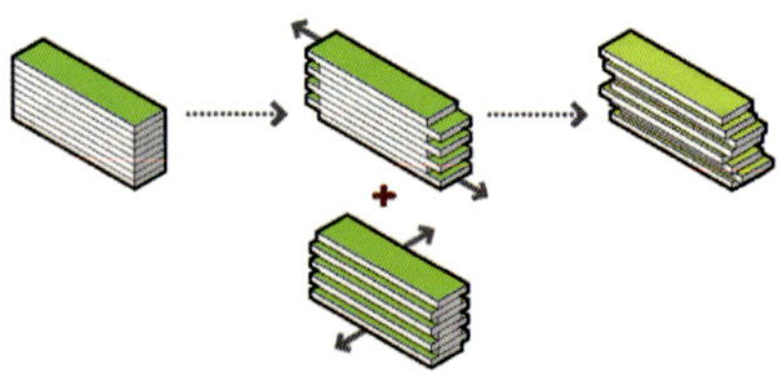

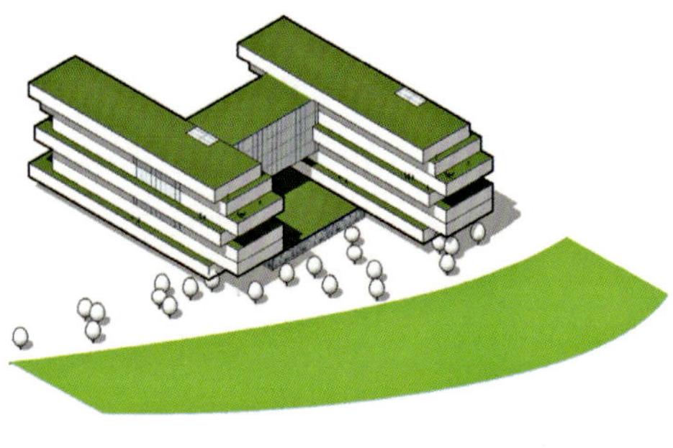

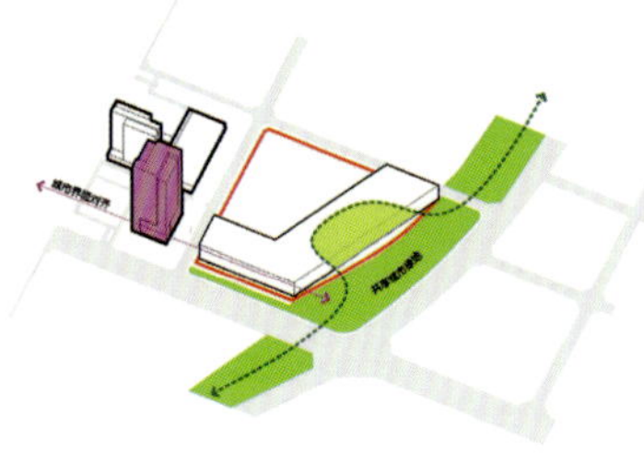

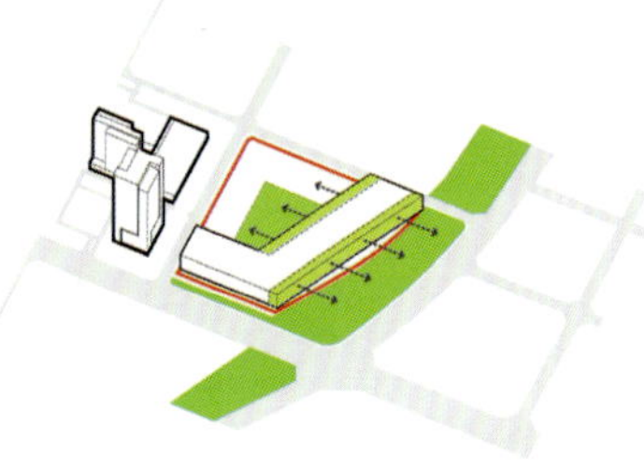

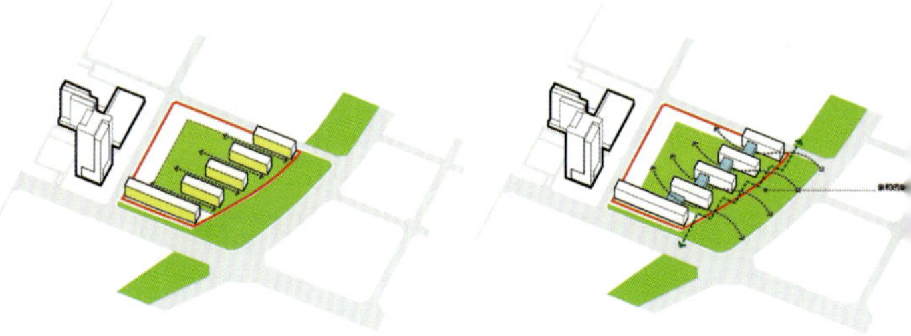

ZIYANG JIUQU RIVER COMMERCIAL STREET

资阳九曲河商业街

项目业主：资阳市政府
项目地点：四川 资阳
用地面积：834 703平方米
建筑面积：51 729平方米
建筑功能：商业、博览
设计时间：2011年
设计团队：孙浩、朱箭、兰觅、梁敏
巫翔、李路、罗刚、蒲庆丰
张恒业、梁岩、苟润泽
刘琳娜、边巴次仁

项目整体分为两个区域：一是沿河道的九曲河生态资阳段滨水景观区，二是在河道西侧丘陵地带打造的集公共、休闲、商业于一体的“九曲老街”区域。九曲老街依山而建，结合地形通过建筑组团式布局构建空间的开合，将自然景观引入街道之中。

建筑布局上秉承上位规划的思路，结合地形、防洪水位及两条高压走廊的影响，大体位于拆迁村落的原址上，共分为3个组团，并对山体呈环抱之势，空间架构秉承由街到巷再入院进间的递进关系，从公共到私密逐渐过渡，层次丰富。建筑形制由联结并排的店铺和有高差内庭的合院共同组成。九曲老街建筑以现代建筑基本构成方式作为骨架，采用砖、石、竹、木等原生态材料，并融入了院落、穿斗、坡屋顶等民居文化元素。通过从整体到细节的多个层面进行把控，打造精美的建筑群落。

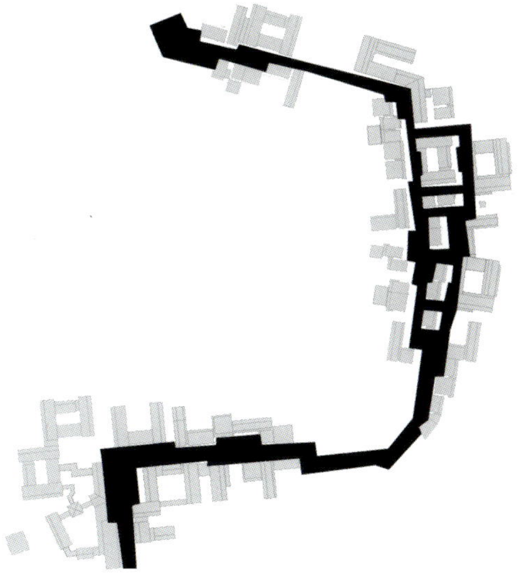

2001
重庆袁家岗游泳跳水馆

2002
重庆袁家岗体育中心体育场

2005
青岛游泳跳水馆

2008
常州市体育会展中心
体育馆会展中心

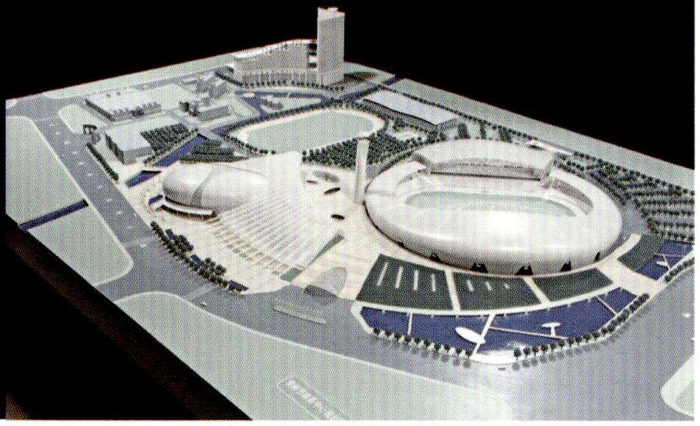

2009

马拉博国际会议中心

2011

成都电力生产调度基地A楼

2011

广州博物馆方案

ARCHITECTS

CAPOL華陽國際

田晓秋

出生日期：1976年10月27日
职　　务：华阳国际设计集团/董事/副总裁
　　　　　深圳公司/副总经理
　　　　　深圳公司公共建筑部/总经理
职　　称：高级建筑师

教育背景
重庆大学建筑系/建筑学学士

工作经历
2003年至今 华阳国际设计集团

主要作品
海上世界文化艺术中心
光明新区公明文体中心
深圳机场新航站区扩建运营管理区
深圳市残疾人服务中心
深圳市体育运动学校
深圳文学艺术中心
深圳第五高级中学
周大福集团中国运营总部大厦
中林科技产业园
中国人寿大厦
大冲商务中心
福田科技广场
福田中医院
雅昌艺术馆
园岭文化馆
大冲大厦
深业上城
深圳卫星大厦
国家数字电子产品质量检验中心
莲塘口岸
遵义会展中心

个人荣誉
2005年中国优秀设计师
2011年深圳市勘察设计行业十佳青年建筑师

华阳国际设计集团，成立于2000年11月。总部位于深圳，设有深圳、广州、上海、长沙、重庆、香港6家区域公司，现有员工1 500余人。公司拥有建筑设计综合甲级资质和城市规划乙级设计资质。曾获中国十大民营设计企业、年度行业领袖、中国最具实力的工程勘察设计单位、全国勘察设计行业优秀民营企业；并获得万科、华润、深业、中信、京基等多家知名开发商的肯定与认可。

使命
　　始终如一地专注于建筑设计领域
　　为社会提供高质量、高品质、高品位的设计作品

愿景
　　成为促进行业发展的一流设计公司

价值观
　　人人平等、彼此尊重、坦诚沟通，团队合作
　　通过可持续发展，共享华阳国际的财富、荣誉和成就

“四十一”细分市场
　　华阳国际专注于城市综合体、公共建筑、居住建筑、建筑工业化和城市规划的设计和研究

地址：深圳市福田保税区市花路盈福大厦4楼
电话：0755-82712300
传真：0755-82712311
网址：www.capol.cn
电子邮箱：branding@capol.cn

NATIONAL DIGITAL& ELECTRONIC PRODUCTS INSPECTION CENTER

国家数字电子产品质量监督检验中心

项目业主：深圳市计量质量检测研究院
项目地点：广东 深圳
建筑功能：检测中心及办公
用地面积：12 000平方米
建筑面积：29 000平方米
容 积 率：2.05
设计时间：2008年
竣工时间：2013年
设计单位：华阳国际设计集团
主创设计：田晓秋
设计团队：高建华、张胜

项目是国家质检总局在深圳布局的第一个国家级数字电子产品检验中心，旨在打造代表国内最高水平的数字电子产品公共检测平台、最具技术竞争力的产品检测技术研究机构、资质认证机构及国内数字电子产品检测技术标准化的主要制定者。

基于国检中心的主要功能需求，结合项目周边环境——西侧为车流较多的市政道路，北侧为自然山体，东、南侧为城市绿地——建筑采取混合式布局的方案：为阻隔西侧的噪声及利用现有的自然景观，高层区设在西边，最终形成西高东低的布局；又因建筑体量不大，设计团队重点突出内部空间的细节处理，设计出“一应俱全”、具有精致感的现代科研、办公及服务综合体。

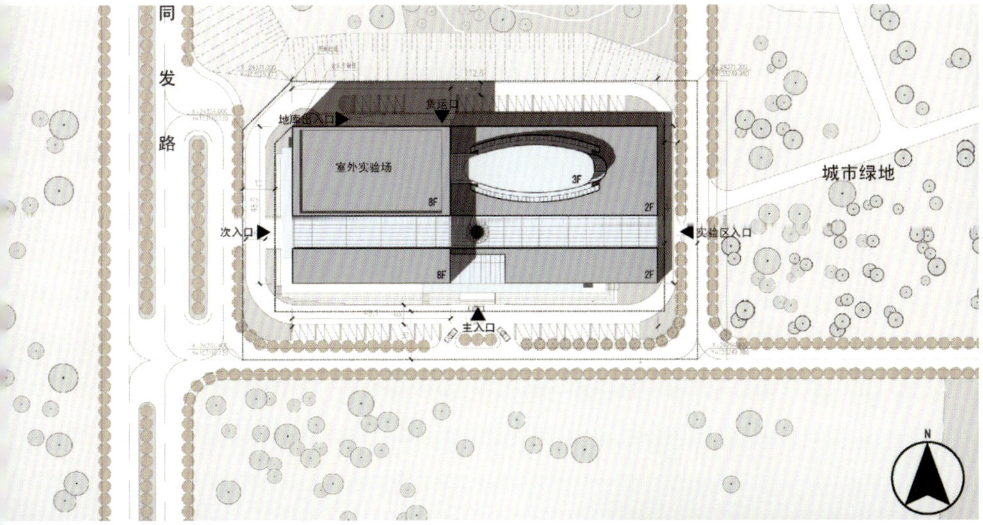

SHENZHEN COMPREHENSIVE SERVICE CENTER FOR THE DISABLED

深圳市残疾人综合服务中心

项目业主：深圳市建筑工务署/残疾人联合会
项目地点：广东 深圳
建筑功能：医疗卫生建筑
用地面积：5 000平方米
建筑面积：16 000平方米
容 积 率：2.9
设计时间：2006年
竣工时间：2009年
设计单位：华阳国际设计集团
主创设计：田晓秋
参与设计：鞠磊
获奖情况：2010年 第二届中国建筑传媒奖最佳建筑奖提名
2010年 深圳市第十四届优秀工程勘察设计奖公共建筑二等奖
2011年 广东省优秀工程设计奖公建三等奖
全国勘察设计行业第四届华彩奖金奖

这个项目是深圳第一家也是唯一一家市级残疾人综合服务大楼，位于福田上梅林。在这里，可以开展残疾人功能障碍评估与转介、康复训练、辅助器具适配、劳动就业咨询与培训、特殊儿童早期干预及教育、视障训练、法律援助咨询、网络信息建设、文化交流及体育康乐等服务以及市残联的行政管理工作。

在总体布局上，建筑实体将地块分为南北两个院落，实现建筑与空间的相互穿插与融合。南院靠近梅林路，成为项目的入口前广场，位置明显，空间开放，有较强的标识性及引导人流进入的作用。因此南院也以人群集散、分流及对外展示为主要功能，且人车分流，为残疾人提供了一个安全方便的出入场所。北院相对内向且安静，在功能上主要为儿童早期干预中心提供室外活动场地。由于深圳夏季日照强烈，此庭院中，有建筑阴影局部遮挡，为儿童在炎热天气中提供了一个相对舒适的户外活动场地，同时也成为本建筑的一个内部开放空间，展示该中心的活动，唤起大家对特殊儿童的重视与关怀。

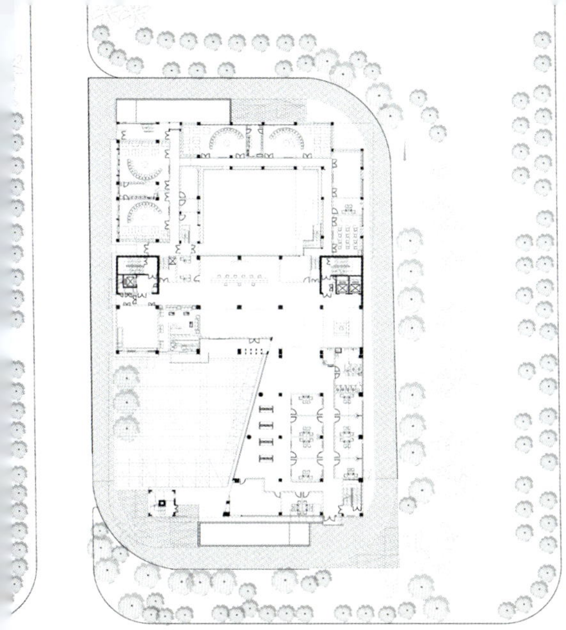

FUTIAN TECHNOLOGY PLAZA

福田科技广场

项目业主：深圳市福田区建筑工务局/金地集团
项目地点：广东 深圳
建筑功能：办公建筑
用地面积：3 8100平方米
建筑面积：278 867平方米
容 积 率：8.14
设计时间：2003年
竣工时间：2013年
设计单位：华阳国际设计集团
主创设计：田晓秋
设计团队：王晓明、吴昱、李文渊、王浩、卢奋

项目作为政府主导开发的公共建筑，福田科技广场顺应了中心区总部经济、高新技术产业及现代服务业的发展需求，旨在吸引高端高新企业、跨国公司、金融机构总部进驻，以此发展成为一个复合型多功能的总部综合体，推动其产业结构的优化与升级。设计策略是把科技研发、软件开发、经营、展示、交易、服务、科技人才培训等不同功能聚集于此，从而提供最大限度的交流机会。

因此在功能组织上，将A、B、C3座塔楼定位于高标准甲级科技办公写字楼及总部办公基地，会议休闲中心构建了A座与C座之间的横向联系。3座多层办公楼分别被赋予泰尔手机检测中心、无线电监测中心、中检汽车检测中心的功能，而各底层裙房则是特色办公区和商业服务配套。

CGB

SHENZHEN SATELLITE BUILDING

深圳卫星大厦

项目业主：深圳航天东方红海特卫星有限公司
项目地点：广东 深圳
建筑功能：生产及办公
用地面积：5 000平方米
建筑面积：46 600平方米
容 积 率：7
设计时间：2009年
竣工时间：2013年
设计单位：华阳国际设计集团
主创设计：田晓秋
设计团队：高建华、张胜

卫星大厦是建筑师承接的第一个大型试验类型的工业研发办公项目。东方红海特卫星公司选择落户深圳科技园，打造全国首个微小卫星产学研发展基地，使深圳跻身全国八大卫星基地之一，将助推航天产业逐步成为促进深圳产业结构升级和拉动经济增长的新引擎。

业主作为承担着微小卫星及其应用产业化发展的“航天科技前沿工厂”，其定位促使设计团队为这个富有挑战性的城市基地量身定做一个能满足微小卫星研发、研制生产及管理，系统集成，日常办公等需求的建筑方案。

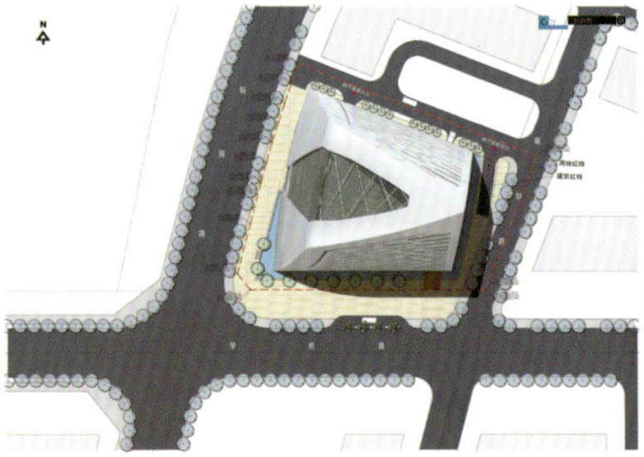

邑筑设计

田鹏

执行总裁/总建筑师

籍　　贯：北京
出生年月：1970年3月
职　　称：国家一级注册建筑师

教育背景
河北工业大学/建筑学学士

工作经历
2007年至今　　　深圳邑筑建筑设计有限公司
2002年04月—2007年　阿特金斯（中国）/高级项目经理

作为主创建筑师，田鹏先生对于追求卓越的作品品质富于极大的热忱，有丰富的领导各建筑专业团队进行大型综合类规划及建筑项目的设计及管理经验。20多年的项目和施工经历中，多次获得各项大奖及客户好评。

擅长城市、混合项目、酒店、写字楼、购物中心、豪华住宅、大型综合性住区及产品研发设计。

主要作品

保利佛山顺德商务区概念性规划方案设计	（100万平方米）
保利佛山顺德商务区4号地规划及建筑方案及立面施工图设计	（20万平方米）
华银昌黎苏黎世山地红酒小镇概念性规划方案设计	（100万平方米）
华银满金峪项目规划及建筑方案设计	（100万平方米）
华银天鹅湖项目规划方案设计（保定、北京界）	（100万平方米）
保利佛山顺德外滩花园规划建筑方案及立面施工图设计	（35万平方米）
保利佛山顺德百合花园规划建筑方案及立面施工图设计	（25万平方米）
利海集团长沙米兰春天规划建筑方案设计	（51万平方米）
三亚凤凰水城规划建筑方案及立面施工图设计	（130万平方米）
河北中鼎集团麒麟湾规划及建筑方案设计	（80万平方米）
河北凰家北大郭城中村改造工程规划及建筑方案设计	（65万平方米）
深圳大鹏 旧城改造工程城市更新及建筑设计	（10万平方米）
十堰东风阳光城一、二、三、四期规划及建筑方案设计	（30万平方米）
深圳万科房地产有限公司惠东山地大宅概念性规划方案设计	（10万平方米）
广州万科科学城项目概念性规划方案设计	（35万平方米）

地址：广东省深圳市南山华侨城创意园A5栋301B
邮编：518053
电话：0755-83862943　13332979699
传真：0755-86337531
网址：www.hacarch.com
电子邮箱：hac_arch@126.com

深圳邑筑建筑设计有限公司是一家成立于2007年，富有激情和创意的综合建筑设计公司。公司秉承着品质+服务，致力于“品质”，执着于“服务”的理念，以专业的态度、独到的见解、前瞻的眼界不断突破自我，迈向“完美品质”。

几年来公司足迹遍及全国30余省市，涉及商业综合体、城市规划、小区规划等，我们致力于高附加值的设计服务，主张以城市发展理念为主导规划设计，以终端用户需求为产品研发和品质评定的标准，以专业的施工配合成就产品的实现，我们相信“好的作品必须经得起时间的检验”，去除浮躁、去伪存真是设计的本源。

SHENZHEN LONGGANG LAOXU TOWN RENOVATION

深圳龙岗老墟镇旧改

项目业主：深圳市嘉兴房地产开发有限公司
项目地点：广东 深圳
用地面积：24 000平方米
建筑面积：310 000平方米
建筑功能：城市综合体
设计时间：2012年
项目状态：在建
设计单位：深圳邑筑建筑设计有限公司
设计团队：田鹏、刘佳、李跃华

高容积率下的城市综合体项目，设计对商业展示界面、城市交通界面、城市居住空间舒适度作了综合性研究，协调处理各方面关系。

HUAYIN SWAN LAKE "GOLD COAST"

华银天鹅湖“金海岸”

项目业主：北京华银房地产开发有限公司
项目地点：河北 保定
用地面积：759 800平方米
建筑面积：402 200平方米
建筑功能：别墅、住宅
设计时间：2011年
竣工时间：2012年（B区、C区）
设计单位：深圳邑筑建筑设计有限公司
主创设计：田鹏

项目以“小城镇”开发为目标，结合旅游地产特征，形成交通便利、配套完善、风景优美的综合性开发项目。

金海岸地块位于天鹅湖西岸，南至水库西南山体难以通行的沟谷，跨桥则与总体规划拟定的休闲疗养区相连；北至北沟直到水库的汇水口一线，向北或跨桥与总体拟定的生态农产品采摘区相连；东至现状水位线（绝对标高约172米），隔湖与东岸商务会议、休闲旅游接待区相望；西至绝对标高330线，此标高以上则为山区郊野公园。

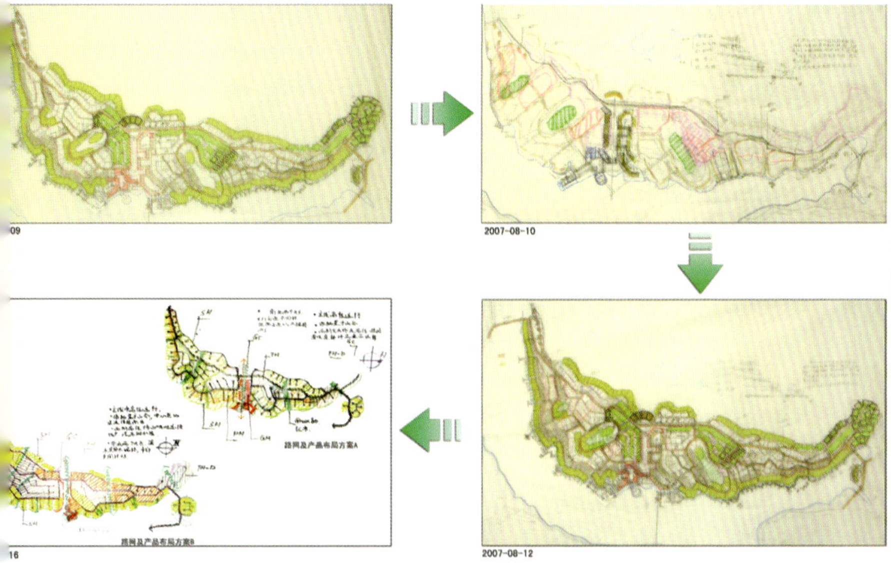
2007-08-10
2007-08-12

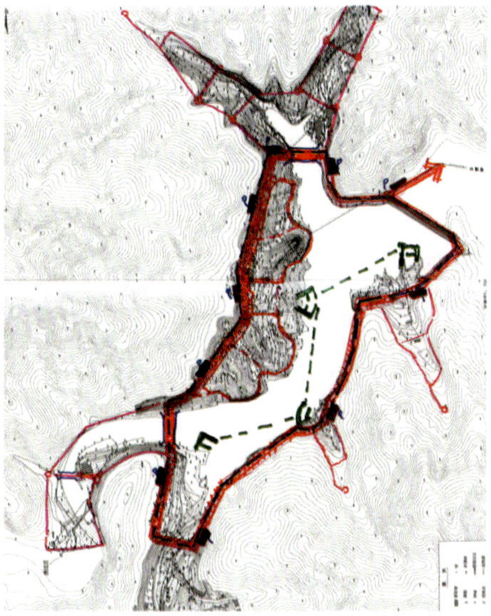

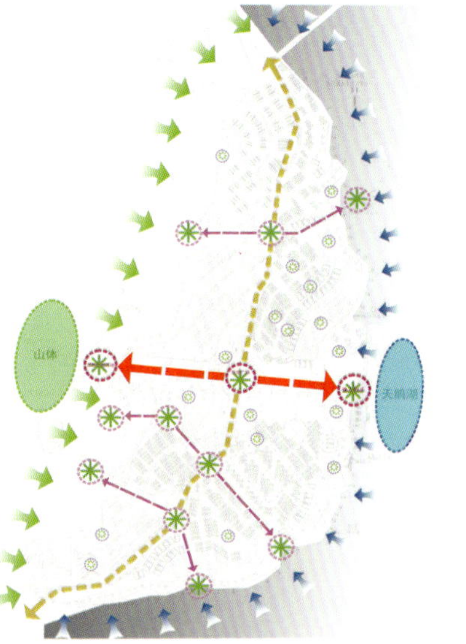
山体
天鹅湖

中心区

POLY BUND GARDEN

保利外滩花园

项目业主：保利房地产集团公司
用地面积：129 987平方米
建筑功能：高端住宅区
竣工时间：2011年
设计团队：田鹏、石雯

项目地点：广东 佛山
建筑面积：340 000平方米
设计时间：2009年
设计单位：深圳邑筑建筑设计有限公司

项目位于佛山市顺德区容桂外环路以北，容里水厂西侧。项目定位为佛山地区高端居住区，设计内容包括高层住宅、叠拼别墅，还配套一英式豪华会所。实现景观资源最大化、景观纵深最大化和高层与别墅生活的完美结合。

整体规划布局呈双“U”形，高层住宅沿“U”形路线分布，多层住宅朝向与“U”形向江开口一致，避免了高层对向江视野的压迫并使江景资源得到充分利用；高层与多层错落布置的空间布局形成视觉通廊连续整体，观景视野无遮挡，能充分利用一线江景资源，实现住户收益最大化目标。

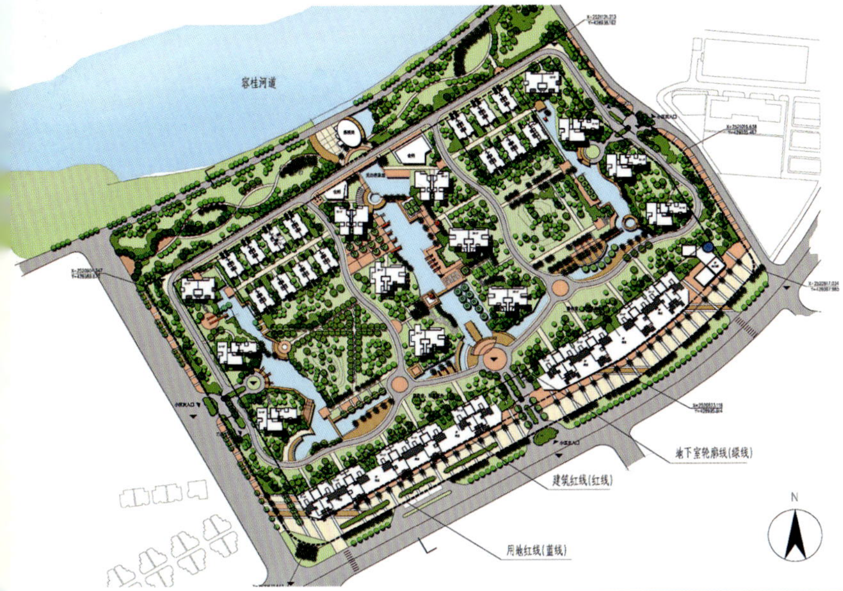

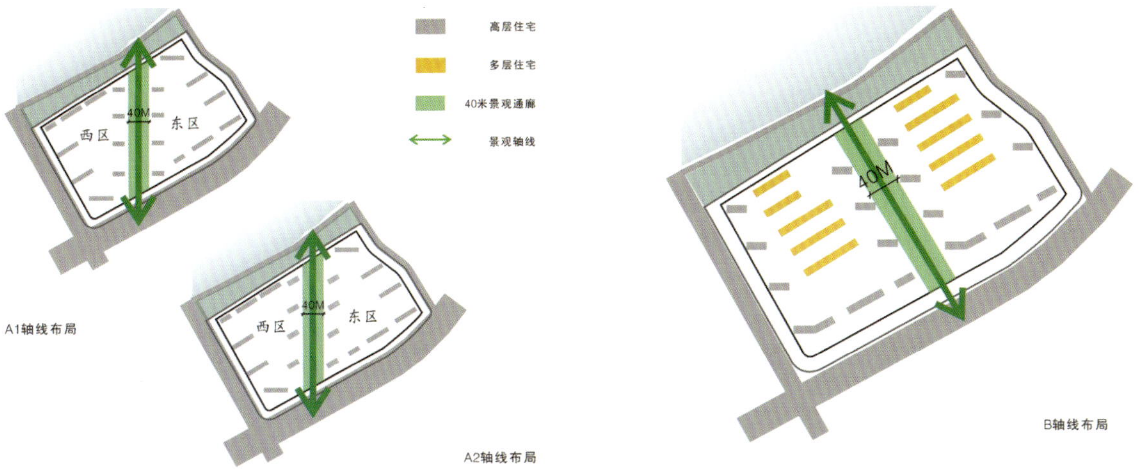

特点：正南北轴线，斜切用地成两梯形地块，用地形态富于动感。A-1中区前后遮挡，后排无景，A-2垂直看江，景深不足，且A-1和A-2西区开敞但东区封闭，匀质性差，故不取此案。

特点：工整对称的中轴，均匀分割东西两区，用地形态方正对称，景观通廊与江流成垂直关系，区内建筑成正南北布局时会与江和景观视廊均成夹角，放大了景深，故我司推荐此轴线布局方案。

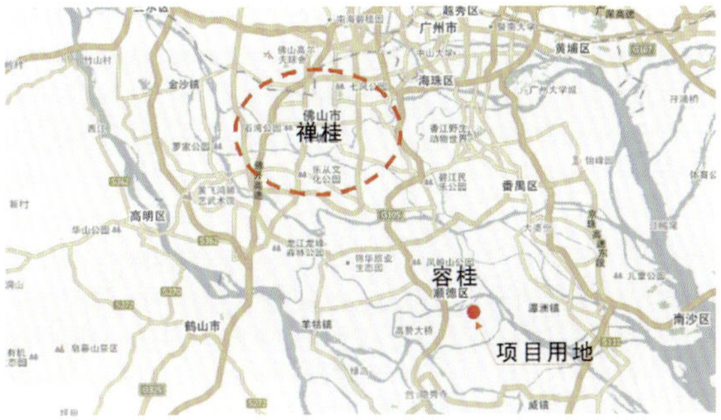

地块概况

1. 本项目地块位于容桂东部板块，德胜河南岸，地块方正，规模较大，容积率中等且规划限制条件相对较少，坐拥德胜河一线江景，居住环境舒适；
2. 地块周边为已入住别墅区和在建的洋房区，德胜河北岸为德胜新城区豪宅区，随着顺德新城规划的逐步落实建设，该地块将与众多已建成的小区组成大型的城市居住区。

交通概况

1. 碧桂南路
   贯穿顺德东部，南北走向的城市主干道，北至德胜新城区、大良东区，南与桂洲大道接于扁滘。
2. 容奇大道东
   东西走向的城区主干道，西接容桂中心城区，仅15分钟车程可达中心城区。

用地性质

地块基本指标

用地面积120 536平方米

容积率≤2. 85

建筑密度≤25%

绿地率≥35%

物业类型限制商业面积≤20 000平方米

建筑总控高≤100米（即：4≤建筑层数≤ 33）

地块限制滨江建筑不超过45米

使用年限住宅用地70年，商服用地40年

ZHANGJIAJIE XIAOXIANG HUAFU

张家界潇湘华府

项目业主：张家界鑫业房地产开发有限公司
项目地点：湖南 张家界
用地面积：81 500平方米
建筑面积：289 900平方米
建筑功能：住宅
设计时间：2012年
项目状态：在建
设计单位：深圳邑筑建筑设计有限公司
设计团队：田鹏、刘佳、朱勋灿

项目位于张家界新区桥头堡，坐拥桥头堡利好，属于未来城市中心区。澧水位于项目西北，呈四分之一弧状，水面最窄处宽度130米，水质清澈，未来为城市滨水风光地带。毗邻鹭鸶湾大桥，鹭鸶湾大桥位于城东澧水干流之上，是东接张家界城区永定大道及常张高速公路、西接城市中心的重要通道。距离“老院子”一步之遥。调整了原规划路网，使整个区域的开发有了文化的魂，并有序地整理了未来城市形象，突出了中式风格的旅游城市风貌。

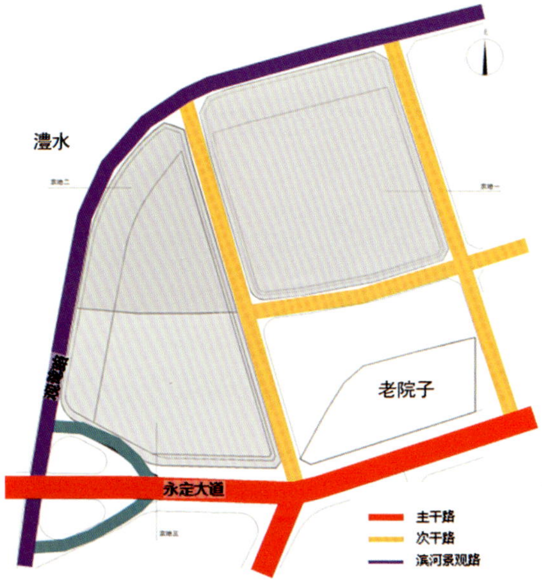

原规划道路情况

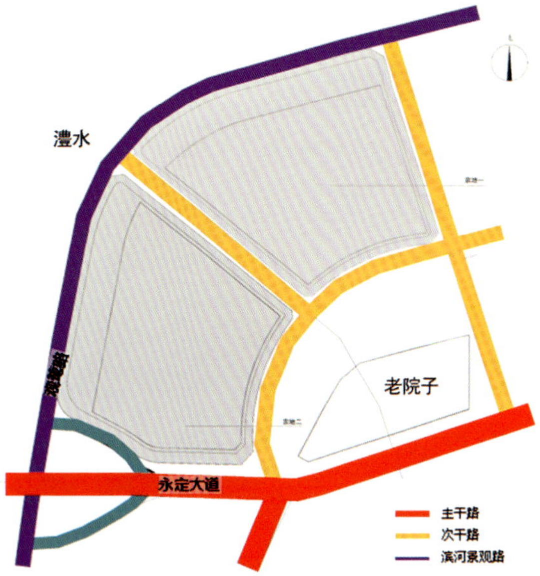

调整后规划道路情况

WUARCH 武向兵建筑设计

武向兵

武向兵先生于1988年，取得了东南大学建筑学硕士学位，并于1990年前往美国，两年后获得美国俄克拉荷马大学建筑学硕士学位，然后在美国休斯敦地区开始职业建筑师生涯，并于1998年获得美国德克萨斯州注册建筑师资格。目前是美国建筑师学会会员和世界华人建筑师协会的创始会员。

武向兵先生长期在美国SPA、Ray Bailey Architects以及Marshall Porterfield Architect等著名建筑设计机构参与住宅和公共建筑的设计，他以扎实的建筑设计功底见长，经过具有不同特点的设计公司和设计项目的磨练，在美国十几年的设计实践中积累了丰富经验，尤其擅长高端住宅领域。武向兵于2004年回国，开始参与国内建筑设计任务。

“建筑师的工作是梦幻工作，建筑师能够将梦想变为现实。”经过30年的建筑实践，武向兵仍然对设计热爱如初。他的设计始终保持较高的设计标准，这也成为许多与他共事的同行和合作者的同感。“设计作品应该经得起时间的检验，对得起这个时代。”

评判建筑设计可以有两个角度：现实角度和历史角度。“我们的建筑设计首先是为业主服务的。”建筑设计首先要好住、好用、好看，这是设计的出发点，也是对设计的基本要求。这些要求看似简单，真正做到却很难。“设计的要求简单，但由于各个项目的条件千差万别，要做到精品设计，往往需要建筑师和业主双方的反复推敲、多轮修改，有时甚至是推倒重来，才可能找到最佳的解决方案。这就要求建筑师必须具备精益求精、锲而不舍的精神，我认为这是一个合格建筑师必须具备的品质。”建筑设计的成败取决于细节，能否把握住细节成为建筑设计成熟与否的标志。在欧美建筑界多年的浸淫，使精细设计成为武向兵设计的一贯追求，并且在他主持的一系列设计中贯彻始终。

公司成立于2006年。公司成立之初，正值中国房地产业方兴未艾之际。中国房地产的发展反映了市场在规范和竞争的逻辑中发展的面貌，公司的业绩从一个侧面反映了这些年来房地产发展的轨迹，也反映了建筑设计在市场竞争的环境下不断完善、自我更新的过程。

公司在成立之初就明确了以创新设计和全过程服务为追求目标，以高完成度设计和高质量的建成作品树立公司品牌形象，致力于在建筑设计领域创建自己的风格和口碑。我们的设计注重从大局着手，关注用户需求，关注建筑细节，发现生活的真谛，创作具有领先于市场的亮点的作品。

近几年来，公司设计作品不断涌现，设计团队逐步壮大，正朝着精细设计、不断创新、团队协作、全面服务的方向发展，为建立面向下一个十年的全新设计平台而努力。

地址：广东省深圳市华侨城东部工业区B-9栋302室
电话：0755-86106965
传真：0755-86106948
网址：www.wuarch.com
电子邮箱：project@wuarch.com

BUENA VISTA, SHENZHEN

深圳曦城

项目业主：深圳招商华侨城投资有限公司
项目地点：广东 深圳
用地面积：38 6862平方米
建筑面积：19 6500平方米
设计单位：武向兵建筑设计
合作单位：美国DDG，华森建筑设计与工程顾问有限公司
设计时间：2007年
主创设计：武向兵

曦城小镇，一个纯粹的南加州风格别墅区，处于深圳东北与宝安交界的山水环抱中。顺势蜿蜒的建筑布局和精心点缀的绿化景观，弱化了建筑密度较高的拥挤感。单体建筑注重体量和细部的配合，还原世外桃源的理想氛围。

曦城
薄雾晨曦间，轻呼自然山林的苏醒；
星光初现，阑珊灯火与浩瀚山林交相辉映。
微风吹拂，沙沙作响，
闭上眼睛聆听，
而后感悟，
此刻，你已被大自然温柔地融化……

曦城小镇
一个纯粹的南加州风格别墅区，
处于深圳东北与宝安交界的山水环抱中，
阳光、绿树、碧水蓝天触目皆是，
伸手可及。
人融入自然，成为自然的一分子，
而曦城小镇的出现，
提供了人与环境互动和对话的机会，
在自然的美丽中静静地书写生活……
建筑作为一种凝固的生命体，
代表着时代的语言却又隐匿于山水之间，
顺势蜿蜒的建筑布局，
精心点缀的绿化景观，
体量和细部的配合，
还原世外桃源的理想氛围，
打造真正舒适的宜人之居……
曦城运用了西班牙建筑的丰富语汇，
吸取部分摩尔建筑风格元素，
塑造了欧洲小镇特有的唯美格调。
丰富的细节，
新颖的建筑造型，
多方向多层次的空间体验，
让流畅的几何形体呈现雕塑的美感，
细细品味材料与空间的质感……

NICE PRODUCTION & OFFICE BUILDING

纳爱斯生产办公大楼

项目业主：纳爱斯集团有限公司
项目地点：安徽 芜湖
用地面积：17 237平方米
建筑面积：47 707平方米
设计单位：武向兵建筑设计
设计时间：2010年
主创设计：武向兵

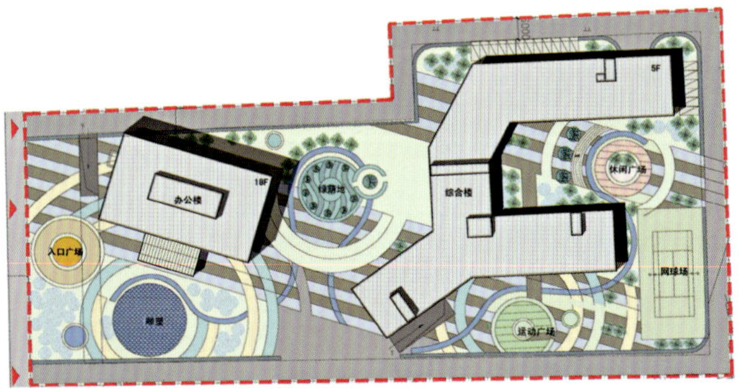

项目以水为意象，阐述纳爱斯的如水文化，将水的特质融入到设计当中，使其能够激励纳爱斯人百折向东，向着“明天的纳爱斯，是世界的纳爱斯”的宏伟目标前进。

该地块呈东西纵深布局，且只能在东一路上设置出入口，如何在充分利用土地的情况下，又能满足功能的需求是设计的出发点。经综合考虑，将办公楼放在靠近入口处，满足公共办公的需求；而综合楼放在相对封闭的东侧，满足科研和员工生活所需。

SHENZHEN LONGGANG DONGDU GARDEN (PHASE II)

深圳龙岗东都花园二期

项目业主：深圳东都实业有限公司
项目地点：广东 深圳
用地面积：39 500平方米
建筑面积：117 300平方米
设计单位：武向兵建筑设计
设计时间：2007年
主创设计：武向兵

在高楼林立的现代都市中，
甚至在远离都市的荒郊野岭上，
建筑的同质化倾向，
像热力学第二定律一样，
无法逃避。

但是心有不甘。
在这个典型的西班牙风格都市楼盘中，
我们尝试尺度的变化。
看看小别墅放到高层上会有怎样的效果。
应该会见仁见智吧。

除了比例尺度虚实颜色等关系外，
细节决定成败。
这是我们始终关注的焦点。
我们称之为设计完成度。
高完成度的设计不仅愉悦视觉，
造价合理而且使用可靠便捷。

只有用心力、花时间、精雕细琢的设计，
才是完成度高的设计。
而高完成度的设计需要在它建成后的岁月磨砺中，
才能逐渐得到证明。

而我们恐怕都没有这样的耐心。

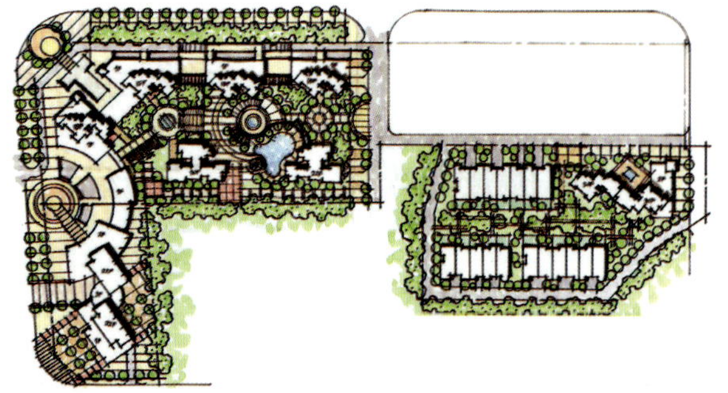

MASTER PLAN OF TIANMU MOUNTAIN ECO-TOURISM ZONE

浙江天目山生态旅游度假基地总体规划

项目业主：浙江大华房地产开发有限公司
项目地点：浙江 临安
用地面积：5 000万平方米
设计单位：武向兵建筑设计
设计时间：2008年
主创设计：武向兵

浙江天目山是国家生态自然保护区，其旅游度假基地的总体规划依托保护区的优势，以生态保护为原则，发掘天目山独特的自然和人文旅游资源，构建起生态旅游、休闲疗养和当地社区发展综合平衡的框架。

ARCHITECTS

ARUP ASSOCIATES

吴嘉伟

出生年月：1973年5月
职　　务：副董事/东亚建筑总监

资格认证与会员认证：AIA美国纽约州注册建筑师
建筑学学士
建筑美学学士
美国罗德岛设计学院
美国加州大学洛杉矶分校

吴嘉伟先生是Arup 东亚地区建筑总监，也是Arup Associates上海办事处总建筑师。吴先生是美国纽约州注册建筑师，毕业于美国罗德岛设计学院，获得建筑学及建筑美学双学位。他出生在意大利，并于意大利、英国和中国香港度过了童年时代。作为一个世界公民，他生活和工作的足迹遍及美国、欧洲和亚洲。吴先生熟练掌握英语、汉语及粤语，并可用意大利语进行交流。

在Arup Associates，吴先生参与了众多不同规模和类型的建筑+工程整体设计项目。近期作品包括妇女儿童医院、南宁北部湾银行大厦、苏通城市设计、金门工商休闲园区、台中会议中心和上海中山公园二层平台。除了设计美学，吴先生的设计理念还着重于寻求艺术与科学的和谐，同时平衡经济活力和环境的可持续性。通过与建筑师及工程师紧密合作的工作方式，将饱含创新意识的设计进程变得更富活力，使得项目的总体设计思路更加整体性，解决方案更为可持续。

在加入Arup Associates 担任主创建筑师之前，吴先生曾以合作者的身份，于意大利热那亚的伦佐・皮亚诺建筑事务所工作过若干年。其间，其最具代表性的项目是位于美国旧金山的加利福尼亚科学研究院，该项目是世界上最大且最具可持续性LEED白金自然历史博物馆。此外，吴先生也参与了纽约惠特尼艺术博物馆以及美国及欧洲大陆其他博物馆、企业总部的项目。

在前往意大利工作之前，吴先生就职于美国纽约罗伯特・A・M・斯特恩建筑事务所，担任建筑师一职，主要代表作品——美国旧金山GAP公司总部。通过这个项目，吴先生有机会与当代最知名的艺术家们合作，共同创作完成了总部大楼室内外公共空间的雕塑陈设作品。

一体设计，始终如一

Arup 是全球众多知名项目的核心创意力量，横跨建筑环境的各个领域和不同行业。我们提供广泛的专业服务，为客户和社会带来积极的影响。奥雅纳是一家全球性企业，在38个国家设立了90多家分支机构，拥有逾11 000名规划、设计、工程和咨询专业人员，用创意与热忱在世界各地营建创新的项目。

Arup Associates 是奥雅纳集团的建筑+工程一体化设计团队，擅长跨地域、跨专业的一体化设计服务。我们的建筑师，城市设计师，结构、机电和环境工程师等各专业人才紧密配合，相互启发，打破彼此的局限，不断探索各种想法。

我们塑造更美好的世界。

公司简介

Arup Associates 成立于1963 年，是奥雅纳集团的建筑+工程一体化设计团队，它将建筑师、结构、机电和环境工程师等各个专业人才汇集在一个设计团队里。这种运营方式的形成得益于奥雅纳爵士对为项目发展的所有阶段提供多学科设计的价值的开拓性认识。Arup Associates 很快在业界取得赞誉，首先在大学和工业建筑方面，随后在办公室、音乐厅、交通设施和体育建筑领域也声名鹊起。

这一实践的成功是以融合广泛的专业技术与资源，创造出一种既能敏锐感知环境及人类需求、又能充分利用先进科技的设计模式为基础的。从本质上讲，我们的设计以人为本，为用户创造全面可持续发展的世界一流建筑和场所。Arup Associates 是奥雅纳内部专注于“一体设计”的团队。同时，奥雅纳在各个领域的专业知识和经验都可融入到我们的设计过程中，以加强我们的核心多学科设计能力。我们将本地智慧与全球专业知识相结合，确保我们的精英团队能为当地客户寻求更佳方法，提供更优方案，将广泛的技术与服务贯穿项目的各个阶段，如客户所愿，超客户所想。

建筑设计理念

风格灵活多元化。我们总是将当地的人文、社会和环境等要素融入每个项目的设计。我们的设计不仅是艺术和科学的完美融合，而且使得经济活力和环境可持续发展达到平衡。这种思想的融合让我们能充分挖掘每座建筑的潜力，以独特的建筑语汇大胆诠释完美。

奥雅纳爵士坚信，建筑之美在于和谐。而“一体设计”正是实现这一目标的唯一途径 —— 各专业从项目一开始就密切合作，从不同角度对建筑进行全面探讨。如今，这一灵活的设计理念更为重要了，未来的建筑有着更高更广泛的建筑性能要求，在可持续性、运行成本、能源效率和环境质量等方面均需表现出色。

此外，Arup Associates 将绿色建筑的理念提升到可持续性的境界，为此我们深感自豪。设计师和工程师致力于提供人、场所和环境三大要素和谐的设计。以全新的方式运用现有技术，我们设计了开创性的系统，可将来自太阳的热量转化为能量，然后再转化为冷空气。我们已经开发出突破性的隔热通风系统，并设定了新的行业标准，处在全球碳排放斗争的前沿。

地址：上海市徐汇区淮海中路1045号
淮海国际广场30楼
网址：www.arupassociates.com
电子邮箱：antonio.ng@arup.com

EXXONMOBIL ASIA PACIFIC R&D CENTER

埃克森美孚亚太研发中心

项目业主：埃克森美孚集团
项目地点：上海
用地面积：26 672平方米
建筑功能：科学与工业设施
设计内容：建筑设计、工程设计、工业设计、室内设计、照明设计、项目管理
竣工时间：2010年
设计单位：Arup Associates
获奖情况：埃克森美孚在亚太地区首个美国绿色建筑LEED认证项目

这座创意园区坐落于上海闵行紫竹科技园区内。良好的公共设施提供了跨领域互动的机会，促进了研究员和工程师之间的沟通和团队协作。研发中心包括一栋4层高的办公与实验大楼、两个单层的加工区，既能满足生产车间的功能，又拥有舒适的办公空间。

为了提供兼顾生产效率和员工舒适度的最优布局，Arup Associates 在整个设计过程中都与相关人员进行沟通和讨论。设计方案不仅考虑了功能需求，更强调了人性化空间的重要性，让员工享受自然的环境、保持身心健康。

该项目融合多种可持续设计策略，荣获美国能源与环境设计先锋奖（LEED®）银奖。建筑物所采用的材料中20%为当地材料。而优化自然采光等被动式节能策略的充分利用，进一步降低了能耗。节水设备和二氧化碳传感器等可持续性措施更是渗透在项目的点滴细节之中，体现了Arup Associates为将高品质贴心设计与可持续发展相互融合所做的努力。

埃克森美孚研发中心项目以其卓越的技术、均衡的空间设计以及可持续设计策略，荣获美国能源与环境设计先锋奖（LEED®）银奖。该项目是埃克森美孚在亚太地区的首个获得LEED®银奖项目。

KINMEN BUSINESS & LEISURE PARK, TAIWAN

台湾金门工商休闲园区

项目业主：台湾土地开发股份有限公司
项目地点：台湾 金门
用地面积：216 000平方米
设计内容：幕墙工程、照明设计
建筑功能：建筑设计、工程设计、综合体
项目状态：在建
设计单位：Arup Associates
获奖情况：中国投资贸易洽谈会最高荣誉奖
中国十大房地产之一
台湾的金钥匙奖

Arup Associates 为金门岛综合区提供了总体规划以及一体化建筑和工程设计，旨在吸引游客前往新兴商业区并降低项目对周围自然环境的影响。该项目包括免税购物中心、多功能会议中心、物流中心和酒店。

酒店是整个项目的地标性建筑，位于项目地块的中心位置。在酒店内可欣赏到大陆及全岛的美景。酒店外形简洁、优雅，像一朵盛开的花朵向上绽放。从远处瞭望，立面灯光就像瀑布一样从酒店表面倾泻而下。酒店开放式中庭将地块内的各区域连成一体，同时突显了商业区和公共广场。这种以人为本的设计理念创造了空中花园和观景台等社交空间和公共设施的价值。

在制定可持续性发展总体策略时，我们仔细分析了地块的地形以减少挖掘量。同时，Arup Associates 还认真研究了建筑体量和建筑朝向，以适应该地区的气候并使建筑空间常年舒适可用。另外，我们小心处理基地周围的景观绿化，以保持当地的生态多样性。我们为建筑物采用了再生能源、被动采光、自然通风技术以及水循环等节能方法，使该项目成为金门首个可持续性发展的商业综合体。

CHANEL

WUXI FORTUNE PLAZA

无锡财富广场

项目业主：香江国际中国地产有限公司
项目地点：江苏 无锡
建筑面积：100万平方米
设计内容：建筑设计、工程设计、能源工程
建筑功能：商业、住宅地产
项目状态：在建
设计单位：Arup Associates

项目的概念设计从众多竞标方案中脱颖而出，是兼顾高密度的城市开发和可持续发展的全新典范，打造了生活、工作和休闲的新据点。鲜明的特色和充沛的活力更与财富广场的品牌相互契合。建筑师让高密度的商住楼宇与无锡大运河自然衔接，并将地块中的开放空间有机地连成一体。因此，美丽的环境成为了生活空间和工作空间的纽带。同时，绿色庭院、植物、城市公园和天然水体进一步提高了项目整体的环境质量。从私家阳台到社区花园再到主要的市民活动场所，不同尺度的公共空间设计改善了高密度带来的压抑，也加强了居民与社区之间的联系。

阶段性的开发策略和有条不紊的建设流程，让项目在竣工时呈现和谐统一的整体感。最终，项目将连接大运河和财富广场，成为整个城市的一部分。

Arup Associates同样也为无锡太湖新城项目制定了一个可持续性发展框架。该框架包含交通、用水、垃圾处理、建筑物能耗、可再生能源以及生态等领域的策略。我们重点研究了被动式节能设计、绿色能源基础设施以及商住两用建筑的节能减排的方案。这些可持续发展策略与项目的总体规划愿景和独特的建筑特色相结合，创建模范的城市发展项目， 将成为无锡新城区的转型典范并能加快转型的脚步。

该项目的设计目标是获得美国绿色建筑委员会能源与环境设计先锋奖（LEED® ND）绿色社区金奖认证。

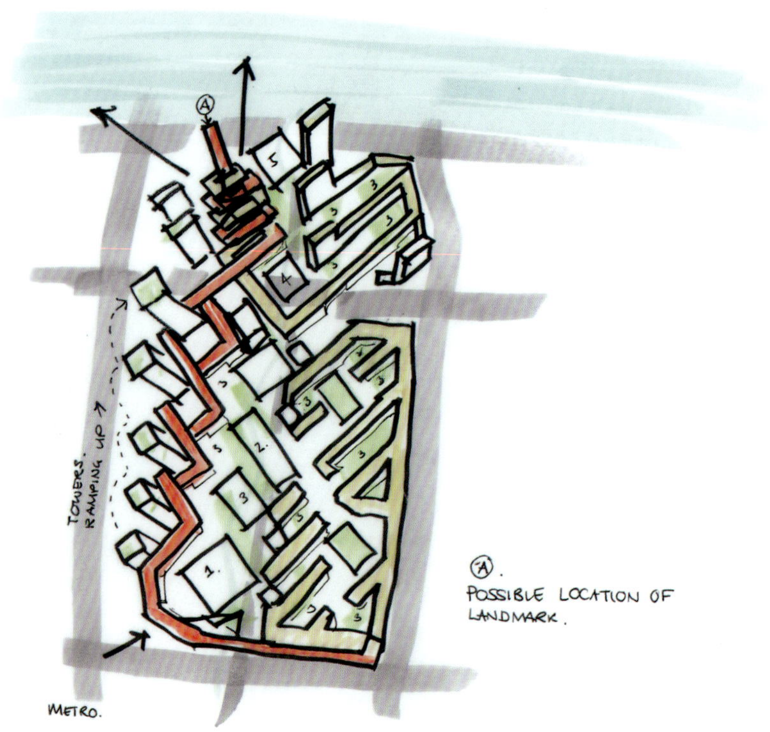

SINGAPORE SPORTS HUB

新加坡体育中心

项目业主：新加坡浚海有限公司
项目地点：新加坡
用地面积：35万平方米
座席数量：55 000席
设计内容：建筑设计、工程设计、体育场专业设计、岩土工程、声音与振动控制
建筑功能：体育设施
项目状态：在建
单位设计：Arup Associates

新加坡国家体育馆穹顶跨度长达312米，建成后将成为世界上穹顶跨度最大的建筑。作为新加坡体育城的中心，为大型多功能体育场馆的设计和营运设立了新的标准。完工后，该体育场将成为可持续发展体育设施类建筑的代表和拥有世界最大自由跨越式圆顶的体育场。

具有遮阳和防雨功能的可伸缩屋顶可确保观众在新加坡的典型的热带气候条件下享有较高的舒适度。可调节的前排座椅也将为每项运动提供最佳观看角度。新加坡国际体育场将成为世界上第一个可举办足球、橄榄球、田径和板球等各项体育赛事的体育场。

拥有55 000个座席的体育场是世界上规模最大的以公私合作模式运作的体育基础设施项目。它坐落于占地35万平方米的体育中心的中心位置，紧临市中心，是由公私合作伙伴（PPP）出资创建的世界上最大的体育设施。体育中心还包括现有的12 000座新加坡室内体育场以及40 000平方米新建的零售店铺和滨水景观餐厅。在体育场旁边，建筑师还设计了一个水上运动中心和多功能室内运动场。这些体育场馆和设施不但会作为精英运动员的训练基地，而且将对当地社区居民开放。该世界一流的多功能可持续的设施将会为体育中心注入新的活力，并为可持续体育中心的设计树立新的标准。

COVENTRY UNIVERSITY, FACULTY OF ENGINEERING AND COMPUTING

考文垂大学工程和计算机学院

项目业主：考文垂大学达芬奇建设
项目地点：英国 考文垂
用地面积：14 500平方米
设计内容：建筑设计、工程设计、声学顾问、通信科学、岩土工程
建筑功能：教育设施
设计单位：Arup Associates
获奖情况：BREEM优秀等级项目认证

考文垂大学工程和计算机学院将以先进的教学方法，提供工程、计算机科学和数学等领域的教学活动。该建筑旨在成为环境设计的全新标杆，并为教学和研究提供更好的支持设施。

建筑物的外形、朝向、体量、材料以及幕墙设计都经过了对环境的研究。为了减少对采暖、制冷和照明方面的能源需求，建筑师还对建筑物进行了优化，以减少其在运作过程中产生的碳排放。建筑的外形设计体现了自然通风的理念，它能收集阳光的热能以促进中庭的自然通风，这也为整个建筑物带来良好的采光。

这些功能系统大大减少了建筑物对环境的影响。所有空间均采用自然通风，以降低能耗并保证内部人员的身体健康。为高密度使用空间配置了混合通风系统，两个礼堂就是典型的例子。

在这里精心设计一个植被丰富的大型绿色屋顶，为工程和计算机学院学生、教职员工和公众创造了良好的视觉景观。这里栽种的本地植物、 景天属植物和草坪浑然一体，而蝙蝠箱更使这里生机盎然。绿色屋顶将改进屋顶的U值，并且大大缓解城市热岛效应，从而使建筑物在使用年限内减少供暖和制冷能耗。

该建筑在环境优化和以人为本的设计理念方面设立了新标准。2012年，荣获英国建筑研究院绿色建筑评估体系 （ BREEAM ） 优秀等级认证。2013年，荣获建筑质量奖以及区域高等教育英国皇家建筑师学会奖（ RIBA ）。

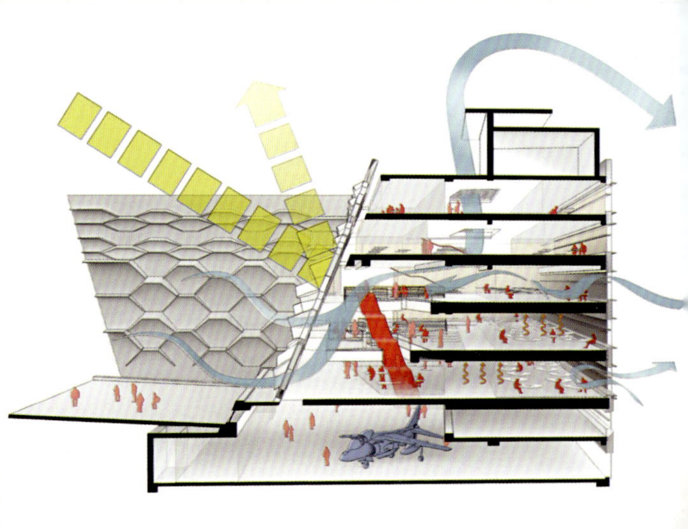

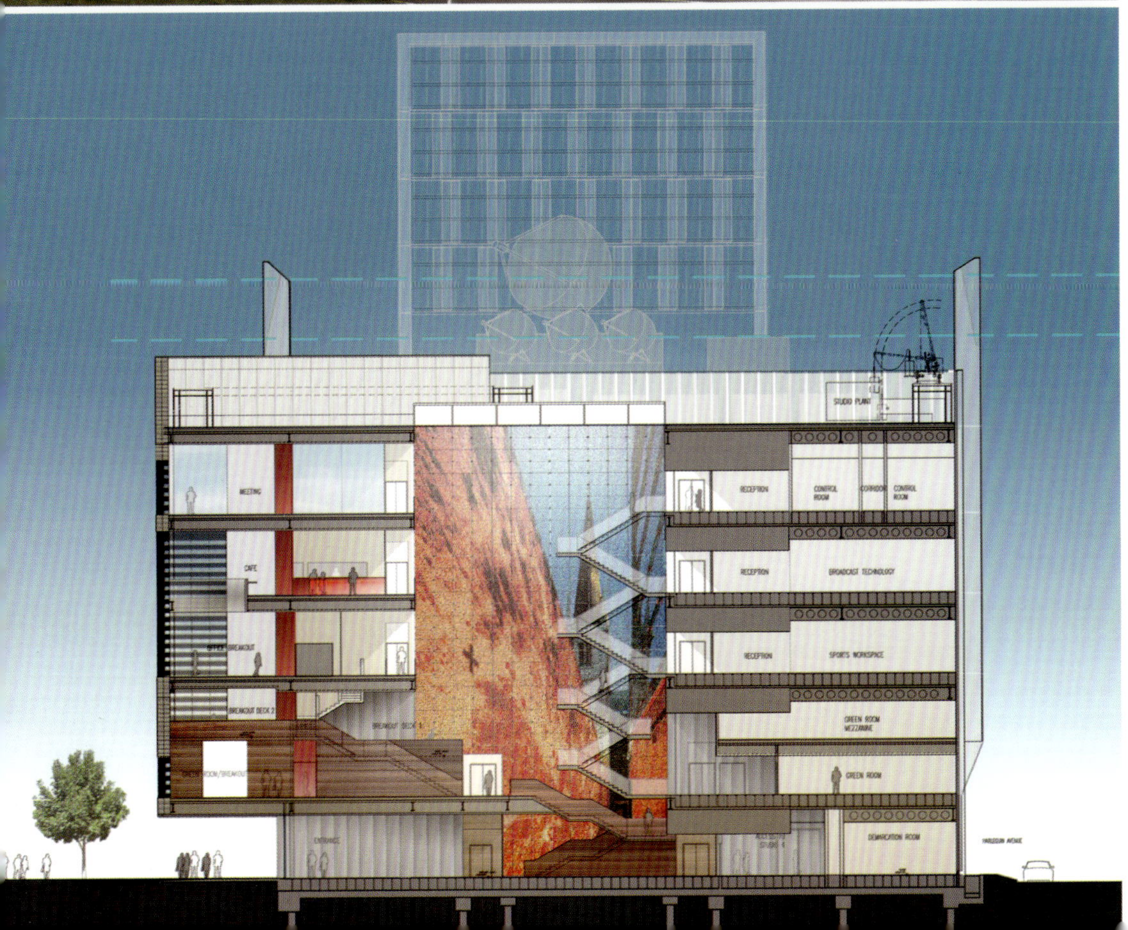

BSKYB HEADQUARTERS

天空广播公司总部

项目业主：英国天空广播公司
项目地点：伦敦
建筑面积：22 400平方米
设计内容：建筑设计、工程设计、声音与振动控制、幕墙工程、消防安全工程
建筑功能：科学与工业设施
设计单位：Arup Associates
获奖情况：可持续发展建筑奖的年度最佳可持续项目
能源奖的年度最佳节能新项目和评委最高奖
BREEM优秀等级项目认证

英国天空广播公司要求建造一座世界领先、实践可持续性理念的公司总部大楼。因此，Arup Associates 必须尽其所能利用所有自然资源，并最大限度地减少总体能源消耗。因此天空广播大厦是世界上最具可持续性的广播工作室和数据中心。

天空广播大厦的多功能办公园区长100米，宽50米，面积大约相当于纽约两个城市街区或一座8层楼的伦敦城市建筑。楼内设有该公司广播和体育新闻部门的各种录音、后期制作和传输设施，约有1 300名正式员工和制作人员在此工作。园区内建有8个世界首创的、具有自然通风功能的电视工作室（均支持3D 和 HD技术），45个编辑室，14个旁白和配音制作室以及4个音频制作室，这些电视工作室汇聚所有领先技术，堪称电视技术的翘楚。

建筑物沿水平方向可分为3个区域：制作区、成形区和分享区。巨型工作室位于较低的楼层，负责“制作”电视节目。中间的楼层设有数据中心、制作部门和编辑室，负责将电视节目制作“成形”。最高的楼层设有传输平台，电视信号将从这里对外“分享”。建筑设计全面展现了其全球领先的可持续性技术。从天空广播大厦的外部，人们可以看到录音工作室的大型自然通风烟囱。于是，有人将这座大厦形象地称为21世纪的新型发电站——“灵感加工厂”。

这种类型和规模的制作设施通常会耗费大量的能源。但是，天空广播公司与跨领域设计师和当地有关部门进行了卓有成效的团队合作，让天空广播大厦成为了全球高能耗建筑中最具可持续性功能的杰作。

依据英国建筑研究院绿色建筑评估体系（BREEAM），天空广播大厦的可持续性较2006年建筑规范关于住宅以外新建建筑的最低要求高出67%，当之无愧地获得优秀等级认证。同时，它还获得能源效能证书（EPC）“A”级评分（22分），雄踞世界可持续性广播设施之首。

ARCHITECTS

北方-汉沙杨建筑工程设计有限公司
NORINDAR HAMZAH & YEANG ARCHITECTURAL ENGINEERING DESIGN CO. LTD

王志军

职务：总经理
职称：国家一级注册建筑师/高级建筑师

教育背景
1993年7月 天津大学建筑系/建筑学学士学位
1996年3月 天津大学建筑系/建筑学硕士学位

工作经历
曾任深圳华森建筑与工程设计顾问有限公司/主任建筑师/建筑部副经理/方案部经理
曾任深圳市天际线设计咨询有限公司/总经理
现任北方-汉沙杨建筑工程设计（深圳）有限公司/总经理

主要作品
深圳迈科龙大厦
中国科学院深圳先进技术研究院
常州奥体山水和园
招商华侨城曦城六期
金地博登湖
重庆隆鑫国际

另有多篇论文发表于国家级专业杂志

张涤

职务：副总建筑师
职称：国家一级注册建筑师/高级建筑师

教育背景
1997年7月 东南大学建筑系/建筑学学士学位

工作经历
曾任深圳华森建筑与工程设计顾问有限公司/主任建筑师
曾任深圳市天际线设计咨询有限公司/首席建筑师
现任北方-汉沙杨建筑工程设计（深圳）有限公司/副总建筑师/高级建筑师

主要作品
招商华侨城曦城六期
长春昂展国际城市综合体
沙河新乡世纪村
深圳招商华侨城曦城商业综合体
金地湖山大境
成都新希望国际商务综合大厦等

另有多篇论文发表于国家级专业杂志

北方-汉沙杨建筑工程设计有限公司成立于1995年，是由中国兵器工业集团公司与马来西亚汉沙杨建筑与规划设计有限公司合资成立的甲级工程设计单位。公司具备中华人民共和国对外承包工程经营资质，并在深圳、上海、西安、宁波、温州、重庆、内蒙古、四川等地设有分支机构。

北方-汉沙杨建筑工程设计（深圳）有限公司于2002年正式成立，是北方-汉沙杨建筑工程设计有限公司和马来西亚汉沙杨建筑与规划设计有限公司在中国南方的区域总部。公司在长沙、南宁、贵阳、宁波、成都、南昌等城市设立了办事机构。

北方-汉沙杨建筑工程设计有限公司具备建筑工程甲级、消防设施专项甲级、风景园林乙级和建筑人防乙级等专业资质，承担的项目类型广泛，涵盖建筑、规划、环境、景观、生态技术、工程顾问、项目管理、项目策划等。

北方-汉沙杨建筑工程设计公司具有300余人的专业设计队伍。其中，中方技术人员260余名，外方技术人员30余名。有教授级高级工程师30余人，高级工程师80余人，国家一级注册建筑师23人，国家一级注册结构师27人。深圳公司的核心技术力量由香港、深圳和海外归来的一批资深专业人士构成，加上各工种技术人员和支持人员，深圳公司总人数超过100人，其中教授级高级工程师4人，高级工程师18人，国家一级注册建筑师5人，国家一级注册结构师6人。

北方-汉沙杨建筑工程设计有限公司承担工业与民用建筑工程的建筑设计、规划、咨询、环境及室内装饰工程设计等项服务。近年来完成国内外大中型项目500余项，建筑面积几千万平方米。深圳公司近年来同北方-汉沙杨其他兄弟公司一道完成了国内大中型项目300余项，建筑面积千余万平方米，中标中奖项目100余项，其中获得省部优奖十多项。

汉沙杨建筑与规划设计有限公司是由国际著名建筑大师杨经文（Ken Yeang）先生和马来西亚皇族成员东姑·汉沙先生(T.R.Hamzah)创立，总部设在吉隆坡。其境外公司主要分布在伦敦、柏林、东京、悉尼、新加坡。作为一个国际性的设计机构，经过近30年的发展，项目遍及欧洲、美洲、亚洲众多地区，并获得20余项各类国际大奖。

Ken Yeang先生和T.R.Hamzah先生都毕业于英国剑桥大学（Wolfson）建筑学院，Ken Yeang先生在读博期间就致力于建筑生态学、生物系统特性的研究，迄今30年的理论研究和实践，奠定了他在国际建筑界的设计大师地位。尤其是他在生物气候学、绿色设计、生态设计方面的规划和建筑作品更是独领风骚，深受业界同人关注。Ken Yeang先生被长期聘为美国“高层建筑与城市居住顾问委员会”副主席，并被选为“欧洲公共财富”成员。

北京总公司
地址：北京市南滨河路27号贵都国际中心B座10层
总机：010-63427165/66/67
传真：010-63427165/66/67转8005
网址：www.bfhsy.com
电子邮箱：bfhsy@263.net

深圳分公司
地址：深圳市南山区南海大道南油大厦7楼
总机：0755-26051178
传真：0755-26425350
电子邮箱：bfhsy-sz@163.com

XIGU GARDEN

曦谷花园

项目业主：深圳招商华侨城投资有限公司
项目地点：广东 深圳
建筑面积：28 080平方米
设计时间：2011年
项目状态：建成
设计单位：北方-汉沙杨建筑工程设计有限公司
设计团队：张涤、王志军、杨坚、周炳良、余旭、陈芳、刘晶、付伟光、冯朝辉、谢宗豪等

项目根据用地山势特征组织建筑布局，建筑群体依山而建，随山势起伏，体现原生的山地建筑自然美感。同时根据地势坡度差异，合理安排户型，有效降低土方开挖量，最大限度地保护山地资源，减少水土流失及不必要的浪费。

整体景观规划结合用地北高南低及东西向较长的特点，在地块中央沿东西向布置一条景观带，分隔南北两区，公共景观由南至北顺应地形高差变化，以自然化的水系、步道、绿化形成富有层次变化的生态、自然的景观感受。

项目住宅产品为顶级别墅，根据市场需求并结合西班牙风格特点，根据住宅具体的朝向，山地高程特征及景观方位精心设计，户型功能完整，空间舒适，结构合理，每户住宅均设有院落空间，充分照顾了家居自然化的需求，提高住宅的居住舒适性。

整体项目以西班牙南部小镇独特的建筑风格为蓝本，突出体现建筑舒缓的桔红色坡屋顶，毛石墙体与手工涂抹的淡黄色墙体结合从而突显休闲气质，以拙朴的建筑造型，体现建筑回归自然追求本色的内涵。

初始草图
南立面图（四拼）

GOLDEN HUSHAN DAJING

金地湖山大境

项目业主：东莞金地宝岛房地产有限公司
项目地点：广东 东莞
用地面积：108 258平方米
建筑面积：427 800平方米
设计时间：2011年
项目状态：建成
设计单位：北方-汉沙杨建筑工程设计有限公司
设计团队：张涤、王志军、邹思明、刘海燕、余旭、陈芳、刘晶、付伟光、冯朝辉、林本深等
获奖情况：东莞市优秀建筑工程设计奖

在项目总体规划上，充分利用南、北、西边山水景观资源，以“亲水、生态”为原则，以自然形态山水为设计主题，建设一个“适合居住的高档住宅区”。 根据规划用地设计条件，有效地利用西南方向自然水体景观、南北两侧绿色自然山体。将高层住宅布置于用地西侧及北侧，让尽可能多的房间享受到西南水景，北区高层住宅北面临山，南侧视野开阔，尽览小区庭院景观，亦可远观南侧绿色山体。地块南侧靠近山体布置联排住宅。地块西南角的联排住宅也拥有水景观赏面。由于其优越的位置，成为地块内最为珍贵的区域。地块中心区域远离周边道路噪声，布置双拼住宅，分享小区内人造景观及南向山景。地块东侧入口处联排住宅朝向正南，专享南侧山景。考虑地块西侧酒店固有人流，将商业布置于地块北侧。幼儿园设置于地块东北角，接近总体规划主入口，交通便利。幼儿园有单独出入口，亦可单独管理。规划围合出尺度宜人的内部绿化空间，设置室外泳池、瀑布、叠水，互相渗透，相得益彰。由于建筑物与车库之间留有空隙使得绿化渗入到地下层，形成生态车库的景观。部分绿化地带下不设车库，使种植大型树木成为可能。绿化景观随车库顶而起伏变化，形成多层次的空间。

住宅部分底层均设架空层，形成多个平台花园，方寸之地，勃勃生机，令有限的基地产生多变的空间。有效地利用基地内外的条件创造出丰富、雅致、悠闲的景观环境空间。

金地湖山大境鸟瞰图

录1：居住区综合技术经济指标一览表
图例
总平面图 1:500

MAIKE LONG BUILDING

迈科龙大厦

项目业主：深圳迈科龙电子有限公司
项目地点：广东 深圳
用地面积：4 000平方米
建筑面积：30 000平方米
设计时间：2008年
项目状态：建成
设计单位：北方-汉沙杨建筑工程设计有限公司
设计团队：王志军、江家业、周炳良、田力男、林本深、冯朝辉等
获奖情况：部级优秀设计二等奖

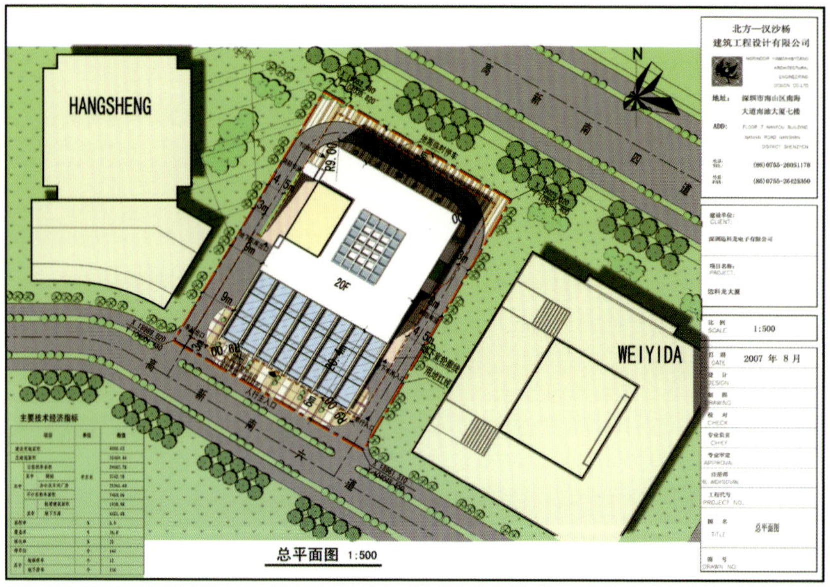

总平面图 1:500

从城市设计出发，最大化地优化该地块的环境资源。考虑到其东西两侧距规划相邻高层较近及南侧要求有架空连廊的因素，将主楼置于用地中央并沿北侧边界，可减少楼与楼的对视，并自然留出较大的前广场作为城市景观空间，人行主入口位于高新南六道东中间，正对主楼大堂，同时南向设架空柱廊将虚空间导入大堂，主入口广场既形成基地的门厅，又达到疏散人流的目的，方便行人在无雨的半室外空间活动。

主楼方正富有效率，可灵活组合空间，便于使用，交通核体位于西侧，可最大限度地让出东侧朝向及景观较好的空间作研发，并缩小了西晒不利空间的建筑面积，有利于建筑节能。东向低层中部略向内收进一凹槽，可灵活布置空中绿化格架，改善高层建筑的亲切感。凹槽形成一充满阳光及绿色的虚核，主要使用空间围绕其安排，改变了以往高层建筑的呆板形式，弱化了这一高度下与东邻建筑的对视，减少了不利景观面的建筑面积。虚核与西向核心筒形成的实核组成双核平面，采光通风良好，不设集中空调，降低了营运费用。

建筑内部的退台、缺角、中空的处理造就了大量的空中花园平台，塑造了高层建筑与自然天空的最大交流接触，满足了生态人性的需求。同时在一方正的体量内通过减法的手法雕塑建筑，使得结构体系常规而简明，且效果生动，光影丰富。

南侧裙房部位设置了架空柱廊，水体绿化及玻璃覆盖，同主楼入口以面与线的方式嵌套，适当分开，而自然过渡，大堂气派便捷，体现了建设单位的风范。

新颖大方的立面造型，变化丰富多样，空中花园、观光电梯、景观外廊与下沉庭院构成完美的统一体

背面巧妙布置下沉庭院、入口廊桥，使得地面与车库自然过渡，并有机地联系在一起

形态造型分析图

顶层中庭，内设休闲咖啡、酒吧，彰现高贵大气

3层通高玻璃架廊，营造时尚、现代厂房车间氛围

GOLDEN LAKE CONSTANCE

金地博登湖

项目业主：东莞市金地房地产投资有限公司
项目地点：广东 东莞
用地面积：179 856平方米
建筑面积：305 000平方米
设计时间：2008—2011年
项目状态：一、二期建成，三期在建
设计单位：北方-汉沙杨建筑工程设计有限公司
设计团队：王志军、张涤、邹思明、程志彪、黄川等

项目为不规则形用地，地块外部东、南、北为厂区或者农民房，外部景观较差，为更好地提升住宅价值，需要建造中心园林景观，并对高层住宅进行半围合设计。为了体现均好性，高层住宅需保证更多的南向、东南向；板式结构保证通风采光效果佳。高层住宅让客户感觉即便看不到湖景，内部景观也不差，通透性很好，产品素质很高。建筑容积率为1.8，是高层与低密度产品融合的建筑设计项目。项目设计的主要目标是：

1. 在中等容积率条件下塑造高层、低层组合的低密度高档社区；

2. 在满足规定密度条件下，在保证环境品质的同时尽量提高低密度产品的量，以期节省建造成本，顺应市场需求，争取价值最大化；

3. 用好外部有利资源，回避不利视角。

设计在尊重当地气候与环境的基础上塑造优良的建筑群体与空间联系，在传统与创新中把握好科学的尺度。设计中力求扬长避短，充分利用地形及现有高差、北部水库景观，尽量扩大及完整地块中部腹地的环境，争取好的景象与朝向。小区中央环境开间舒展，景致丰富，独立地块的环境景观小巧精致，收放有序。建筑群体以点式塔楼的形态展现，充分融入环境，保证均好性。11栋塔楼蜿蜒迂回，修长明朗，以北斗七星的形态，烘托出中央多层产品的尊贵。景观随势展开，东西向景观长径与南北向景观轴线的交汇点结合小区主入口设生态广场，作为主入口广场，以开放的姿态拥抱每一个往来小区的人。

附表5：公共服务设施一览表
附表1：居住区用地平衡表
附表2：居住区综合术经济指标一览表
附表6：停车场统计表
附表3：规划建筑统计表
附表4：户型比例一览表
幼儿园出入口
车行次入口
总平面图 1:600
二期总平面图

大连风云景观设计有限公司

王丹

出生日期：1972年10月21日
职　　务：董事长
中国建筑学学会会员
中国民族建筑研究会资深会员
中国建设文化艺术协会环境艺术专业委员会常务理事
中国高校摄影协会会员
职　　称：国家高级环艺师

教育背景
1992年09月—1996年7月　大连理工大学/建筑学学士
1998年09月—2001年5月　大连理工大学/建筑学硕士

工作经历
1996年7月—1998年7月　大连市建筑设计研究院
2001年5月至今　大连理工大学建筑与艺术学院/任教
2002年11月至今　大连风云景观设计有限公司/董事长

主要作品
鼎盛佳苑之琥珀城（第七届中国人居典范建筑规划设计方案金奖）
大连金石滩文化博览中心
大连普湾新区大坨山招商会馆
沈阳浑南新区城市建设展示馆
沈阳浑南新区莫子山公园主题餐厅
沈阳亿丰置业发展有限公司朗月街项目

吴晓东

出生日期：1975年12月16日
职　　务：总经理
中国建筑学学会会员
中国民族建筑研究会资深会员
中国建设文件艺术协会环境艺术专业委员会委员
中国高校摄影协会会员
职　　称：国家高级环艺师

教育背景
1993年7月—1998月9月　大连理工大学/建筑学学士
1998年7月—2001年3月　大连理工大学/建筑学硕士
2004年至今　大连理工大学/建筑学博士

工作经历
2004年05月至今　大连理工大学建筑与艺术学院/任教
2002年11月至今　大连风云景观设计有限公司/总经理

主要作品
鼎盛佳苑之琥珀城（第七届中国人居典范建筑规划设计方案金奖）
大连金石滩文化博览中心
大连普湾新区大坨山招商会馆
沈阳浑南新区城市建设展示馆
沈阳浑南新区莫子山公园主题餐厅
沈阳亿丰置业发展有限公司朗月街项目

李皓男

出生年月：1986年9月19日

教育经历
2005年7月—2010年7月　大连理工大学城市学院/建筑学学士

工作经历：
2010年7月至今　大连风云景观设计有限公司

主要作品
鼎盛佳苑之琥珀城（第七届中国人居典范建筑规划设计方案金奖）
大连金石滩文化博览中心
大连普湾新区大坨山招商会馆
沈阳浑南新区城市建设展示馆
沈阳浑南新区莫子山公园主题餐厅
沈阳亿丰置业发展有限公司朗月街项目

地址：大连市高新园区凌河街20号
电话：0411-39649810
传真：0411-39649810
网址：www.fydesign.cn
电子邮箱：freen@fydesign.cn

大连风云景观设计有限公司是大连近10年来崛起的一家新锐建筑师事务所。公司在2003年起源于大连理工大学，汇集国内外高校及设计院中一流的建筑学青年精英，成为众多建筑艺术学院师生科研和实践相结合的基地。

公司成立伊始，以“成为国内外最具影响力的新锐建筑师团队”为战略目标，以“诚信、创新、品质、服务”为发展理念。公司主要经营业务为城市规划与设计，公共民用建筑设计，环境景观设计等。同时涵盖古建筑保护及复原，项目前期策划及可行性研究，建筑工程检测及咨询，市政工程规划，建筑多媒体及动画设计等多个领域。

目前，公司下设规划设计部、建筑设计部、景观设计部、项目前期策划部、行政管理部、财务部、市场拓展部、人力资源部，现已拥有各项专业技术人员30余人。

公司本着高标准、高起点的要求，在过去的3年中同众多国际知名建筑事务所及国际咨询团队进行合作，并已经建成或在建大量作品，这些团队分别为：

美国Harrisson Design Associates
德国MuP China GmbH& Co,kg
日本ISHIMOTO by Design
韩国莱茵（株）综合建筑师事务所、LINE建筑、熙林 Heerim Architects & Planners

公司现为中国建筑学会会员单位，中国环境艺术协会常务理事单位，中国民族建筑研究会会员单位，并获得多项国际国内投标竞赛大奖以及其他各类优秀设计奖。此外，公司同国内多所知名大学，包括清华大学、东南大学、同济大学、大连理工大学等在建筑规划领域内开展了广泛的研究合作，发表著作及论文30余篇，取得丰硕的成果。

公司经营的市场范围以环渤海湾为基础，已经拓展至北京、辽宁、吉林、黑龙江、内蒙古、江苏、山东等省、市、自治区，并将延展到境外市场。

SHENYANG HUNNAN NEW DISTRICT CITY CONSTRUCTION EXHIBITION HALL

沈阳浑南新区城市建设展示馆

项目业主：沈阳万润新城投资管理有限公司
项目地点：辽宁 沈阳
建筑功能：展示
用地面积：13 000平方米
建筑面积：8 800平方米
设计时间：2011年
项目状态：建成
设计单位：大连风云景观设计有限公司
设计团队：王丹、吴晓东、李皓男等

地形延续，山林导入，生态循环，建筑与自然共生。

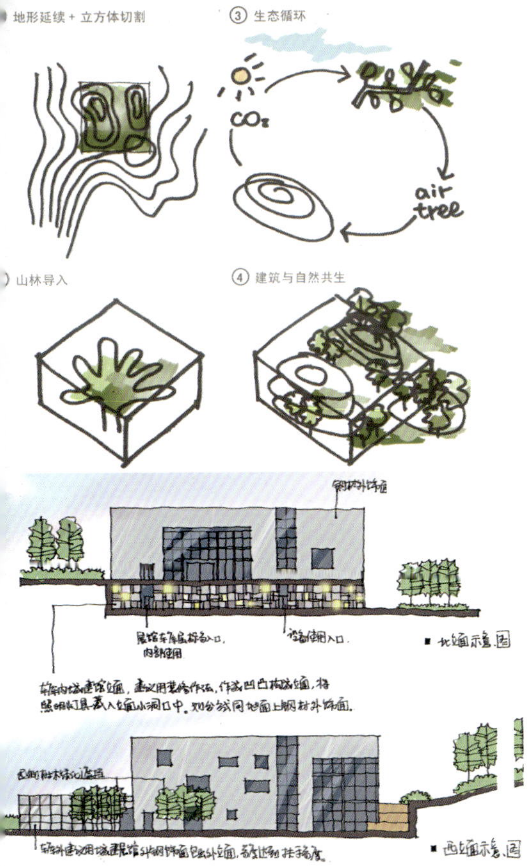

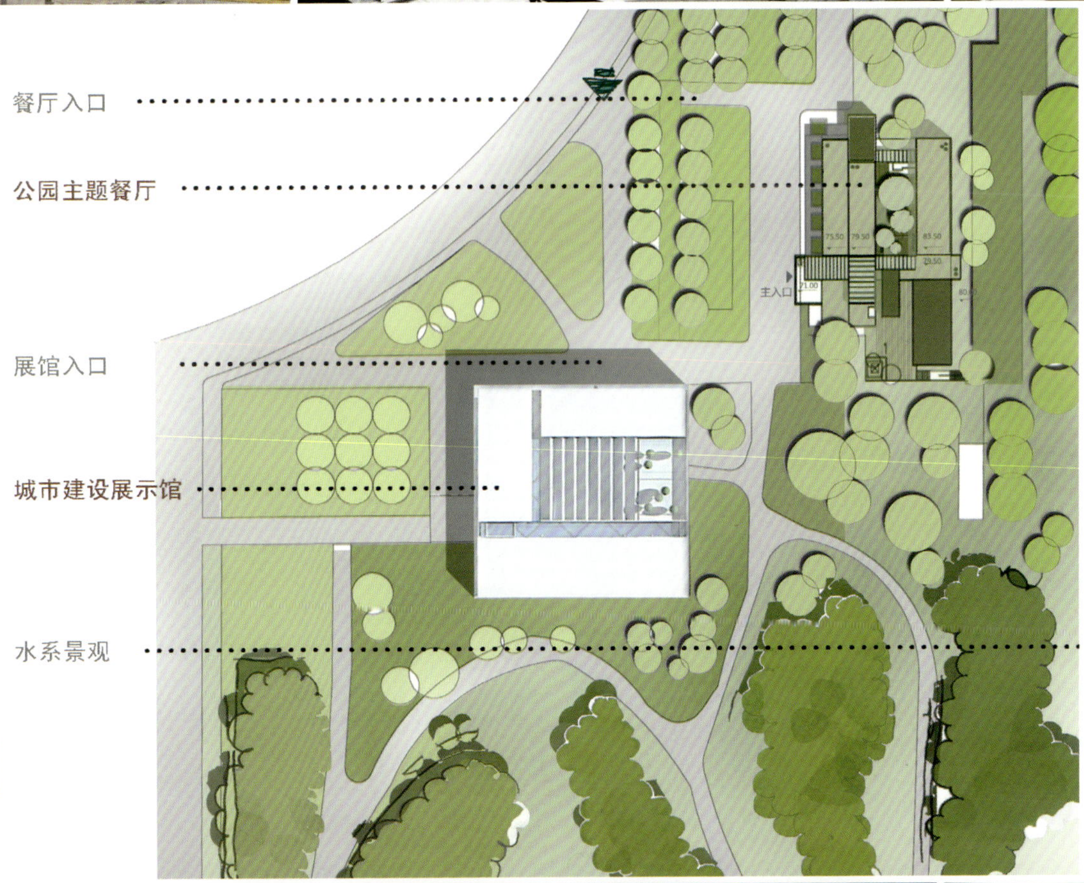

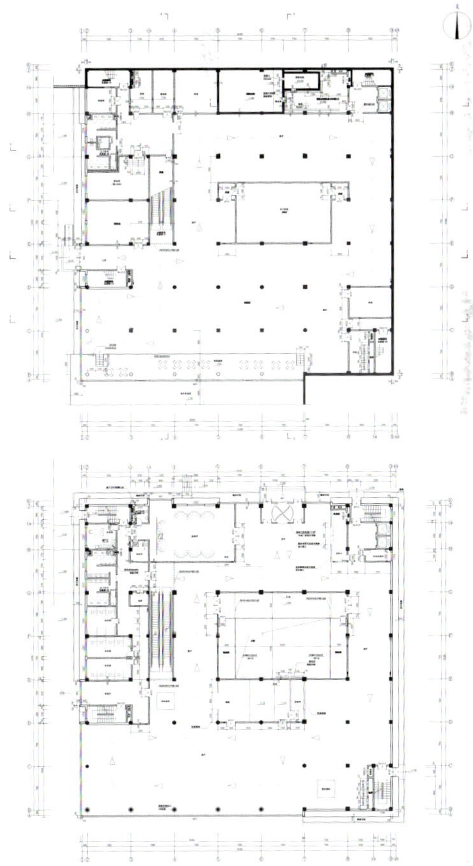

SHENYANG HUNNAN NEW DISTRICT MOZISHAN PARK THEME RESTAURANT

沈阳浑南新区莫子山公园主题餐厅

项目业主：沈阳万润新城投资管理有限公司
项目地点：辽宁 沈阳
建筑功能：餐饮
用地面积：5 000平方米
建筑面积：2 900平方米
设计时间：2011年
项目状态：建成
设计单位：大连风云景观设计有限公司
设计团队：王丹、吴晓东、李皓男等

光、绿地、地形的融合；体量拉开，引入光与绿地；结合地形起伏，利用立体层状空间，而达到空间的流动。

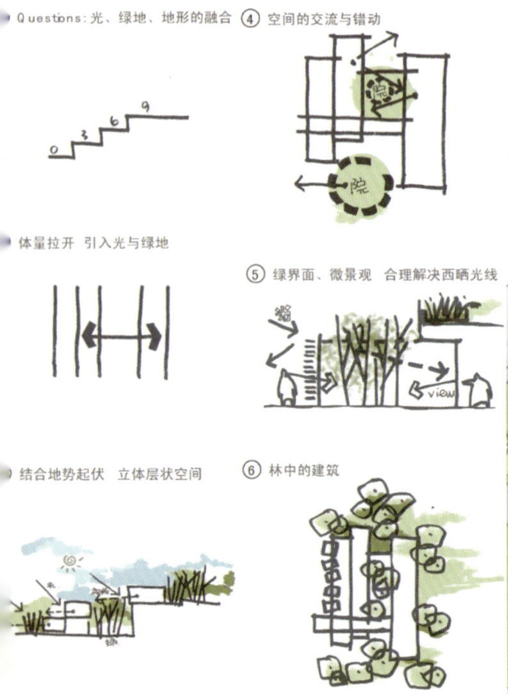

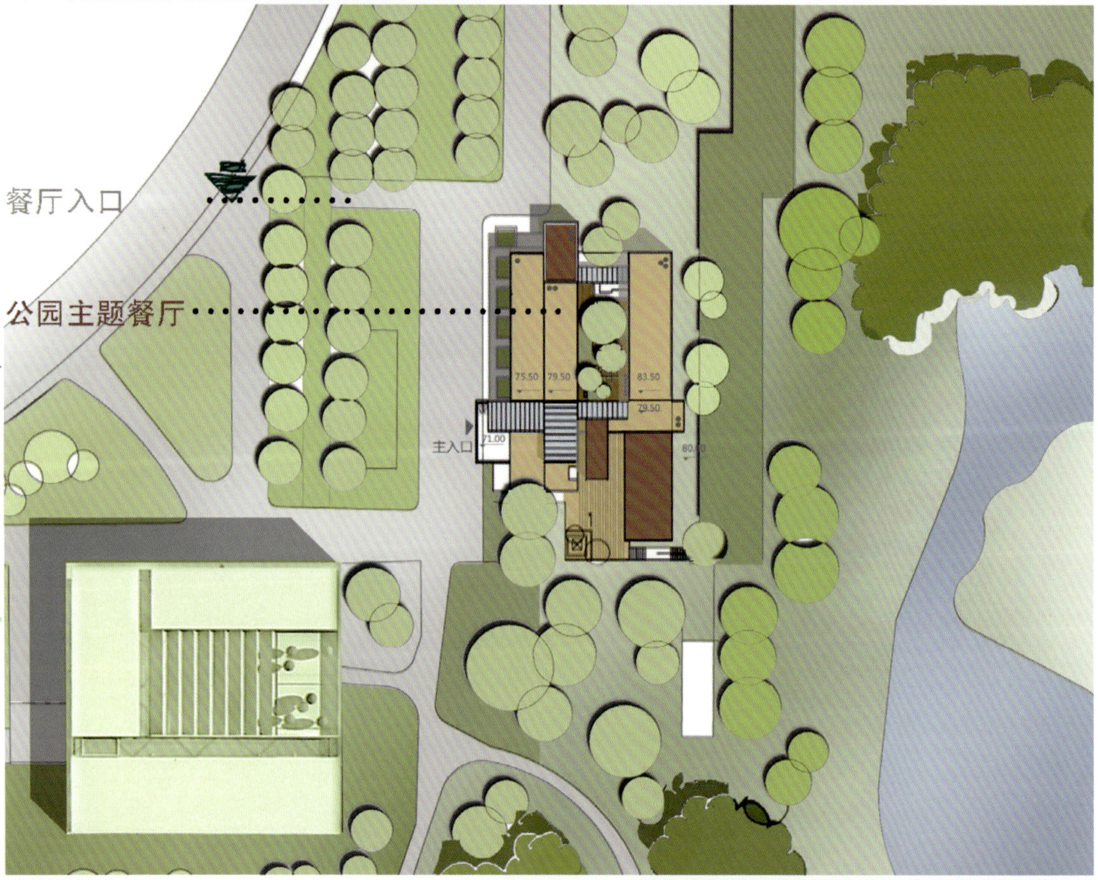

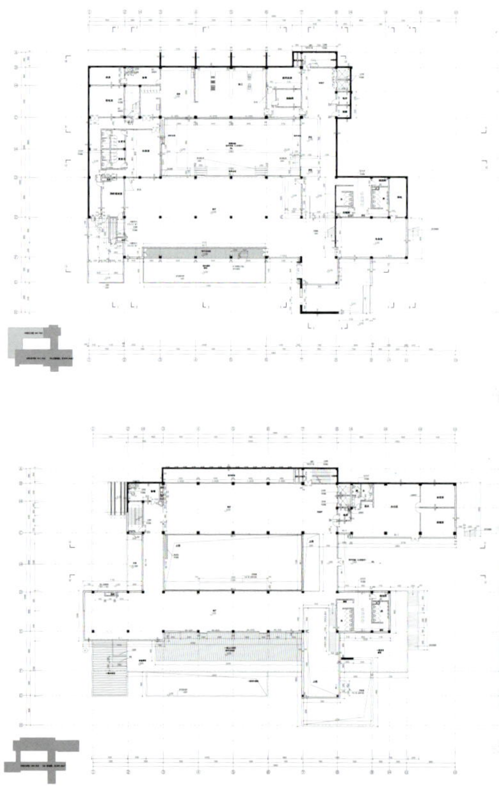

SHENYANG YIFENG LANGYUE STREET PLANNING AND DESIGN

沈阳亿丰朗月街规划设计

项目业主：沈阳亿丰置业发展有限公司
建筑功能：商业、住宅
建筑面积：47 645平方米
项目状态：在建
设计单位：大连风云景观设计有限公司
设计团队：王丹、吴晓东、李皓男等

项目地点：辽宁 沈阳
用地面积：46 365平方米
设计时间：2013年

该项目位于沈阳市浑南新城，北临南堤东路、东侧朗月街、南接恒达路、西侧与河畔新城项目相临。

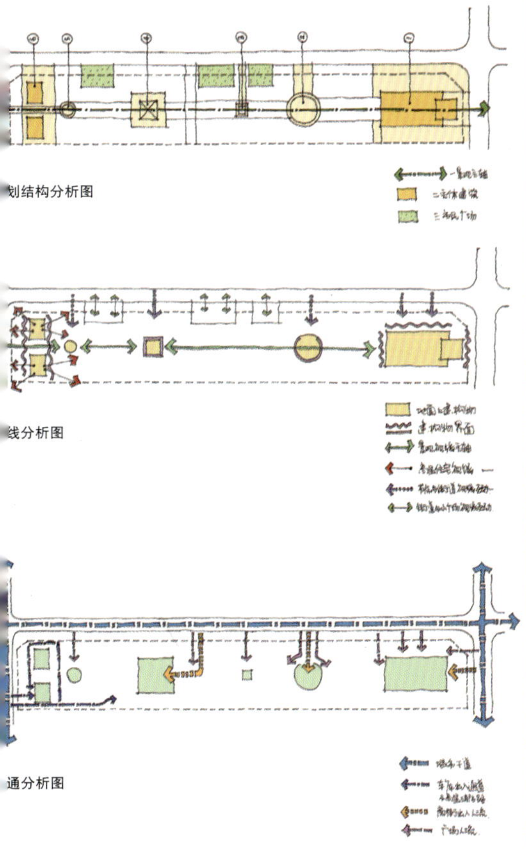

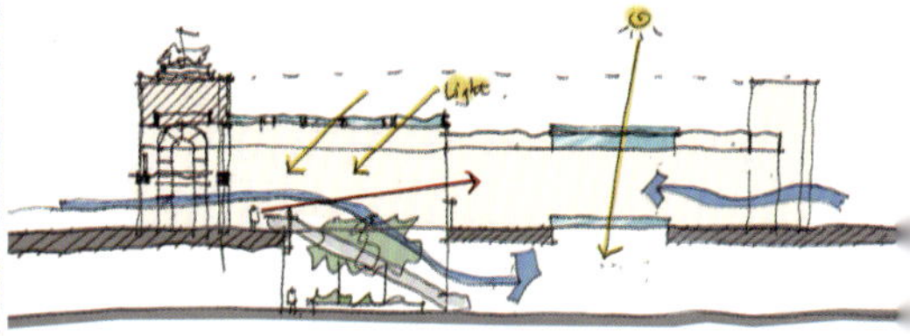

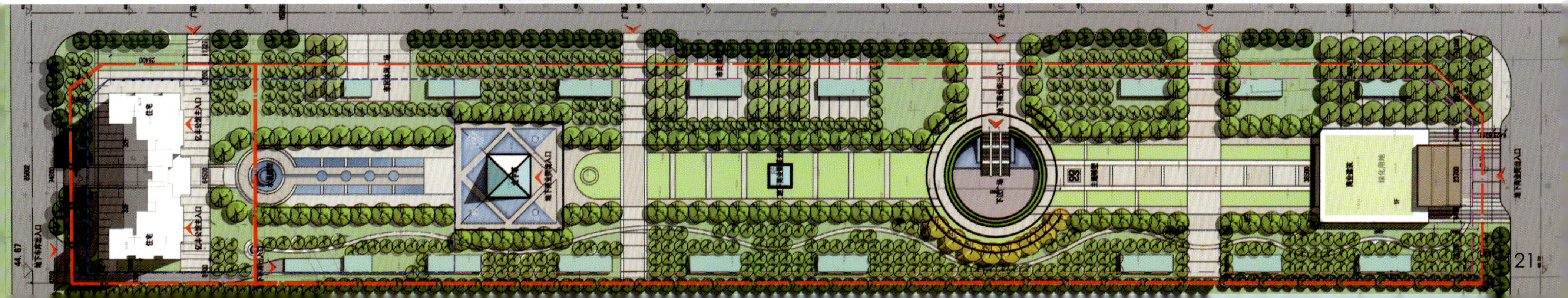

DALIAN CAPE BAY NEW AREA DATUO MOUNTAIN MERCHANTS GUILDHALL

大连普湾新区大坨山招商会馆

项目业主：普兰店市城乡规划建设局
建筑功能：会所
建筑面积：5 310平方米
项目状态：建成
设计团队：王丹、吴晓东、李皓男等

项目地点：辽宁 大连
用地面积：31 000平方米
设计时间：2010年
设计单位：大连风云景观设计有限公司

整体布局以打散后的相对小体量沿等高线展开与山体共同围合出系列的主题院落，依山就势建设，营造出宜人尺度的院落空间，运用坡顶形成与山势的错落呼应，体现出公园轻松休闲的环境氛围。

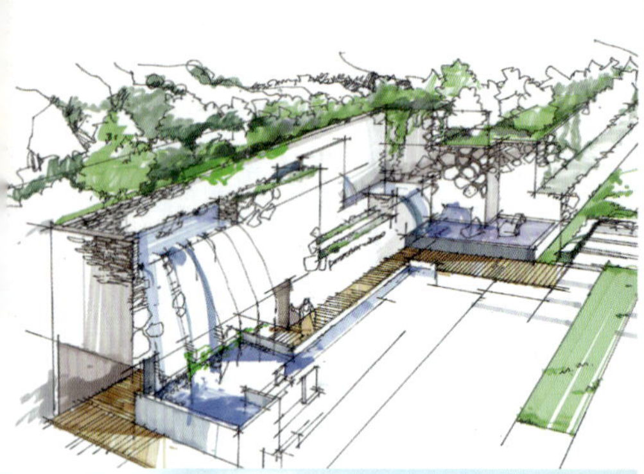

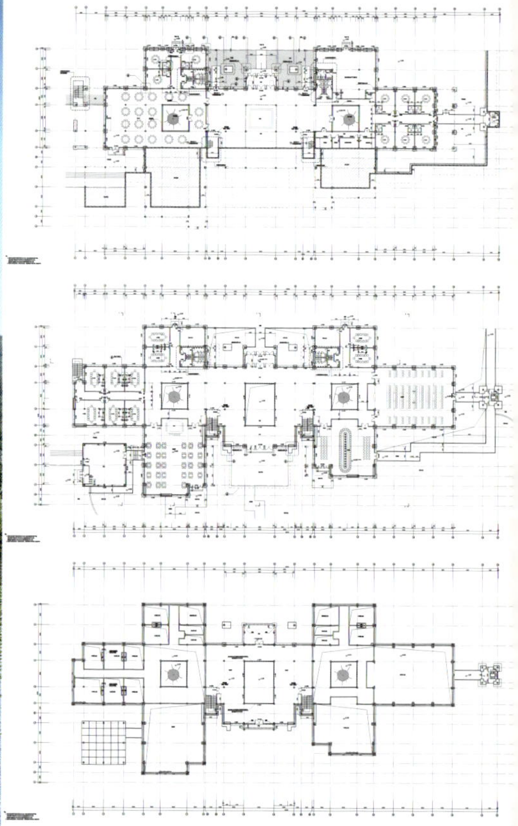

DALIAN CAPE BAY NEW AREA DINGSHENG KINDERGARTEN

普湾新区鼎盛幼儿园

项目业主：大连世纪鼎盛实业有限公司
项目地点：辽宁 大连
建筑功能：教育
用地面积：3 000平方米
建筑面积：3 000平方米
设计时间：2012年
项目状态：建成
设计单位：大连风云景观设计有限公司
设计团队：王丹、吴晓东、李皓男等

幼儿园入口紧临鼎盛佳苑次入口，方便家长接送，儿童日常单元与多功能活动室呈“L”形布局，构成体量与空间的对比，屋顶种植绿化并安装太阳能板，注重绿色环保理念，园内色彩鲜明，符合儿童心理特征。

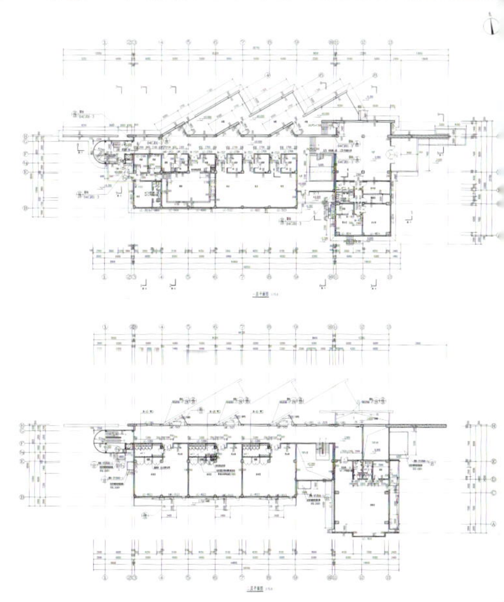

SHENYANG HUNNAN NEW DISTRICT NOBLE MANSION RESIDENTIAL LANDSCAPE

沈阳浑南新区伯爵源筑居住区景观

项目业主：沈阳万恒易赛房地产开发有限公司
项目地点：辽宁 沈阳
建筑功能：住宅
用地面积：43 506平方米
景观面积：39 000平方米
设计时间：2012年
项目状态：在建
设计单位：大连风云景观设计有限公司
设计团队：王丹、吴晓东、李皓男等

根据西方历史、人文中的经典重现了欧洲古典主义风格住区，以类十字的平面布局，组成整个居住小区的空间结构。纵向、横向绿色走廊贯穿整个居住区，将步行绿色景观轴线与不同功能用地串联起来，形成收放有序、形式多样的空间景观效果。

矢车菊以清丽的色彩、美丽的花形，芬芳的气息、顽强的生命力博得了德国人民的赞美和喜爱，因此被奉为国花。它代表着坚忍，好运

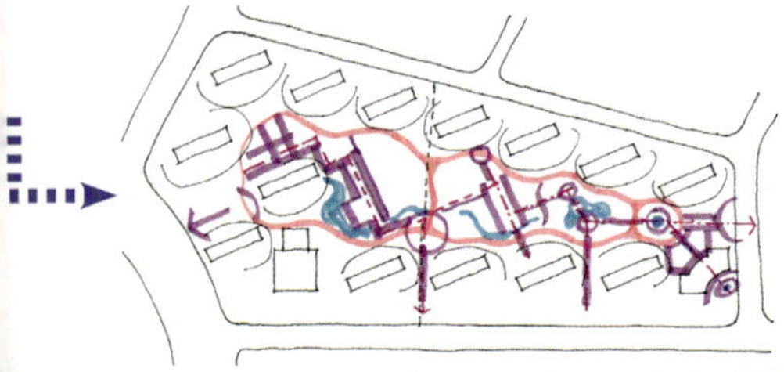

DALIAN CAPE BAY NEW AREA CRYSTAL BAY SALES OFFICE

大连普湾新区水晶湾售楼处

项目业主：大连世纪鼎盛实业有限公司
项目地点：辽宁 大连
建筑功能：展示
用地面积：3 000平方米
建筑面积：2 652平方米
设计时间：2013年
项目状态：建成
设计单位：大连风云景观设计有限公司
设计团队：王丹、吴晓东、李皓男等

一片欧式小区中的现代建筑，用钢结构塑造出盘旋上升的趋势，并在空间上围合出中央庭院。表皮为玻璃幕墙和打孔铝板，夜晚在灯光的照射下如同一枚水晶放置在普湾新区的中心。

王琦

职务：重庆天境设计工作室/主持设计师
职称：国家一级注册建筑师
重庆大学建筑城规学院/副教授

教育背景
1986—1990年 重庆建筑工程学院建筑系/建筑学学士
1990—1993年 重庆建筑工程学院建筑系/建筑设计及其理论专业硕士

工作经历
1993年至今 重庆大学（含重庆建筑工程学院）建筑城规学院/硕士生导师
2003年至今 重庆天境设计工作室/主持设计师

个人荣誉
重庆市五一劳动奖章获得者

主要作品
2003年 重庆国际商务中心（合作）
2003年 柳州新时代商业港
2004年 泸州老窖集团总部大楼/营销网络指挥中心
2004年 川威集团大厦（投标）
2006年 河南南阳鸿德购物公园
2006年 重庆金山医院
2006年 重庆四公里交通换乘枢纽
2007年 重庆南山植物园大门及游客接待中心
2008年 河南南阳罗马帝景小区
2008年 武隆喀斯特地质博物馆
2009年 黎平会议纪念馆
2010年 重庆龙头寺公园休闲运动中心（合作）
2010年 重庆西永交通换乘枢纽
2011年 重庆园博园龙景书院
2012年 湖北恩施现代家居MALL
2012年 四川泸县龙城文化艺术中心（投标）
2013年 重庆金融后援服务中心一期工程（投标）
2013年 重庆万州第一人民医院医疗综合楼
2013年 重庆城口县人民医院医疗综合楼
2013年 重庆婚庆文化产业园

学术成果及获奖
在《城市规划》《城市规划学刊》《规划师》《时代建筑》《新建筑》等国内著名学术期刊发表研究论文20余篇；参研并完成国家自然科学基金项目、教育部和重庆市科委科研项目4项；设计项目获全国优秀规划设计二等奖1项（2003年）、全国优秀建筑设计三等奖1项（2009年）、教育部优秀建筑设计二等奖1项（2009年）、教育部优秀建筑设计三等奖1项（2007年）、教育部优秀规划设计三等奖1项（2009年）、重庆市优秀规划设计一等奖1项（2011年）、重庆市优秀建筑设计三等奖1项（2005年）。

地址：重庆市沙坪坝区沙杨路72-20号沙丽楼2楼
电话：023-65318131
电子邮箱：king.sky@163.com

天境设计工作室成立于2003年，是一个以建筑设计与理论探索为目标的工作团队。团队成员基础扎实、思维活跃、想象力丰富，富有创造力又具有坚韧的精神，力争为每一个项目提供最优的设计解决方案。

天境设计的工作重心主要置于设计的前期，同时亦关注设计的后期及修建的全过程。工作室长期致力于不同尺度空间营造方法与场所体验的研究，设计内容不仅仅局限于场地环境、室内外空间和建筑本体等传统领域，更广泛地关注城市学、心理学、信息技术、材料等领域的新进展，研究其作用于狭义建筑学的可能性、复杂性和作用结果，同时兼顾成本控制和技术实施的可行性，最终以高度的综合呈现外在与内涵并存、整体与局部统一的最适宜的设计结果。

建筑设计过程既是理性的表达，又是感情的抒发。工作室的设计作品一方面力图满足设计之本的社会和用户基本需求，另一方面更强调设计之魂的个性化思维和价值取向，从而在当今快餐化的时代背景下展现优质而又独特的魅力。

工作室主要成员：王琦、贾静、艾维涛、王玮、贾伟、武子栋、王力、卢学森、夏晨曦、喻文杰、姚攀科、付晓辉、游昊星、牛艳丽、黄翔宇、罗米、任真妮、杨曦、胡珑铧、李丹、徐海军、叶鑫、柴鑫等。

HIGHWAY PASSENGER TRANSFER HUB—SIGONGLI TRANSPORT HUB/XIYONG TRANSFER HUB

交通换乘枢纽——四公里换乘枢纽/西永换乘枢纽

项目业主：重庆交通投资公司
项目地点：重庆
建筑功能：交通换乘、商业、服务
用地面积：98 000平方米（四公里换乘枢纽）
　　　　　78 400平方米（西永换乘枢纽）
建筑面积：53 000平方米（四公里换乘枢纽）
　　　　　54 500平方米（西永换乘枢纽）
设计时间：2006—2010年
建成时间：2012—2013年
设计内容：（四公里换乘枢纽）方案/初设/施工图设计、（西永换乘枢纽）方案设计
设计单位：重庆天境设计工作室/重庆大学建筑设计研究院
设计团队：王琦、贾伟、林仲煜、刘方等

随着以城市轨道交通为代表的大容量城市快速公共交通的迅速发展，城市交通进入了一个多元构成、立体化的新型发展阶段，城市已步入各类交通方式之间相互整合、交通建筑与城市功能和空间之间相互整合的新时期，而由此带来的各种交通出行方式间的相互转换、城市内部和外部交通间的相互转换成为了现代城市交通能否成功构建的关键因素。

设计中充分体现“乘客第一、以人为本”的原则，追求“无缝”接驳和换乘便捷，最大限度地处理好各种交通工具之间的转换与协调，合理安排人流、物流，为乘客创造安全、舒适的乘车出行环境，进而达成以下3个目标：契合——基于城市的交通体系构建；整合——构建完善的功能体系；融合——构建全方位的人文关怀。

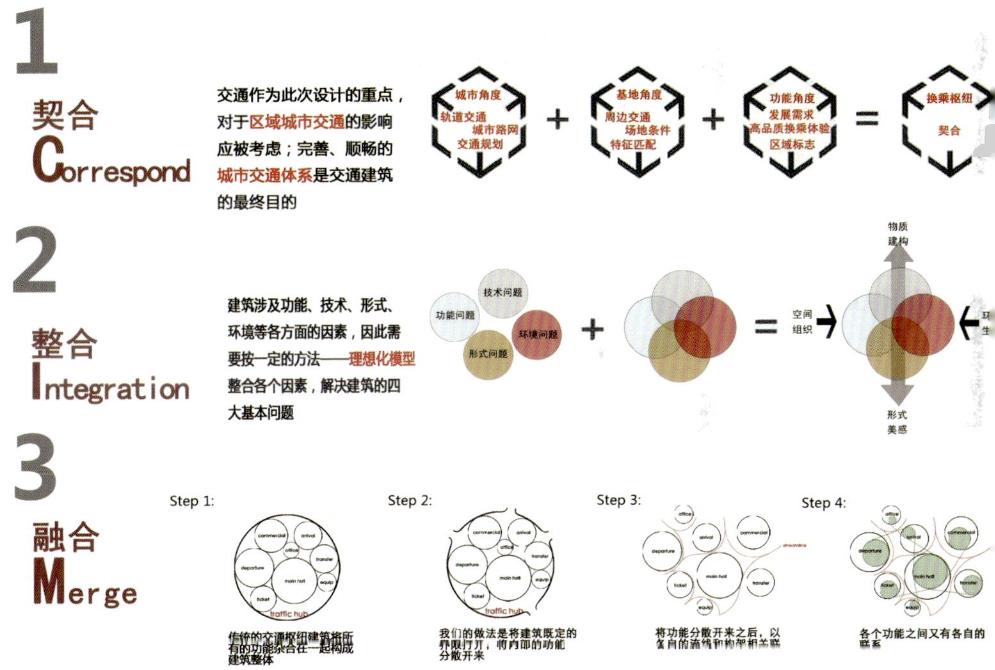

LUZHOULAOJIAO HEADQUARTERS BUILDING

泸州老窖集团总部大楼

项目业主：泸州老窖股份有限公司
项目地点：四川 泸州
用地面积：68 900平方米
建筑面积：21 598平方米
建筑功能：办公、展示
设计时间：2003年
建成时间：2005年
设计内容：方案/初设/施工图设计
设计单位：重庆天境设计工作室/重庆大学建筑设计研究院
设计团队：王琦、周智伟、贾静、艾伟涛、王玮等
获奖情况：教育部优秀建筑设计三等奖（2007年）

泸州老窖酒源远流长，是中国浓香型白酒的标准。设计突出“酒”的概念，以水为象征，运用抽象与象征手法展现泸州老窖400多年的酒史文化，在对“醉态”的描述中再现了建筑所能承载的酒文化内涵。

为表达建筑与酒之间的关系，设计中于场地中央设置了一个巨大的椭圆形水面，象征酿酒的“窖池”，将建筑置于“窖池”之上，并以一条长长的“飘带”从北部干道开始，经过起伏、翻转、柔化、回旋后结束，充分模拟出了“醉酒的姿态”，使建筑沉醉在了场地之中，行云流水般抒发着不羁的情怀，所谓的“曲水流觞”“源远流长”在此得以建筑学意义上的诠释。宁静的水面之上的建筑与其倒影相映成趣，建筑因水而具有了灵性，呈现了一幅“赤酒流霞”的美丽画卷。

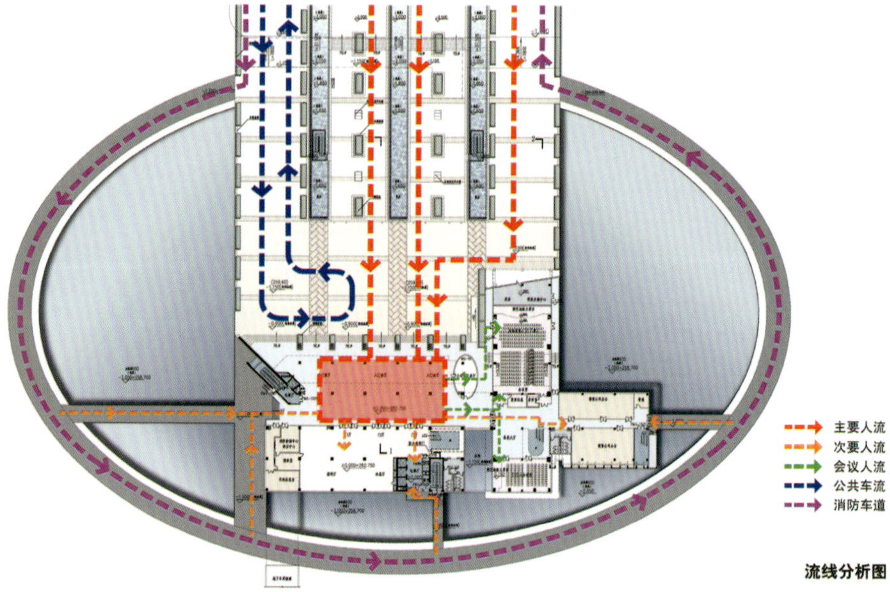

流线分析图

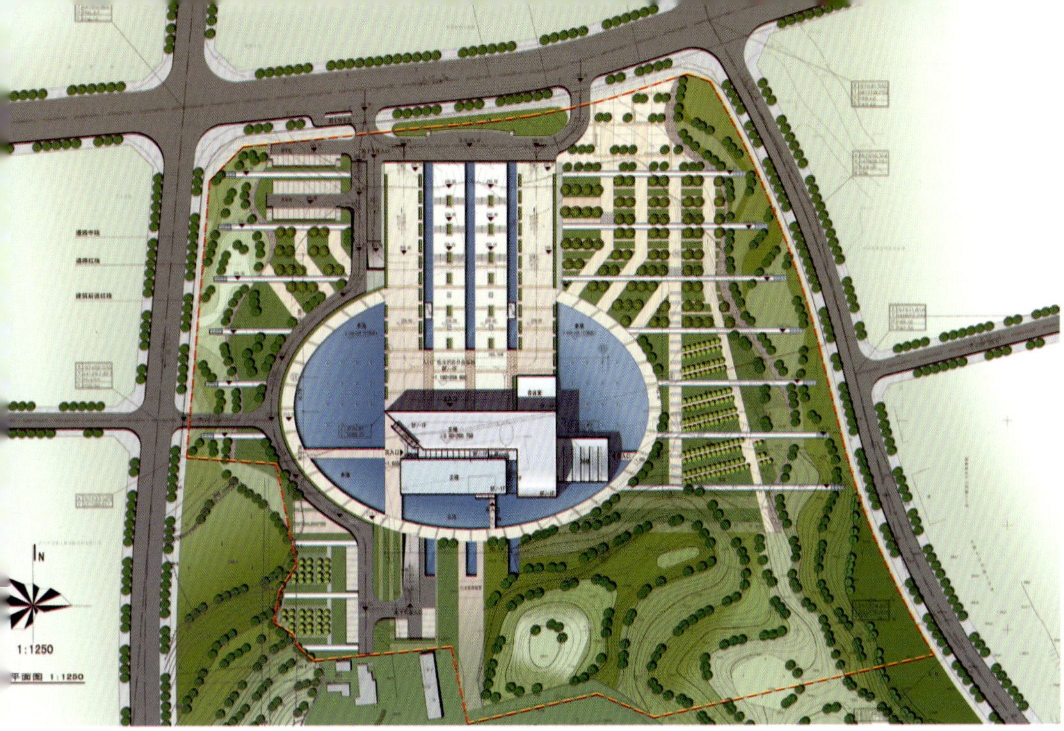

1:1250
平面图 1:1250

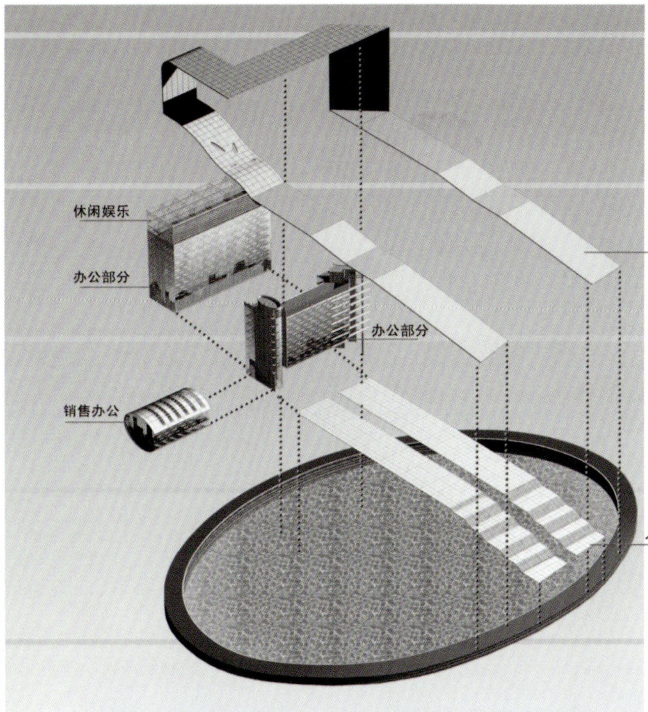

休闲娱乐
办公部分
办公部分
销售办公
折板
人行步道

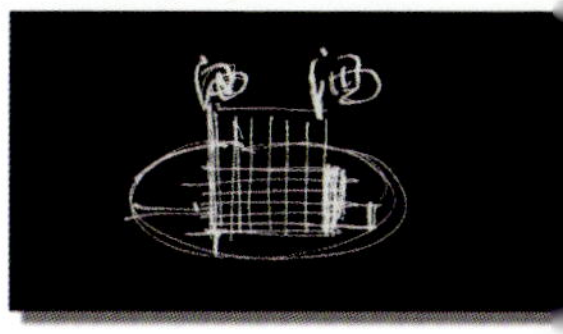

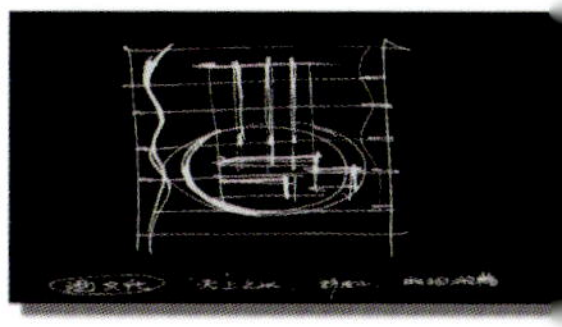

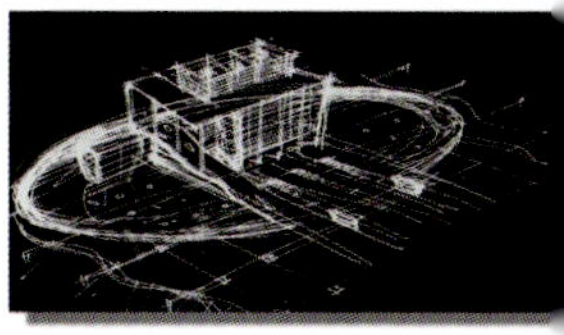

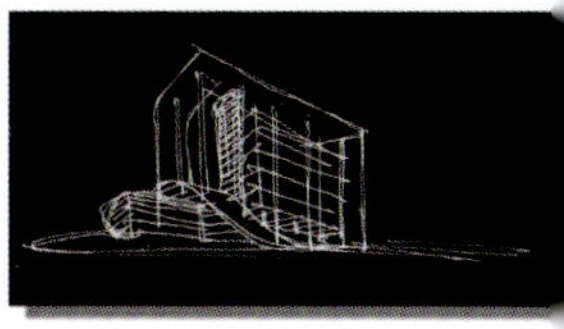

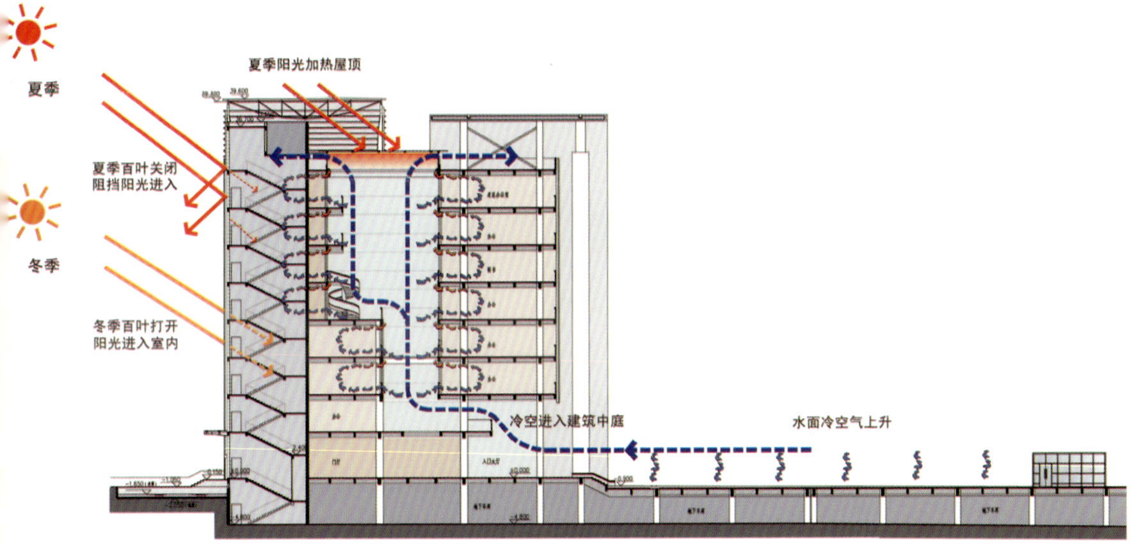

夏季
冬季
夏季阳光加热屋顶
夏季百叶关闭
阻挡阳光进入
冬季百叶打开
阳光进入室内
冷空进入建筑中庭
水面冷空气上升

JINSHAN HOSPITAL, CHONGQING

重庆金山医院

项目业主：重庆医科大学第一附属医院
建筑功能：医疗、保健
建筑面积：211 000平方米
竣工时间：2013年
设计单位：重庆天境设计工作室/重庆大学建筑设计研究院
设计团队：王琦、艾维涛、王玮、吴舜、武子栋、王力等

项目地点：重庆
用地面积：106 000平方米
设计时间：2006年
设计内容：方案/初设/施工图设计

医院地处城市新区，为重庆医科大学第一附属医院的分院，同时也是一座规模较大、设备先进的集医疗、科研于一体的综合性三甲医院。

顺应当代医院建筑的发展趋势，设计力图在建筑的生态化、高效化、智能化和人性化等方面突出个性；做到功能适用、空间合理、交通便捷、造型优美、结构简洁、设备高效，从而创造一座整体化、城市化、现代化和生态化的新型综合医院。

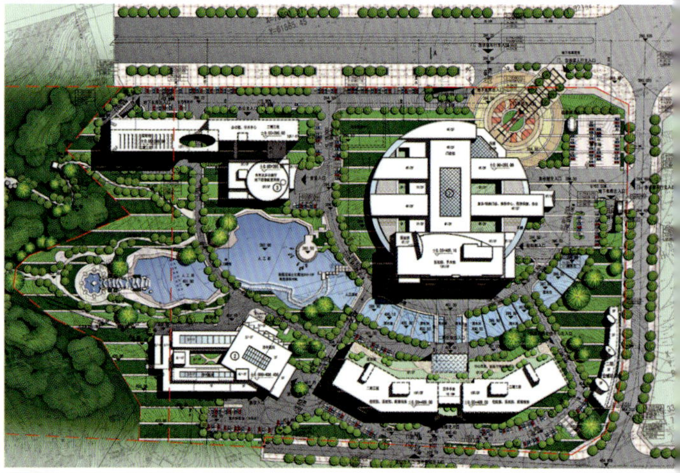

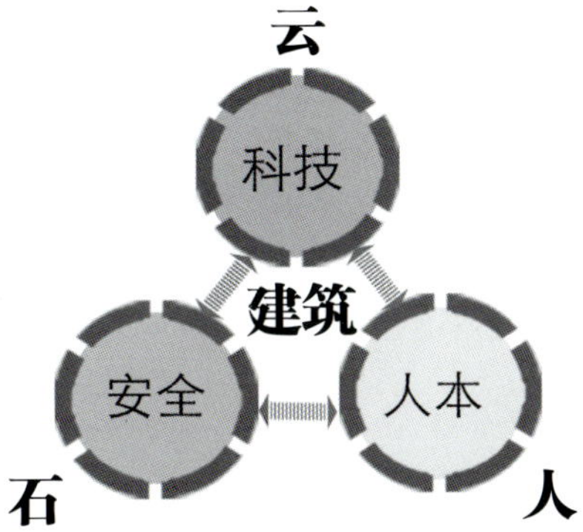

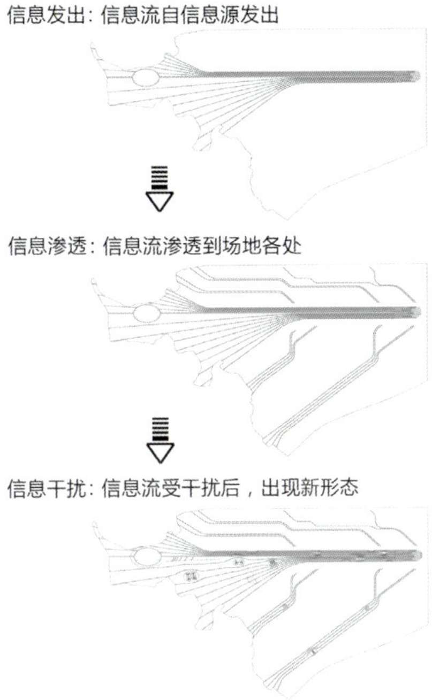

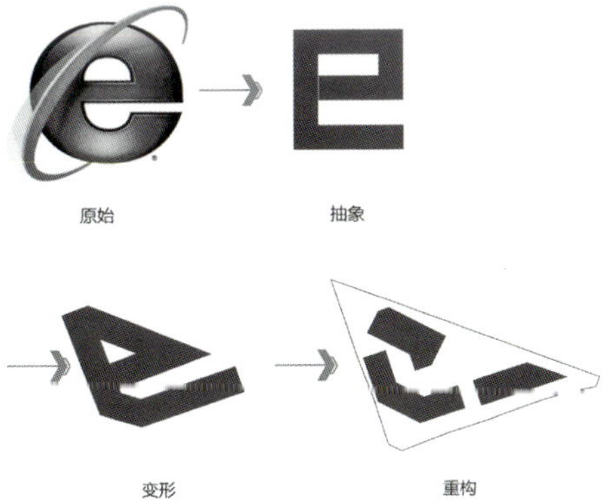

FIRST-STAGE PROJECT OF CHONGQING FINANCIAL BACK OFFICE

重庆金融后援服务中心一期工程

项目业主：重庆金融后援服务有限公司
项目地点：重庆
用地面积：604 600平方米（城市设计）13 000平方米（培训中心）
建筑面积：823 800平方米
建筑功能：办公、培训、酒店、公寓
设计时间：2013年
设计内容：城市设计/方案设计，投标
设计单位：重庆天境设计工作室/重庆大学建筑设计研究院
设计团队：王琦、徐海军、叶鑫、柴鑫、杨曦、李丹等

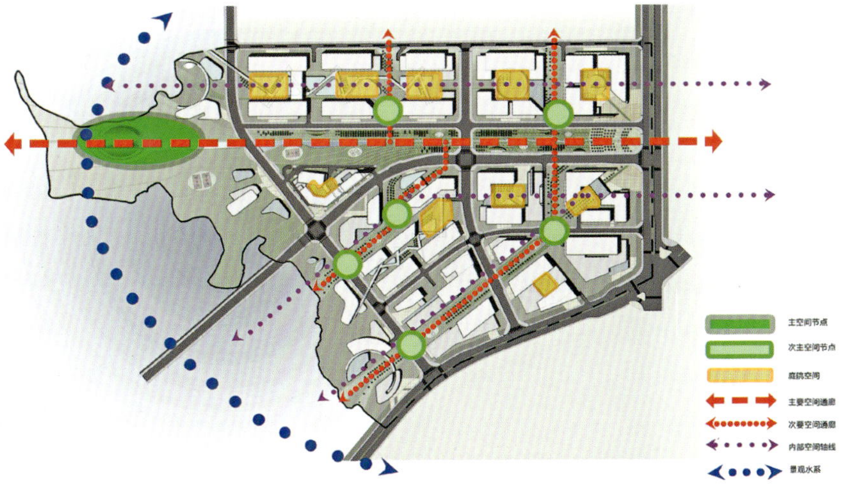

金融后援服务中心是网络信息技术发展的结果，它应该具备以下几个特性：①反映信息时代的时代特征——科技性；②应具有极高的可靠性和安全防灾能力——安全性；③需要高质量的工作和生活环境——人本性。“科技”“安全”和“人本”构成了本设计的概念原点，“科技”和“安全”是手段，而“人本”是目标。

设计提取的符号元素之一为“云”，隐喻云技术、信息流，代表人类的智慧；提取的符号元素之二是“石”，象征安全。基于对“云”和“石”这两个基本符号元素的抽象，形成“流云弥漫，坚如磐石”的总体形象，最终产生设计的结果——“云端之石”。

LONGJING ACADEMY, THE 8TH CHINA (CHONGQING) INTERNATIONAL GARDEN EXPO.

第八届中国（重庆）国际园林博览会龙景书院

项目业主：重庆市园博园公园建设有限公司　　项目地点：重庆
建筑功能：展示、教育　　用地面积：3 764平方米
建筑面积：944平方米　　设计时间：2011年
竣工时间：2011年　　设计内容：方案/初设/施工图设计
设计单位：重庆天境设计工作室/重庆大学建筑设计研究院
设计团队：王琦、夏晨曦、游昊星、付晓辉、姚攀科、牛艳丽、卢学森等
获奖情况：重庆市优秀规划设计一等奖（2011年）

龙景书院是2011年第八届中国（重庆）国际园林园博览会的一个特色展园，是一个供展示、游览、科普等需求的文化型仿古建筑群。设计遵循“因地制宜、散而不乱、抑扬相间、气韵流动”的原则，以中轴线上的三进院落和侧面的一重院落相互融合渗透，构成了书院的主体骨架，形成以讲堂、祭祠为主，以藏书为辅，相互连续的建筑群。整个书院分为4个功能区：藏书区、讲学区、祭祀区和园林区，这些分区以院落为依托，结合庭院景观，打造了一处景致清幽的静修空间。

龙景书院汲取传统巴渝建筑风格，再现深刻的巴渝文化内涵。书院以纵向轴线为核心，由引导景观、前区景观、院落景观和后区景观四大递进式景观序列组成，通过精雕细琢，创造出一个完整多变的“礼”制文化景观序列。

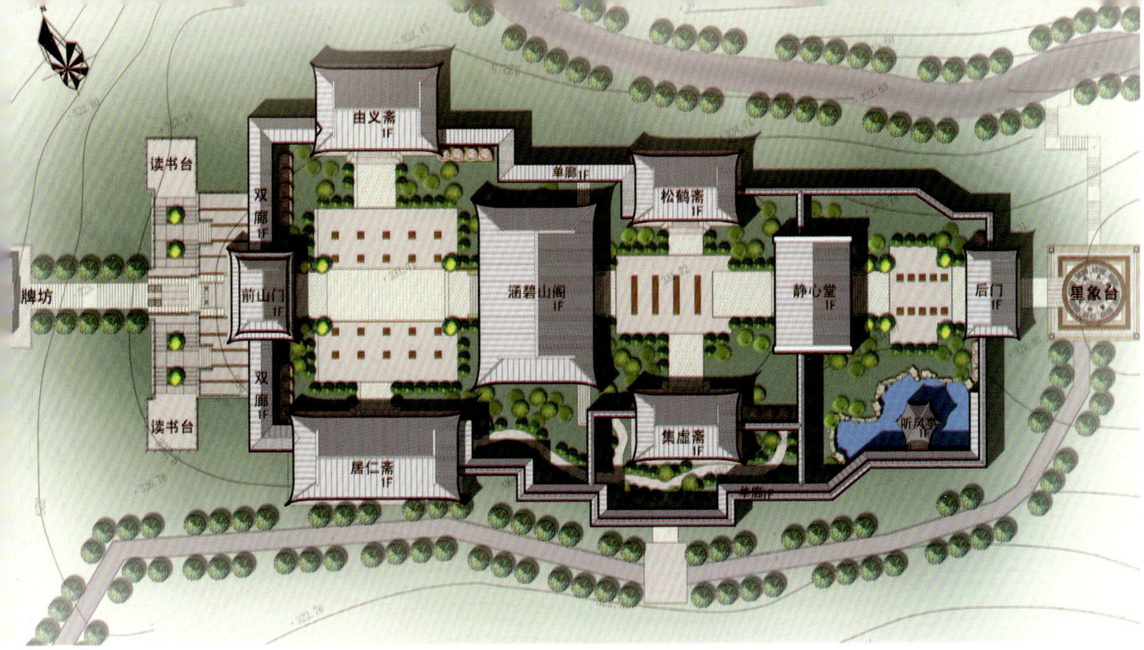
由义斋
1F
读书台
双廊
1F
单廊1F
松鹤斋
1F
牌坊
前山门
1F
涵碧山阁
1F
静心堂
1F
后门
1F
星象台
集虚斋
1F
听风亭
1F
居仁斋
1F

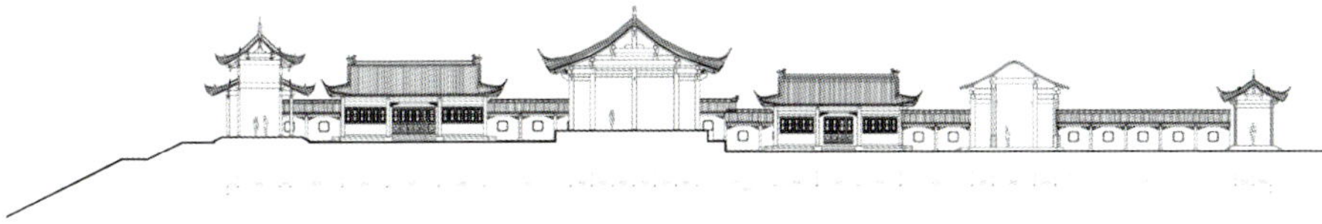

剖面图

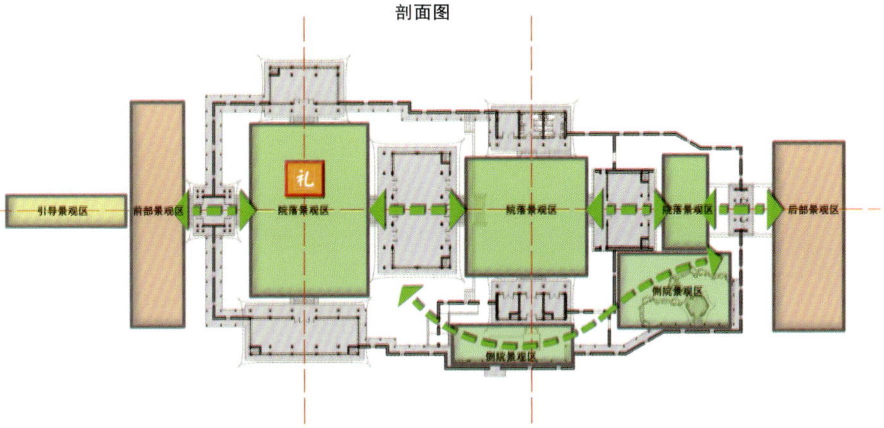
礼
引导景观区
前部景观区
院落景观区
院落景观区
院落景观区
后部景观区
侧院景观区
侧院景观区

景观分析图

院書景龍

長江都市

建筑服务社会

王畅

职务：设计总监

职称：高级建筑师/国家一级注册建筑师

主要获奖作品

翡翠谷住宅小区	江苏省第十三届优秀工程设计一等奖 蓝星杯第五届中国威海国际建筑设计大奖赛金奖
无锡万科魅力之城小学	江苏省第十三届优秀工程设计二等奖 蓝星杯第五届中国威海国际建筑设计大奖赛银奖
银城大厦	江苏省第十三届优秀工程设计一等奖
南京航空航天大学将军路校区文科楼	2013年全国优秀工程勘察设计行业奖公建类二等奖
南航将军路校区生活区	江苏省第十四届优秀工程设计三等奖
镇江万科魅力之城幼儿园	江苏省第十四届优秀工程设计三等奖
邳州城建展览馆	江苏省第十四届优秀工程设计三等奖

个人荣誉

第八届中国建筑学会青年建筑师奖

江苏省优秀青年建筑师称号

地址：南京市洪武路328号

邮编：210002

电话：025-84567200/84567208

传真：025-84459459

网址：www.nanjing-design.cn

公司简介

南京长江都市建筑设计股份有限公司前身为创建于1976年的南京市民用建筑设计研究院。改制后，公司坚持“尊重客户、理解客户、持续提供超越客户期望的产品和服务”的经营宗旨，落实“精心设计，科学管理，持续改进，客户至上”的管理方针，树立起长江都市一座座业绩丰碑和特色鲜明的品牌形象。

公司现已发展成为以住区规划、办公建筑、商业建筑、科研教育建筑、居住建筑设计为特色和主要产品，成为具有一定实力的区域性、综合性，具有中等规模的现代建筑设计企业。公司目前具有国家建筑行业甲级等设计资质，在职员工427人，其中设计技术人员388人，占总人数的91%；设有城市设计、住区规划、建筑、结构、给排水、电气、智能化、采暖通风、人防工程、室内装饰、园林景观、计算机应用等专业；着力于打造设计总包一体化全过程设计服务能力，包括前期策划、社区或园区规划、建筑设计、园林景观设计、装饰设计等，向客户提供高质量的全方位技术服务。

在快速发展的同时，长江都市收获了累累硕果，先后被授予全国先进工程勘察设计企业、当代中国建筑设计百家名院、 全国工程勘察设计行业优秀民营设计企业、全国建筑设计行业诚信单位和江苏省勘察设计质量管理先进单位和诚信单位，获得江苏省勘察设计企业综合实力前三十名、建筑设计企业综合实力前十名等荣誉。

NANJING JADE VALLEY RESIDENTIAL AREA

南京翡翠谷住宅小区

项目业主：南京新城创置房地产有限公司
项目地点：南京
用地面积：146 400平方米
建筑面积：172 100平方米
设计时间：2005年
竣工时间：2007年
设计单位：南京长江都市建筑设计股份有限公司
设计团队：王畅、汪杰、王克明、濮炳安、刘子洁、田小晶、吴涛、张励平等
摄　　影：姚力

作为城市新区现代中式风格的住宅区，设计者通过对传统居住空间的分析，在满足现代生活方式和生活需求的前提下，采用院落的组织方式以及隐含中式情怀的材料符号与构造——白墙、灰砖、黑色金属压顶、青石铺地、木门、花格窗，辅以叠院、退合、空中庭院等空间形式，营造出富有浓郁中式人文精神的居住空间；竹林与小桥流水的景观嵌入方式，进一步强化了传统意境的存在感。

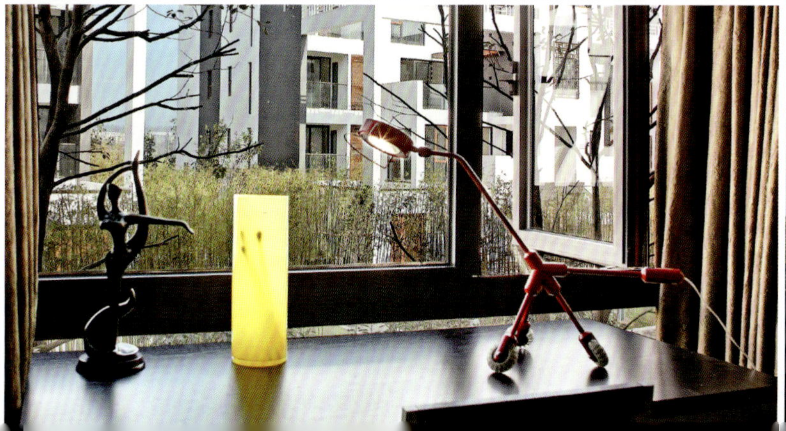

VISITOR CENTER OF TIANMU LAKE

天目湖游客服务中心

项目业主：江苏天目湖集团公司
项目地点：江苏 溧阳
建筑面积：6 500平方米
设计时间：2011年
竣工时间：2012年
设计单位：南京长江都市建筑设计股份有限公司
设计团队：王畅、周璐、胡旭明、陈大好、薛逸明、谢维锺、郑峰等
摄　　影：姚力

本案主要满足天目湖景区内的接待、展示、服务办公的功能要求。设计的出发点着力于建筑形体与周边环境的相互协调，通过舒展自由的形体呼应自然水体的流动性与静谧感。平面的多维度形态使得建筑单体内部的视野得到最大化提升；与此同时，通过环绕建筑外轮廓的亲水平台，塑造宜人的观景交流空间。建筑的内侧表皮尽量采用通高的玻璃面，保证内外空间的渗透性，相对私密的办公及服务空间则采用纯净的白色墙体进行分割；建筑的外侧表皮随机分布色系接近的浅绿色穿孔板，在丰富建筑外围护结构的同时，取得与周边自然景色的呼应。

天目湖游客服务中心

NANJING SILVER CITY BUILDING

南京银城大厦

项目业主：银城地产
项目地点：江苏 南京
用地面积：3 534平方米
建筑面积：21 944平方米
设计时间：2004年
竣工时间：2007年
设计单位：南京长江都市建筑设计股份有限公司
设计团队：王畅、徐澄、王克明、何况、田小晶、石朝晖、周姜象、胡旭明等
摄　　影：姚力

银城大厦位于南京市中心区城市干道交叉口的拐角位置，基地窄小，用地较为紧张。设计者在交叉口位置设置了开敞的市民广场作为建筑主入口的缓冲区，以此增强建筑与城市生活的对话。建筑主要立面朝向路口，以“实体盒子”统一整个形体，简洁的体块通过相互咬合的方式区分主次立面，形成虚实对比强烈、形态高耸挺拔的建筑体量。建筑形体争取朝向与景观的均好性，同时有利于自然通风与采光。大厦玻璃外墙面采用“呼吸式”双层玻璃幕墙系统，内外层幕墙之间设置电动遮阳百叶，在节能的同时，丰富了立面构成元素，强调建筑与城市界面的自然融合。

09

GENERAL ROAD CAMPUS LIBERAL ARTS BUILDING OF NANJING UNIVERSITY OF AERONAUTICS & ASTRONAUTICS

南京航空航天大学将军路校区文科楼

项目业主：南京航空航天大学
用地面积：3 600平方米
设计时间：2009年
设计单位：南京长江都市建筑设计股份有限公司
摄　　影：姚力
项目地点：江苏 南京
建筑面积：13 600平方米
竣工时间：2011年
设计团队：王畅、周璐、王亮、董青、徐磊、吴涛、周姜象、葛小林等

该项目为外语系、法律系、学院行政办公合用楼，通过围合的建筑平面形制满足各功能的使用要求，在保证各分区拥有独立出入口的前提下，形成整体性的建筑形态。毗邻西面公共绿地一侧采用底层架空的处理方式，使院落景观和外部环境形成视觉上的连贯性。

外国语学院
人文与社会科学学院

汪源

国家一级注册建筑师，香港建筑师学会注册建筑师，教授级高级建筑师。1970年10月25出生于湖北省浠水县。1992年毕业于中国矿业大学建筑学专业。现任中煤科工集团首席设计大师兼重庆设计研究院有限公司院副总建筑师，第一建筑设计院院长。

在建筑设计中汪源一直恪守“承载生活期望，构筑精神乐园”的原则，不仅关注建筑本身，更多的是对空间和环境的思考。“可持续发展”准则在他的建筑中得到充分体现，同时还提出三大建筑设计理念：融合——空间和环境的思考，建筑——承载想象和期望，作品——艺术与产品结合。

个人荣誉及社会职务

中国城市住宅产业理事会常务理事
全国工程勘察设计行业评审专家
重庆市建设工程勘察设计专家咨询委员会委员
重庆市渝中区人大常委
重庆市渝中区人民政府特邀监察员
九三学社重庆市渝中区副主委
九三学社重庆市资源环境委副主任
九三学社重庆市委委员
中煤科工集团首席设计大师

主要作品

从业20年来，汪源设计的作品涉及航站楼、车站、港口等交通建筑，也有星级酒店、温泉度假村、城市综合体、写字楼、医院、学校、居住区等，设计足迹北至呼和浩特，南到三亚，贯穿中国南北。其中具有代表性的作品有：同创奥网中心、泽胜中央广场、泽胜温泉城、心景·汤天下温泉酒店、阆中云天喜百年酒店、江津区人民医院、务星高级中学。

地址：重庆市渝中区长江二路179号
邮编：400016
电话：023-68725860
传真：023-68725860
网址：www.cqmsy.com

中煤科工集团有限公司——中国2012年度500强企业。

中煤科工集团重庆设计研究院有限公司——2012—2013年度中国民用建筑设计20强企业。

中煤科工集团有限公司现有员工16 000多名，拥有各类专业技术人员约8 000人，其中具有高级专业技术人员约2 900人（包括正高级职称约760人）。拥有中国工程院院士2人，国家级勘察设计大师6人，特聘兼职院士6人，享受国务院特殊津贴约 650人，具有各类注册职业资格证书人员约1 700人。全国煤炭工业百强企业、综合实力百强；2006年、2007年连续两年进入美国《工程新闻记录》（ENR）“中国承包商和工程设计企业双60强”排名榜；2007年荣列中国服务业企业500强。

中煤科工集团重庆设计研究院有限公司近5年来完成各类工程勘察、设计8 000余项，其中100余项勘察、设计和科研成果获国家级、省部级优秀勘察奖、优秀设计奖和科技进步奖。我院勘察、设计的重庆市标志性建筑——重庆朝天门广场，经市民评选，被重庆市人民政府命名为“建国50周年重庆十大建筑工程”，时任中共中央总书记江泽民亲笔题名，享誉中外。

中煤科工集团重庆设计研究院有限公司第一建筑设计院成立于2007年。第一建筑设计院秉承我公司“以质量求生存、以产品树形象、以诚信闯市场、以服务赢顾客、以团队闯事业、以创新促发展”的企业精神，发扬我所“为社会创造财富，让员工安居乐业”的团队价值观，严把项目安全、质量关，先后成功设计了龙湖北城天街、阆中云天喜百年大酒店、现代生态水城、江津区中心医院等项目，累计设计面积约1 000万平方米。

第一建筑设计院是一支有着职业理想、创新热情、共同目标的团队。设计团队由毕业于国内外著名学府、具有丰富工程设计经验和理论水平的中青年建筑师、工程师们组成，他们充满活力，锐意进取。

OFFICE BUILDING OF WATER GROUP

水务集团办公楼

项目业主：重庆水务集团有限公司
建筑功能：办公楼
建筑面积：35 000平方米
项目状态：竣工
主创设计：汪源、毛剑锋

项目地点：重庆
用地面积：46 000平方米
设计时间：2010年08月
设计单位：中煤科工集团重庆设计研究院有限公司第一建筑设计院

建筑结合重庆地貌特征——山体以及巴蜀水文化——古栈道，整体呈现出一种水润山石的景象，使建筑既体现了浓郁的地域特色，又充分地结合了办公楼实际使用者的行业特征。

重庆地貌特征——山体

巴蜀水文化——古栈道

水润山石

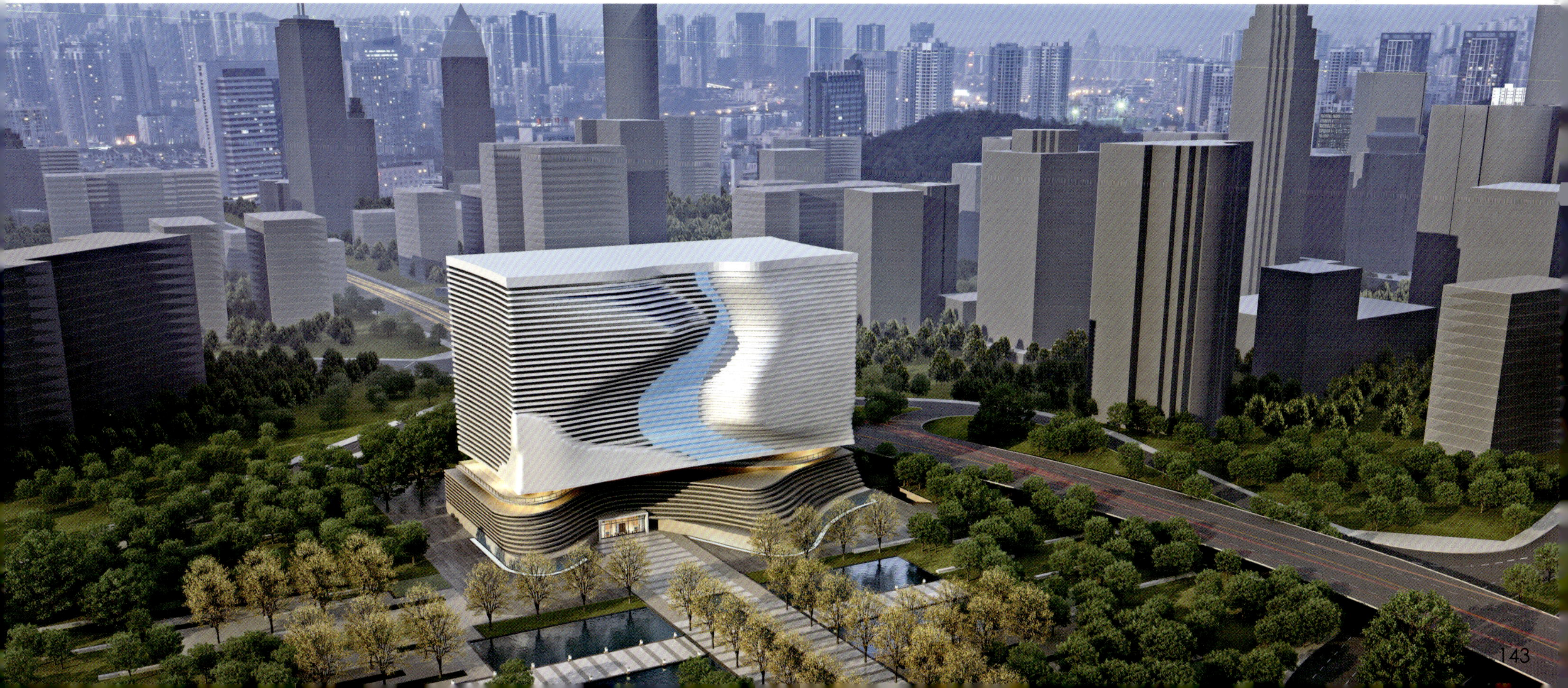

ZESHENG CENTRAL PLAZA, FULING

涪陵泽胜中央广场

项目业主：重庆泽胜实业有限公司
建筑功能：城市综合体
建筑面积：330 000平方米
项目状态：竣工
主创设计：汪源

项目地点：重庆
用地面积：65 000平方米
设计时间：2010年9月
设计单位：中煤科工集团重庆设计研究院有限公司第一建筑设计院
设计团队：龚理清、贺驹、刘之聃

泽胜中央广场是重庆市私营企业10强——重庆泽胜集团旗下重庆泽胜地产公司积极响应当地政府盘活“四久”工程号召，积极参与旧城改造的涪陵区重点工程。它以33万平方米体量成为重庆主城区外最大商业综合体，其48层双子塔楼是重庆主城外围范围内最高的地标建筑，高度208米。目前，已成功引进世界500强企业韩国乐天玛特、麦当劳、UME影院、蓝花旗饭店等一大批品牌商家入驻。

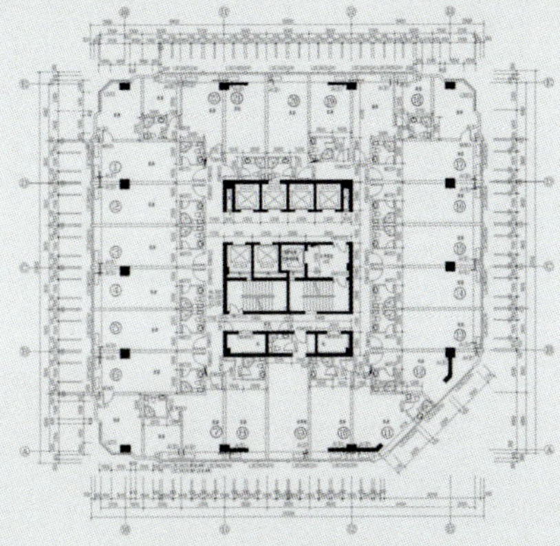

1A#楼八、九、十层酒店平面图

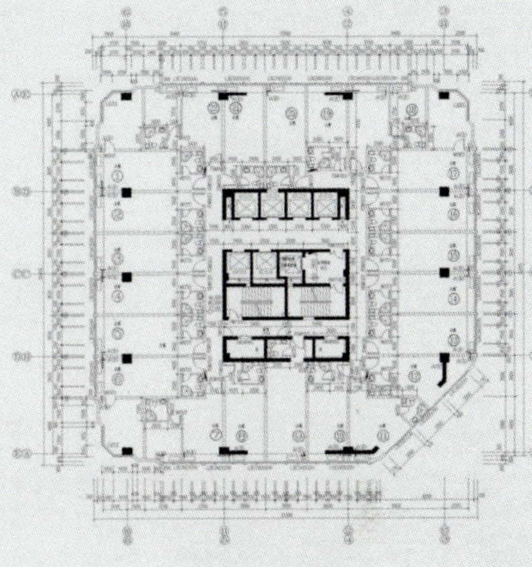

酒店式公寓平面图

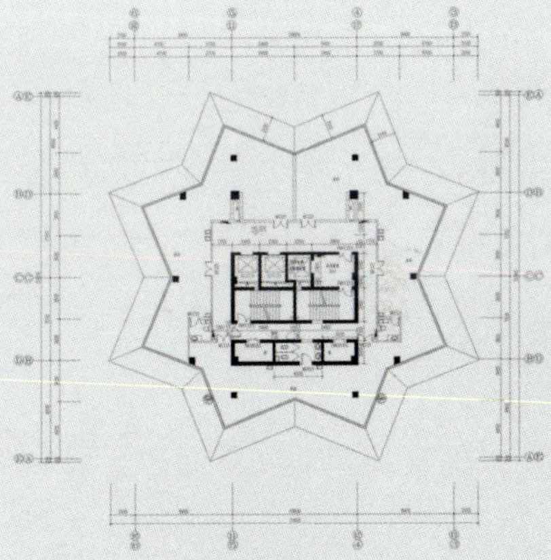

四｜四层写字间平面图

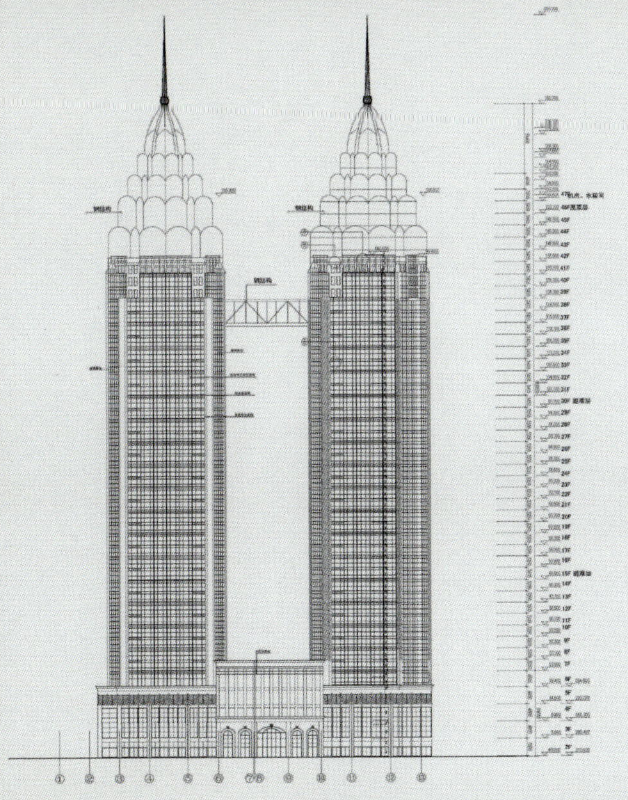

立面图

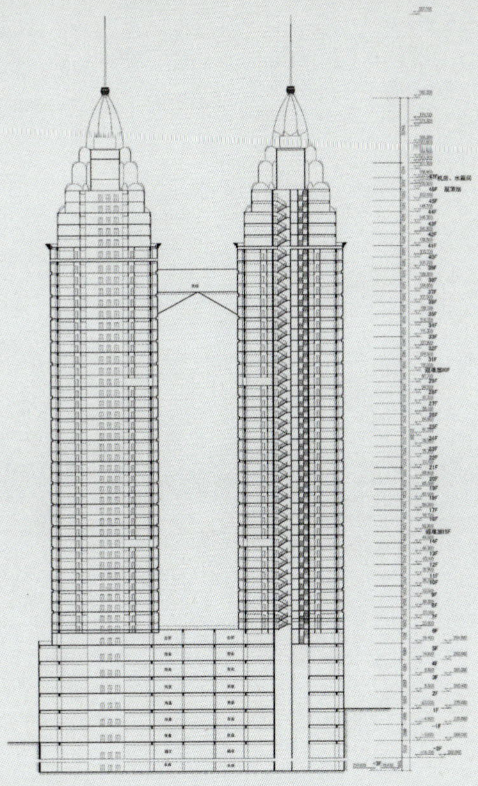

剖面图

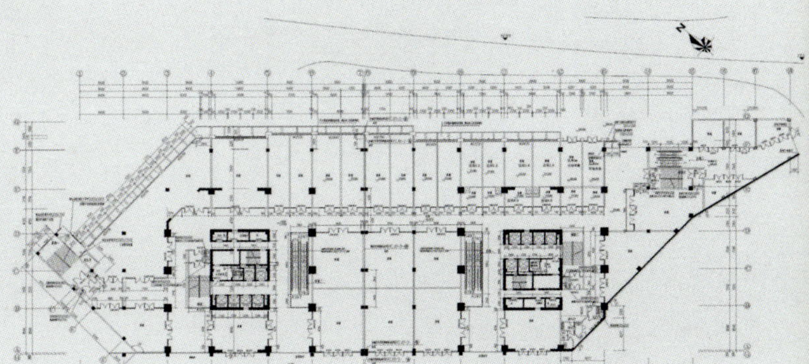

一层平面图

PEOPLE'S HOSPITAL, JIANGJIN

江津人民医院

项目业主：重庆市江津人民医院
项目地点：重庆
建筑功能：综合三甲医院
用地面积：120 000平方米
建筑面积：115 000平方米
设计时间：2008年9月
项目状态：竣工
设计单位：中煤科工集团重庆设计研究院有限公司第一建筑设计院
主创设计：汪源
设计团队：许彦、刘之聃

工程占地12万平方米，规划面积16.11 万平方米，完成建筑面积11.5万平方米，投资 5.45亿元，是按三级甲等医院标准建设的大型综合性医院，开放床位925个，2012年12月竣工并投入使用。

重庆市江津区中心医院（原江津区人民医院）系国家三级甲等综合性医院和国家级爱婴医院、重庆市“最佳文明单位”，全国百姓放心示范医院，全国卫生系统先进集体，全国精神文明建设工作先进单位，江津区医疗、教学、科研、保健、实习中心，第三军医大学新桥医院军民共建医院，重庆医科大学等高等院校教学医院。2002年在全市率先顺利通过ISO 9001：2000国际质量标准认证。

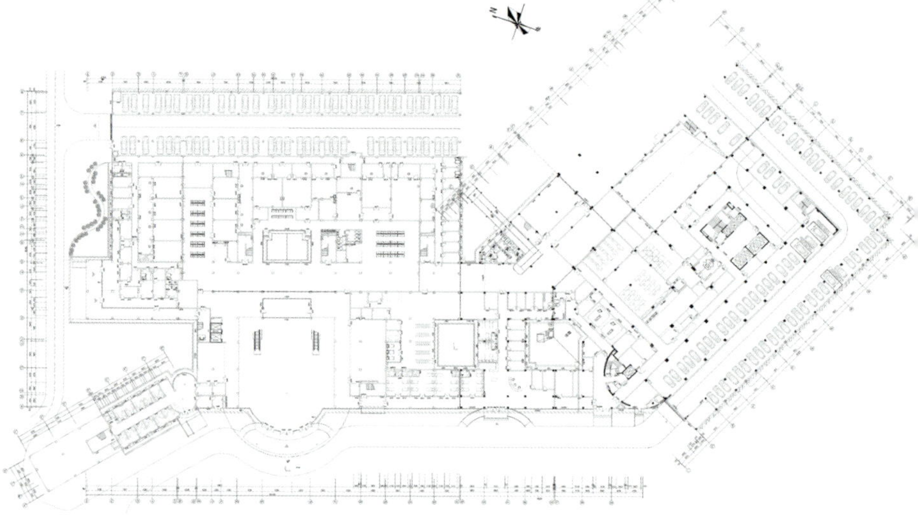

一层平面图

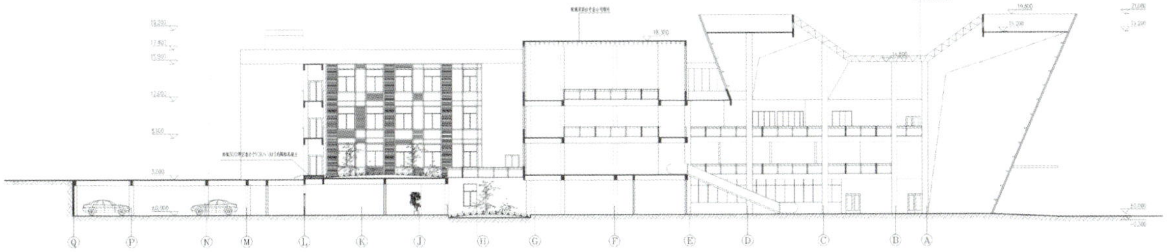

门诊大厅剖面图图

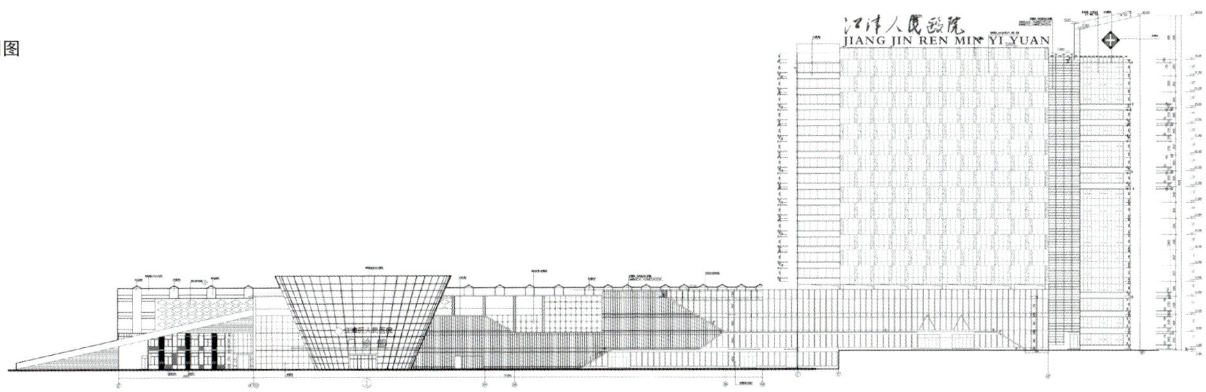

立面图

YUNNAN HOTEL

云南饭店

项目业主：云南云旅房地产开发有限公司
项目地点：云南 昆明
建筑功能：五星级酒店
用地面积：17 825平方米
建筑面积：78 060平方米
设计时间：2010年9月
项目状态：实施中
设计单位：中煤科工集团重庆设计研究院有限公司第一建筑设计院
主创设计：汪源
设计团队：梁丹、刘之聃、文竹

云南饭店整体改扩建项目总投资约12亿元，项目规划新建两栋近百米高层塔楼和5层商业裙楼，建筑物总高度控制在100米以内，其中两栋塔楼将以国际标准分别建设五星级精品酒店和集商务、居住、休闲等功能为一体的城市高端商务产品；5层商业裙楼也将以高端餐饮、休闲娱乐等商业业态为主导业态，配合引进国际、国内一线高端品牌，打造成为区域内一流的集休闲、娱乐、购物等多种功能为一体的一站式商业广场。

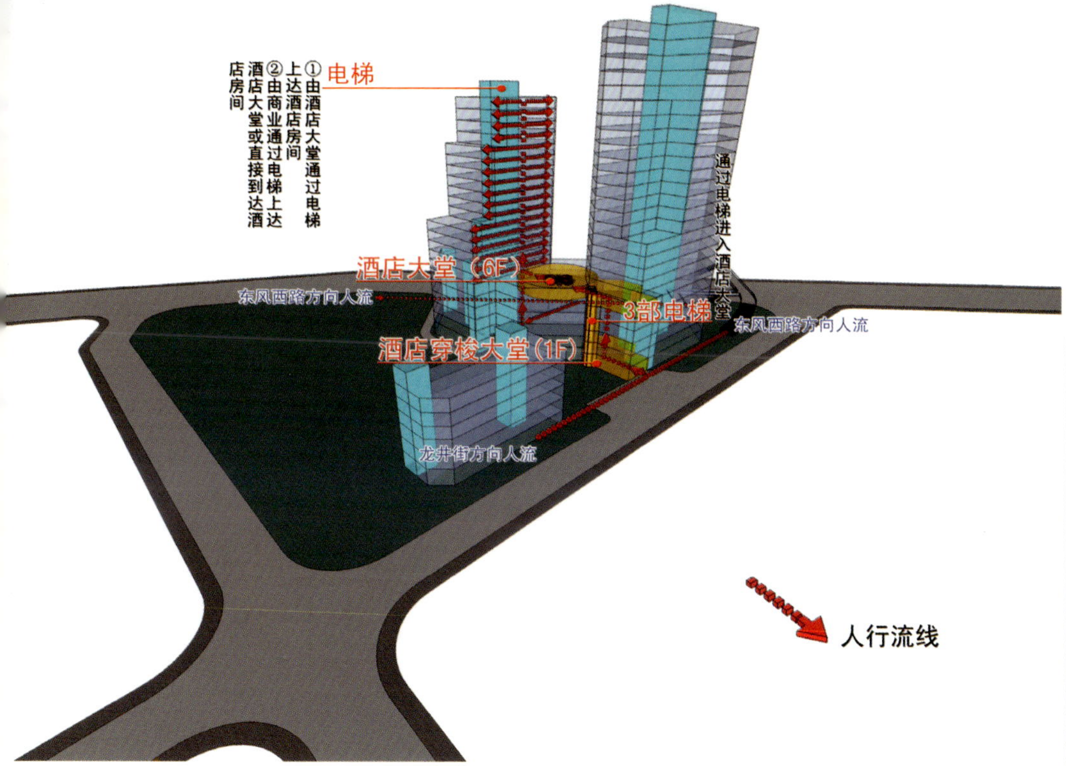

进酒店人行流线图

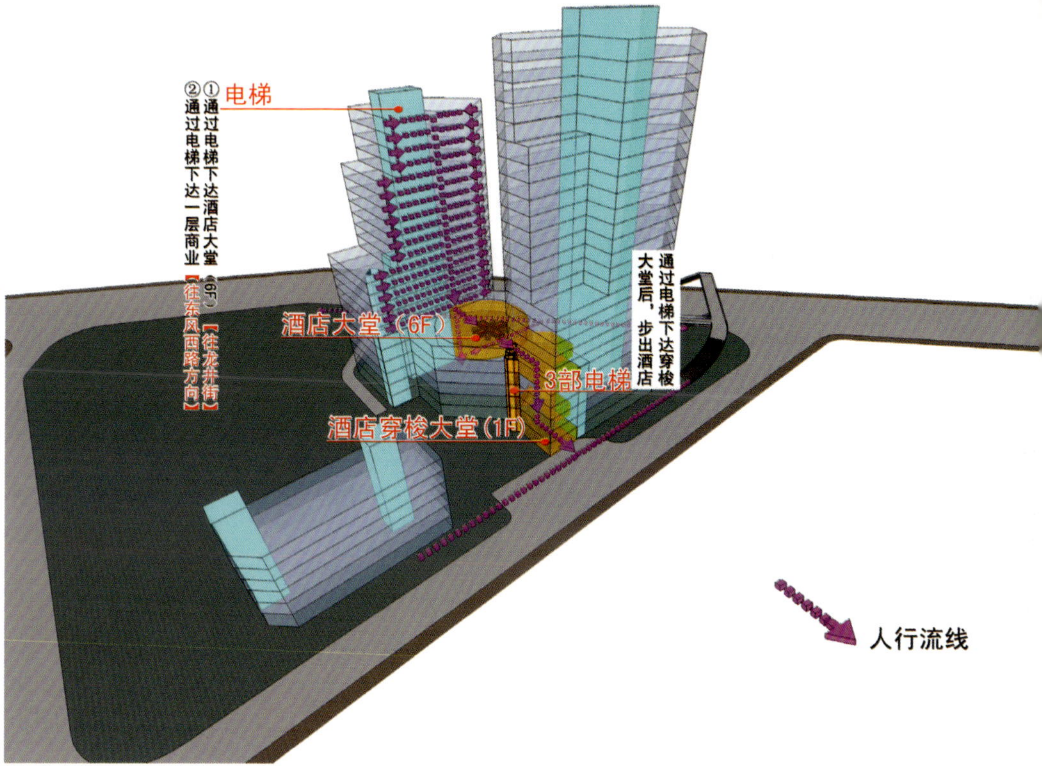

出酒店人行流线图

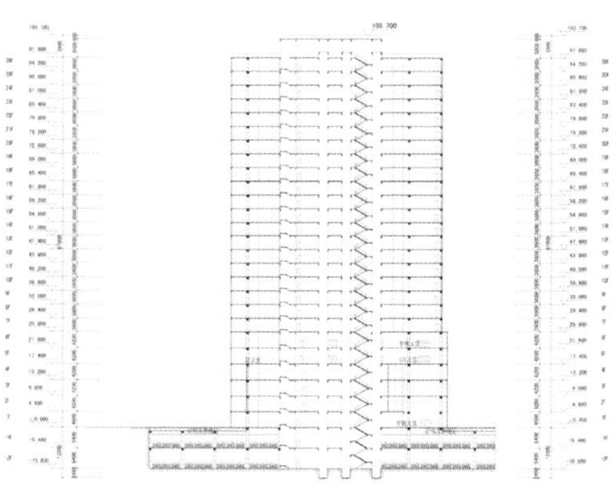

剖面图

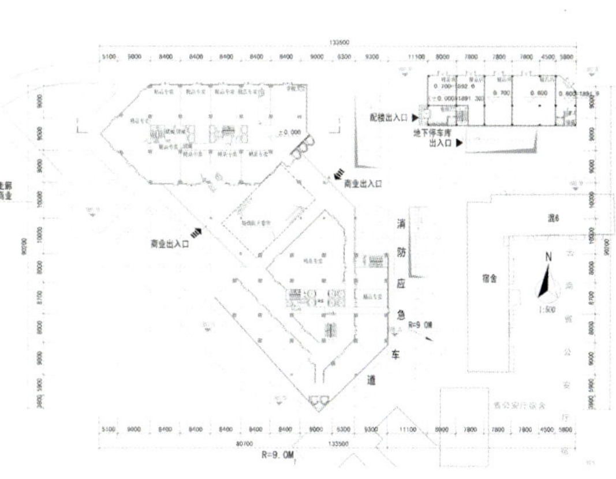

一层平面图

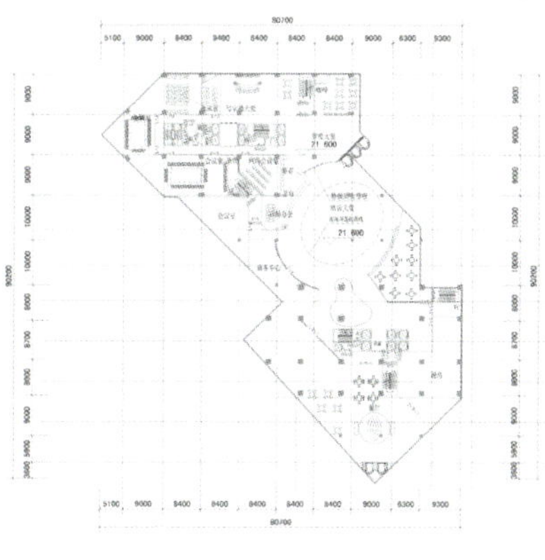

六层平面图

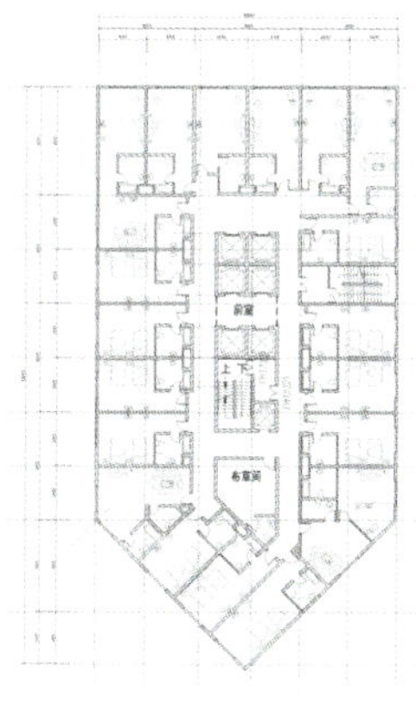

酒店标准层平面图

中机中联工程有限公司

（原机械工业第三设计研究院）

国机集团

CMCU 中机中联

中国中机中联工程有限公司（原机械工业第三设计研究院）（CMCU），创建于1964年，是国有科技型工程公司，隶属于世界500强企业。业务范围全面，是国家级大型甲级设计研究院，在中国勘察设计咨询业内享有盛誉，是我国勘察设计、项目管理和工程总承包百强企业之一。

建筑院创作中心作为CMCU建筑院直属的高端设计团队，由“重庆市十大青年建筑师”之一的杨劲松先生带领，聚集海内外优秀青年设计师，在山地建筑、人文历史建筑、大型商业综合体等方面取得多项科研课题成果，并成功应用于实际项目。

建筑院创作中心下设艾恩斯（INS）、艾可次方（AX studio）、维拓斯（WTOS）方案设计工作室、城市规划与策划工作组、Grasshoppe(建筑参数化设计)工作组。工作领域涉及各类建筑的设计、商业策划、前期策划咨询等，案例涵括城市规划、酒店、办公楼、大型商业综合体、仿古建筑群、旅游地产规划、高端住宅、私人建筑定制等多种类型。

团队的体制更接近国际规范模式，有很强的技术实力及丰富的设计创意，同时具有高效的管理和服务机制。由于管理人直接参与主创设计，可以不断为业主提供改善城市环境，满足并超越客户期望和想象的建筑、规划设计方案。

团队的文化是“创作革新生活”，核心竞争力是“特色定位、人才培养、机制创新、市场开拓”。愿景是“营造一个能够展现自我、创新思维、发展建筑文化的专业人文平台”。

过去的5年里，建筑院创作中心已在中国境内上百个城市以及中东地区、南亚地区的多个城市和众多的建设商、承建商一起创造出了许多的建筑作品，并为团队以及建设商取得了多个奖项。

建筑师认为建筑是一门艺术，要更好地遵循美学和艺术的价值观，并把它们和设计有机地融合起来，并更多地遵循文化内涵。

“十合舍”论坛作为中机中联工程有限公司（原机械工业第三设计研究院）建筑院创作中心的文化平台之一，于2012年成功注册商标。创立的目的在于“建立一个建筑界及相关人士可以畅所欲言的平台”，不仅可作为设计师们讨论交流的场所，也可以是建设商、承建商、材料商一起交流或获取多方信息的一个大圈子。

LOTUS INTERNATIONAL CONFERENCE AND EXHIBITION CENTER

莲花国际会展中心

项目业主：四川成工河东实业有限公司
项目地点：四川 遂宁
建筑功能：会展中心、五星级酒店
建筑面积：180 000平方米
设计时间：2007年
项目状态：建成
设计单位：中机中联工程有限公司建筑院创作中心
主创设计：杨劲松

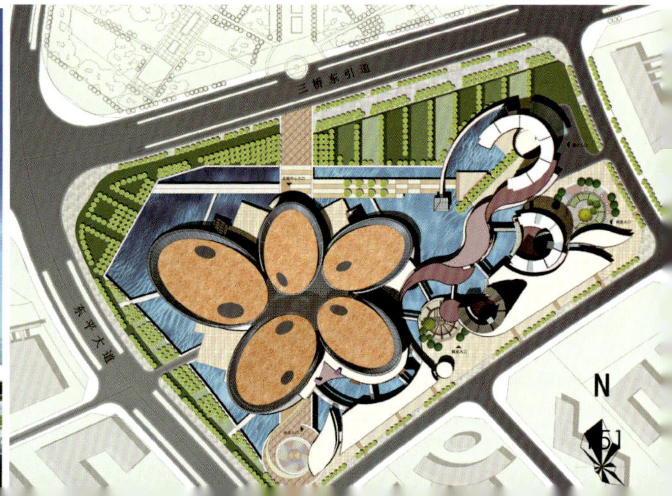

DEYANG COMMERCIAL COMPLEX

德阳商业综合体

项目业主：重庆汉正置业有限公司
项目地点：四川 德阳
建筑功能：城市综合体
建筑面积：304 241平方米
设计时间：2012年
项目状态：在建
设计单位：中机中联工程有限公司建筑院创作中心
主创设计：杨劲松、周强、邹洪骏
设计团队：文君、郭源媛

项目用地位于四川德阳市人口密集的老城区，用地呈方形，且四面临城市道路，交通便利，景观良好。功能包含超高层办公楼、商务公寓、商务酒店、精品购物街。

场地内有10棵古树，而通过保留古树作为我们对德阳老城区记忆的载体以及我们生态低碳建筑的设计手段，如何在保留它们的同时，使其与建筑产生一种对话，是我们该方案的主要切入点之一。本着场地中的“古树不移栽，大树少移栽”的原则，场地的中间自然形成了一条绿色景观带以及我们场地的可建区域。而古树的分布状态自然地形成了我们的主要轴线以及交通次轴。之后根据我们的业态形成我们的基本布局。

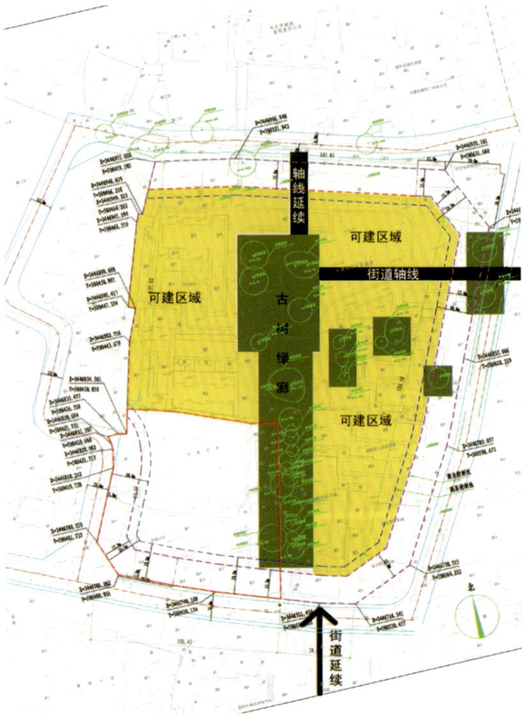

构思分析

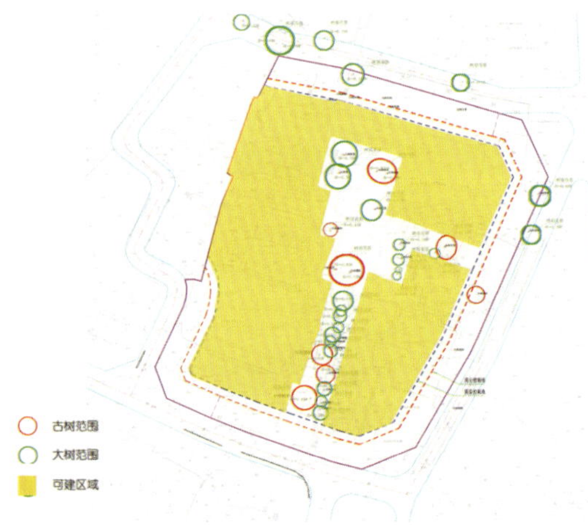

场地现状

PAULANER
BOSS
BURBERRY
Farrow
IBSUSA JEANS
Häagen-Dazs

Farrow
CBEST
重庆百货
PAULANER

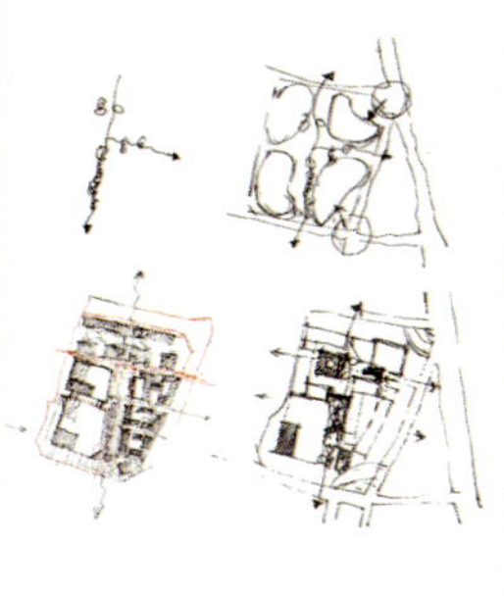

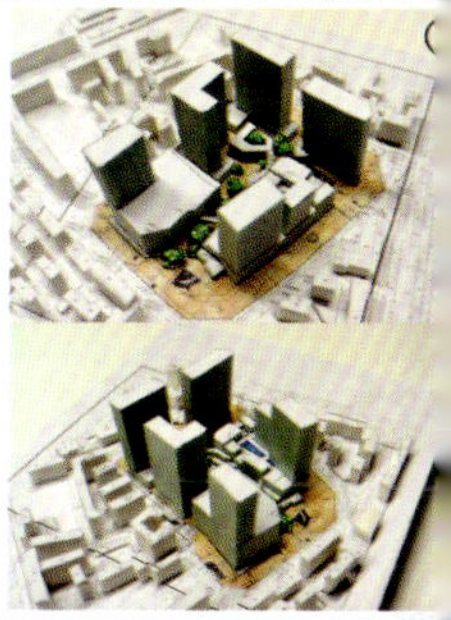

CHINA WESTERN SECURITY (EMERGENCY) INDUSTRIAL BASE

中国西部安全（应急）产业基地

项目业主：中国安产建设集团
项目地点：重庆
建筑功能：会展、办公、商业、工业、展示交易中心
建筑面积：370 000平方米
设计时间：2012年
项目状态：方案阶段
设计单位：中机中联工程有限公司建筑院创作中心
主创设计：杨劲松、肖成
设计团队：吉彬斌、ROGER、申俊、江琴、张立琼

项目作为中国西部安全（应急）产业基地的核心区和启动区，规划原则上，主要结合现状地形条件，充分发挥基地紧靠水库及绿地的优势，确定规划结构；产业规划上，构建安全（应急）产业研发、转变创新、展示交流的平台。

设计理念为“绽放的生命之花”。通过对安全产业的根本性概念挖掘，提出了构建生命之花的规划格局，总部基地和商业中心为花之根，安全文化公园为花之茎，会展中心为花之蕊，大型安防产品交易中心为花之瓣，将几大功能整体串联起来。以此来展示安全之于生命的重要性，在安全的保障下，生命方可如绽放之花一样灿烂。

PLANNING SCHEME OF SHU CITY OF THE THREE KINGDOMS OF FENGJIE COUNTY

奉节县三国蜀城规划方案

项目业主：奉节县文化文电新闻出版局
建筑功能：商业
设计时间：2012年
设计单位：中机中联工程有限公司建筑院创作中心
设计团队：郭源媛、江琴、陈淼娟、ROGER

项目地点：重庆
建筑面积：36 226平方米
项目状态：方案阶段
主创设计：周强、朱欣、邹洪骏、宋晨

项目位于奉节老县城宝塔坪片区，南侧临长江遥看夔门，距离奉节县城约10千米，距离白帝城核心景区2千米，地理条件十分优越，以剧院为主体，打造一个具有强烈三国风情的商业街，从而带动整个宝塔坪以及奉节的旅游业的发展。

CHASHAN ZHUHAI JINGPEN LAKE RESORT, CHONGQING

重庆市茶山竹海金盆湖

项目业主：重庆市永川区茶山竹海管委会
建筑功能：度假别墅
设计时间：2009年
设计单位：中机中联工程有限公司建筑院创作中心
设计团队：邹洪骏、蔡乙亿、许业修
项目地点：重庆
建筑面积：20 000平方米
项目状态：竣工
主创设计：朱欣、周强

项目是高品质的以休闲、娱乐为主的高档度假酒店，位于永川区茶山竹海金盆湖景区内，基地四面环山，植物茂盛，植被生长良好，绿化覆盖率较高。

建筑设计方案的立面采用徽派建筑风格，结合巴渝古镇风格特色来展现田园的气息。设计力争创造富有地方特色的建筑新风格，使该建筑和周围环境相融合。立面充满人情味的细部处理，以求得典雅宜人的建筑形象，使单体形象成为规划总体的有机组成部分，体现出一种宁静、典雅、质朴的度假景区文化。

〖构思分析〗

构思意向　方案一

徽派建筑是中国古建筑最重要的流派之一，作为徽文化的重要组成部分，历来为中外建筑大师所推崇。它以黛瓦、粉壁、马头墙为表型特征，以砖雕、木雕、石雕为装饰特色，以高宅、深井、大厅为居家特点。徽派建筑的工艺特征和造型风格主要体现在民居、祠庙、牌坊和园林等建筑实物中。

徽派古建筑以砖、木、石为原料，以木构架为主。梁架多用料硕大，其横梁中部略微拱起，故民间俗称为“冬瓜梁”。

方案构思围绕徽派建筑的建筑特点展开，力求创造出一种宁静、自然、高雅、质朴的建筑环境。

ZHUJIANG · SUNNY TOWN-CENTRAL MANSION

珠江 · 太阳城中央官邸

项目业主：重庆珠江实业有限公司
项目地点：重庆
建筑功能：商业街、酒店、写字楼、超高层住宅
建筑面积：502 000平方米
设计时间：2010年
项目状态：在建
设计单位：中机中联工程有限公司建筑院创作中心
主创设计：杨劲松、周强、邹洪骏、刘波、朱琳
设计团队：文君、郭源媛、宋晨

项目用地位于重庆市江北区滨江路刘家台片区，南临滨江路，东侧为黄花园大桥，与繁华的渝中半岛商业区隔江相望，交通便利，地势优越。

项目由A区高档写字楼商务区和B区滨江风情商业街组成。初入这一片区，首先映入眼帘的是高大的A区写字楼，其上部是挺拔的竖向线条，底部是生长于地面的复古风格——有民国风的壁柱和大橱窗，也拥有浓厚的巴蜀风的精致门头。好似一片城市的新生建筑物建设在一条本来就存在的、具有浓郁地方特色的风情古街上。其中表达的寓意无不充满着怀旧和对城市文脉的追溯。

在B区的建筑思考中，我们尽力展现的建筑风格绝不局限在某一特种风格模式中，更多的表达和诉求，是为了在当下城市大拆大建的风潮下，为这座拥有悠久历史的城市保留一些城市的记忆。其中，你能看到些许民国旧风，些许巴蜀民风。根据功能和位置的不同，各种充满个性的时代标签，共同散发着"风情商业街"浓郁的休闲气质。

ARCHITECTS

广东省建筑设计研究院
THE ARCHITECTURAL DESIGN & RESEARCH INSTITUTE OF GUANGDONG PROVINCE

许成汉

出生年月：1974年9月
籍　　贯：广东 饶平
职　　称：国家一级注册建筑师/高级建筑师
职　　务：广东省建筑设计研究院深圳分院/副院长

教育背景
1997年 毕业于华南理工大学建筑系，建筑学学士学位
2011年 游学于英国剑桥大学
2013年 毕业于中山大学管理学院EMBA

工作经历
1997年7月至今，在广东省建筑设计研究院深圳分院工作，任深圳分院副院长

主要作品

1. 广州招商金山谷花园（1~4期）（绿色低碳社区）
   2009年由联合国人居署颁发的“可持续人居最佳范例奖”（UN HABITAT-A BEST PRACTICE UN-HABITAT BISINESS AWARD)（中国第一次获此国际大奖)
   2010年全国人居经典建筑规划设计方案竞赛综合大奖
   2010年最佳低碳社区奖
   2013年广东省优秀工程设计二等奖
2. 广州万科四季花城（1~3期）（新都市主义绿色社区）
   第六届詹天佑土木工程大奖（1~2期）
   第六届詹天佑土木工程大奖优秀住宅小区金奖全国第一名（1~3期）
   2010年全国人居经典建筑规划设计方案竞赛综合大奖
   2008年广东省优秀工程设计二等奖
3. 广州猎德村旧村改造项目（广东省第一个城中村改造）
   2011年全国优秀城乡规划设计（村镇规划类）三等奖
   2011年广东省优秀工程勘察设计一等奖
   2011年广东省城乡规划设计优秀项目二等奖
   2012年中国建筑学会建筑设计奖（给水排水）三等奖（居住建筑类）
4. 深圳万象城 (1期商业综合体)
   2005年广东省优秀工程勘察设计一等奖
   2005年全国优秀工程勘察设计二等奖
   香港优质建筑大奖境外特别奖
   第四届全国建筑学会优秀结构设计二等奖
5. 广州万科城（1期）（山地生态社区）
   2006年获中国居住创新典范奖
   2009年获第八届（詹天佑）土木工程大奖
6. 中海花城湾（CBD高端社区）
   2011年全国人居经典建筑规划设计方案竞赛综合大奖

创作理念

建筑师需承担社会责任，并具有良好的综合素质，才能推动可持续的城市发展和为人们创造其所向往的生活环境。凭着“做有良心的建筑师”的信念带领将近260人团队从事住宅研究超过15年，其对社会工程如城中村改造怀有巨大的热忱及坚持这份执着。近年来投入大量的精力和热情研究商业综合体。多年来，除专注于建筑创作外，还倡导和支持绿色城市发展的理念。

广东省建筑设计研究院
深圳部地址：深圳市福田区振华西路田面设计之都11栋6楼
广州部地址：广州市天河区珠江新城金穗路3号汇美大厦9楼
湛江部地址：湛江市开发区乐山东路35号银隆广场A1808
电话：020-28062868
传真：020-28062869
网址：www.szgdi.com
www.gd-arch.com
电子邮箱：szgdadri@VIP.163.com

广东省建筑设计研究院是广东省建设厅的直属机构，成立于1952年11月，是我国最早成立的综合勘察设计咨询单位之一。我院具有甲级工程勘察、甲级建筑工程设计、甲级城市规划编制、甲级市政工程设计、甲级工程咨询、甲级装饰设计、甲级智能建筑设计、甲级工程监理等资质。

设计院现有中国工程院院士1名，国家工程设计大师2名，经国务院批准享受政府津贴的专家17名，教授级高级工程师24名，高级职称289名，中级职称475名，现有职业注册人员216名，其中现有一级注册建筑师97名，一级注册结构师88名，专业技术人员超过2 000名，技术力量雄厚。2005年荣获亚洲建筑协会（BCIAsia）主办的“十大建筑设计公司奖”。

深圳分院成立于1984年9月13日，秉承“一流技术、一流质量和全方位的专业服务”的立院宗旨，以创“中国一流国际品牌设计院”为企业愿景，已逐步发展为立足于深圳，覆盖珠三角，并有步骤地向省外重点市场拓展，继续开拓港澳及国外市场，大力打造大型购物中心、星级酒店、高层和超高层办公楼及大型住宅区四大设计品牌。目前分院有员工超过260人，分别在深圳、广州和湛江设有办公室。

VANKE DREAM TOWN (PHASE I), GUANGZHOU

广州万科城（1期）

项目业主：广州市万科房地产有限公司
项目地点：广东 广州
用地面积：220 000平方米
建筑面积：170 000平方米
建筑功能：住宅
建筑高度：12~60米
建筑层数：3~18层
竣工时间：2007年
设计单位：广东省建筑设计研究院深圳分院
设计团队：许成汉、林志华、邓伟明、易雅娟等
获奖情况：2006年中国居住创新典范奖
　　　　　2009年第八届詹天佑土木工程大奖

项目位于广州市科学城，用地内大部分为山地，总体布局采用组团式的小区设计，以山为中心，尊重山体的原生态，结合坡地设计高低错落、互不遮挡的山体别墅；最大限度地保留有价值的原有树木，现场放线，建筑围绕树木，树木在建筑中存在，实现真正意义上的山地楼盘。项目建筑类型包括独立多层、联排多层、情景洋房、小高层住宅、幼儿园、会所沿街商铺等。住宅平面局部可灵活调整，迎合总体布局和市场销售情况；立面造型采用现代手法，色彩简洁明快，充满现代气息；细部精心推敲，如飘窗、空调机位等设计均综合考虑景观、视野、结构梁位及管线走向等因素，营造舒适的居住环境。

THE HILLS, GUANGZHOU

广州金山谷花园

项目业主：广州招商房地产有限公司
竣工时间：2011年
建筑面积：667 000平方米
建筑高度：12~100米
设计单位：广东省建筑设计研究院深圳分院
获奖情况：2009年由联合国人居署颁发的可持续人居最佳范例奖（中国第一次获此国际大奖）
2010年全国人居经典建筑规划设计方案竞赛综合大奖
2010年最佳低碳社区奖
2013年广东省优秀工程设计二等奖

项目地点：广东 广州
用地面积：600 000平方米
建筑功能：住宅
建筑层数：3~32层
主创设计：许成汉、邵涛、胡曼莹等

金山谷花园倡导绿色生态社区规划及建筑设计，项目依照可持续发展的开发理念，以循环经济、新城市主义、理性增长为指导原则，引入生态足迹、“一个地球生活”即 O.P.L理念的10项原则、可持续发展设计审核等先进开发技术，实现生态最大化、社区综合开发，并成为低碳社区。

项目的总体布局按不同住宅类型结合自然地形进行小区设计，因地制宜，尊重原生态，依山而建，以用地的两座山为核心，形成一片绿意盎然并分别有高、低层的住宅组团。小区规划尽量保留山顶的原始植被，形成原生态的山顶森林，同时保护用地中有价值的树木，形成林中小屋和树下人家的写意生活。

市广路
N

GUANGZHOU LIEDE VILLAGE REDEVELOPMENT PROJECT

广州猎德村旧村改造项目

项目业主：广州市猎德经济发展有限公司
项目地点：广东 广州
竣工时间：2010年9月
用地面积：133 000平方米
建筑面积：934 000平方米
建筑功能：城市综合体
建筑高度：12~120米
建筑层数：1~39层（包括复建宗祠区）
设计单位：广东省建筑设计研究院深圳分院
主创设计：许成汉、胡曼莹等
获奖情况：2011年全国优秀城乡规划设计（村镇规划类）三等奖
2011年广东省优秀工程勘察设计一等奖
2011年广东省城乡规划设计优秀项目二等奖
2012年中国建筑学会建筑设计奖（给水排水）三等奖（居住建筑类）

猎德村位于广州CBD(中央商务区)的核心——珠江新城和天河体育中心，周边是天河区发展总部经济的重要承载空间。 建村至今约900年的历史，成为广州城市历史悠久、文化底蕴丰厚和生生不息的象征。猎德村复建完成后有利于完善珠江新城的交通体系，改变中央商务区的面貌，培养现代服务业氛围。作为一个城中村改造项目，桥东安置区是猎德旧村复建项目的核心。项目目标有改善村民生活条件，均衡补偿及分配，完善城市公共体系，传承地域文化等。整体复建改造工作于2010年基本完成，并于同年9月28日入住。

建筑师把岭南建筑元素与现代建筑元素融合到安置区的规划，宗祠区、 文化长廊、 龙舟湖、 猎德涌、 牌坊、 建筑设计、建筑造型创作及园林设计中，充分体现尊重村的传统文化及生活模式的理念，孕育出新的现代猎德村。

猎德村对广州城市发展有着深远的影响，它不但是一项旧村改造工程，也是一项具有深刻社会意义的工程。

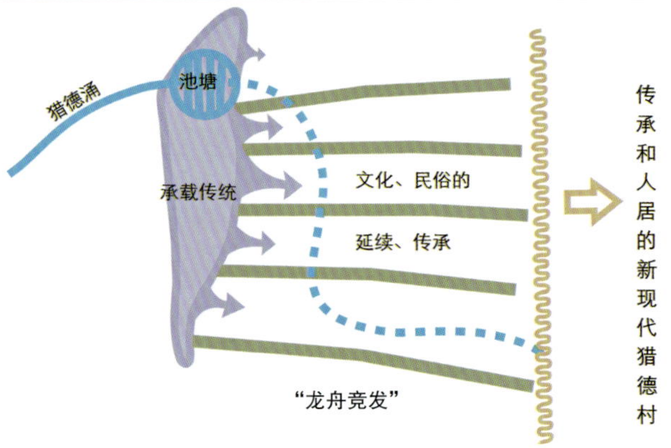

摄影：王艮

欢度春节

VANKE WONDERLAND (PHASE I~Ⅲ), GUANGZHOU

广州万科四季花城（1～3期）

项目业主：广州市万科房地产有限公司　　项目地点：广东 广州
竣工时间：2006年　　用地面积：450 000平方米
建筑面积：450 000平方米　　建筑功能：住宅
建筑高度：20米　　建筑层数：6层
设计单位：广东省建筑设计研究院深圳分院
主创设计：许成汉、林志华等
获奖情况：第六届詹天佑土木工程大奖（1~2期）
第六届詹天佑土木工程大奖优秀住宅小区金奖全国第一名（1~3期）
2010年全国人居经典建筑规划设计方案竞赛综合大奖
2008年广东省优秀工程设计二等奖

万科四季花城开发定位为“距离广州闹市区最近的、密度最低的，拥有纯天然山水资源的中高档精品文化社区”。

整个地块的山水资源丰富，因此规划理念以优良的自然资源为背景，“新都市主义”(New Urbanism)的规划意念为主题，坚持“原生态”“节能环保”“健康、和谐”原则，全区容积率仅有1.0。总体布局采用组团式设计。通过人车分流、空间贯通的设计手法创造景观丰富的步行街系统。

规划设计的策划方向则以“发展传统和睦的邻里关系社区”为主线，加强人文、自然与建筑之间的对话，使其具有优美的城市轮廓线，现代的建筑风格，和谐的空间尺度和生态型的景观环境。

摄影：王良

THE MIXC, SHENZHEN(PHASE I)

深圳万象城（1期）

项目业主：华润集团
项目地点：广东 深圳
竣工时间：2005年
用地面积：36 044平方米
建筑面积：23 000平方米
建筑功能：商业综合体
建筑高度：139.5米
建筑层数：4~29层
设计单位：广东省建筑设计研究院深圳分院
设计团队：许成汉、黄继铭等

深圳万象城（华润中心）项目位于深南路和宝安路口交叉处，总用地面积近100 000平方米，以交通主动脉为导向，华润中心一期用地36 044平方米，分南北两个地块，南地块为商业购物中心“万象城”，北地块为5A甲级写字楼“华润大厦”。

项目与地铁站相连通，巧妙地与市区邻近的交通与建设合成一个万方通达的整合体。充分地提升出“智能、科技、社会”的宏观世界。项目设计与开发的独特性与多元化是其成功的关键之一。华润大厦高耸入云的办公塔楼，与集零售、餐饮、娱乐为一体的“万象城”密切相连，为深圳市中心带来一个优美的惊叹号！

深圳华润中心一期项目高挑的办公塔楼虽宏伟庄重但不拘谨，“万象城”幅面宽阔而活泼生动；两个截然不同但又互相匹配的功能与概念，集“远见”“宏观”“进步”“发展”“精英”之大成。深圳华润中心将整个新中国的进步和潜力一览无余地展现在世界舞台之上。

BIDC | 博納思

博納思（國際）設計顧問機構 | 數字化展廳整合服務商

谢咏松

BIDC博纳思（国际）设计顾问机构　首席建筑师/董事长

教育背景

2000年　香港理工大学/建筑及房地产学系硕士
1991年　重庆建筑大学/建筑学学士

工作经历

1992—1997年　深圳市华渝建筑师事务所
1997—1998年　中建（国际）设计公司
2000—2003年　深圳市中建西南院设计顾问有限公司
2003—2007年　东南大学建筑设计研究院深圳分院
2007—2010年　谢咏松建筑研究室
2011年至今　深圳市博纳思建筑设计顾问有限公司

主要作品

综合开发院（中国深圳）专家基地　荣获第二届“建筑师杯”全国中青年建筑师优秀建筑设计奖
*深圳市大亚湾核电站区域总部办公楼
*东莞市报业大厦　荣获市公共建筑设计一等奖
松山湖国际创意设计城
*松山湖和堂
*松山湖总部壹号
广东省汕头市成田高级中学
*东莞市规划展览馆　荣获市公共建筑设计二等奖
深圳市大铲湾金港大厦
广东省东莞市长安新区总体规划
中山大学（松山湖）海洋生物科技开发基地规划

带*项目为建筑师在东南大学建筑设计研究院深圳分院及谢咏松建筑研究室完成的作品

关于博纳思

博纳思（国际）设计顾问机构业务涵盖建筑设计、展览展示设计、模型设计。BIDC是一个朝气蓬勃、充满活力、富有想象力和创造力的团队，经历多年的打拼，培养了我们诚信、稳健的为人之道以及坚韧求实的办事作风。我们始终贯彻“为客户提供高附加值服务”的经营理念，力求打造“最高附加值”企业。

设计哲学

建筑对于场地而言应该是“从地里长出来的”。这里的“地”包含了各种已知与未知的制约因素，从宏观、中观以及微观，到人文、经济、刚性需求以及隐形需要。我们善于运用逻辑学的思维模式，用理性的“公式”推导出感性的结果。同时我们也明白我们创造的不是“财产”而是“遗产”，至少从个体的生命角度而言。因此，作为以“精英”自居的建筑师应该有基本的社会责任感，不以“新、奇、怪”见长，以如履薄冰的服务意识面对每个挑战，面对我们称之为“遗憾”的职业，为的只是尽量减少这份“遗憾”。当一切外部条件不可逆转的时候，那么态度就决定一切。

使命：为客户提供高附加值服务
愿景：设计改变生活

地址：深圳市福田区车公庙泰然九路海松大厦
A座1402（电梯13A02）
电话：0755-84711182
传真：0755-23981362
网址：http://bonus.com.cn
电子邮箱：bonus2011@126.com

DONGGUAN DAILY MEDIA BUILDING

东莞报业传媒大厦

项目业主：东莞报业传媒集团
建筑面积：50 000平方米
设计时间：2003年11月
设计单位：深圳市博纳思建筑设计顾问有限公司

项目地点：广东 东莞
建筑功能：写字楼
项目状态：建成
主设计师：谢咏松

本案以“镜头”为立意，将行业特征建筑化，力图通过隐喻的建筑学语言表达“耸立在中心区巨大的镜头”记录着城市高速的发展，见证一个名城、三个转变的历史性变革，作为新区的地标式建筑在建筑层面上表达报业集团蓬勃上升、展翅腾飞的精神面貌。

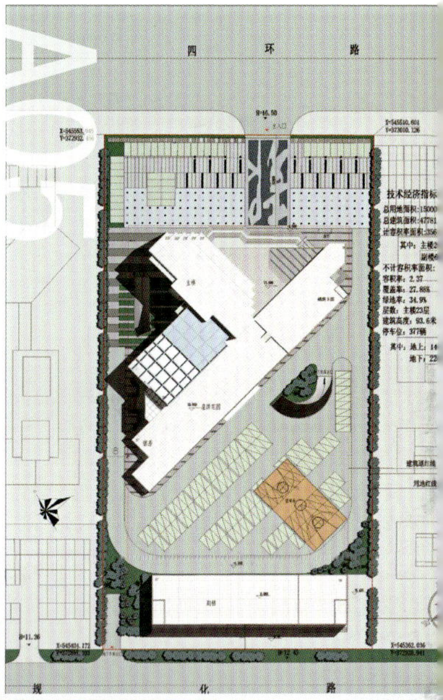

INTERNATIONAL CREATIVE DESIGN CITY, SONGSHAN LAKE

松山湖国际创意设计城

项目业主：中润实业发展有限公司
项目地点：广东 东莞
建筑面积：12万平方米
建筑功能：办公
设计时间：2011年5月
项目状态：在建
设计单位：深圳市博纳思建筑设计顾问有限公司
施工图设计：广州华城建筑设计有限公司
主创设计：谢咏松

设计理念：打造“全能型”的设计平台，采用“均好性”设计原则，为松山湖提供一个集弹性、可识别性和标示性于一体的创意设计空间。

建筑风格：建筑语言以“后中式”建筑风格为基本审美价值取向，细部生动、尺度亲切。

为企业提供一个高品位的办公氛围。独门建筑，是企业生命力最为久远的历史见证之一，把企业名称镌刻在建筑上，让企业与建筑一起流传，意味着价值也能一同传递，唯有唯一，方能见证企业的传奇。

印象东莞
The Impressions on DongGuan

追溯东莞城市发展的历史
于是我们走向她的深处
千百年的积淀，被轻轻掀起一角
拂去经年的尘土，我们俯察过去
穿过历史的长廊，我们仰望未来
这是一道印有东莞城市发展历史的断面
这是一块刻着东莞年轮的奠基石
这是一座指引城市发展方向的灯塔
它是历史，展现城市建设的沧桑巨变
它是T形台，款款地将未来呈现
它是保护，谦虚地将自己融入大地
仅有的一座桥，一堵墙，一方塔
提示人们
从这里可以发掘城市发展的变迁
去探索未来城市发展的趋势

GUANGDONG DONGGUAN CITY PLANNING EXHIBITION HALL IS THE IMPLEMENTATION PLAN

广东·东莞市规划展览馆中标实施方案

项目业主：东莞市城乡规划局
项目地点：广东 东莞
建筑面积：15 000平方米
建筑功能：展览、展示
设计时间：2008年12月
项目状态：在建
设计单位：谢咏松建筑研究室
施工图设计：东南大学建筑设计院深圳分院
主创设计：谢咏松

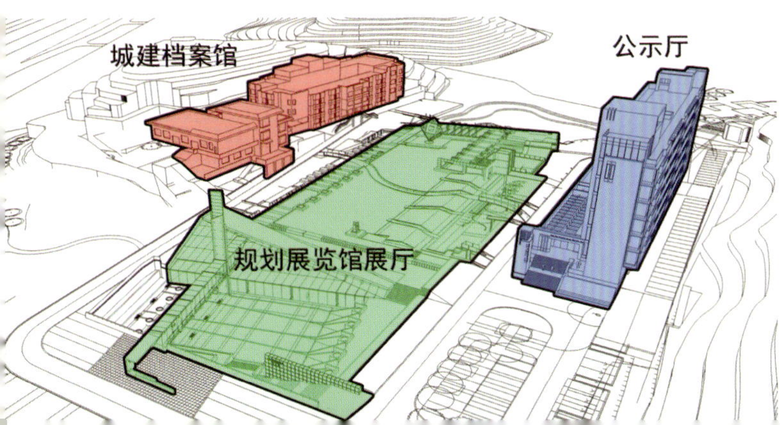

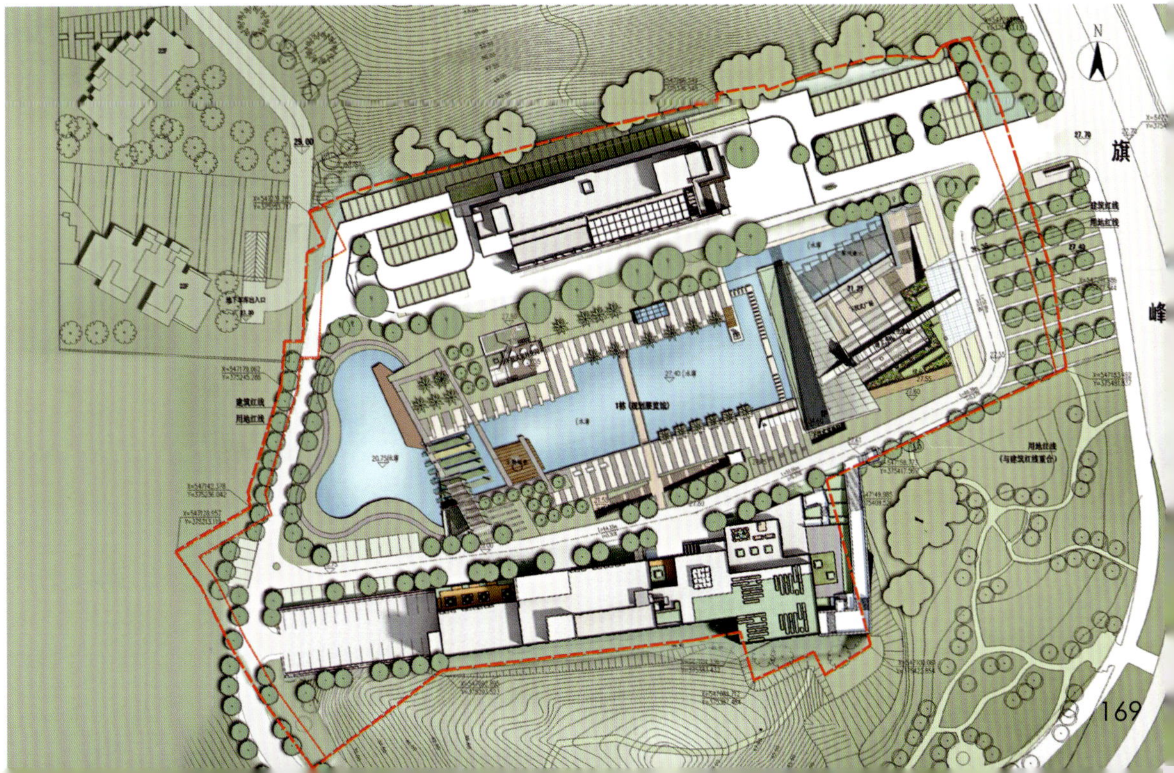

DONGGUAN WANJIANG JIANYUZHOU CREATIVE GARDEN CONCEPTUAL DESIGN

东莞万江坝头鳒鱼洲创意园概念设计

项目业主：东莞实业发展有限公司　项目地点：广东 东莞
建筑面积：151 800平方米　建筑功能：创意园
设计时间：2013年6月　项目状态：筹建
设计单位：深圳市博纳思建筑设计顾问有限公司
东莞市规划设计院
主创设计：谢咏松

项目用地位于东莞市万江区坝头片区与莞城区博厦片区相接的鳒鱼洲半岛；地块处于新城中心与老城中心之间，距市行政文化中心2.2千米；用地面积约为151 800平方米。

一、设计原则

园区的发展和规划，将坚持“保护、开发、稳定、发展”的原则，将城市遗产保护、土地利用、空间规划、环境建设和文化创意发展相结合，遵循“昨天是今天的历史，明天是今天的改造”的园区业态规划布局，通过空间的整理和开发，对园区的空间布局与业态分布进行合理规划。我们将遵循以下可持续建筑设计原则：

1. 重视对场地的地方性和地域性的理解，延续场所的文化脉络。

2. 减少建造过程对环境的损害，避免破坏环境，浪费资源。

二、基地印象

基地是莞城（市区）最早的工业区之一，也曾是莞城最重要的外贸码头，工港一体。但随着城市功能转型，基地带有过去峥嵘岁月烙印的土地渐归沉寂。

作为原莞城老工业区和口岸，基地具有鲜明的工业遗存特征环境，以仓储型工业建筑和构筑物为主。从基地建筑现状来看，基地内部北区仓储建筑群基本废弃，南部有部分工厂及民房仍在使用。

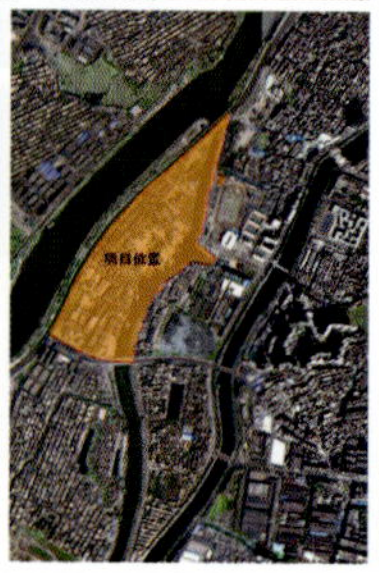

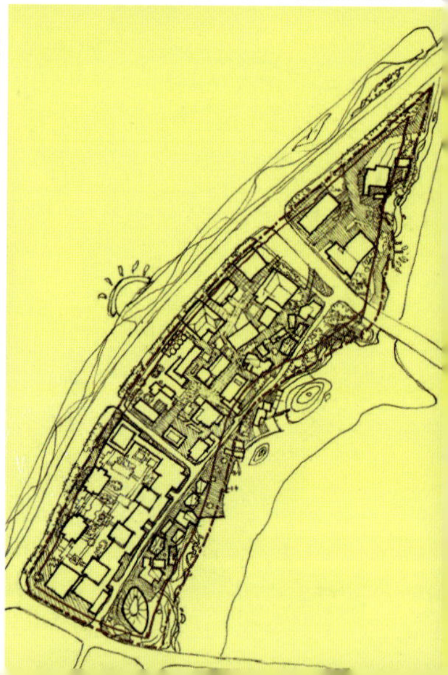

CHENGTIAN HIGH SCHOOL

成田高级中学

项目业主：深圳市冠懋房地产开发有限公司
项目地点：广东 汕头
建筑面积：15 000平方米
建筑功能：学校
设计时间：2008年11月
项目状态：建成
设计单位：深圳市博纳思建筑设计顾问有限公司
主创设计：谢咏松

成田高级中学前身为建于1920年的中民学校。经历了近一个世纪的风风雨雨，在此“辞旧迎新”之际，如何传承历史，继往开来，是吾辈必须面对的问题。为此我们将田中央有识之士上百年所秉承的“为家乡教育事业，添砖加瓦”的精神实物化。将田中央百年教育事业的“非物质文化遗产”物质化。保留原中央学校的瓦，进行分层、分类、编号处理，并用金木水火土五元素进行包装，使之成为田中央“非物质文化”精神载体。

为继承优良传统，延续历史文脉，根据中民学校的建筑造型，择取其建筑元素，加以梳理、整合，使其保留原学校的风格。外墙主体采用红砖搭配券拱，配以浅黄色线条，浓浓的书香气息。学校主楼设计借鉴清华大学门楼造型并结合中民学校双笔杆寓意的正立面，形成具有特色的成田高级中学“清华门”，既承原学校风骨，亦融清华神韵。这是一种浓浓的书卷气，也是一种不骄不媚的浩然正气。在厚实的文化土壤中孕育出的精神气质是学校今后发展的最有价值的无形资产。

DONGGUAN CHANGAN, NEW DISTRICT PLANNING AND DESIGN SCHEME

东莞长安新区规划

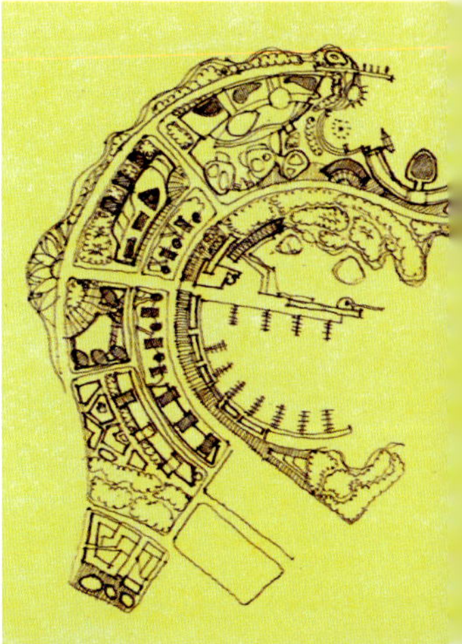

项目业主：东莞市长安新区管委会
建筑面积：2 000万平方米
设计时间：2012年9月
设计单位：深圳市博纳思建筑设计顾问有限公司

项目地点：广东 东莞
建筑功能：综合体
项目状态：筹建
主创设计：谢咏松

珠三角环珠江口地区城市都将新的空间发展计划指向了沿海地区，珠江开口将形成全球最为壮观的河（海）口城市聚集地区之一。长安新区开发计划的制定应该以区域发展的视角，立足于环珠江口，尤其是珠江东岸都市区城市（香港、东莞、深圳）之间的合作，打造华南地区品牌价值，塑造以滨海宜居为特征的空间开发计划。

SONGSHAN LAKE HEADQUARTERS NUMBER ONE, IMPLEMENTATION PLAN

松山湖总部壹号·和堂 实施方案

项目业主：东莞市松山湖高新技术开发区管委会
项目地点：广东 东莞
建筑面积：80 000平方米
建筑功能：综合、住宅
设计时间：2007年11月
项目状态：建成
设计单位：谢咏松建筑研究室
施工图设计：东南大学建筑设计院深圳分院
主创设计：谢咏松

设计遵循尊重规划、完善规划；构建秩序与逻辑的可读性；功能优先与本质设计；核心理念为“总部小镇”。将岭南山水画的精粹寓意与建筑的空间形态结合在一起，取长岭南民居“梳式布局”的特色，通过虚实、疏密、性格、轮廓、肌理、色彩以及光影的分析研究，构成松山湖边上一个朴实的总部小镇，各功能组团之间相依相生，疏落有制度，无序而统一，无论从形体还是神韵上体现岭南画派一脉相传的艺术追求与审美情趣。

ARCHITECTS

薛晓雯

出生日期：1968年6月17日
职　　务：中国建筑东北设计研究院/副总建筑师
U&A城市与建筑设计工作室/主任
辽宁省建筑师学会/理事
职　　称：国家一级注册建筑师/教授级高级建筑师
沈阳市城市规划设计/专家组成员

教育背景
1986—1990年 沈阳建筑大学/建筑系学士

工作经历
1990年至今 中国建筑东北设计研究院有限公司/副总建筑师
2012年至今 U&A城市与建筑设计工作室/主任

主要作品
阳展览中心
沈阳领先国际城
沈阳华强广场
沈阳东大国际广场
沈阳银基威尼斯一期四组团
沈阳银基东方威尼斯广场
沈阳万泉公元住宅项目
沈阳摩根凯利大厦
海门饭店
沈阳市第二十中学图书馆
上海恒达广场
上海市迎宾馆
本溪开元商厦
海门饭店
秦皇岛天洋新城
新华社区住宅小区
沈阳凯宾斯基酒店
青岛信息大厦
本溪客运站
本溪五金交电化总公司大厦
大连开发区第二中学
江苏海门酒店
本溪客运站
沈阳地王国际花园
沈阳市于洪区新城镇2号地
沈阳澳海西湖印象
沈阳俪锦城
沈阳辽宁艺术剧院
大连友谊商场
沈阳华阳广场（喜来登酒店）
沈阳万豪酒店

个人荣誉
2013年 第九届中国建筑学会优秀青年建筑师奖
2013年 辽宁省优秀女青年建筑师
2011年 中建总公司“三八巾帼建功标兵”称号
2009年 辽宁省优秀青年建筑师
2008年 建筑东北设计研究院有限公司“巾帼建功标兵”
2005—2008年 中国建筑东北设计研究院有限公司“先进生产者”

地址：沈阳市和平区光荣街大成23号大成商务大厦17楼
电话：024-23259090
传真：024-23259090
网址：www.cscecnei.com
电子邮箱：dbygzs@163.com

中国建筑东北设计研究院有限公司（CNADRI）是隶属于世界500强第100位、全球最大的住宅工程建造商、中国最具国际竞争力的建筑企业集团、国资委直管上市大型央企——“中国建筑股份有限公司（CSCEC）”的骨干成员企业集团，总部驻地辽宁省沈阳市，具有甲级设计资质，同时具有工程咨询、工程监理、工程总承包、装饰工程等甲（壹）级资质。专业设置齐全，包括规划、建筑、结构、给排水、采暖通风、电气、通信、动力、室内装饰、建筑经济、电算、建材、勘察、岩土、监理、国际工程管理等专业。具有先进的技术装备，全院实现了网络化管理。

U& A城市与建筑设计工作室是东北院下设的专业设计团队，工作室由薛晓雯等建筑师领衔，以建筑、规划、景观前期策划及方案为主导，依托中国建筑东北设计院各专业扎实完善的综合技术平台，在项目设计中做到从前期研究至最终完成每个工作环节中最大限度地体现专业与艺术的结合。

SHENYANG HUAQIANG PLAZA

沈阳华强广场

项目业主：沈阳华强开发有限公司
项目地点：辽宁 沈阳
建筑功能：商业综合体
用地面积：280 000平方米
建筑面积：830 000平方米
设计时间：2009年12月—2010年6月
项目状态：建成
设计单位：中国建筑东北设计研究院有限公司
主创设计：薛晓雯
获奖情况：中国建筑东北设计研究院工程设计二等奖

项目位于沈阳市和平区三好街，为集大型电子商城、高档办公、公寓于一体的综合建筑，主体建筑为195米超高层。项目位于沈北道义大街大学城南侧，旨在打造一个新时代的地区级沈北商业中心，以休闲购物商业街为规划核心，配套建设北部地块的酒店、办公和大量的高品位住宅楼盘，同时，建立超大型地下商业广场，从而与地铁出入口接驳，带来大量的地下交通人流，形成真正的城市商业综合体。

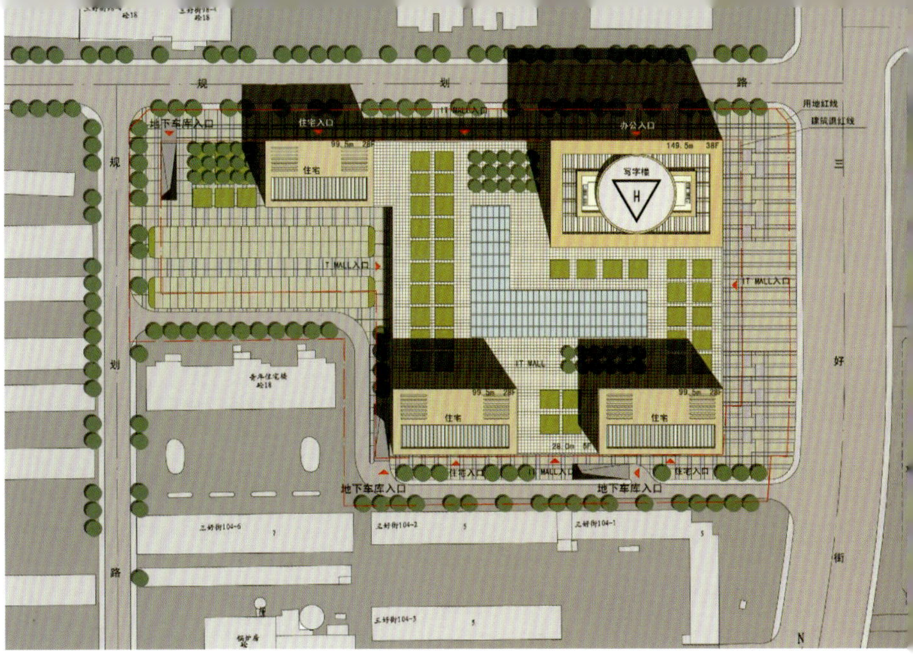

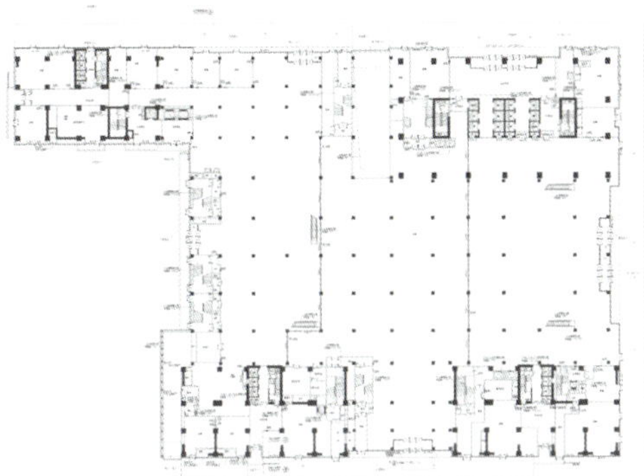

一层平面图

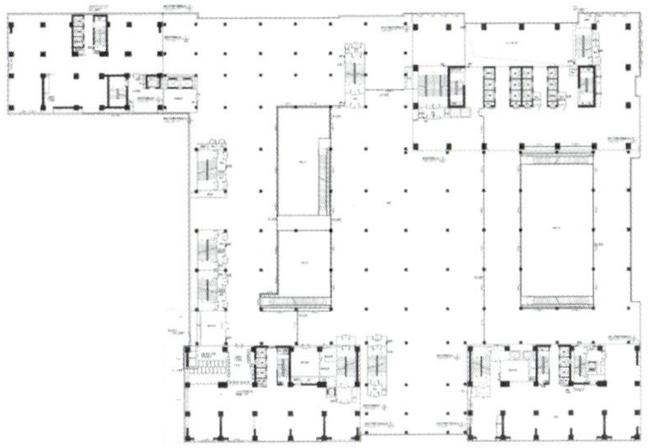

二层平面图

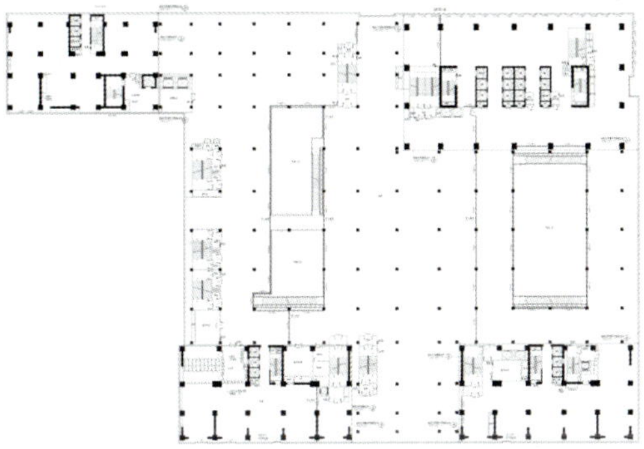

三、四层平面图

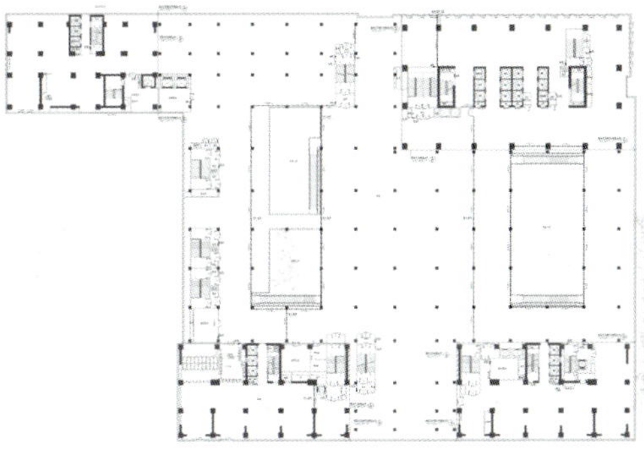

五层平面图

SHENYANG DONGDA INTERNATIONAL

沈阳东大国际

项目业主：沈阳东大房屋开发（集团）有限公司
项目地点：辽宁 沈阳
建筑功能：酒店、商业
用地面积：9 000平方米
建筑面积：150 000平方米
设计时间：2006年
项目状态：在建
设计单位：中国建筑东北设计研究院有限公司
主创设计：薛晓雯
获奖情况：中国建筑东北设计研究院工程设计二等奖

项目位于沈阳市和平区北大街，是集五星级酒店及甲A级高档写字间为一体的超高层建筑，主体建筑高度195米。外形现代、稳重，气质非凡。未来配合其国际级管理标准，将成为沈阳市乃至东北地区最具标志性、最有生命力的顶级完美商务办公旗舰。

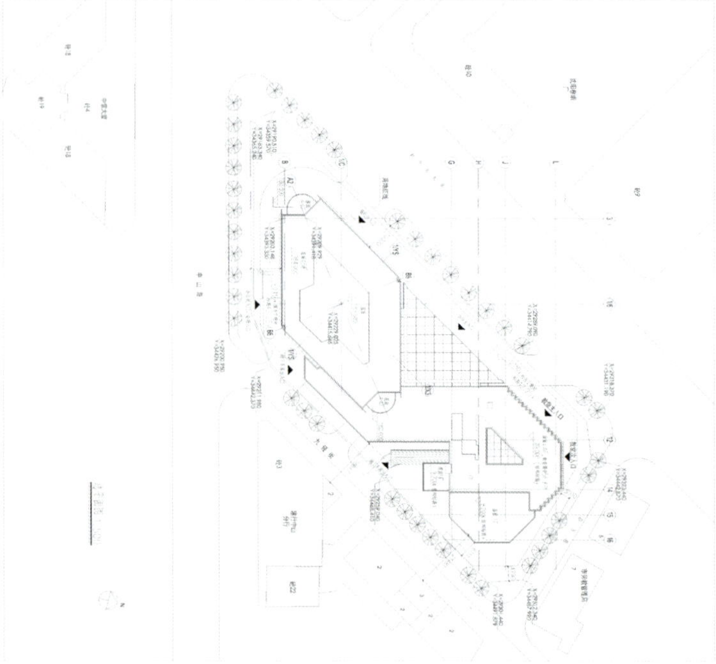

总平面图

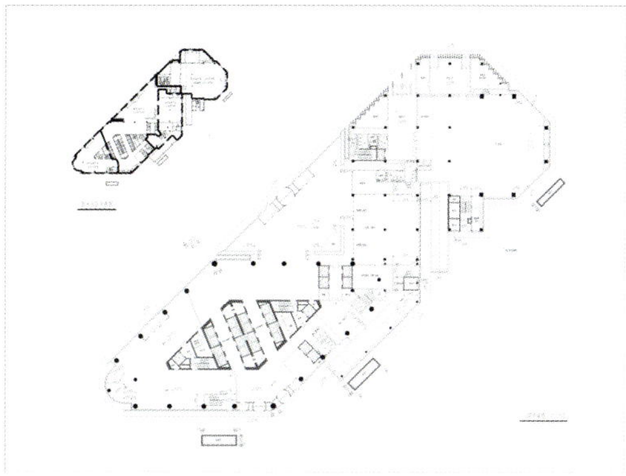

一层平面图

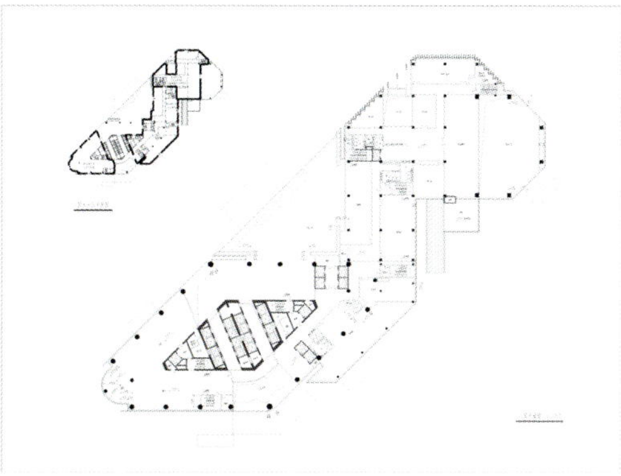

二层平面图

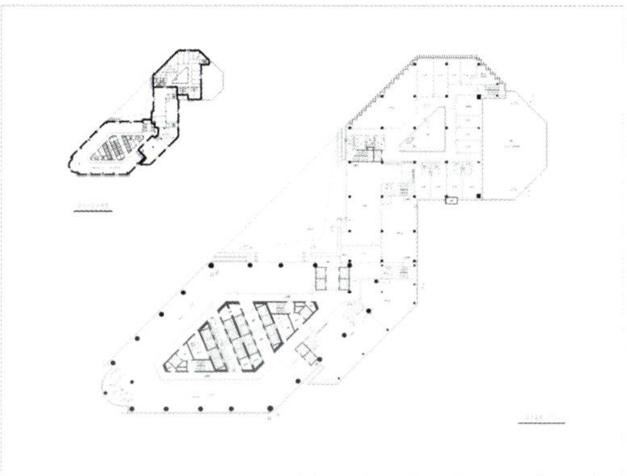

三层平面图

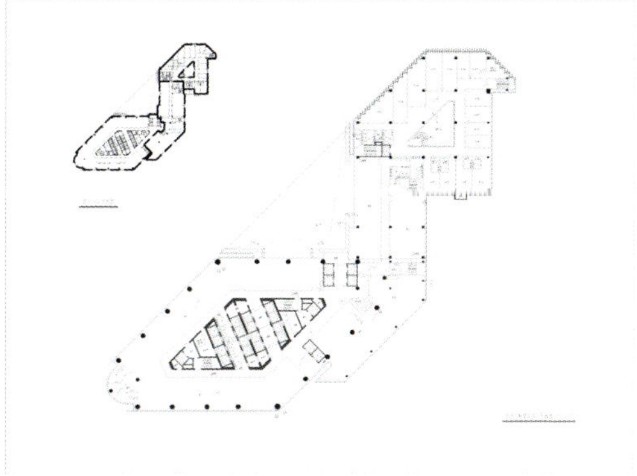

四层平面图

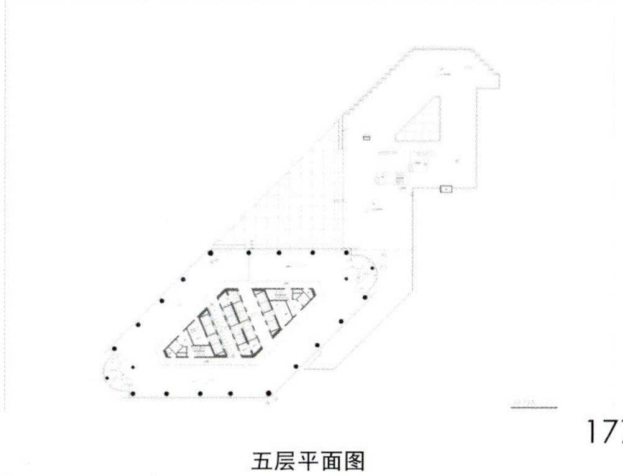

五层平面图

SHENYANG INTERNATIONAL EXHIBITION CENTER

沈阳国际展览中心

项目业主：沈阳国际展览中心
项目地点：辽宁 沈阳
建筑功能：展览、展示
用地面积：959 000平方米
设计时间：2008年
项目状态：建成
设计单位：中国建筑东北设计研究院有限公司
主创设计：薛晓雯
获奖情况：中国建筑钢结构金奖
　　　　　中国建筑东北设计研究院工程设计一等奖

项目坐落于沈阳市苏家屯会展路9号。计划分两期建设，其中一期工程总建筑面积16.6万平方米，室内展览面积10.56万平方米，室外展览面积20万平方米，综合服务区面积4万平方米。展馆按照国际专业化水准进行设计和建设。中心主体结构由8个单层、无柱、大跨度独立展厅组成，每厅面积1.32万平方米，可设625个国际标准展位。室内展馆由东西两侧各4个展厅组成，中间由双层连廊衔接总体可容纳5 000个国际标准展位。

沈阳国际展览中心以举办国内外大型综合展会和专业博览会为主，可提供商务、办公、运输、仓储、搭建、广告、会议、住宿、餐饮等配套服务，中心设有同声传译、远程监控运营等现代化系统，具有较高的国际化、智能化水准，中心整体规模位居国内第五位、东北首位。

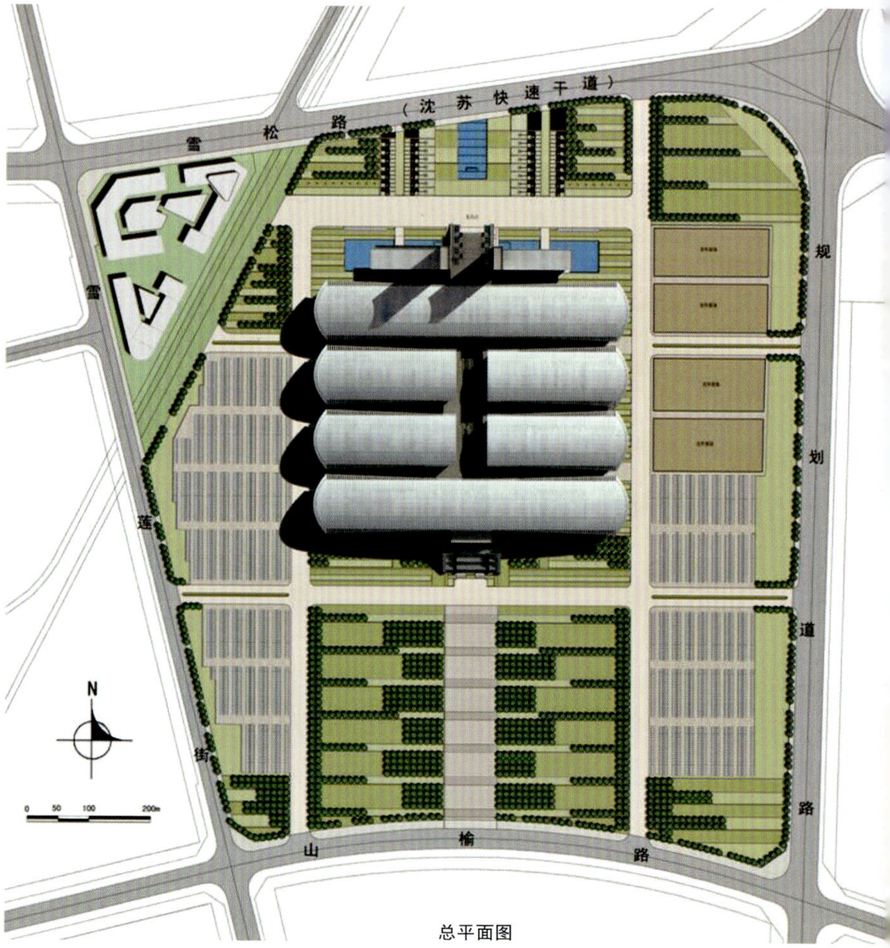

总平面图

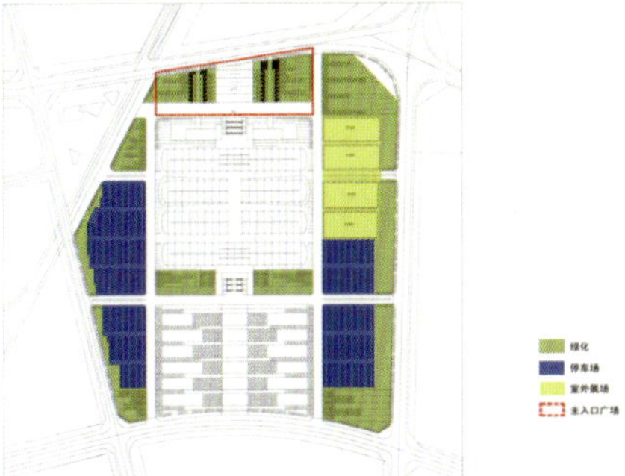

总平面功能分析图（一）

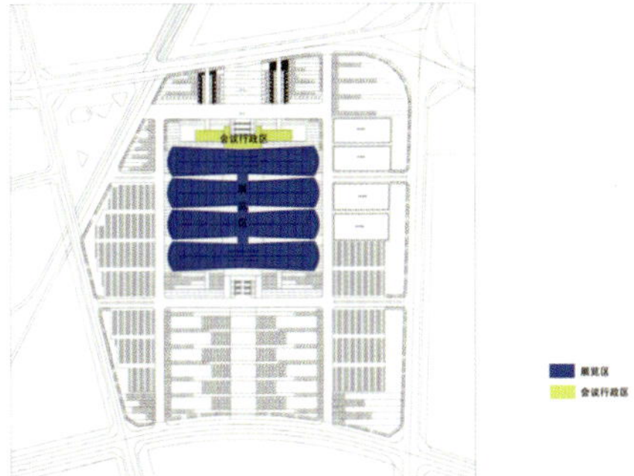

总平面功能分析图（二）

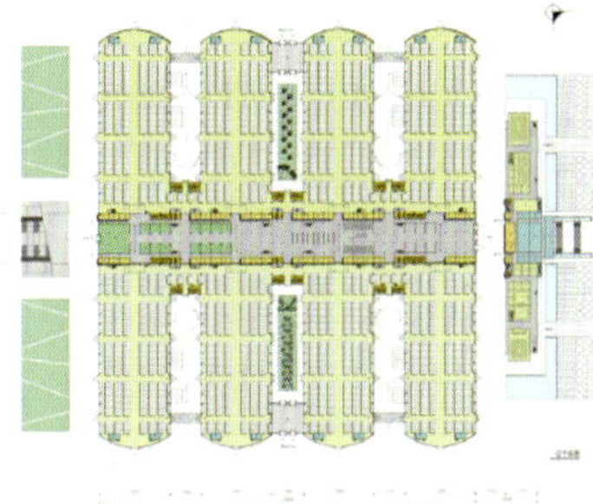

一层平面图

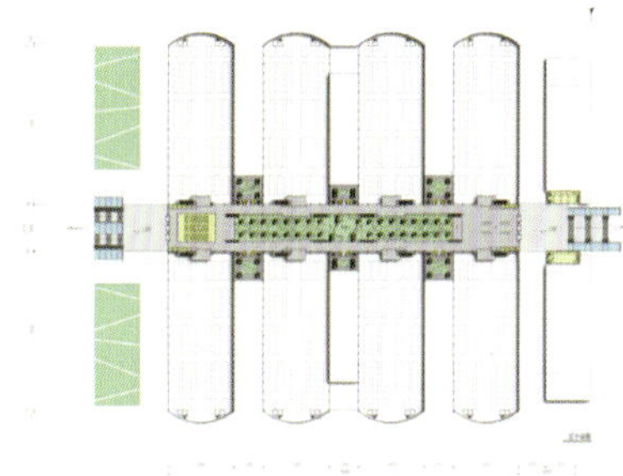

二层平面图

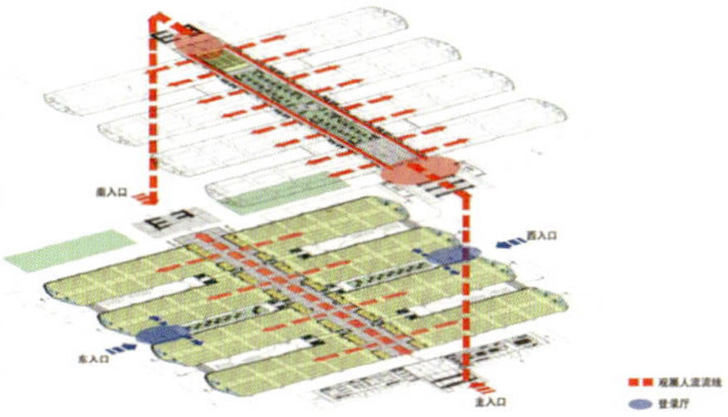

步行流线分析图

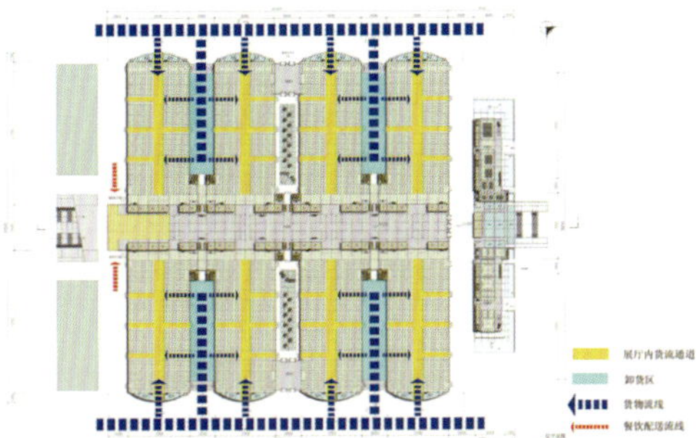

货物流线分析图

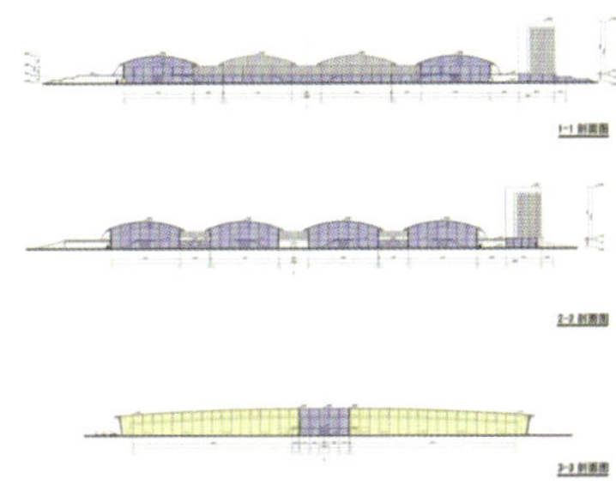

剖面图

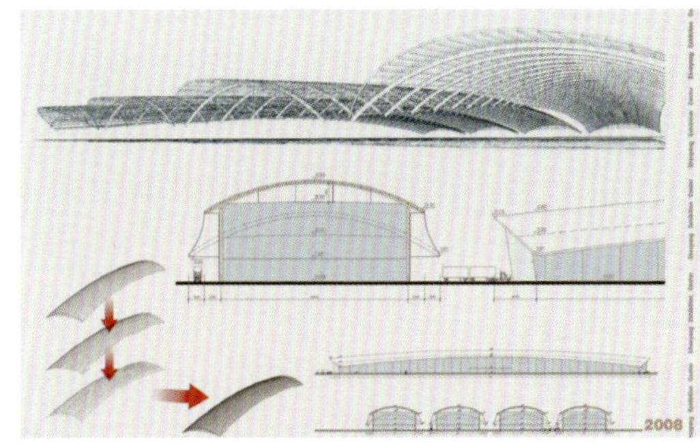

十层壳设计示意图

SHENYANG LEADING INTERNATIONAL CITY

沈阳领先国际城

项目业主：沈阳新拓置业有限公司
项目地点：辽宁 沈阳
建筑功能：商业综合体
建筑面积：340 000平方米
设计时间：2004年
项目状态：建成
设计单位：中国建筑东北设计研究院有限公司
主创设计：薛晓雯
获奖情况：辽宁省优秀工程设计二等奖
中国建筑东北设计研究院工程设计一等奖
摄　　影：汪峰建筑摄影

项目位于沈阳市青年大街“金廊8号”地块，是集大型商业、酒店、公寓为一体的大型商业综合体，其中A座为200米超高层。

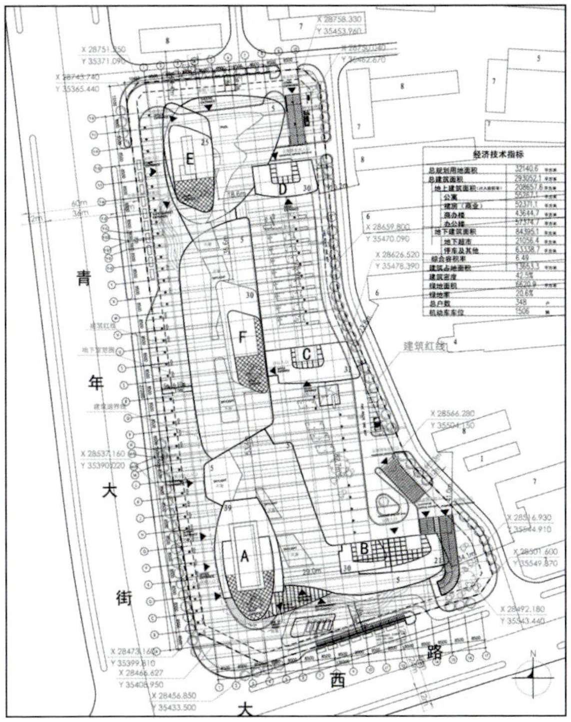

总平面图

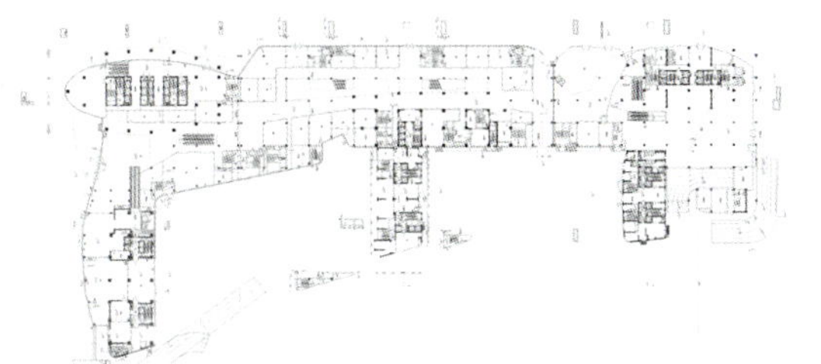

扩初平面图-1

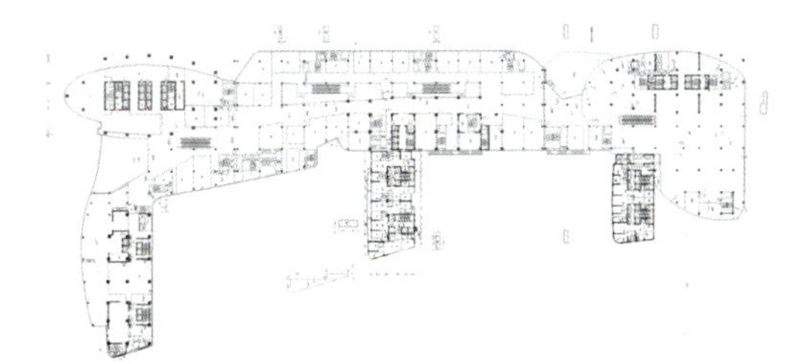

扩初平面图-2

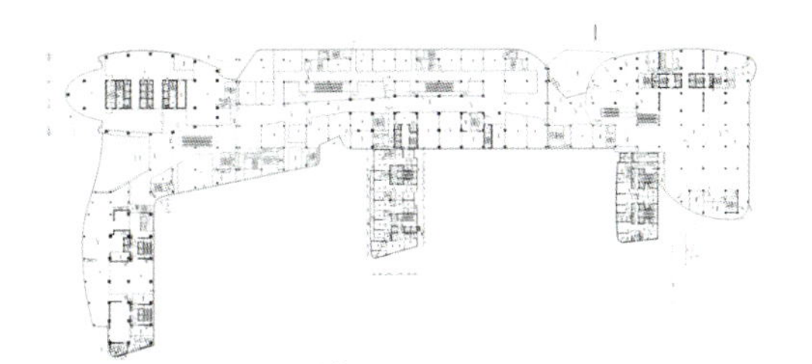

扩初平面图-3

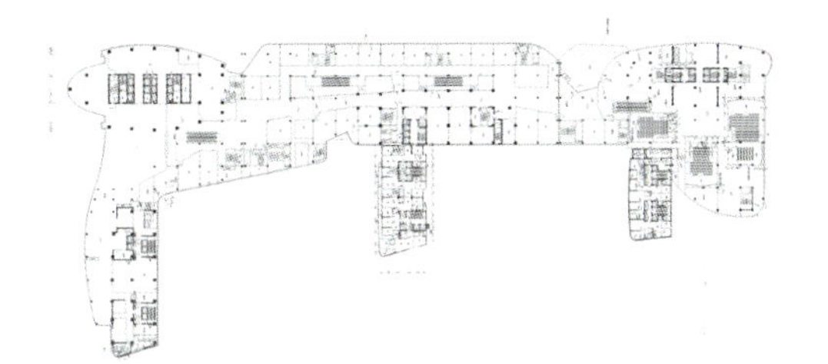

扩初平面图-4

ARCHITECTS

廣州瀚華建築設計有限公司
GUANGZHOU HANHUA ARCHITECTS + ENGINEERS CO., LTD.
平 凡 築 · 非 凡 路

冼剑雄

1968年生，广东英德人。
1993年毕业于华南理工大学，建筑学专业硕士研究生学位，国家一级注册建筑师。

工作经历

1993—1999年　华南理工大学建筑设计研究院，历任建筑师、第五设计室副主任
1999年至今　广州瀚华建筑设计有限公司总建筑师

社会职务

中国勘察设计协会理事，广东省土木建筑学会建筑创作专业委员会副主任委员，广东省注册建筑师协会常务理事，广州市规划委员会委员、建筑环境与文化艺术委员会委员，广州市规划协会副会长，广州市建设科技委员会建筑专业副主任委员，广州市建筑师学会理事。

个人代表奖项

1990年台湾洪四川文教基金会优秀建筑人才奖
1998年中国建筑学会全国青年建筑师奖
2004年CIHAF中国建筑二十大品牌影响力青年设计师
2006年羊城十大设计师（空间类）金羊奖

主要设计思想

建筑是人类物质文明和精神文明的载体。从这个意义上说，优秀的建筑师既是艺术家，也是具有公共服务意识的社会学者；试图解决在城市变迁过程中出现的种种与空间发生关系的问题，思考如何从设计的角度推动城市共生、公众参与和可持续发展。其作品不仅需要满足建设方和使用者的期望，更表达着设计人对历史、对当下及对未来的严肃使命感。

建筑师的每一笔都或多或少地带来城市环境的改变，必须谨慎斟酌。在任一项目中，需综合考虑使用功能、视觉审美、文化趣味等因素，制定出适宜的、有独创性和思想力的解决方案，并兼顾成本控制和技术实施的可行性。一件好的建筑设计作品必须是从表皮到内涵、从整体到细部的高度统一。

今天，城市建设的方向应该是从本土文化里找到属于自己的建筑语言，在更新中留住记忆和地域情感。每个城市应该有不同的面孔。成熟的建筑师懂得如何做减法：经过自己的思维梳理，使用最单纯、最纯粹的表现手法，而非一味迎合潮流，更非重复或过度借鉴其他地区的风格。

地址：广州市天河区黄埔大道中311号羊城创意园2-21栋
电话：020-38031268
传真：020-38031269
网址：www.hanhua.cn
电子邮箱：hh@gzhanhua.com

广州瀚华建筑设计有限公司是国内较早建立现代管理模式的民营建筑设计企业之一，其在文化、教育、办公、商业、大型住区和其他建筑类型等方面拥有丰富的设计经验。公司以“人文、创新、发展”为品牌核心价值理念，致力于成为接轨国际的综合建筑服务引领者。

自2000年成立以来，公司先后有90多个设计项目获得各种级别的奖项200余项，创作了广东海上丝绸之路博物馆、广东美术馆时代分馆、广东省中医院、耀中广场、时代玫瑰园、中海蓝湾、力迅上筑、保利香雪山、万科运河东1号等知名佳作，树立了良好的品牌形象。2012年，公司入选由中国建筑学会评出的首届当代中国建筑设计百家名院。

目前公司拥有建筑、结构、设备、景观、造价等专业技术力量及各职能模块完善的管理中心。专业的运营管理模式使各专业之间得以紧密配合，实现高效协作、整合式创新，为客户提供全方位的技术服务。

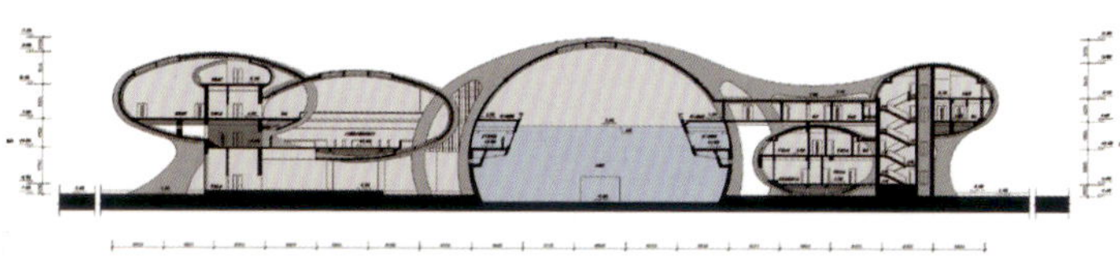

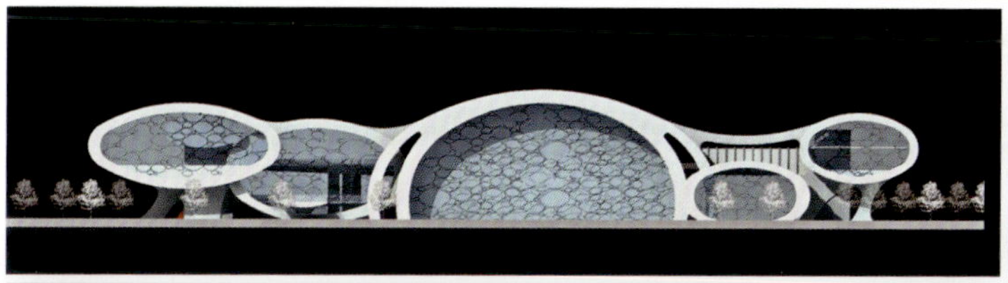

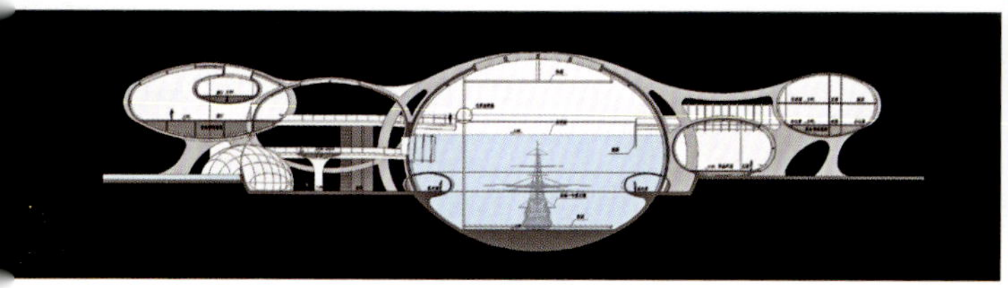

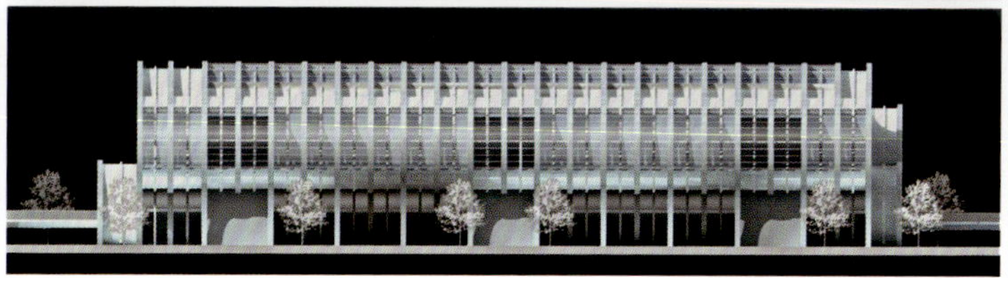

MARITIME SILK ROAD MUSEUM OF GUANGDONG

广东海上丝绸之路博物馆

项目业主：广东省海上丝绸之路博物馆筹建办公室
项目地点：广东 阳江
用地面积：129 500平方米
建筑面积：19 409平方米
设计时间：2005年
竣工时间：2009年
设计单位：广州瀚华建筑设计有限公司
设计团队：郑文韬、关颖相、卢培秋、王博、魏显华
摄　　影：陈中
获奖情况：2005年广东省注册建筑师优秀建筑创作奖
2010年广州市优秀工程设计一等奖
2011年广东省优秀工程设计一等奖

作为中外文化的探索者，海上丝绸之路不仅是贸易之路，更是对话之路，是古代东西方文明碰撞、交流之路。而有“海上敦煌”之称的宋代沉船“南海1号”，则如远古绝唱，媲美西域丝路上的敦煌飞天壁画，记载着千年传奇。海上丝绸之路博物馆的概念正是源于这样的一种文化碰撞。它既需要满足沉船在馆内展示和存放的特殊功能，也应是一座能将海上丝绸之路的需求与不朽的建筑艺术融会贯通的优雅建筑。博物馆外部形体犹如即将展翅的海鸥，面向大海开放的姿态，见证着先人勇于开拓的冒险精神。

建筑物由五个关联舱体组成，包括六大功能系统：展示系统、服务系统、后勤及安全系统、科研系统、库存系统和设备系统。各功能系统既相对独立又彼此关联，分区关系清晰明确。这样的结构及空间体系与整体外部形象高度统一，施工简单，同时隐喻了船只的组装过程，回应了“南海1号”的主题。

项目紧靠海边，选择了以混凝土为主的结构系统以抗腐蚀；摈弃过多的室内装饰，表现纯结构的美感，进一步强化舱体的概念，同时降低建造成本。

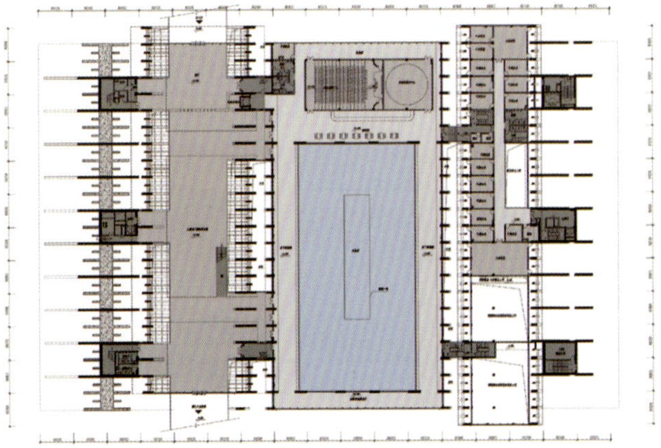

一层平面图

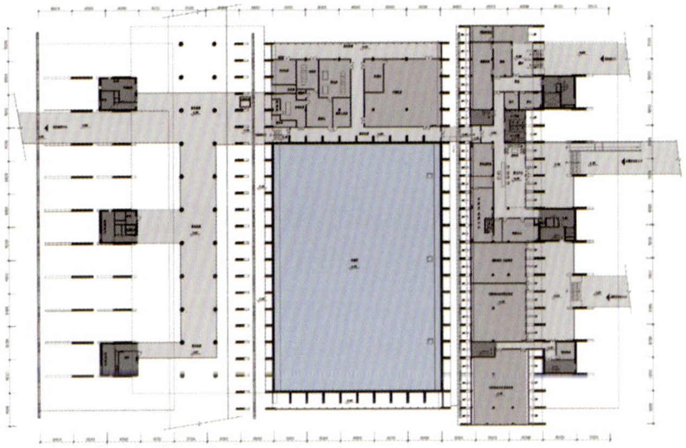

负一层平面图

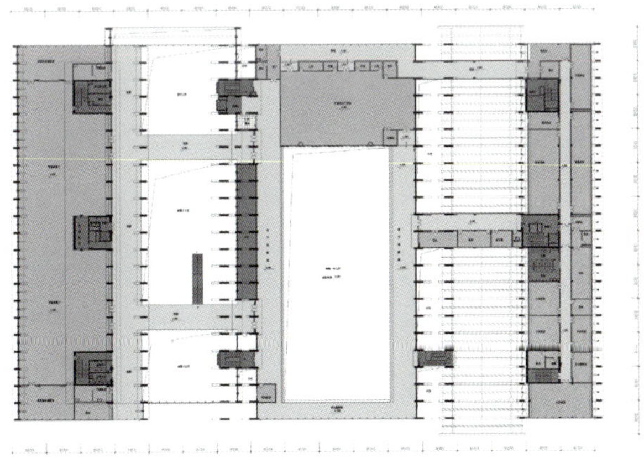

二层平面图

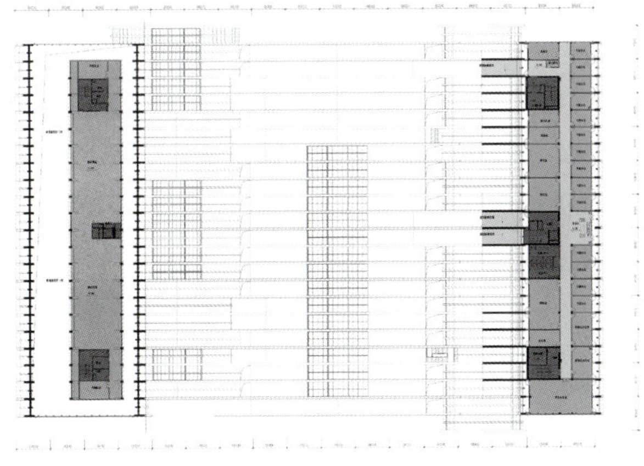

三层平面图

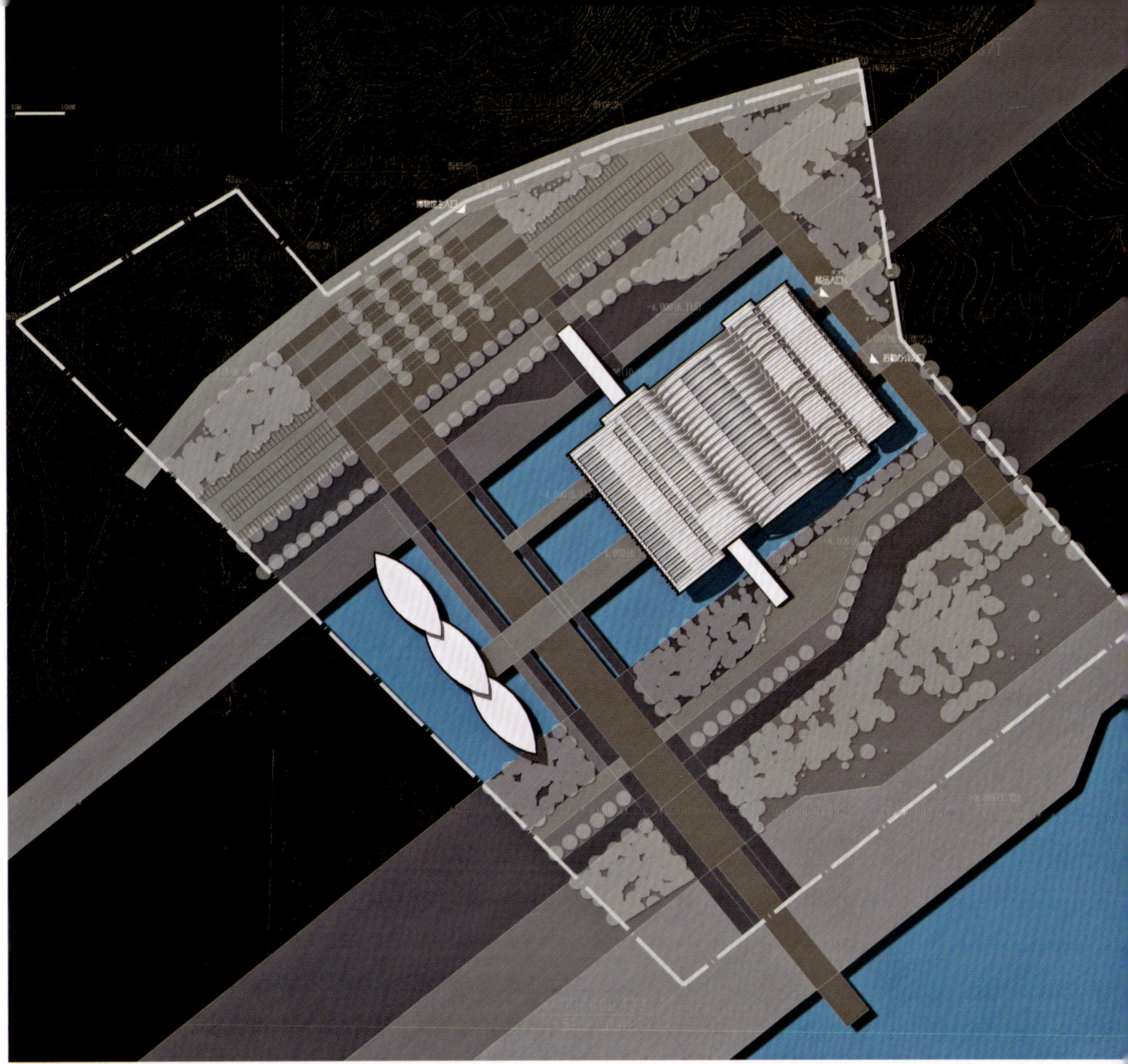

GUANGSHENG INTERNATIONAL BUILDING

广晟国际大厦

项目业主：广东晟铭房地产开发有限公司
项目地点：广东 广州
用地面积：7 907平方米
建筑面积：155 635平方米
设计时间：2007年
设计单位：广州瀚华建筑设计有限公司
设计团队：关健斌、佘海、梁敏全、孔凡涛、蒋日彬、徐德智、马俊杰
摄　　影：王艮

广晟国际大厦的定位是智能化超甲级写字楼，是广州珠江新城CBD核心未来的标志性建筑之一。建筑总高度达312米，至屋面标志杆顶部达到350米。立面以竖向线条为构图主题，并通过顶部退台变化以及石材、玻璃、金属等材质的对比来丰富层次，建筑造型挺拔而富有韵律感，稳重中散发新锐气息，诠释高贵的新古典主义建筑风格。

设计遵循环保理念，适当控制幕墙面积，并通过先进的构造技术避免旧式安装工艺中由填缝工序带来的污染。外墙采用LOW-E双层中空玻璃、浅色石材和低采暖系数材料，有效地降低建筑能耗。

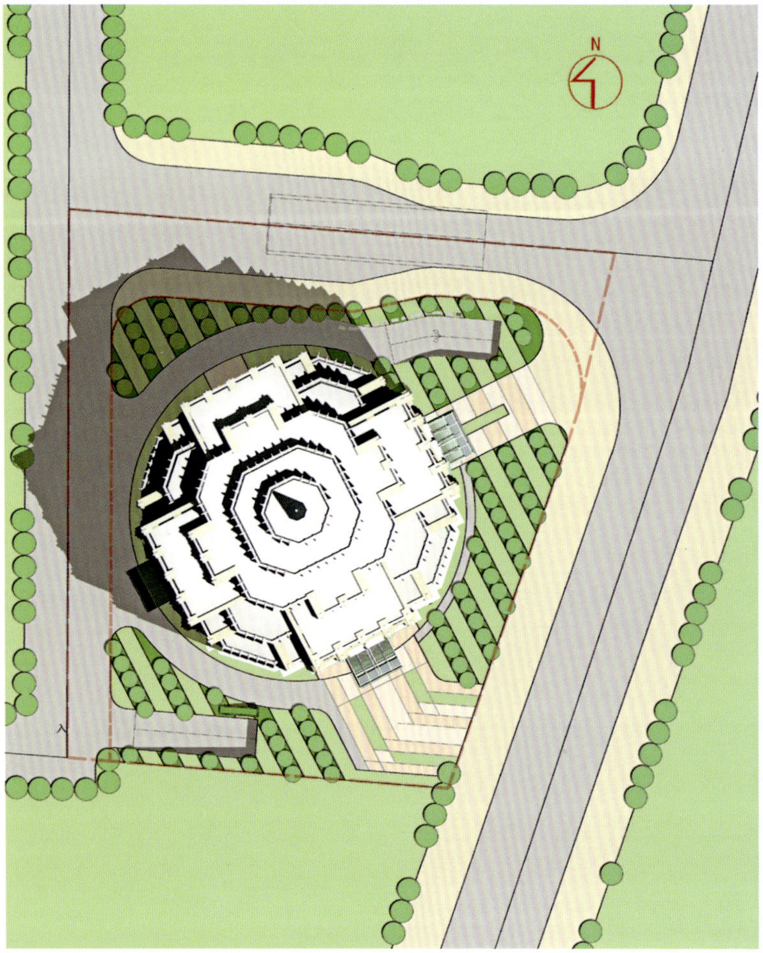

花城汇

THE GUANGZHOU POLY XIANGXUE MOUNTAIN

广州保利香雪山

项目业主：保利房地产（集团）股份有限公司
项目地点：广东 广州
用地面积：224 125平方米
建筑面积：296 044平方米
设计时间：2007年
竣工时间：2010年
设计单位：广州瀚华建筑设计有限公司
设计团队：余海、王博、蔡建中、郑文韬、黄志雄、布雄斌、关翔
摄　　影：王艮
获奖情况：2009年广东省注册建筑师优秀建筑创作奖
2010年广州市优秀工程设计一等奖
2011年广东省优秀工程设计一等奖
2011年全国优秀工程勘察设计行业三等奖
2011年第六届威海国际建筑设计大奖赛优秀奖

项目是由两个地块构成，既定的规划路把小区分为南、北两个相对独立的区域。南地块设计为小高层洋房区，北地块以低层双拼别墅为主。

立面设计通过虚与实、面与线、深与浅的对比，形成个性鲜明、简约而不失细节的外观效果，不做过多装饰，让住宅回归生活的本质。

总平面规划图

ARCHITECTS

景森設計
JINGSEN DESIGN

肖至

职务
董事、总裁、广州分公司总经理

职称
国家一级注册建筑师

教育背景
1991—1996年　华南理工大学建筑学学士学位

工作经历
1996—2001年　广州市设计院
2001年至今　广州市景森工程设计顾问有限公司

主要作品
西安财经学院新校区、番禺金海岸别墅、番禺金海岸第五组团、珠江新城隽峰苑、广州三银大厦、长沙奥林匹克花园、山东临沂天鹅湖花园、万科四季花城（二、四、五、六期）、珠光新城御景、万科云山花园、韶关长城世家首期、花都风神花园（施工图）、万科金域蓝湾、花都溢盈山庄、珠光流溪御景山庄、广州力迅白云龙归等项目。

获奖作品
贵州都匀博物馆　2004年广州市优秀工程设计二等奖
保利百合花园　2004年广州市优秀工程设计表扬奖
万科四季花城　2008年广州市优秀设计二等奖
　　2009年广东省优秀工程勘察设计三等奖
西安财经学院　2009年西安市政金奖示范工程
万科云山花园　2010年中国土木工程詹天佑奖住宅小区优秀环境奖
万科金域蓝湾　2010年广州市优秀工程设计三等奖
　　2011年中国土木工程詹天佑奖

建筑思想
我的作品并不拘泥于某种形式，美就是最好的坚持。景森团队不会局限于时代的某一潮流，“景森建筑”这一品牌的生命力源于不断的创新以及对生活的感悟；在我心里，建筑就等于生活，点、线、面的相互交错与平衡，恰如其分地表达出我对人生的态度，是张狂又或是含蓄。它充满酸甜苦辣，需要追求梦想，需要豁达。生活需要建筑，建筑源于生活。

地址：广州市天河区黄埔大道中309号
羊城创意园3-23D
电话：020-66611999
传真：020-66611999转8008
网址：www.jingsen.cn

景森设计2001年成立于广州，景森设计以“设计优越生活”为己任，不断吸收融会沿海地区先进的技术理念和设计元素并加以创新和运用。现已获得建筑设计甲级资质、城市规划乙级资质、风景园林工程设计专项乙级资质，可提供城市规划、建筑、景观、灯光、智能化等设计与咨询服务，成为专业社区设计集团。

景森设计汇聚大批经验丰富、设计理念先进、思想活跃、精力充沛的优秀专业人才。年均设计量达400万平方米（建筑面积），先后为400多家知名企业提供服务。

景森设计推行“立足广州，辐射全国”的发展战略，致力于成为全球社区设计连锁企业，目前已在广州、长沙、武汉、昆明、湛江、福州、香港等地建立分公司。各分公司以总部财务中心、人事行政中心、客户服务部、品牌管理部等强大的服务体系为依托，科学整合规划、建筑、景观、室内、灯光、智能化等专业，尊重区域文化特色及建筑风格，为客户提供专业的、全方位的、本土化的服务。

注重品德、追求品质、打造专业品牌，景森设计愿与客户共同创造更大的价值。

VANKE · JINYU BLUE BAY (PHASE II)

万科 · 金域蓝湾（二期）

项目业主：广州市鹏万房地产有限公司（万科企业股份有限公司）
项目地点：广东 广州
用地面积：44 000平方米
建筑面积：193 000平方米
设计时间：2007年
设计单位：广州市景森工程设计顾问有限公司
设计团队：广州市景森工程设计顾问有限公司广州分公司

金域蓝湾位于广州金沙洲B3725D01地块，规划综合容积率3.00，综合建筑密度23.0%。规划总户数4 100户。

项目自然景观得天独厚，拥有绵长的水岸线，江面宽约300米。总体布局东面以低层的单栋、联排别墅为主，西面布置高层住宅，地块中间布置景观视野最好的大户型单栋高层，使大部分住户东向或东南向望江的视觉享受成为可能。利用低密度的高层建筑布置方式，最大化地提升公共绿化空间，底层进行了架空处理，营造了连通的绿化和空间系统。共有六大组团园林，形成了外江内湖的景观布局，表达出与自然和谐共处的国际主题。

住宅的户型按照70/90政策的规定以小户型为主，设计了2个两房户型和2个三房户型，平面户型户户带有入户花园，方正开阔，加上大面积的凸窗台，使90平方米的房子有110平方米的感觉。

本工程体现出时代性，采用底层架空处理，留出绿化通道和景观视廊。住宅中安排阳台、平台、景窗、私家花园等一系列景观节点，将自然融入建筑的设计，提升了整个住宅组团的环境品质，突出庄重大方、精致典雅的格调，创造了一种全新的现代化建筑特色。

NANHAI SINGI PLAZA

南海信基广场

项目业主：信基集团
项目地点：广东 佛山
用地面积：28 681平方米
建筑面积：200 000平方米
设计时间：2012年
设计单位：广州市景森工程设计顾问有限公司
设计团队：肖至、彭文军、许剑锋

信基广场项目是佛山九江镇“三旧”改造的重点项目，也是3年城市升级计划的龙头项目。项目建成后，将依托大正新城的优势平台，汇聚南海九江、顺德龙江及江门鹤山三地人气，打造集全国大型连锁超市、五星级高端电影院线、四星级商务酒店、酒店式公寓、商务写字楼、中西餐美食广场、KTV、健身房等设施于一体的中高端大型国际商业综合生活区。铸就大正新城这一千灯湖式城市CBD中的耀眼新星，引领九江的城市发展迈向新纪元。这是九江首个城市综合体项目，也是南海西部片区迄今规模最大的商业综合体。

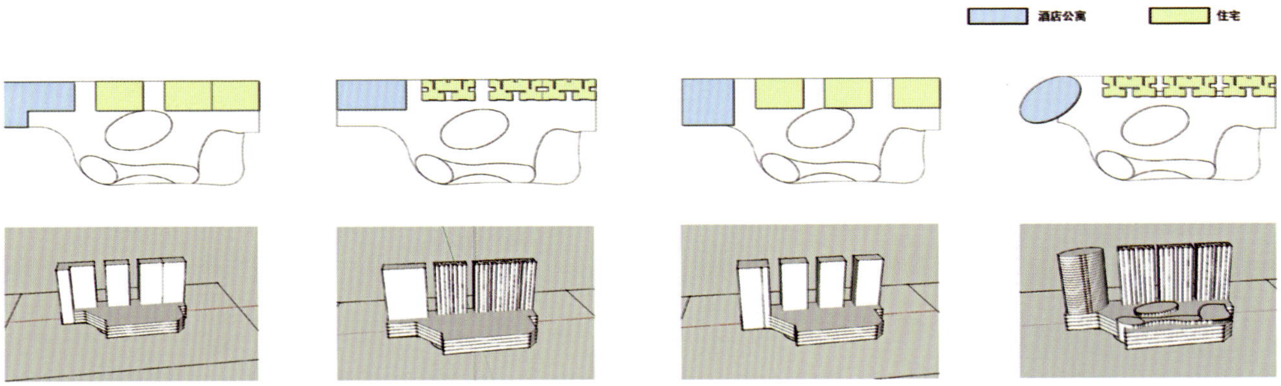

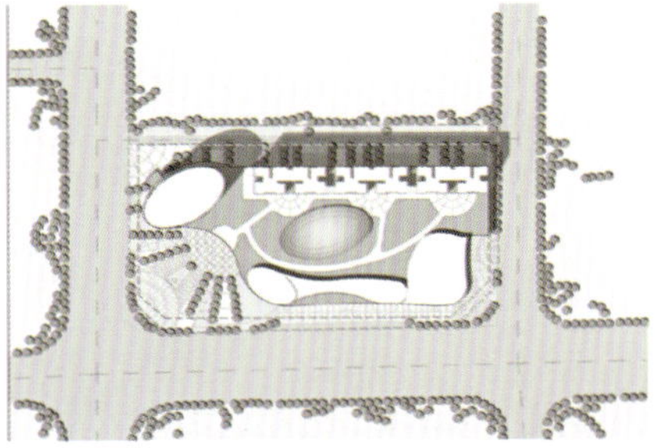

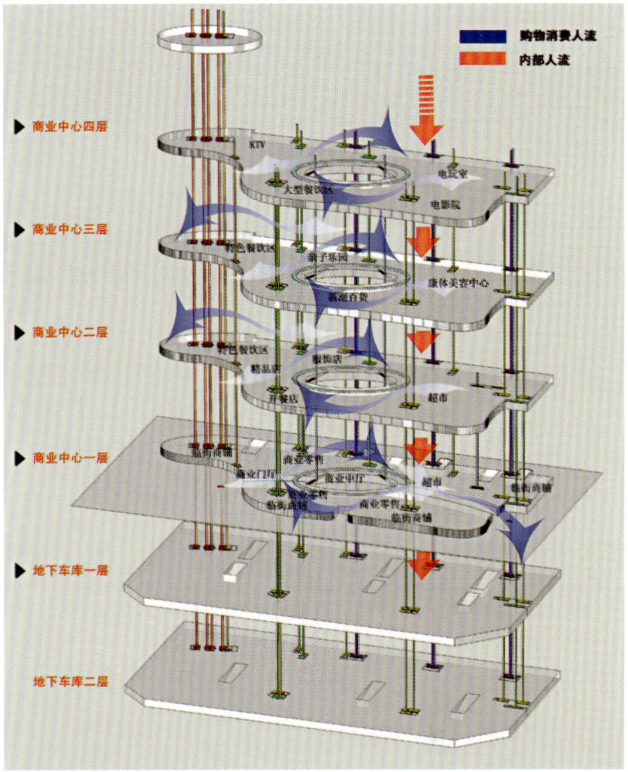

—— 建筑空间形态分析

1. 酒店形态灵动，丰富城市形象
2. 住宅和酒店间距较大，减少相互干扰
3. 住宅平面灵活多变，有较大的增值空间和丰富的绿化空间

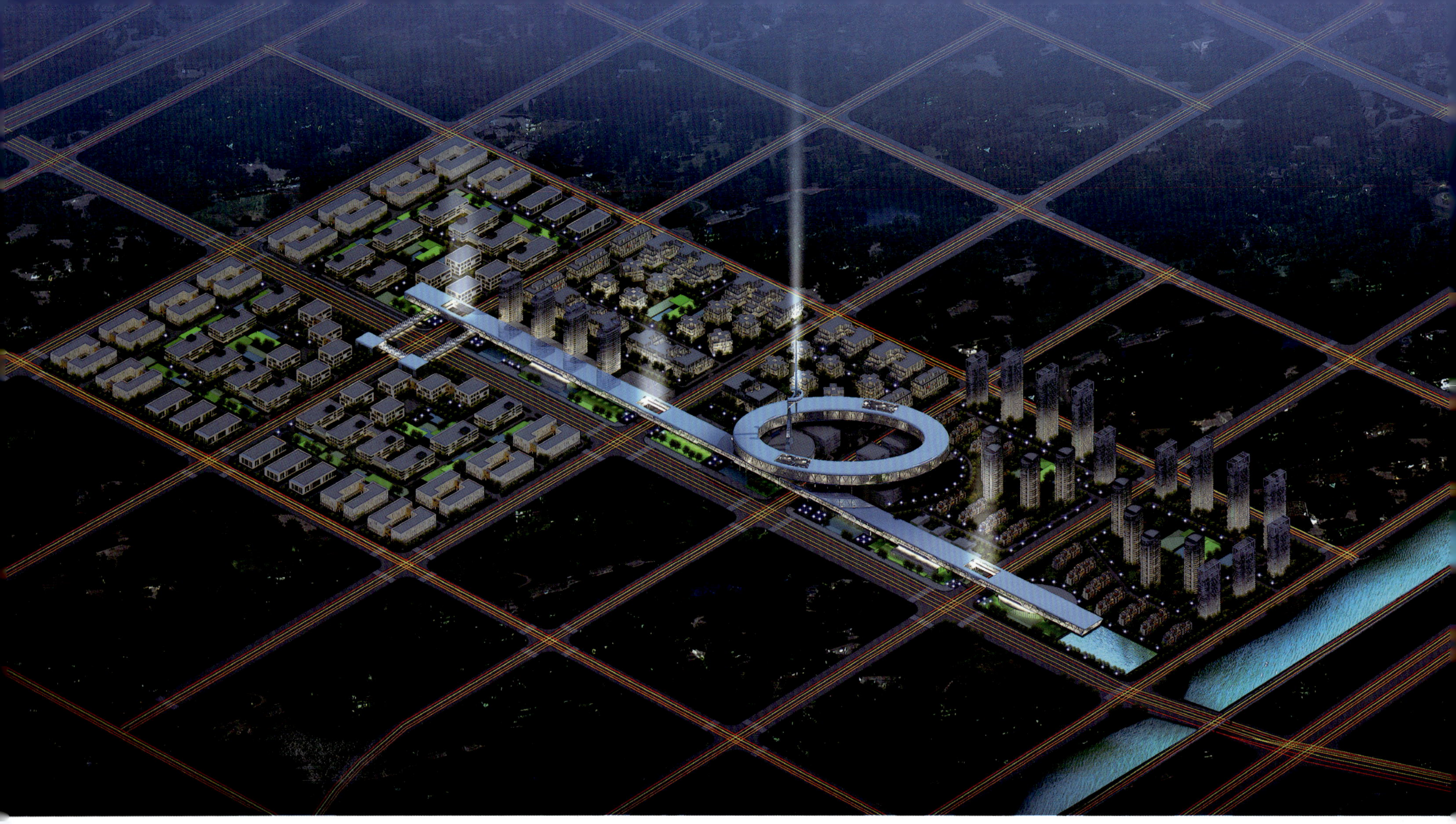

OPTICS VALLEY JOINT SCIENCE AND TECHNOLOGY CITY

光谷联合科技城

项目业主：湖北科技企业加速器有限公司
项目地点：湖北 鄂州
用地面积：1 004 000平方米
建筑面积：1 200 000平方米
设计时间：2012年
设计单位：广州市景森工程设计顾问有限公司
设计团队：广州市景森工程设计顾问有限公司武汉分公司

设计理念

科技创新：本项目必将成为众多科技企业加强科技创新、加快产业发展的重要载体，成为企业进一步加速发展的重要平台，并推进科技事业跨越式发展。在80米宽的绿色生态长廊上架空设置园区公共服务区，服务区建筑与景观有机融合，生态长廊上布置有草坪、绿植、坡地、水体、广场等，为整个园区提供一个休息、交流的场所，项目主体建筑像一部从天而降的“未来机器”，为整个园区带来一种惊喜，带来一种活力，体现出一种科技创新的精神。同时，主体建筑形象更寓意为一把开启科技之门的“钥匙”，为科技企业的加速成长提供一个崭新的平台。

绿色生态：创造绿色宜人的工作、生产、居住环境，利用低碳技术的节能环保策略。从原生态的场地环境中寻求灵感，结合项目的功能要求，设置一条80米宽贯穿项目用地的南北向绿色生态长廊，并用环状绿道把不同地块联系在一起，为园区创造舒适宜人的环境。

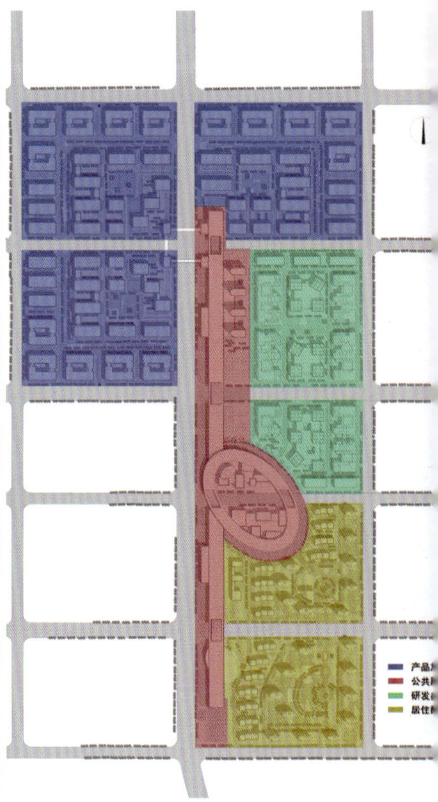

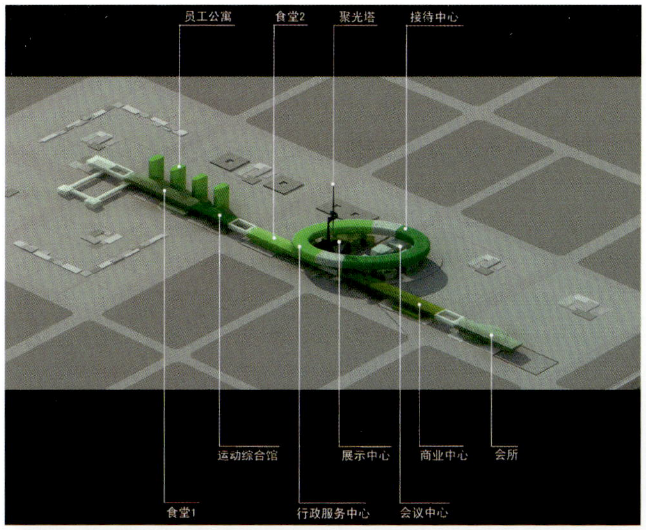
员工公寓
食堂2
聚光塔
接待中心
运动综合馆
展示中心
商业中心
会所
食堂1
行政服务中心
会议中心

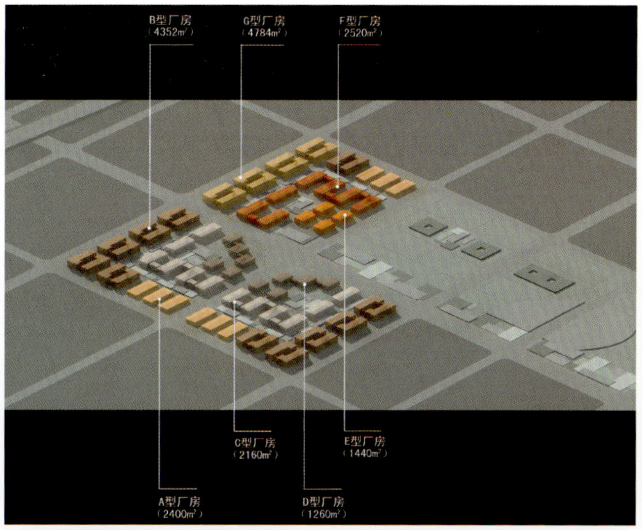
B型厂房
(4352m²)
G型厂房
(4784m²)
F型厂房
(2520m²)
C型厂房
(2160m²)
E型厂房
(1440m²)
A型厂房
(2400m²)
D型厂房
(1260m²)

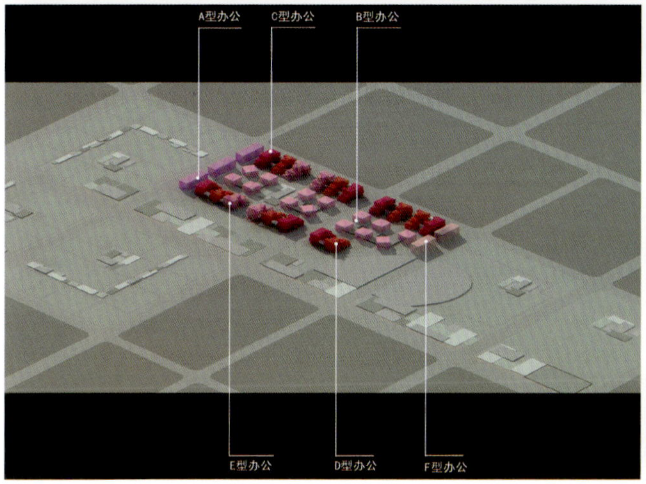
A型办公
C型办公
B型办公
E型办公
D型办公
F型办公

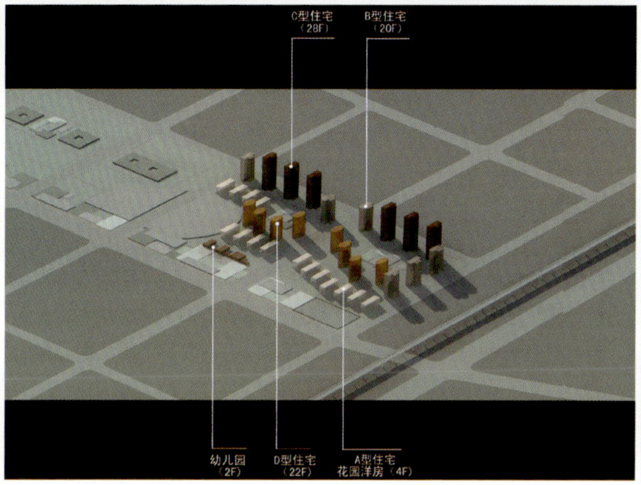
C型住宅
(28F)
B型住宅
(20F)
幼儿园
(2F)
D型住宅
(22F)
A型住宅
花园洋房 (4F)

LAIXI CIVIC CENTER

莱西市民活动中心

项目业主：莱西市城乡建设局
项目地点：山东 莱西
用地面积：48 218平方米
建筑面积：85 584平方米
设计时间：2011年
设计单位：广州市景森工程设计顾问有限公司
设计团队：广州市景森工程设计顾问有限公司香港分公司

莱西市民活动中心项目位于莱西市烟台路与北京路交会处，概算投资4.38亿元，其中2012年投资达到2亿元。项目设计灵感源于“航海方舟、文化之船”的概念，建筑形态以“航海方舟”的设计隐喻为出发点，取意于灯塔指引在大海浪潮中奋勇前进的文化之船。

建筑体块分为3个部分，剧院与展厅形似海浪，文化方舟顶立浪尖，办公楼寓意为导航的灯塔。典型的特色图景使建筑在凝聚历史沉淀底蕴的同时也展现出积极挺拔的时代气魄。莱西市民活动中心将进入全面施工建设阶段，该工程已被列入莱西市政府实事工程之首。

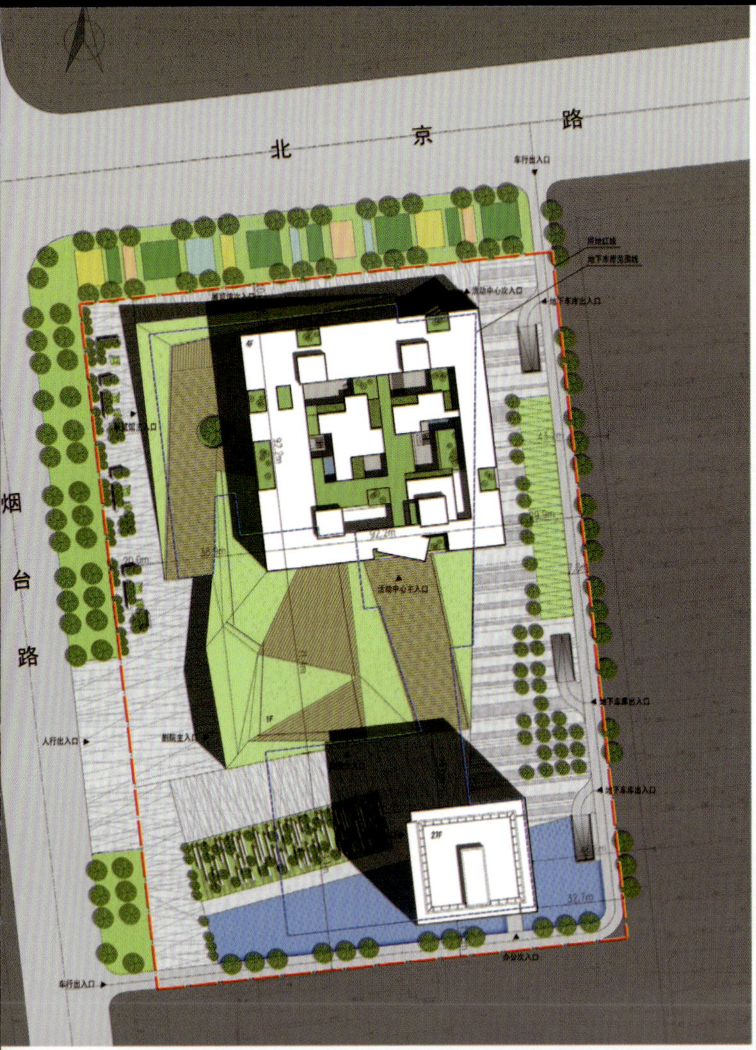
北京路
烟台路

华森设计 HSARCHITECTS

肖蓝

执行总建筑师，副总经理

职称

国家一级注册建筑师/教授级高级建筑师

教育及工作背景

1995年3月获得天津大学建筑系城市规划与建筑硕士学位。毕业至今，就职于深圳华森建筑与工程设计顾问有限公司，曾任主任建筑师、建筑部副经理、方案部经理、副总建筑师，现任公司执行总建筑师、副总经理。

个人荣誉

2006年 荣获第六届中国建筑师学会青年建筑师奖
2006年 荣获中国房地产年会中国建筑规划设计师杰出100位称号
2012年 荣获深圳注册建筑师协会首届深圳市优秀注册建筑师称号

社会职务

《时代建筑》杂志理事、中国建筑学会会员、深圳注册建筑师协会会员、法国建筑设计师协会会员，并任《建筑学报》特约组稿人、深圳市建设工程设计评标专家。

主要作品

以深圳万科城市花园、十七英里、中心区北中轴中心书城和杭州中浙太阳国际公寓项目为代表，共获得国家级金奖、省市级优秀勘察设计奖、行业奖10余项。在专业刊物及国家一级刊物上共发表文章20余篇。

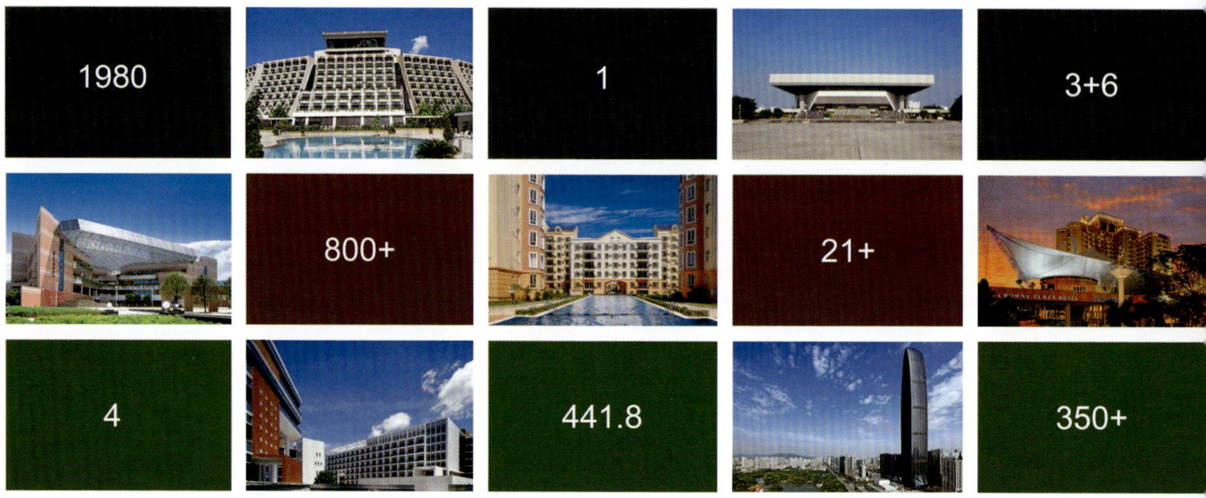

1980 ——成立于1980年，至今32年，深圳历史最久的建筑设计公司
1 ——中国改革开放后第一家中外合资建筑设计公司
3+6 ——3大区域公司、6个分支机构
800+ ——800多名员工
21+ ——21名外籍及海归设计师参与组成国际化设计团队
4 ——四大特色产品类型：精品住宅、高端度假酒店、超高层建筑、城市综合体
441.8 ——设计深圳第一、全国第三高441.8米的深圳京基100
350+ ——总获奖项目超过350项，项目获奖率超过1/4

地址：深圳市南山区文心五路滨海之窗办公楼6楼
邮编：518054
电话：0755-86126666
传真：0755-86126800
网址：www.huasen.com.cn
电子邮箱：sz@huasen.com.cn

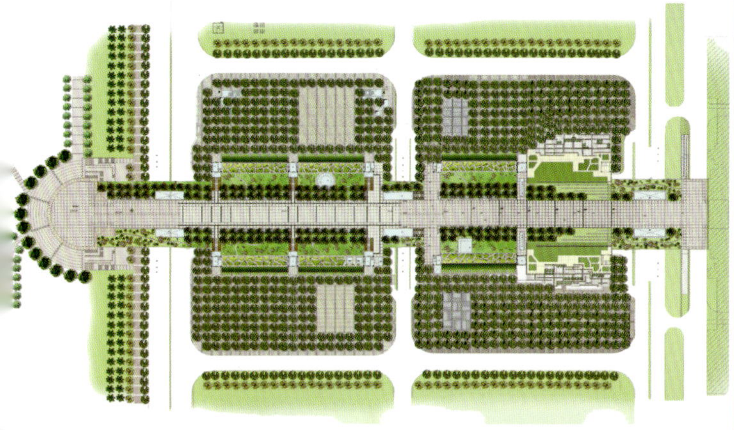

SHENZHEN BOOK CITY (COOPERATION)

深圳书城（合作）

项目地点：广东 广州
用地面积：87 000平方米
建筑面积：81 145平方米
设计时间：1998—2004年
项目状态：竣工
设计单位：深圳华森建筑与工程设计顾问有限公司
合作设计：黑川纪章事务所

VANKE 17 MILES, SHENZHEN (COOPERATION)

深圳万科十七英里（合作）

项目地点：广东 深圳
建筑面积：60 000平方米
设计时间：2003年
项目状态：竣工
设计单位：深圳华森建筑与工程设计顾问有限公司
合作设计：香港许李严建筑师事务有限公司
获奖情况：2007年深圳市规划局颁发的深圳市第十二届优秀工程勘察设计一等奖
2007年广东省优秀工程勘察设计奖一等奖
2008年住建部颁发的全国优秀工程勘察设计奖住宅类银奖
2008年全国工程勘察设计行业优秀工程勘察设计行业奖一等奖

总平面图

项目坐落于深圳东部优美的海岸线上，地势为南向面海的陡坡，50米的高差使其产生了宽阔的视野。建筑群以白色立方体为主，组合于陡峭的山地中，似层叠的白色阶梯，挑出的阳台、凸窗如同小尺度的盒子，点缀其中。

设计初期我们就确定了营造具有鲜明海边坡地特征和休闲度假特性的高档居住小区，保护原有地貌及区域生态的规划设计理念。为降低对自然山体的破坏，在尽量减少斜坡平整的情况下，通过住宅单体的平面设计及布局，做到户户有海景。

HUIYANG NO.1 PENINSULA, HUIZHOU

惠州惠阳半岛一号

项目地点：广东 惠州
建筑面积：130 000平方米
设计时间：2005年
项目状态：竣工
设计单位：深圳华森建筑与工程设计顾问有限公司

ZHONGZHE SOLAR INTERNATIONAL MANSION, HANGZHOU

杭州中浙太阳国际公寓

项目地点：浙江 杭州
建筑面积：198 000平方米
设计时间：2002年
项目状态：竣工
设计单位：深圳华森建筑与工程设计顾问有限公司

JINJI XIAOLU, QIANJIANG NEW TOWN HANGZHOU

杭州钱江新城金基晓庐

项目地点：浙江 杭州
建筑面积：300 000平方米
设计时间：2005年
项目状态：竣工
设计单位：深圳华森建筑与工程设计顾问有限公司

ARCHITECTS

余志成

出生日期：1968年9月25日
籍　　贯：广东省开平市
职　　务：广东华方工程设计有限公司广州二院院长/设计总监
职　　称：国家一级注册建筑师

教育背景
1990年7月　华南理工大学建筑系/建筑学学士学位

工作经历
1990—1996年　广东省石化设计院/设计师
1996年至今　广东华方工程设计有限公司广州二院院长/设计总监

主要作品
东莞市华凯广场（华方公司总部大楼）
海南省海航橡树林高尔夫度假村会所
佛山市三水区金太阳酒店（五星）
广州市天河区国德酒店（四星）
佛山市恒福大润发商业综合体
江门市鹤山经纬凯旋城
江门市开平汇景湾住宅小区
江门市台山新宁国际排球馆
福建省古雷半岛高尔夫度假村
肇庆市德庆县人民医院

建筑思想

多年来尝试着进入建筑，思考建筑的本源，思考建筑的核心价值以及价值的延续性。希望所从事的事业不仅仅停留在建筑的表象，不仅仅停留在建筑的现存。希望建筑是有生命的，设计师在孕育建筑生命的同时，能为日后的建筑延展更大的生存空间。

建筑设计，或者更多的是默默地耕耘，更多的是民生的工作，没什么大作，仅做点工作中的积累吧。

广东华方工程设计有限公司

GUANGDONG HUAFANG ARCHITECTS & ENGINEERS LTD.

广东华方工程设计有限公司团队最早成立于1992年4月，成立之初凭借技术服务优势迅速发展壮大，经过多年的发展，已成为一家综合性的设计服务机构，具备国家建设部颁发的建筑甲级(A144014879)、规划乙级（082037）、人防乙级（A244014876）资质。公司成立20多年以来，完成了大量优秀工程设计项目，业务范围涉及区域规划、住宅、商业、酒店、写字楼、医院、学校、室内外装修等设计业务，在同行中享有较高的知名度。

公司在东莞、广州、中山、成都、南宁、安徽均设有分公司，拥有多名具有海外工作经验的建筑师，中高级技术人员400人，专业技术力量雄厚。公司拥有完善的质量管理体系，并通过ISO 9001:2008认证，对设计产品前期策划至建成竣工验收阶段的全过程提供优质的设计咨询服务。

项目遍及全国15个省40多个城市，通过联合体及全国各分公司网络的合作，公司也为客户提供其他的专业服务，包括景观、室内设计、项目策划及全程代理服务。公司和许多知名外国设计事务所建立了合作伙伴关系，并有过多次跨国项目合作经验，成功地把项目延伸到中国澳门、俄罗斯、美国等地区和国家。

企业荣誉
2005年至今获得国家级奖项2个、省级奖项1个、市级奖项27个
2008—2009年　中国最具影响力品牌设计机构
2009—2010年　中国最具业主满意度设计机构
2010—2011年　中国最具影响力品牌设计机构
2011—2012年　中国最具发展潜力民营设计机构

东莞总部
地址：东莞市南城区元美路华凯广场A栋19-20层
电话：0769-22820769
传真：0769-22820756
网址：www.gdhuafang.com
电子邮箱：winway866@163.net

广州一院
地址：广州市海珠区怡安路财京公馆7楼
电话：020-83650298
传真：020-83644183
网址：www.gdhuafang.com
电子邮箱：walford@163.net

广州二院
地址：广州市越秀区东华南路19号广湾18商务港15楼
电话：020-66855760
传真：020-83293451
网址：www.gdhuafang.com
电子邮箱：a1390300@163.com

中山规划分部
地址：中山市东区康湾路20号机安大厦1号梯2楼
电话：0760-88221181
传真：0760-88221181
网址：www.gdhuafang.com
电子邮箱：12328327@qq.com

中山分公司
地址：中山市东区起湾北路38号永怡商城A401
电话：0760-88360080
传真：0760-88361065
网址：www.gdhuafang.com
电子邮箱：h6099@126.com

南宁分公司
地址：南宁市南新区创新西路9号科铭大厦2楼
电话：0771-3212415
传真：0771-3215912
网址：www.gdhuafang.com
电子邮箱：nnwalford@yahoo.com.cn

成都分公司
地址：四川省成都市星辉西路8号1号办公楼5楼
电话：028-83221058
传真：028-83221058
网址：www.gdhuafang.com
电子邮箱：hc.sc@126.com

DONGGUAN HUAKAI PLAZA • HUA FANG COMPANY HEADQUARTERS BUILDING

东莞市华凯广场·华方公司总部大楼

项目业主：东莞市华建物业投资有限公司
建筑功能：办公
建筑面积：112 050平方米
项目状态：竣工
设计团队：余志成、蔡展伟、梁嘉彦
项目地点：广东 东莞
用地面积：20 000平方米
设计时间：2003年
设计单位：广东华方工程设计有限公司
获奖情况：2006年东莞市优秀工程项目三等奖

商业地产楼宇的设计，追求建筑形态与商业价值的完美结合，这个项目达到了预期的目标，现已成为东莞市办公大楼的标杆性建筑。

XINNING INTERNATIONAL VOLLEYBALL HALL, TAISHAN

台山新宁国际排球馆

项目业主：台山市体育馆
项目地点：广东 台山
建筑功能：体育建筑
用地面积：29 380平方米
建筑面积：38 772平方米
设计时间：2011年
项目状态：在建
设计单位：广东华方工程设计有限公司
设计团队：余志成、陈斌、邓宇翔

台山市是我国著名的侨乡，位于广东省珠江三角洲西南部，有着独特的侨乡文化背景，并且有着“排球之乡”的美誉，对排球有着独特的情感。本项目定位为台山市最大的、具有国内先进水平的以排球为主的多功能体育馆球馆，当该项目建成时恰逢排球进入中国100周年，届时将有国际排球大赛在侨乡举行，此时定能为台山增添一番新景象。

PEOPLE'S HOSPITAL OF DEQING COUNTY, ZHAOQING

肇庆市德庆人民医院

项目业主：德庆人民医院
项目地点：广东 德庆
建筑功能：医院
用地面积：51 883平方米
建筑面积：80 958平方米
设计时间：2012年
项目状态：在建
设计单位：广东华方工程设计有限公司
设计团队：余志成、陈斌、袁忠、邓宇翔

项目坐落在丘陵地带，四面环山的环境中，将建成一个“品”字形的医院。这里就是肇庆市德庆人民医院，它不仅肩负着维护和促进人类健康的使命，也会是一个展现“医品”的重要处所。

GOLDEN SUN HOTEL (5-STAR), SANSHUI DISTRICT, FOSHAN CITY

佛山市三水区金太阳酒店（五星）

项目业主：佛山市金太阳酒店有限公司
建筑功能：酒店
建筑面积：150 000平方米
项目状态：竣工
设计团队：余志成、蔡展伟

项目地点：广东 佛山
用地面积：20 000平方米
设计时间：2008年
设计单位：广东华方工程设计有限公司

金太阳酒店在佛山三水算得上是个不错的酒店，新古典的风格塑造出稳重、协调的建筑形象，设计细致大气，体现出独特的韵味。

FUJIAN GREEN BAY GOLF RESORT

福建碧海湾高尔夫度假村

项目业主：漳州碧海置业有限公司
用地面积：400万平方米
设计时间：2009年
设计单位：广东华方工程设计有限公司
设计团队：余志成、陈斌、邓宇翔
项目地点：福建 漳州
建筑面积：1 00万平方米
项目状态：在建
合作设计：美国Willams+Paddon团队

本项目位于漳州市漳浦县古雷半岛，地块三面是小树林，其中南面为沿海大通道，其他面为规划路。项目主要集国际标准36洞高尔夫球场、高档次的五星级度假酒店、高尔夫公共会所及私人会所、高尔夫练习场、五星级酒店二期（水上乐园、游艇码头）、别墅区、高档住宅区（小学校、幼儿园）、配套商业、海滨餐厅于一体。

古雷半岛邻近台湾海峡，在连绵20千米的沙滩边上建有两个18洞的高尔夫球场，其中有3个洞是在沙滩上。球道设计师小罗伯特·琼斯说："这将会是亚洲最漂亮的球场。"

HNA OAKS GOLF CLUB, HAINAN

海南省海航橡树林高尔夫会所

项目业主：海航集团
建筑功能：会所
建筑面积：20 000平方米
项目状态：竣工
设计团队：余志成、曹海涛
项目地点：海南 万宁
用地面积：30 000平方米
设计时间：2005年
设计单位：广东华方工程设计有限公司

这是位于海南兴隆万亩原生橡树林中的高尔夫球场。当海航集团设计这个球会会所的时候，我们进行了建筑、室内及景观的一体化设计，同时从中领略了许多高尔夫的文化。

会所设计理念是以本土文化内涵为主题风格，设计秉承黎族文化特色的造型、纹样以及符号等元素，并同现代建筑的大框架有机地结合，以营造大气而精致，豪华而质朴的风格，力求达到“致广大而尽精微”的境界。

KAIPING DRIVEWAY BAY RESIDENTIAL AREA, JIANGMEN

江门市开平汇景湾商住小区

项目业主：开平市汇景湾物业发展有限公司
项目地点：广东 江门
用地面积：51 100平方米
建筑面积：106 707平方米
设计时间：2007年
项目状态：竣工
设计单位：广东华方工程设计有限公司
设计团队：余志成、蔡展伟、王 凯

这是开平目前商住小区中较精致、舒心的项目。项目落成几年过去了，社会的评价依然较高。虽然地处县级市，但这里有一方好山水。

小区中江景最大化、园景最大化，兼顾户型较高的舒适度，对提高当地的居住环境也算做了点小贡献吧。

ARCHITECTS

叶欣

出生年月：1978年1月
职　　务：副所长
职　　称：国家一级注册建筑师/高级工程师

教育背景
2001年　西南交通大学/建筑学学士学位
2011年　国家公派美国宾夕法尼亚大学/访问学者

工作经历
2001年至今　中广电广播电影电视设计研究院

个人荣誉
第九届中国建筑学会优秀青年建筑师
世界华人建筑师协会（WACA）提名奖
中国建筑学会建筑设计奖（建筑创作）金奖

主要作品
中央财经大学科研教学综合楼
北京音乐厅改造
成都妇女儿童中心
中央财经大学沙河新校区
绵阳电视台
老挝国家电视台3频道
几内亚比绍人民宫
安提瓜和巴布达总理官邸
中国武警学院军师职培训楼
国家安全播出指挥中心
中央人民广播电台新疆记者站

建筑思想

对待项目，我们应当更加理性地去做研究和分析，关注建筑学的基本问题，使之成为建构形式的出发点。静下来，慢下来，稳下来，可能这才是我们正在慢慢忘却然而却真正需要的。从小事做起，点点滴滴的经历就会是无尽的财富。

“神会眷顾孜孜以求者，伴随喜乐、满足和欣慰。清洁的，你以清洁待他。乖僻的，你以弯曲待他。困苦的，你必拯救。高傲的，你必贬降”。

地址：北京南礼士路13号
电话：010-68043597
传真：010-68020079
网址：www.drft.com.cn

中广电广播电影电视设计研究院(原国家广电部设计院)成立于1952年，是国际工程师联合会（FIDIC）成员协会会员单位。具有广电行业甲级、跨行业建筑工程甲级、工程咨询甲级、对外工程设计咨询及总承包等甲级资质。业务集中于广播电视、政府与公共事业、文化与传媒等领域。成立60多年来，建有中央广播电视塔、中央彩电中心、公安部办公楼、中国国际广播电台、中央人民广播电台业务楼、天津广播电视新闻中心、黑龙江省广电中心、CCTV新台址电视系统设计、北京电视台工艺系统设计、国家数字影视基地、北京音乐厅改造工程、安哥拉国家电视台等国内外一批有影响力的项目。

JINJIANG MEDIA CENTER

晋江传媒大厦

THE TEACHING AND RESEARCH COMPLEX OF CENTRAL UNIVERSITY OF FINANCE AND ECONOMICS

中央财经大学科研教学综合楼

项目业主：中央财经大学　　项目地点：北京
用地面积：5 000平方米　　建筑面积：22 000平方米
设计时间：2007年　　竣工时间：2012年

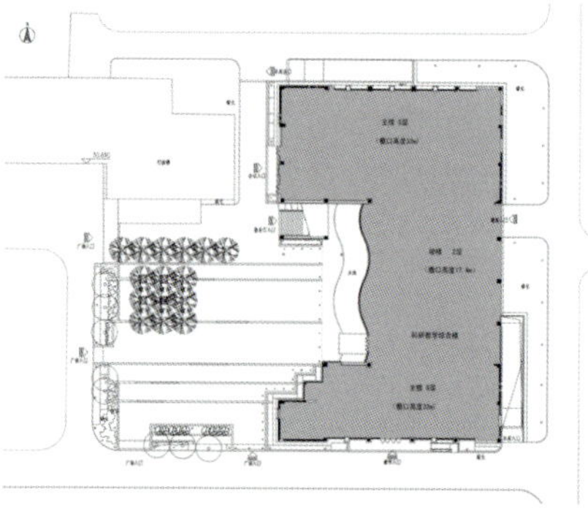

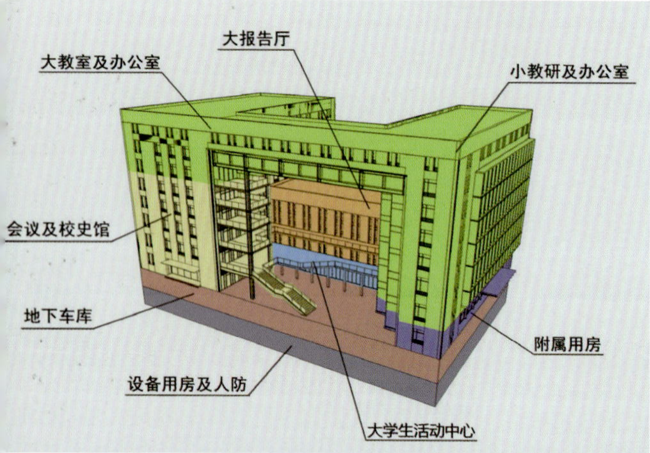

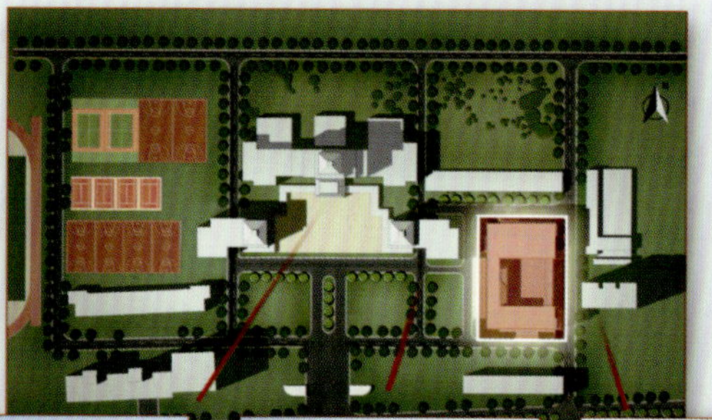

一、限制与创作

我们常常把校园类建筑比为一个缩微的生长中的城市，学校里的重要建筑如同城市中公共节点一样要满足整体规划的思想，既要与周边环境相得益彰，又要有它自身的特点与个性。

中央财经大学科研教学综合楼位于中央财经大学校园前广场东侧，总建筑面积22 000平方米，建筑高度要求控制在32米。项目定位为一个高标准的国际会议中心和科研场所，需承担部长论坛、会议演出、社团活动、校史展览等多项功能。

方案构思从校园设计的角度出发，在十分有限的场地中创造多层次建筑空间。引入了两条轴线——东西轴线与中财大厦形成对话；从内庭院向广场辐射的45度轴线指向校园入口。通过一个中心庭院对各种功能进行有效的组织，并且制造不同的标高平台，形成立体交通模式。南北各一座楼形成最好的采光和通风。北侧楼为会议楼，南侧楼为科研楼，800人学术会堂居于正中，强调其核心地位。这种布局方式使得建筑对外形象相对完整，对内形成多样化的趣味空间。

作为高标准的科研、会议、教学中心，方案体现了其公众性和开放性，形体布局逻辑源于对传统围合方式的新阐释，成为一个复合性的容器，在诸多制约因素下解决了许多矛盾。

二、构建与建造

综合楼项目在结构形式、模数化构建、细部节点、景观设计、室内设计等各个环节进行创新，从方案投标到施工配合的各个环节都追求建造的高完成度，做到内外兼修。

丰富的建筑空间需要结构的逻辑性表达，大空间的立体布局更是要求对传统结构形式进行突破。大报告厅采用了大跨度有黏结预应力梁技术，大会议室采用了现浇400厚预应力空心楼板。施钢桁架和钢连桥部分的钢结构断面的尺寸、形式必须与建筑造型尽可能完美地结合起来。

模数化构建从一开始就提出了。石材的立面分格根据柱网关系确定，对应的剪力墙洞口、副框尺寸、“L”形转角石材等都有严格要求。

如果说建筑外观强调造型和体量，室内设计则更多地强调空间和色彩。建筑师要求室内设计师做到室外空间和材质向室内延伸，采用减法和“拆修”的方式纯化设计语言。为满足不同功能房间的声学要求，建筑师同声学设计师反复商榷，确定各个空间的有效容积、混响时间、吸隔声参数等。

景观设计则更是需要建筑师在坚持整体建筑设计理念的前提下，对所有视觉呈现的细节进行指导。西侧庭院和屋顶花园的外向型特征基本保持了与建筑外表皮的一致性，庭院透水混凝土地面的试验性尝试也取得了应有的效果……

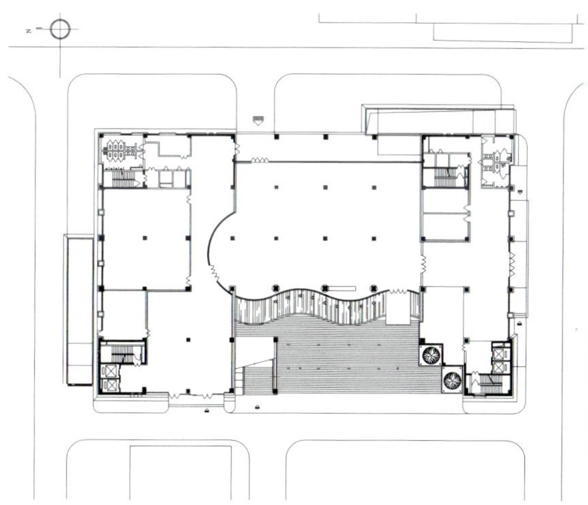

首层平面图

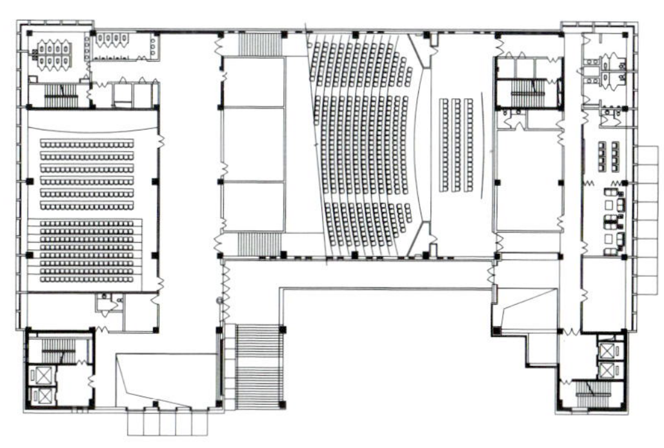

二层平面图

SHAHE NEW CAMPUS OF CENTRAL UNIVERSITY OF FINANCE AND ECONOMICS

中央财经大学沙河新校区

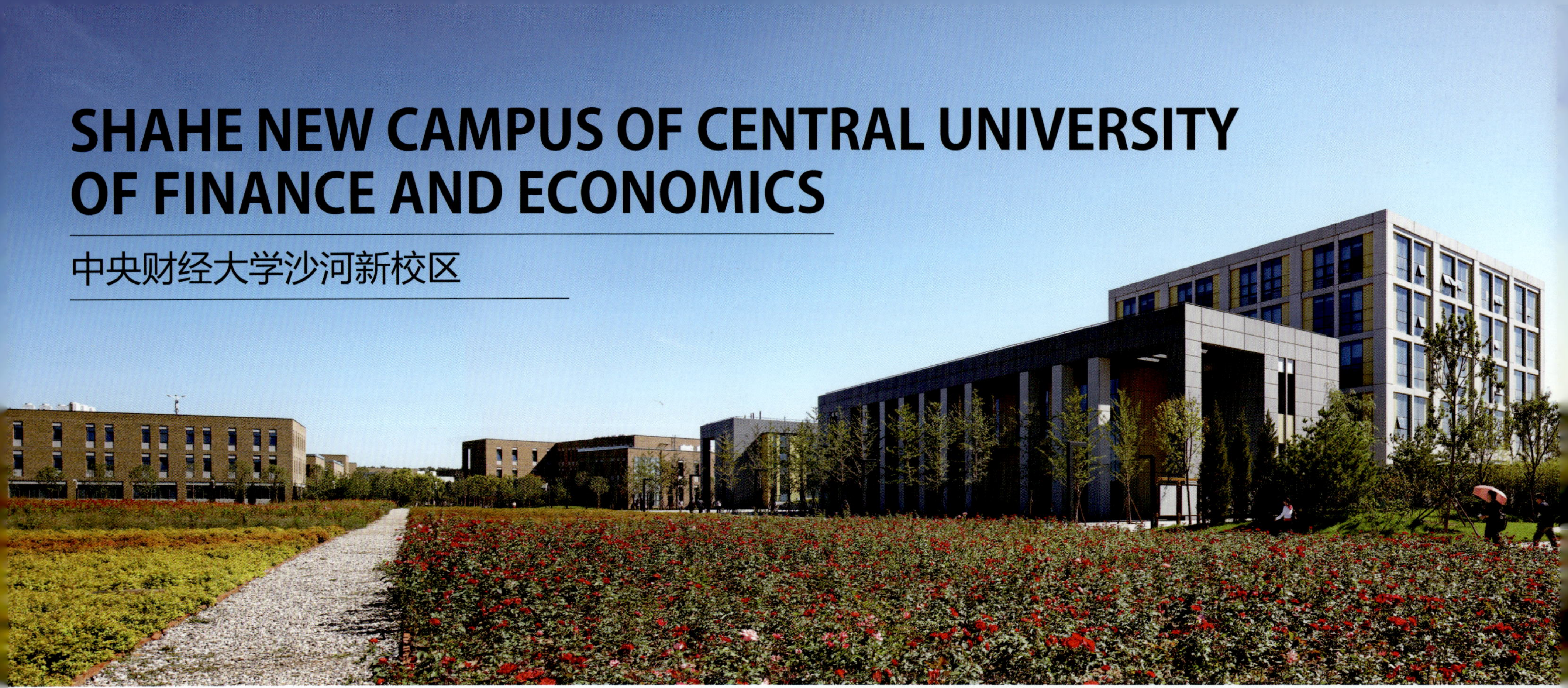

项目业主：中央财经大学
用地面积：95 900平方米
设计时间：2008年

项目地点：北京
建筑面积：45 000平方米
竣工时间：2013年

中式书院与场所精神

一、质疑

如今充斥市场的新校区规划布局往往呈现这样的模式：优美的大构图总平面，宽敞的校园前广场，开阔的水景及绿化，主楼或图书馆居于正中，各教学楼和宿舍楼沿校园道路整齐排开……某种感觉上非常类似诸多政府部门新建的城市行政广场：超尺度、高台阶、大广场，讲究对称、轴线、方位、气势。千篇一律的新校区，使得原有的场地肌理和尺度被粗暴地撕裂了，它抹杀了建筑的地域性、功能性、场地特性，更谈不上实用性和投资效率。这似乎与“大学之道”南辕北辙，与 “独立之思想，自由之人格”亦相去甚远。在中国的城市里，不乏当年雅各布斯笔下的官僚机制和城市毁灭机制。

二、求解

接到中央财经大学沙河新校区方案竞标后，即开始寻找一种新的设计途径。经过长时间努力，终于得到了启示。C.亚历山大编写的《俄勒冈实验》是一本大学校园规划的经典著作，其主要理论是“有机秩序、参与、分片式发展”等，并应用“模式、诊断、协调”等若干方法和手段逐步实现校园规划。

建立模式语言，对新校区的规划设计提出了初步构想，希望它成为北京高教园区中一个全新的大学校园。

三、构思原则

共享互动、有机生长，营建文化绿洲
多元拓展、交融共生，创新校园理念

空间序列建构和建筑形态演变形成一个中心（学生街），两条轴线(一条南北主轴线、一条生态轴)，三进院落，数个书院的模式。

四、全过程创新

（一）教学主楼

教学主楼平面布局为一方“印”加一个线性布置的裙房，空间形态丰富多样。东侧的退台草坡绿化，通过坡道上至二层。这里成为学生学习、看书、活动、交流的场所。

外墙采用清水混凝土挂板以获得朴素、厚重的质感，配以宽窄变化的木饰板对外表皮进行局部放松。混凝土、玻璃、钢、木构是建筑材料语言的最好诠释。

（二）学院楼

大量无序因子的规律性把握是当今金融教学的基础。在学院楼设计中，为了强调楼与楼之间的围合关系，在有序的校园肌理中大胆尝试，将部分学院楼进行空间形态上的旋转，建筑之间制造出很多梯形广场和无规则的趣味空间，阅读角、沙龙角点缀其中。一条学生街引领3种不同层级的院落空间，模糊了道路和广场的区别，形成带状景观广场。

提出新型砌筑的概念，采用内外复合墙技术获得建造的手工质感和小型砌块的体积感。施工过程中建筑师与工人师傅一起砌墙摆砖，对外页墙的颜色搭配和勾缝深度进行了反复比较，辛苦之中也有意想不到的乐趣。

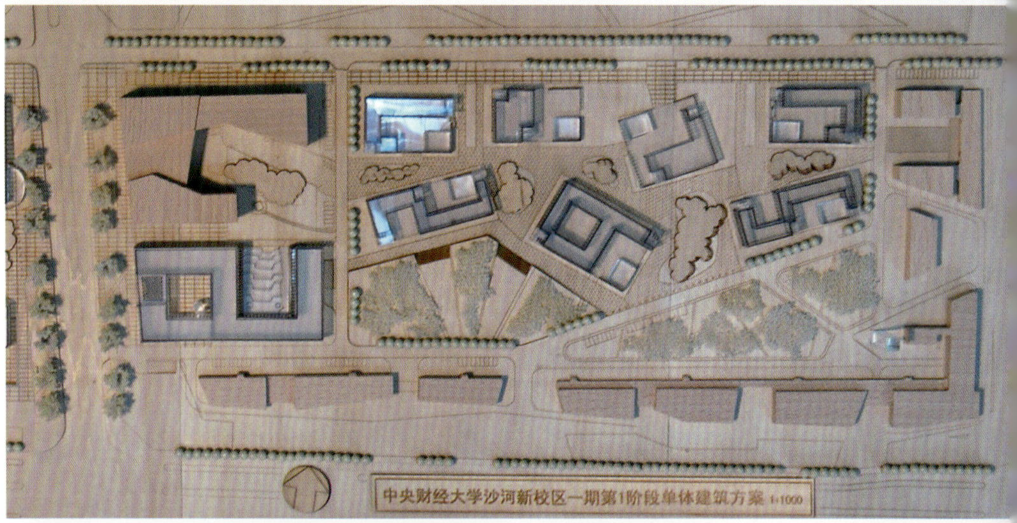

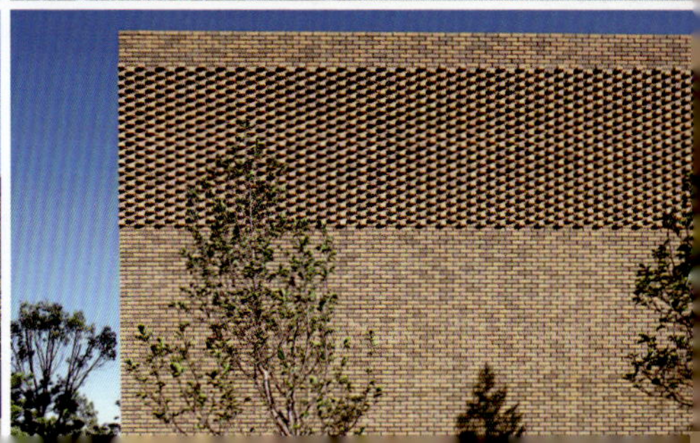

CHENGDU WOMEN AND CHILDREN ACTIVITY CENTER

成都妇女儿童中心

绿色生态的创作实践

成都妇女儿童活动中心面积4.6万平方米，高82米，内部空间复杂，造型独特。

项目业主：成都市妇联
用地面积：13 200平方米
设计时间：2007年

项目地点：四川 成都
建筑面积：46 000平方米
竣工时间：2012年

一、设计概念

（一）爱的双手

主体建筑造型隐喻母亲柔软的双手，托起未来的希望，象征全社会对妇女儿童事业的关注。内部功能包含大型儿童体验中心、儿童剧场、女性会馆、会议中心等。

（二）待放的芙蓉

建筑形态完整，线条流畅，如含苞待放的芙蓉花般晶莹剔透，优雅动人，体现女性主题的婉约、柔美、敏感、精致。工程采用开放式印刷图案玻璃，以经济合理的标准化建造模式塑造具有高科技现代感的时代建筑。

二、绿色生态

建筑外幕墙体系通过曲线的垂直龙骨作为母线形成联系曲面，采用开缝式印刷图案玻璃，形成双层表皮。主楼南北侧各有一个热拔风中庭，可以调节楼体气流循环，非常适合成都市春秋季漫长的气候特征，节省空调运行成本。景观绿坡最高点与主楼二层相连，种植屋面可进行雨水收集并调节室温。两侧的下沉庭院广场隔绝城市噪声，降低能耗。基于“本土、低耗、精细化”的理念，探索应用共享设计理论，拓展了建筑的绿色内涵，创新使用了数值预测、信息管理、全生命周期等设计方法，充分体现对环境的尊重和对人文的关怀。妇儿中心大楼从节地、节水、节材、节能、空气品质和运营管理等方面进行系统集成，利用太阳能、自然通风、人工绿地、生态补偿、环保材料等多项绿色建筑技术，在节能环保的同时营造出具有人文气息的妇女儿童活动场所。

成都妇女儿童活动中心是成都市政府2010年为民办实事的十大公益项目之一，项目建成后，获得成都市委、市妇联嘉奖。

YULIN NEWS CENTER
榆林新闻中心
项目地点：陕西 榆林

CHINA SATELLITE COMMUNICATIONS CORPORATION BASE
中国卫星通讯总部基地

PINGDU MEDIA BUILDING
平度传媒大厦
项目地点：山东 平度

MIANYANG TV CENTER
绵阳电视台
项目地点：四川 绵阳

ARCHITECTS

YANS 杨昕建筑师工作室 Architects

杨昕

职称：教授级高级工程师/国家一级注册建筑师
职务：大连市建筑设计研究院有限公司/副总建筑师
杨昕建筑师工作室/主任

工作经历

1992年 毕业于沈阳建筑工程学院建筑系建筑学专业
1992—1996年 先后在大连市建筑科学研究设计院、深圳三木子设计技术有限公司工作
1996年至今 大连市建筑设计研究院有限公司
2013年3月 成立杨昕建筑师工作室

主要作品

沈阳铁西万达广场
沈阳万达广场（太原街一期）改造项目
沈阳奥体万达广场
抚顺万达广场
营口万达广场
盘锦大商城市广场
抚顺恒大广场
烟台喜来登大酒店
荣获2012年全国工程建设项目优秀设计二等奖
辽宁省优二等奖
河南发展大厦
荣获2008年全国民营企业华彩奖银奖
2009年全国优秀工程勘察设计行业奖建筑工程三等奖
大连人民广场总体环境改造
荣获辽宁省优秀工程设计三等奖
铁西万达广场
荣获辽宁省优秀工程设计三等奖

个人荣誉

2008年大连市优秀勘察设计师
2009年辽宁省优秀青年建筑师
2013年中国建筑学会青年建筑师奖

地址：大连市西岗区胜利路102号
邮编：116021
电话：0411-84317216
传真：0411-88859381
电子邮箱：yangxinstudio@163.com

杨昕建筑师工作室是隶属于大连市建筑设计研究院有限公司的建筑设计工作室，是一支高素质、年轻化、富有战斗力的设计团队。工作室由第九届中国建筑学会青年建筑师奖获得者杨昕组建，依托总院雄厚的技术支持，所承接项目常具有一定挑战性。设计质量管理严格，竭诚地为甲方服务。工作室以建筑方案创作为主，承接以商业、文化旅游、酒店、别墅及精品住宅为主的设计项目。对建筑市场进行细分，力求做细做精，走专业化道路。工作室凝聚力强，富有活力，鼓励个人和公司同步发展。在设计中强调理论与实践相结合、研究与创新共发展。我们以创作高标准、高品质的建筑为目标。

FUSHUN QINGYUAN YIHE SQUARE

抚顺清原易和广场

项目业主：大连易和房地产集团有限公司
项目地点：辽宁 抚顺
建筑面积：90 000平方米
建筑功能：城市综合体
设计时间：2013年
设计单位：大连市建筑设计研究院有限公司
杨昕建筑师工作室
主创设计：杨昕、隋浩、张鑫垚

易和广场综合体项目作为抚顺市清原县中心复兴的重要节点，在设计中考虑使用一系列的地域文化和历史元素来激活城市街区，创造抚顺清原独特的建筑群体，并为当地和游客提供特殊的购物和休闲体验。

本案的设计以清原当地红河谷漂流为蓝本，结合清原的自然元素，采用流畅自然的曲线应用在室外商业步行街的形态设计中，致力打造一个清原所特有的城市广场；为进一步增强本案的地标性及商业氛围，在项目立面及屋顶的比例、尺度、材料、色彩、广告位等方面，进行了多种设计尝试。易和广场的落成必然会对清原以及清原的生活带来诸多改变，它的设计同时也是对城市面貌、城市生活的再创造，为往来的人们提供了一种崭新的空间体验。

DALIAN JINSHI WANDA INTERNATIONAL RESORT SCHEME

大连金石万达国际度假区方案

项目业主：大连金石文化旅游投资有限公司
项目地点：大连
建筑面积：480 000平方米
建筑功能：商业综合体
设计时间：2013年
设计单位：大连市建筑设计研究院有限公司
杨昕建筑师工作室
主创设计：杨昕、隋浩、张鑫垚

大连金石万达国际度假区作为万达集团旅游文化地产的又一力作，全力打造文化旅游特色，作品以法国安纳西小镇为蓝本，创造丰富多彩的宛若童话古堡般的异国风情商业空间及休闲度假情趣的城堡式居住环境。结合万达影视基地的总体规划思想完善与扩充了影视主题相关内容。

SHERATON HOTEL YANTAI

烟台喜来登大酒店

项目业主：烟台海滨置业有限公司
项目地点：山东 烟台
用地面积：37 400平方米
建筑面积：63 630 平方米
建筑功能：度假酒店、商务会议
设计时间：2008—2009年
竣工时间：2012年
设计单位：大连市建筑设计研究院有限公司
主创设计：杨昕、王书信、王瑞
获奖情况：全国工程建设项目优秀设计成果二等奖
　　　　　辽宁省优秀工程勘察设计二等奖

项目位于烟台市经济技术开发区秦山路与滨海路交会处，是集度假休闲及商务会议等功能为一体的综合性高档五星级海景酒店。

酒店动线设计遵循“以人为本”的设计思想结合海景建筑的特点，突出海的主题。以营造高品质的环境为目标，精心塑造生动和谐的酒店建筑群体与开放空间，构筑优美、舒适的绿化环境，安排亲切宜人的游客休闲活动场所，配置完善的服务设施，强化海滩度假的气氛，以满足游客对物质与精神的高度需求。

HENAN INVESTMENT BUILDING

河南省投资大厦

项目业主：河南天地置业有限公司
用地面积：15 000平方米
建筑功能：度假酒店、商务会议
竣工时间：2007年
主创设计：杨昕、迟旭辉、田斌
获奖情况：2009年 荣获中国勘察设计协会颁发的民营企业华彩奖银奖
2009年 荣获全国优秀工程勘察设计行业奖建筑工程三等奖
2008年 荣获辽宁省优秀工程勘察设计三等奖

项目地点：河南 郑州
建筑面积：98 000平方米
设计时间：1999—2001年
设计单位：大连市建筑设计研究院有限公司

由于项目基地狭长，设计方案将建筑主体中两栋塔楼通过架空楼相连并退后的处理，减少对城市街道的压力，形成缓冲空间，进而解决人流疏散的问题。

总体布局将板式高层尽量后退，做较开敞式广场，广场左右分别做喷泉流水和斜坡绿化，一动一静，使入口广场具有很好的景观，同时也使建筑更具亲和性。方案以塔楼、板楼、群楼三大体块有机组合，采用色彩统一的石材饰面强调庄重、雄伟的气势。通过母体和设计手法的一致性，产生视觉上和精神上的震撼。

板楼高层采用大门的造型，打破了板楼的沉闷气氛，创造了新的城市景观。尊重地方文脉：建筑造型力求简洁有力的几何特征及稳重坚固的建筑形象。立面处理吸取传统建筑的灵感，“宝石窗”的节点细部既现代，又表达了对传统的尊重，使简洁的立面在平实中更具与众不同的特色。传统与现代在此找到了最佳契合点。

SHENYANG TIEXI WANDA PLAZA

沈阳铁西万达广场

项目业主：沈阳万达广场有限公司
项目地点：辽宁 沈阳
建筑面积：330 000平方米
建筑功能：城市综合体
设计时间：2008年
竣工时间：2010年
设计单位：大连市建筑设计研究院有限公司
主创设计：杨昕、王瑞、宋言
获奖情况：2011年辽宁省优秀工程勘察设计三等奖

项目位于沈阳市铁西区沈辽中路、兴华南街、景星南街围合地块内。周围交通便利，人流、车流量较大，是沈阳市规划中的商业核心区。沈阳铁西万达广场作为万达集团在全国开发的第三代综合购物中心之一，方案设计重点体现万达集团的企业特点，迎合业主经营理念，坚持“以人为本”的设计思想。沈阳铁西万达广场大商业部分以东西贯穿的3层高精品步行街为纽带串联娱乐楼、时尚楼、百货3个主力点单体，在娱乐楼、时尚楼、百货上分布4栋点式100米以下的高层公寓楼，用高大的建筑体量彰显沈阳铁西万达广场的规模，树立沿街形象。沈阳铁西万达广场是集休闲、娱乐、餐饮、居住及办公于一体的大型商业综合体。

SHIJIAZHUANG XINYUAN INTERNATIONAL FORTUNE CENTER SOLUTION

石家庄新源国际财富中心方案

项目业主：新源国际控股集团有限公司
建筑面积：220 000平方米
设计时间：2008年
主创设计：杨昕、王瑞、宋言

项目地点：河北 石家庄
建筑功能：城市综合体
设计单位：大连市建筑设计研究院有限公司

新源国际财富中心位于石家庄市商业中心地带，是引领全市现代潮流的先锋，因此它的形象力图展现时代特征和反映现代城市飞速发展的物质文化生活以及市民对流行元素的追求和对现代居住方式与购物方式的适应。财富中心在形体上以两栋板式高层公寓和一栋回迁公寓为制高点。3栋公寓在高度和立面形象上相互呼应，三者围合成一定的空间使裙房上的形体不显得单薄，适度的距离有助于在各个方位展现其各自的形体特征，又能显示出一种空间上的均衡。位于商业入口处的椭圆体共享空间的自然采光，是财富中心的视觉中心，是主要集散点和形象展示中心，在形态上与3栋公寓形成一定反差，突显了财富中心的灵活空间与丰富形象。室内步行街流线呈“L”形布局，平行于两条城市干道大经街和中山东路，有利于吸引并组织来自南三条市场等繁华街道和街区汇聚的人流，使整个区域的商业氛围得到有效的延续。财富中心是集超市、百货、专卖店、餐饮、娱乐、健身、影城和公寓于一体的城市综合体。

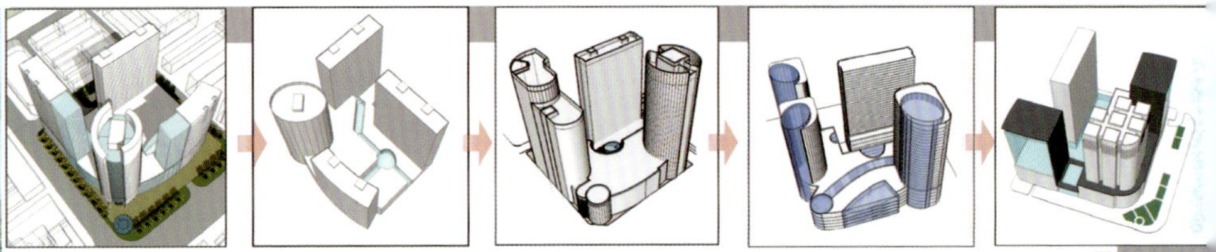

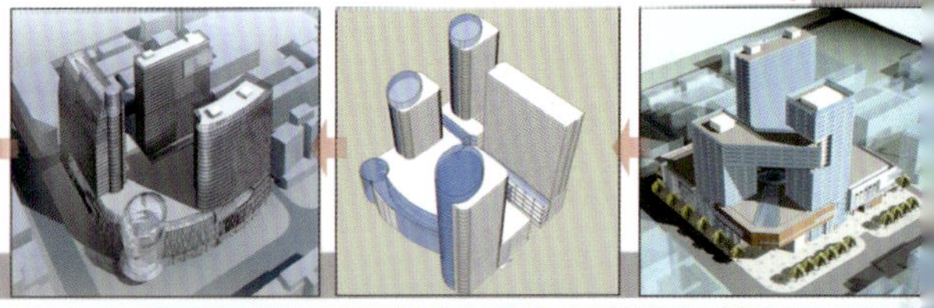

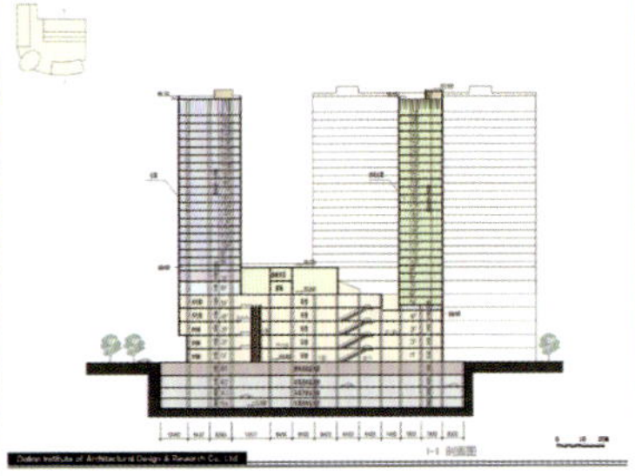

欧地国际设计

杨卫青

出生年月：1978年10月
职　　务：董事/经理
职　　称：国家一级注册建筑师

教育背景
1997年9月—2002年6月　重庆建筑大学/建筑学学士学位

工作经历
2002年7月—2007年7月　四川省建筑设计院上海分院
2007年7月至今　欧地国际设计

主要作品
上海浦东新闻大楼
江西上饶某建筑
海南海口三清大厦
上海练塘镇卫生服务中心
江苏淮安深圳路小区
上海洋泾卫生院
连云港日出东方小区
广西柳州河东综合办公楼
老挝花园别墅区项目
河北秦皇岛滨海城
上海施湾中学
上海水产大学体育馆
上海罗店中学
上海黄埔某地块小区
呼和浩特天河大厦
新疆哈密科技馆
江苏淮安维多利亚住宅项目

综合评价
现任欧地国际设计董事经理一职，曾在多个重大设计项目中担任主要负责人，拥有丰富的项目沟通、协调以及总体管理经验。特别对人居环境、校园建筑有深入的研究和丰富的项目经验。

郭可

出生年月：1978年6月
职　　务：董事/总监
职　　称：国家一级注册建筑师

教育背景
1997年9月—2002年6月　重庆建筑大学/建筑学学士学位

工作经历
2002年7月—2007年7月　上海市建筑设计研究院有限公司
2007年7月至今　欧地国际设计

主要作品
上海公共卫生中心
上海金怡别墅区项目
上海松江大学城体育场
包头体育中心体育场
广西柳州观瀑广场
老挝花园别墅区项目
浙江医院
广西柳州天江丽都住宅项目
广西柳州城市风貌改造项目
河北通州中国欧盟国际交流中心
福州大学城体育馆
上海金山体育场
广西柳州河东综合办公楼
洛阳第一高级中学新建校区
上海杨树浦路交通枢纽站
河北石家庄富丽湾住宅项目

综合评价
现为欧地国际设计合伙人。2002年于重庆建筑大学获得建筑学学士学位，毕业后加入欧地国际设计前一直在上海现代设计集团，上海建筑设计研究院有限公司工作，参与和主持了数十项重要的设计项目，具有丰富的设计管理和实际工程经验。2007年加入欧地国际，成为主要的合伙人及项目总监，负责项目的总协调、项目管理及整体质量控制等工作。

戴志拥

出生年月：1978年09月
职　　称：国家一级注册规划师

教育背景
1997年9月—2002年6月　重庆大学城市规划专业毕业

工作经历
2002年7月—2007年7月　华东建筑设计研究院有限公司
现代设计集团规划建筑设计院
2007年7月至今　欧地国际设计

主要作品
宁波东钱湖云龙小康居住区规划设计
武汉世茂规划方案设计
山东东营科达居住区规划设计
上海万里居住区控制性详细规划
上海浦东世纪花园小区设计
上海交大闵行校区控制性详细规划
北京CBD国际竞赛
武汉国际会展中心可行性研究报告和总体规划

综合评价
现任欧地国际设计董事经理一职，曾在多个重大设计项目中担任主要负责人，拥有丰富的项目沟通、协调以及总体管理经验。特别对人居环境，城市功能规划，大型交通建筑有深入的研究和丰富的项目经验。

公司总部
地址：上海浦东潍坊路357号2楼
电话：021-58307700
传真：021-20222906
电子邮箱：od_sh@163.com

北京办事处
地址：朝阳区朝阳北路102号1005室
电话：010-85790180
传真：010-85790180

欧地国际设计由英国欧地建筑设计有限公司（UK Origin & Dimension Architecture Design Co.,Ltd）于2003年在上海创建。机构以上海欧地建筑设计有限公司为运作平台，服务范围涵盖“建筑、规划、景观、室内设计和项目策划、管理、咨询等。

欧地国际设计秉承“品质、创新、服务”的理念，为客户提供最佳服务，创造最大价值。公司可提供各种规模、各种类型的建筑设计、城市规划设计、园林景观设计、室内设计和项目策划咨询等服务。高端的品质、创新的理念、全过程的服务为欧地国际设计赢得了广泛赞誉。

欧地国际设计拥有资深外籍设计师，国家注册建筑师、规划师、结构工程师、机电工程师、造价师等一大批的技术骨干，专业配备齐全，技术力量雄厚。

欧地国际设计全体同人将一如既往地开拓进取，执着追求，创新探索。为城市建造精品，为客户创造价值。始终将品质放在设计的第一位，以专业化的服务精神满足客户的合理需求，以对城市发展高度负责的态度面对每一个项目。

CHINA SOURCE ECOLOGICAL RESIDENTIAL AREA, HUAIHUA

怀化中华源生态住宅区

项目业主：怀化天成房地产开发有限公司
项目地点：湖南 怀化
建筑功能：住宅
用地面积：150 700平方米
建筑面积：150 457平方米
项目状态：在建
设计单位：欧地国际设计
设计团队：郭可、杨卫青、戴志拥

一、中华源的文化属性

设计追求中国传统居住文化精髓，同时吸纳西式别墅的起居特点，创制真正属于中国人的中式别墅庭院生活。

二、独立的中国精神

能够从怀化众多洋风别墅潮流中推出真正意义的中国别墅，中华源凭借的不仅仅是充满中国传统建筑韵味的建筑本身，更重要的是对市场同行有醍醐灌顶般的独立启蒙精神。

中华源所引领的不单是中式风格浪潮的兴起，也不仅仅是复古和怀旧心理回光返照，而是在中国全球地位的不断提高，政治、经济、外交特别是文化都已经足够自信的语境中，人居建筑艺术和很多中国文化元素一起，向世界开放话语权的集体体现。

三、荆楚文化

怀化地处古荆楚之地，而荆楚文化是周代至春秋时期在江汉流域兴起的一种地域文化。荆楚文化是中华民族文化的重要组成部分，她源远流长，博大精深，具有鲜明的地域特色和巨大的经济文化开发价值。中华源继承灿烂的中华文化，同时也兼具荆楚地域文化。

总平面图

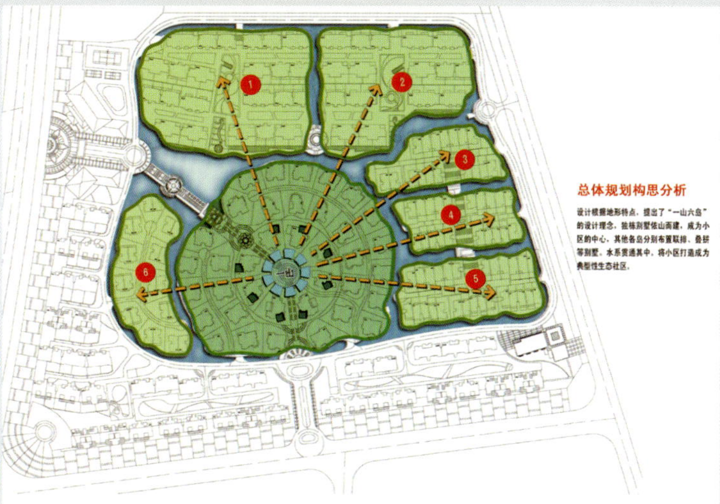

构思分析图（一）

构思分析图（二）

现状分析

基地西侧中兴大道是城市主要交通道路，是连接怀化最主要的道路。主要的车流和人流会从这个方向到达，是基地主要的沿街面。基地南侧武陵城路是连接县政府的道路，距县政府较近，交通非常便捷。

基地内部有一棵高30米左右的老槐树，是基地无可复制的标志性景观。

基地中部有一条小溪穿越而过，水质清澈见底，是非常好的得天独厚的景观条件。

基地高差很大，最大高差达20米左右。城市道路高出基地最大处为5米左右。

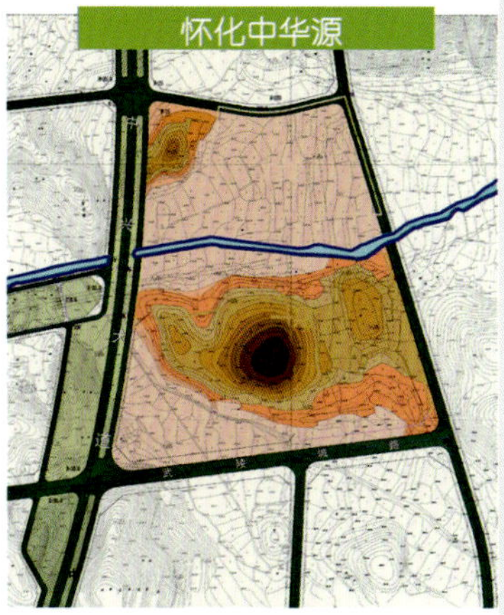

地段分析

基地位于县政府北侧，紧临城市主要交通道路，拥有良好的交通条件、良好的地理位置和优良的发展前景。规划主要用作建设高端生态化居住社区，并配套沿街商业。

项目定位

该项目规划居住用地约为150 000平方米，规划将建设成为一个低密度、交通便捷、环境优美、设备、生活诗意的高端生态居住社区。

01 主入口广场
02 入口雕塑水景
03 景观跌水
04 门房间
05 林荫大道
06 喷泉水景
07 亲水平台
08 会所游泳池
09 网球场
10 凌波桥
11 景观水帘
12 水景喷泉
13 跌水台阶
14 小涌泉
15 景观草坪
16 濯缨水阁
17 汀步
18 台阶
19 小广场
20 弧形台阶
21 樱花树阵
22 次入口
23 榉树树阵
24 木平台
25 特色廊架
26 特色喷泉
27 木栈道
28 特色景观墙
29 临水平台
30 榉树树阵
31 特色景亭
32 休闲空间
33 琴棋天地

四、规划特色

“一山六岛观天下”。

中国的儒家文化有“修身济世”的理想，退而修身，进而济世，拥有着睥睨天下的豪情。本规划最大的特色即是“一山六岛”的规划格局，这个设计基于项目用地本身的特色——山水相依。同时“一山六岛”的创意也来自于易经中的“天一生水，地六成之”。规划依山而成，顺势而为，不改变而适应环境。它是历来名仕追求生活品质的体现。

五、风水建筑

“山水翕集，四势团近有情，而真穴必居包裹拥从之中，所谓藏风聚气者也。”（《人子须知》）

理想的宅地应“藏风聚气”。“风水之法，得水为上”，“吉地不可无水”。中华源撷取传统风水学说的精髓，让总体布局与自然更加和谐融合。

六、庭院的空间

建筑美学原则与建筑形态、崇尚天人合一的精神、重视环境与建筑的交融、崇尚自然美与人性文化所演绎的悟性共鸣等特质均成为中华源建筑着重把握的方向。从总体而言，庭院是中式建筑中最具有价值的部分。

院落是中国风水上所谓“藏风聚气”的理念所在，表达了中国人更为含蓄内敛的性格取向。在整个社区的环境、氛围方面，花园环境设计借鉴中国传统园林的手法和意境，吸收传统园林的诗情画意，因借巧循，不拘泥于形式，改造风水，再造自然；符合南方特色，无一景无典故，无一字无出处。充分体现中国景观艺术“小中见大”的意境，可谓是“移天缩地入君怀”。

七、结束语

没有文明作为依托的建筑，无非是跟风式应景，终究在岁月的淘洗中变得苍白无力。实际上建筑常常因以文明为背景，才有机会写进人类历史的教科书。

如斯，则中华源之寻寻觅觅的本土高端人居建筑，像极王国维形容做学问的第三重境界：暮然回首，那人却在灯火阑珊处。

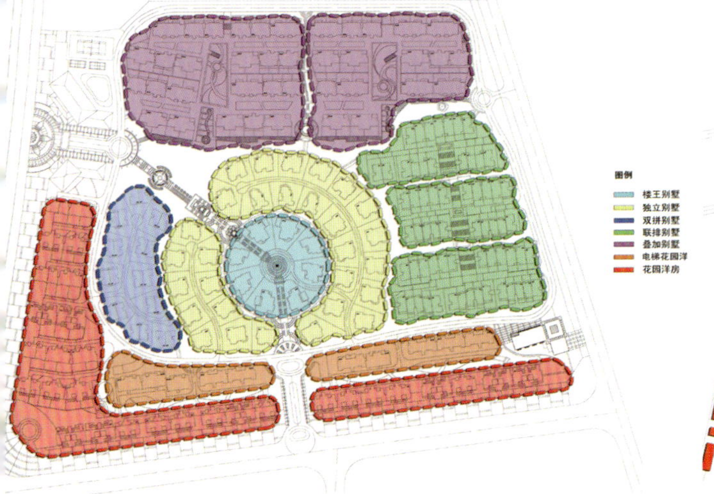

功能结构分析图

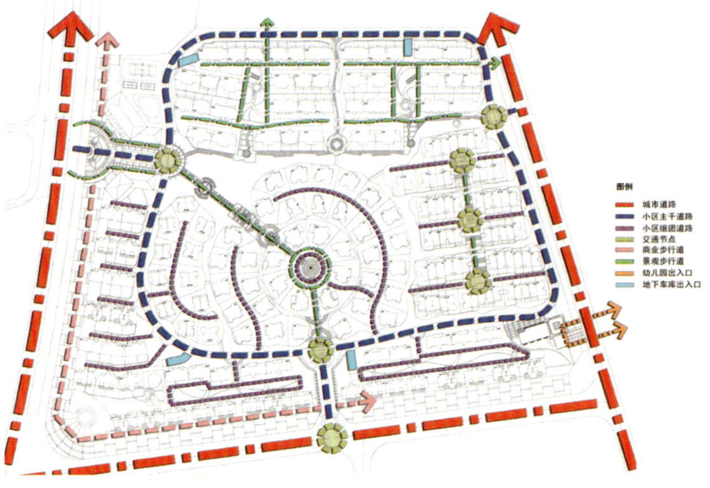

道路交通分析图

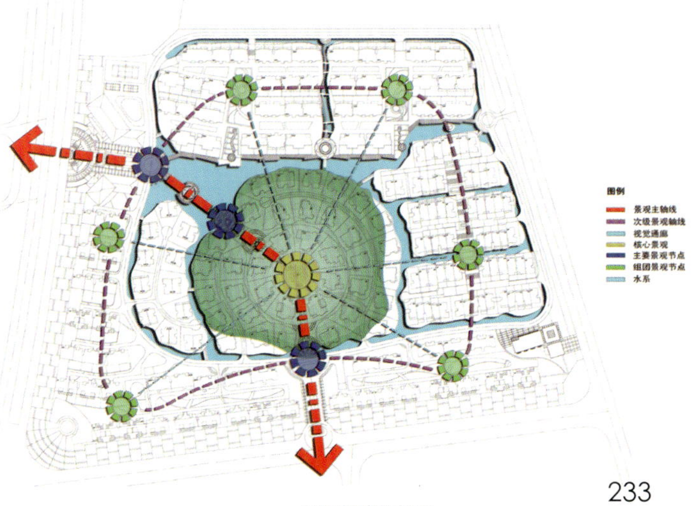

景观视线分析图

SHANGRAO CITY AN OFFICE BUILDING

上饶市某办公楼

项目地点：江西 上饶
建筑功能：办公
用地面积：43 134平方米
建筑面积：39 802平方米
项目状态：在建
设计单位：欧地国际设计
设计团队：郭可、杨卫青、戴志拥

该办公楼属于上饶市重点建设项目，位于江西省上饶市广信大道东侧，南临园东路，北接康体大道，地段优越，交通便利。

建筑师根据办公功能及业务特点的需要，设计为一栋综合办公楼和一栋附属办公楼，综合办公楼是由八栋业务办公楼和一栋行政办公楼按照院落的形式穿插围合而成。整体造型气势恢宏如山，细部处理柔和细腻，使其大气磅礴中更添人为关怀。

在整体设计中，以平面为切入点来分析布置建筑的平面，进而确定建筑的体量关系和空间布局，使方案整体感更趋合理。景观方面，以江南园林风格为主要手法，在空间上以庭院及屋顶为依托，进行景观主题划分。打造全方位，立体景观的生态节能建筑。

建筑是文化的载体，该项目在设计的初始就考虑体现上饶的地域文化特色。建筑师总结了典型的传统中国建筑文化，并选取了典型的符号加以提炼，从建筑布局到装门面风格都完整地体现了文化特色，使建筑脱离了单纯的功能性，而成为具有丰富文化内涵的建筑。

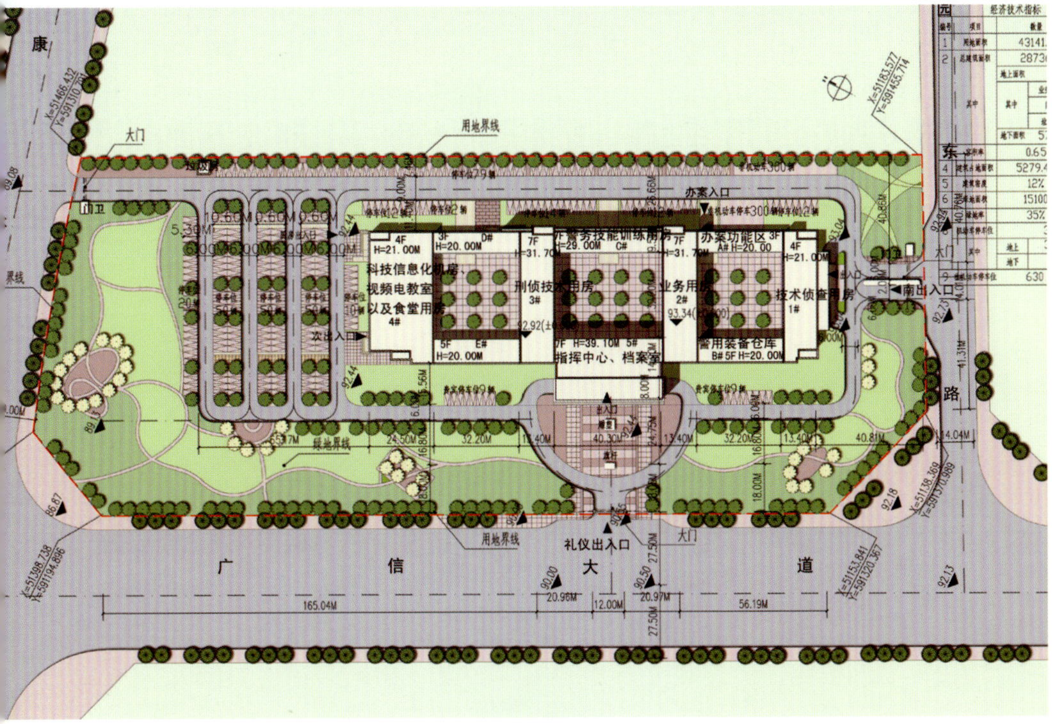

总平面图

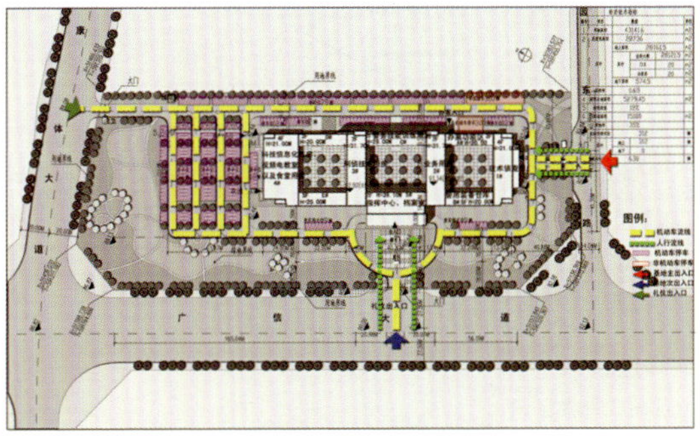

交通流线分析图

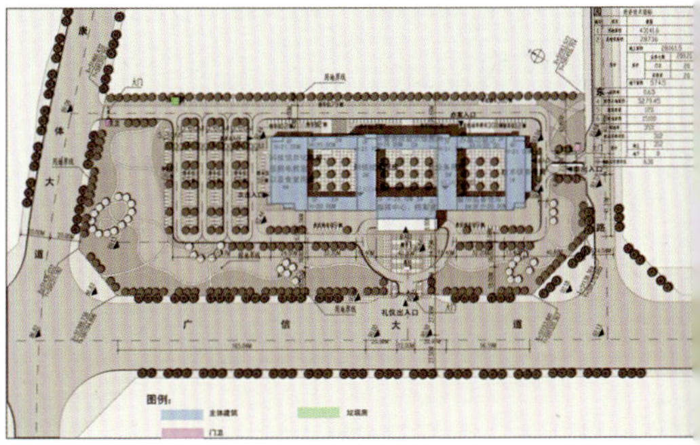

景观分析图

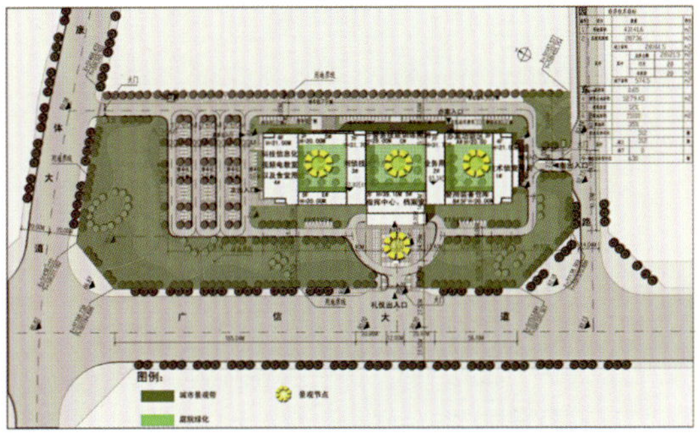

景观分析图

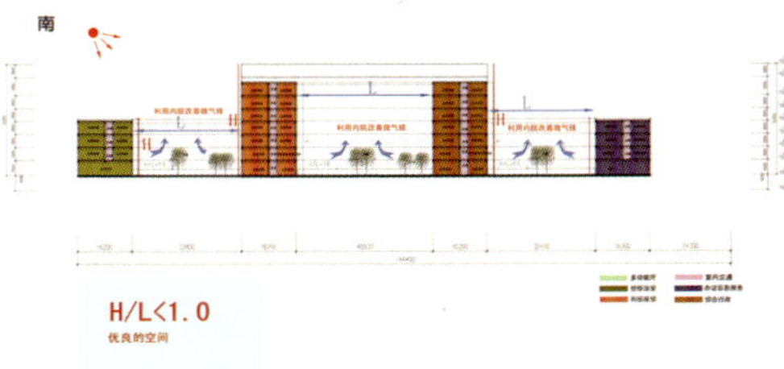

空间分析图

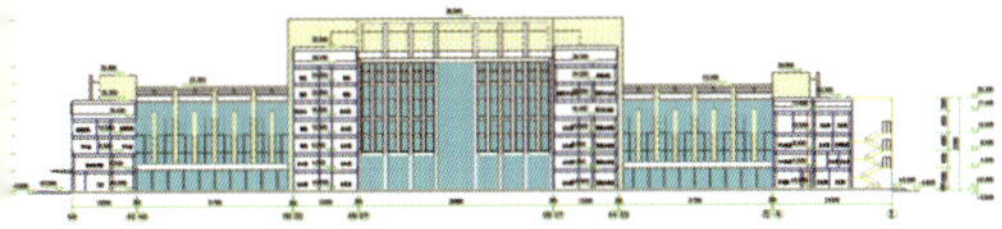

剖面图

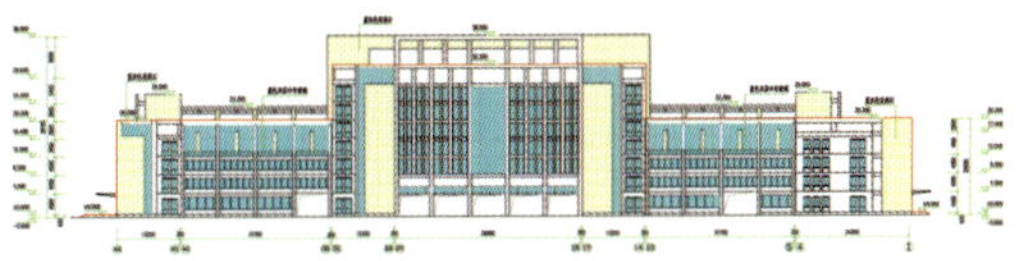

立面图

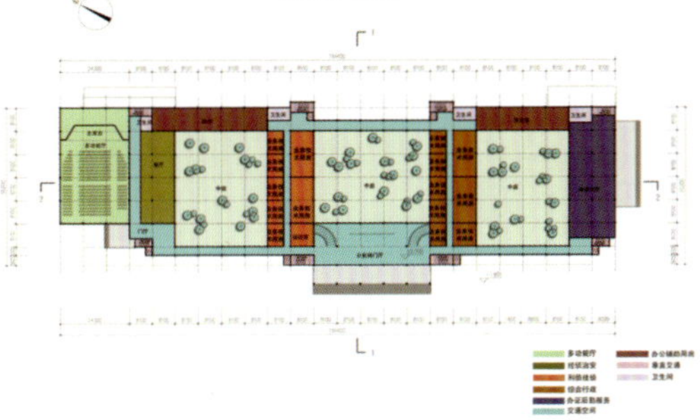

一层平面图

二层平面图

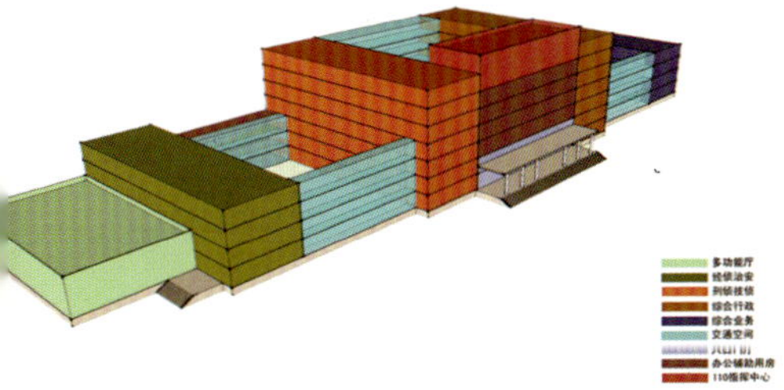

功能分析图（一）

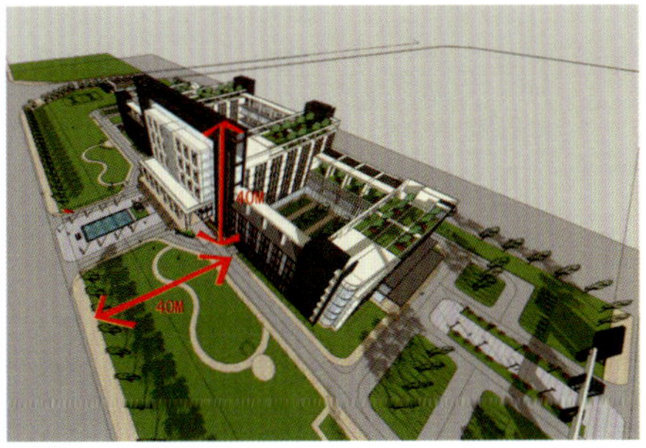

主入口到建筑的距离为40米，建筑高度40米左右，合适的入口广场更有利于突出建筑的形象

功能分析图（二）

限制条件：

基地南北长，东西窄，不利于建筑对日照的充分利用。

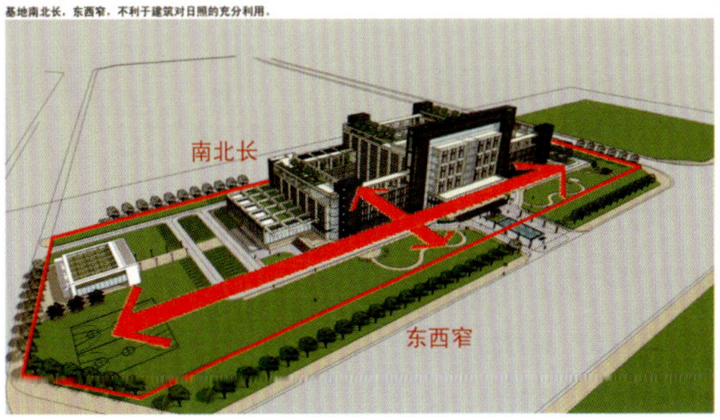

设计分析图（一）

解决办法：

整座建筑由四栋南北朝向的楼围合成三个庭院，主要业务办公用房南北朝向，会以及办公辅助用房位于东西向，既和基地实现了完美的融合，又充分的利用了日照。

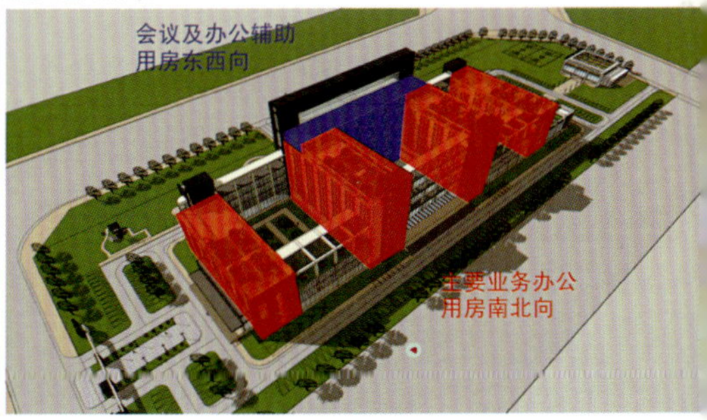

设计分析图（二）

GREEN FIELDS AND BLUE MOUNTAIN VILLA, SHIJIAZHUANG

石家庄绿野蓝山别墅区

项目业主：河北石家庄高远地产
项目地点：河北 石家庄
建筑功能：别墅、休闲
用地面积：239 309平方米
建筑面积：258 800平方米
项目状态：在建
设计单位：欧地国际设计
设计团队：郭可、杨卫青、戴志拥

绿野蓝山高档别墅社区位于石家庄市鹿泉市辛庄，项目以山地建筑为主，将规划建设为集居住、养老、康体、创意、休闲等功能于一体的大型综合社区。以农业旅游观光为发展导向，以自然生态第一居所、绿色康体养老为主线并结合当地农业特色发展农业旅游观光。

这是一个因山而诞生的建筑，它和山中茂密的树林一样是会呼吸的生命体，拥有适应山势而进化出来的体型，拥有和周边生态景观密不可分的关系。建筑师通过实地考察，充分研究分析建设用地内及周边近、远景环境，从两个方面做了考虑。

1. 将建筑融入自然。就是把建筑纳入与环境相通的循环体系，从而更经济有效地利用资源，使建筑成为生态系统的元素，尽量减少对自然景观、山石、水体的破坏，使自然成为建筑的一部分。

2. 将自然引入建筑，运用技术手段，促进生态建筑化，人工环境自然化。通过设置数个中庭和内院再现自然，运用生态技术，将植物、水体等自然景观引入建筑内部，使生态观念深入到建筑的细节；同时将大量面向大学城和高尔夫球场的落地玻璃引入自然，餐厅和客房甚至用出挑的方式伸出来，形成270度远景视野，使周边生态景观得到充分利用。

图例：

1 宅间绿地
2 儿童活动区
3 宅间休息平台
4 交通景观带
5 健身广场
6 生态小广场
7 交通景观岛
8 健身休息区
9 休息平台
10 休息廊架
11 景观亭
12 景观花架
13 生态绿地
14 休息活动平台
15 景观绿地
16 洋房景观绿地
17 地下车库入口

中联环设计
UA DESIGN

张兵

出生时间：1967年
职　　务：董事
《建筑技艺》/理事
北京勘察设计民营工作委员会/委员
全国房地产设计联盟/委员
职　　称：高级建筑师/国家一级注册建筑师

教育背景
1991年 天津大学/建筑系学士
2003年 清华大学/建筑系硕士

工作经历
1999至今 北京中联环建文建筑设计有限公司

主要作品
外交部—中国驻阿曼使馆新建馆舍工程
宁夏国家开发银行
万科—天津东丽湖邻里中心及联排别墅
华润—翡翠城三期、四期
华润—红山世家
外交部—和谐雅园
华侨城—天津华明家园
天津佛罗伦萨小镇
华润—中央公园
宁夏沙湖假日酒店
三亚马兰花假日饭店

张维

出生时间：1980年
职　　务：总设计师
职　　称：国家一级注册建筑师

教育背景
2005年 清华大学/建筑系硕士学位

工作经历
2005年至今 北京中联环建文建筑设计有限公司

主要作品
外交部—和谐雅园
华润—北京橡树湾三、四、五期
华润—唐山橡树湾
海亮—宁夏海亮国际社区
海亮—山东济宁海亮公馆
海亮—兰州滨河壹号
海亮—内蒙海亮广场
京御—潮白河孔雀城（潮白河大卫城）
京御—固安牛驼温泉项目

张翠珍

出生时间：1966年
职　　务：总建筑师
职　　称：国家一级注册建筑师

教育背景
1989年 哈尔滨建筑工程学院/学士学位

工作经历
1999至今 北京中联环建文建筑设计有限公司

主要作品
中直—永泰庄居住区
外交部—外交部青年路职工住宅
外交部—和谐雅园
华侨城—天津华明家园
华润—翡翠城三期、四期
华润—红山世家
华润—唐山橡树湾
华润—密云希望小镇
北辰—奥运媒体村
伊泰—曹妃甸伊泰广场一期

朱昀

出生时间：1973年
职　　务：建筑师
职　　称：国家一级注册建筑师

教育背景
1996年 南京建筑工程学院/学士学位

工作经历
1999年至今 北京中联环建文建筑设计有限公司

主要作品
外交部—中国驻阿曼使馆新建馆舍工程
外交部—第三使馆区联排别墅A区
万科—天津东丽湖邻里中心及联排别墅
宁夏金沙湾农业生态园观光园接待宾馆
和成—长白山红松溪谷项目
华润—门头沟润西山项目
华润—唐山橡树湾会所
华润—红山世家
天津佛罗伦萨小镇
三亚马兰花假日酒店

地址：北京市北三环西路甲18号中坤广场E座6~7F
电话：010-82115988
传真：010-82114632
网址：www.uadesign.cn
电子邮箱：bcue01@vip.sina.com

北京中联环建文建筑设计有限公司成立于2000年1月31日，拥有建筑工程设计甲级、规划设计甲级、风景园林设计乙级和旅游规划设计乙级资质，是以北京为中心、覆盖全国的大型规划品牌建筑设计机构。公司拥有国家一级注册建筑师、国家一级注册结构工程师、国家注册城市规划师、国家注册机电设备工程师、博士、硕士和高级建筑师（含教授级）、高级工程师（含教授级）等众多专业人才。在项目前期可行性研究与策划、城市规划与城市设计、居住区规划与居住建筑设计、大型公共建筑设计、大学校园规划与学校建筑设计、养老养生住区、保障性住房、新农村建设、风景园林与环境艺术设计、城市导向系统及夜景照明设计、室内装饰装修设计以及工程咨询与项目管理等领域都有着骄人的业绩。

CR LAND(BEIJING), POSITANO VITA, COMMUNITY CENTER

华润（北京）—都兰堡（润西山会所）

项目业主：华润置地
项目地点：北京
建筑功能：休闲、度假、会所
建筑面积：6 764平方米
设计时间：2010年
项目状态：建成
设计单位：北京中联环建文建筑设计有限公司
设计团队：张兵、张翠珍、朱昀、王岩、夏澍霖、王尧等

由华润置地开发的润西山住宅区位于门头沟冯村，项目依山而建，由于整个项目涵盖的产品类型跨度很大，从两限房、高层、小高层商品房到花园洋房、叠拼、联排别墅均包含在其中，采用西班牙风格的建筑外观能够很自然地把多种类型产品很好地统一在一起，使中端产品在控制造价的前提下仍可利用一些装饰手法使其精致，高端产品更可以将其高端品质打造的淋漓尽致。

城堡依山势而建，地形南北高差约12米。设计呈围合式，以主庭院为中心，以多种过渡方式串联起多个庭院。

AN APARTMENT

某公寓

项目地点：北京
建筑功能：联排、使馆办公、会所、商业、餐饮、公寓、5A级写字楼
建筑规模：A区联排别墅：16,000平方米
B北区：150 000平方米
B南区：108 000平方米
设计时间：A区联排别墅：2004年；B北区：2007年；B南区：2011年
项目状态：竣工
设计单位：北京中联环建文建筑设计有限公司
设计团队：张兵、朱昀、刘常青、张翠珍、何佚强、杨智红、马薇薇、王智、邹丽婷、李玉超等
获奖情况：2012年第九届精锐科学技术奖——建筑设计优秀奖

1. 项目地处东部燕莎商圈，建筑功能复杂多样，设计标准高，为5A级写字楼、会议中心，定制式商业和国际特色餐饮。

2. 设计总承包工程，不仅完成了规划设计、室内设计、景观设计、外线管网设计，还完成了幕墙方案、泛光方案、擦窗机方案的咨询工作。

3. 施工过程以鲁班奖标准进行并准备申报。

FATBURGER

SHAHU HOLIDAY HOTLE (PHASE IV, V)

沙湖假日酒店（4、5期）

项目业主：宁夏沙湖假日酒店
项目地点：宁夏 银川
建筑功能：酒店
建筑规模：33 000平方米（4期）　50 000平方米（5期）
设计时间：2006年（4期）　2011年（5期）
项目状态：竣工
设计单位：北京中联环建文建筑设计有限公司
设计团队：张兵、孙捷、邹丽婷、朱昀、夏澍霖、蔡凤金、佟华、董建伟等
获奖情况：2012年第九届精锐科学技术奖
——室内设计优秀奖

项目布局错落有致，功能合理。在靠近沙湖景区的主入口处，沿湖面布置了餐饮和会议等功能，用地内部沿湖的位置，一字排开，布置了5栋客房楼，面向湖面的客房尽享湖光美景，同时，5栋客房楼还围合成一个景观院落，院落内布置了大量的植物花卉，形成了花园式饭店的特点，用地的西北角，布置了后勤服务楼、员工宿舍等，使饭店的后勤服务及员工活动与客房完全分开。

建筑外观明快大方，体型高低呼应，变化丰富。采用了带有西式风格和少量伊斯兰风格的建筑语汇，从沙湖湖面上遥望整个建筑，和沙湖的主要景观非常协调，并给人以世外桃源，别具一格的感觉。

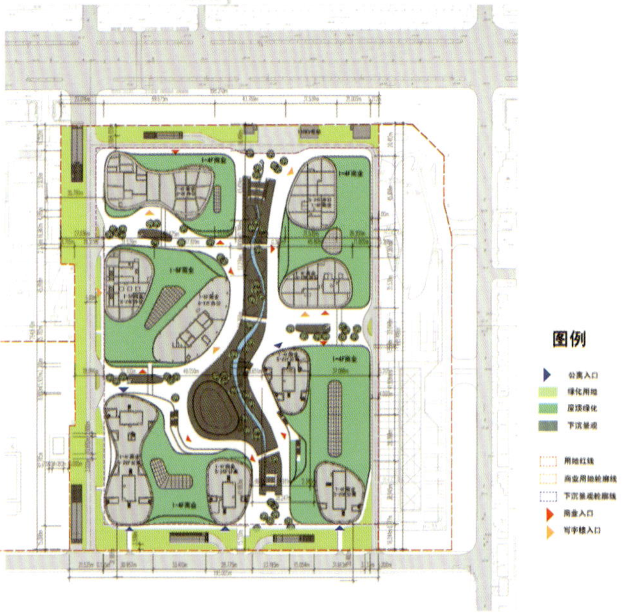

CHINA SOHO-SANLITUN SOHO

SOHO中国—三里屯SOHO

项目业主：北京搜候房地产有限责任公司
项目地点：北京
建筑功能：商业、写字楼、公寓
建筑建筑：480 000平方米
设计时间：2007年
项目状态：竣工
设计单位：北京中联环建文建筑设计有限公司
合作设计：中国电子工程设计院
设计团队：张兵、陆军、张翠珍、张玮、王尧、李凤宇等
获奖情况：2008年北京市住宅销售冠军

三里屯SOHO具有如下设计特点。

1. 浓缩型城市。三里屯SOHO由5个购物中心、9幢12~28层高的写字楼和公寓楼组成，旱冰场、带灯光的小河将5个购物中心串联起来，功能丰富，46万平方米的建筑让这里就像一个浓缩了的城市景观，在这种得天独厚的环境中三里屯SOHO将成为北京最聚人气的户外步行商业街区和休闲广场。

2. 建筑景观。三里屯SOHO采用了高层建筑形成景观的设计。贯通南北的下沉式步行街正是建筑群景观中的一个山谷，其中心部分小河潺潺，成为人们穿行的场所。

3. 外观——天然的质感。通过颜色、大小等配置各异的板材将建筑物整个覆盖起来，三里屯SOHO的外观形成了如同被树叶覆盖住的森林风景。

4. 5个裙楼——5种氛围。项目的5个商业内部空间以其各自的中庭为中心，中庭采光天窗使地下一层至商业顶层洒满阳光，千姿百态的商铺通过中庭共享其空间的融合、交流、互动。

ARCHITECTS

PDG INTERNATIONAL
PAN-PACIFIC DESIGN GROUP LTD.(CANADA)

张淳崴

全球华人建筑师协会会员
英皇建筑师协会员
建筑学硕士学位

1979—1983年就读于南京工学院（现东南大学）建筑系，获学士学位，而后在南京工学院建筑研究所师从齐康教授学习城市设计方向，参与完成的《城市化与城市设计》科研课题获国家科技进步二等奖。

1986年 硕士毕业后，在华东建筑设计研究院担任建筑师。
1992年 移民加拿大，考察各国优秀设计作品，并吸收北美现代建筑先进的设计理念。
1994年 在多伦多创立了泛太平洋设计集团有限公司（加拿大），选择了一条自我创业之路，并于同年在上海注册分公司，为中国多个项目设计提供咨询服务。通过对国内市场的不断探索和实践，积累了深厚的项目操作和管理经验。在学术和管理的研究上，张淳崴从未停止探索的脚步。
2002年 赴哈佛研究生院进修高级设计及管理课程，通过与不同的国际建筑事务所交流合作，学习先进的设计及管理理念。
2003年 进入中欧国际工商管理学院EMBA英文班学习。
从业至今，他多次受邀参加学术讨论活动，发表多篇主题演讲。

20多年的创作生涯，张淳崴先生带领他的团队依托国际化的背景，融会中西方文化，从尊重业主、尊重所处自然环境的角度，运用现代科学技术及新材料，因地制宜，挖掘建筑创作的任何机会，为业主及社会呈现具有个性化的作品。

主要作品
九寨天堂洲际大饭店
上海烟草集团科教中心（总部大楼）
成都国际会我议展览中心
成都世纪城洲际大饭店
贵州凯里苗乡侗寨大酒店
厦门帝元维多利亚酒店
上海外滩地区功能发展与综合交通规划

泛太平洋设计集团有限公司（加拿大）1994年成立于加拿大多伦多，并于1995年在上海成立设计分支机构。公司设计范围涵盖城市规划、建筑设计及景观设计，尤其在高端酒店、商务办公、商业及商业综合体、住宅方面完成了众多具有代表性的作品。

公司依托国际化背景，以国际化＋本土的专业化团队，形成自己的创作和服务特色。在创作过程中，公司全面认知项目的土地价值、开发定位、文脉延续、艺术感知及心理体验，以开放、理性和积极的姿态，去寻求创作中的每一个机会和最佳答案。公司还重视实施过程的技术控制和提升，逐步发展了一套适应于当代市场多样变化的服务体系。

公司于2001年1月成立上海泛太建筑设计有限公司，并于2005年9月成立上海泛巢建筑设计事务所（事务所甲级），于2012年9月控股上海名亭建筑设计有限公司（综合甲级）。

网址：www.ppddg.com
电子邮箱：ppddg@ppddg.com

加拿大温哥华
3403-1111 West Pender Street
Vancouver, BC, Canada V6E 2P4
Tel : 01-604-899 6216

中国上海
地址：上海市浦东张江伽利略路11号6单元
电话：021-31265800
传真：021-50814700

中国上海（松江）
地址：上海市松江区人民北路191号
电话：021-67720088
传真：021-67721622

中国成都
地址：成都市武侯区桐梓林北路2号凯莱帝景花园C座20F
电话：028-85267135
传真：028-85267137

中国武汉
地址：武汉市武昌区东湖西路湖北银行大厦B座20楼
电话：027-68785607
传真：027-68785710

SHANGHAI BUND AREA FUNCTIONAL DEVELOPMENT AND INTEGRATED TRANSPORT PLANNING

上海外滩地区功能发展与综合交通规划

项目业主：上海市建设和管理委员会科学技术委员会办公室
项目地点：上海
用地面积：3.14平方千米
设计时间：2004年
项目状态：竣工
主创设计：张淳威
设计单位：泛太平洋设计集团有限公司（加拿大）
合作设计：上海市工程设计研究院、茂盛（亚洲）工程顾问有限公司
获奖情况：外滩地区功能发展和综合交通规划方案设计第一名

人、社会、环境和谐相处以发掘历史文化内涵，带动地区全面复兴富有活力和魅力的中心城区。规划总体目标是协调外滩地区城市发展和交通需求的矛盾，提升城市功能，改善城市环境，实现地区的可持续性发展。

JIUZHAIGOU TIANTANG INTERCONTINENTAL HOTEL

九寨天堂洲际大饭店

项目业主：成都国际会展中心有限公司
项目地点：四川 九寨沟
用地面积：750 000 平方米
建筑面积：111 100 平方米
建筑功能：酒店
客房总数：1 200间
设计时间：2000年
项目状态：竣工
设计单位：泛太平洋设计集团有限公司（加拿大）
主创设计：张淳崴、戎俊强
获奖情况：2007年四川省优秀工程设计奖
2010年中国建设工程鲁班奖

项目处于九寨沟国家级风景区内，理应成为一个环保、生态建筑体。利用当代先进的建筑技术和材料，减少对原有生态系统的破坏，保持原有景区的风貌，并且构成一个轻盈、通透的建筑形态，使它宛如自然而生，飘浮在林中，成为人与自然的交流空间。基于这样的考虑并结合功能特征，我们认为建筑应当以一种平和的姿态面对周边环境，应当充分体现对周边生态的尊重与关爱。因此，我们以一种自然过渡的方式将环境延伸入建筑，尽可能地保护树木及自然地貌，用透明构筑物围合成建筑的内部空间，用膜结构塑造轻灵的建筑体态。

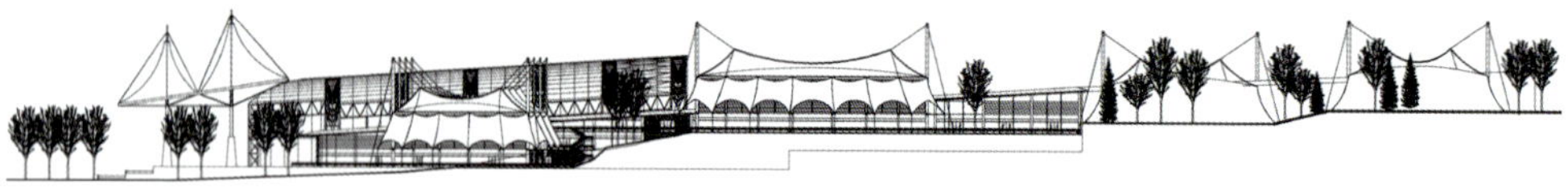

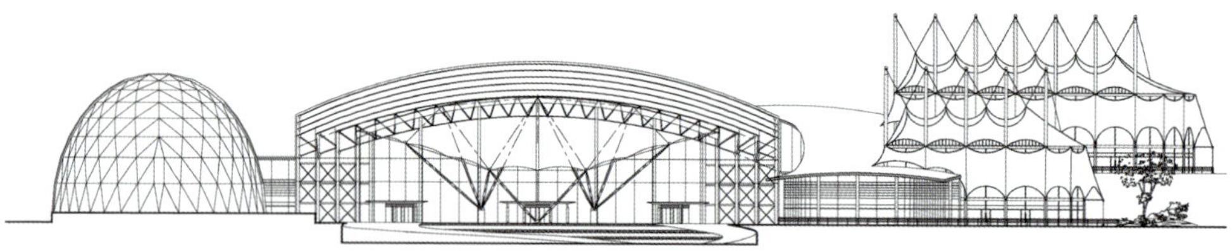

SHANGHAI TOBACCO (GROUP) SCIENCE AND EDUCATION CENTER

上海烟草（集团）科教中心

项目业主：上海烟草（集团）公司
用地面积：35 700平方米
建筑功能：办公楼
项目状态：竣工
主创设计：张淳崴
获奖情况：2007年中国建筑工程鲁班奖（国家优质工程）
2006年上海市建设工程白玉兰奖（市优质工程）

项目地点：上海
建筑面积：53 439平方米
设计时间：2003年
设计单位：泛太平洋设计集团有限公司（加拿大）

在21世纪的今天，建筑的时代特征更体现在建筑的技术含量，本建筑设计采用新材料、新技术以及新颖、轻巧的双层幕墙技术，把技术作为建筑形象艺术的构成元素之一，通过其高科技的建筑风格，精细的节点构造，确立办公楼在该地块的标志性地位，贯彻可持续发展的设计理念。

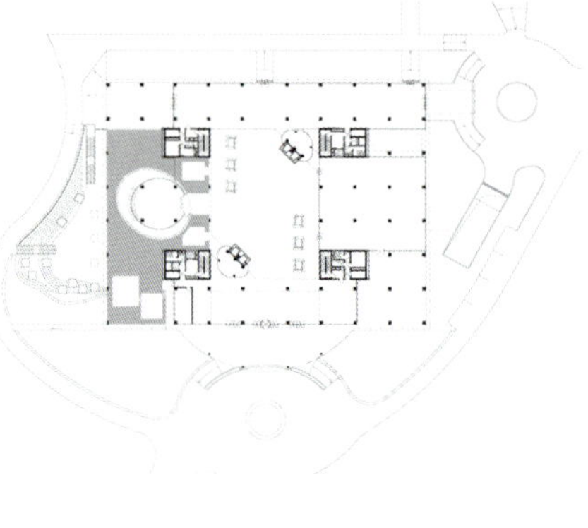
总平面图

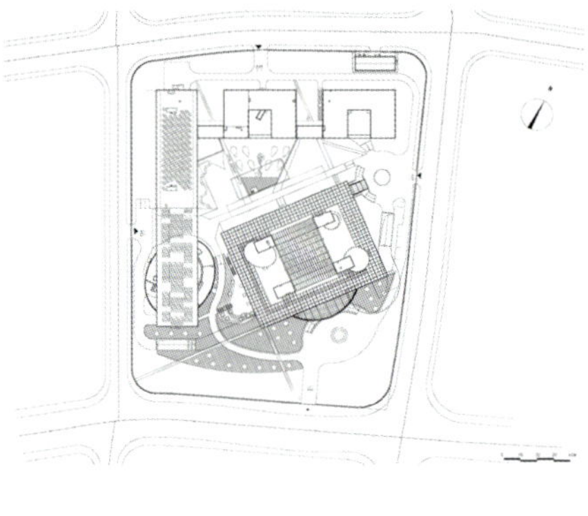
中庭剖面图

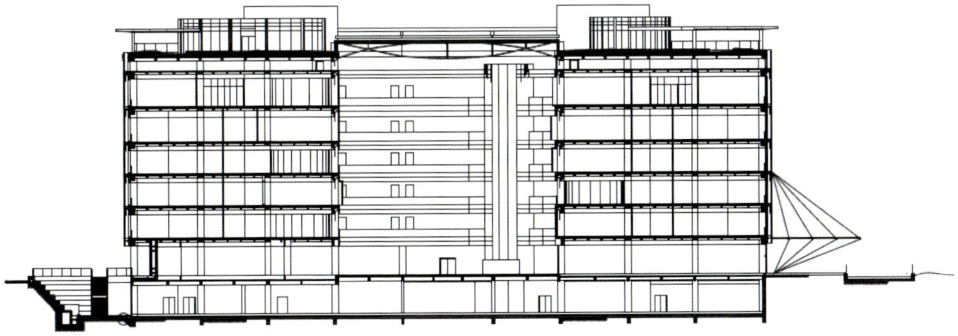

中庭剖面图

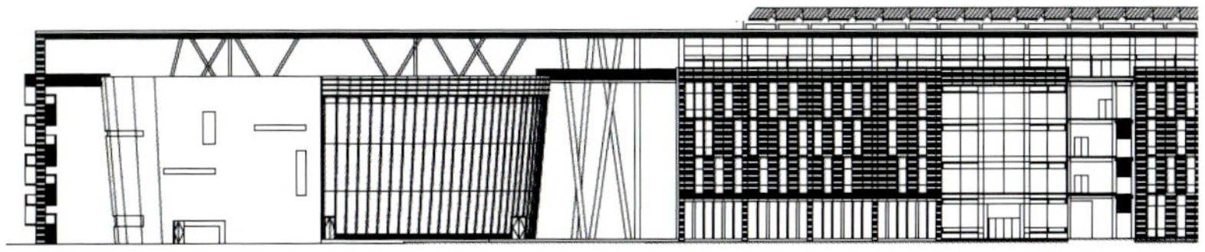

会议中心剖面图

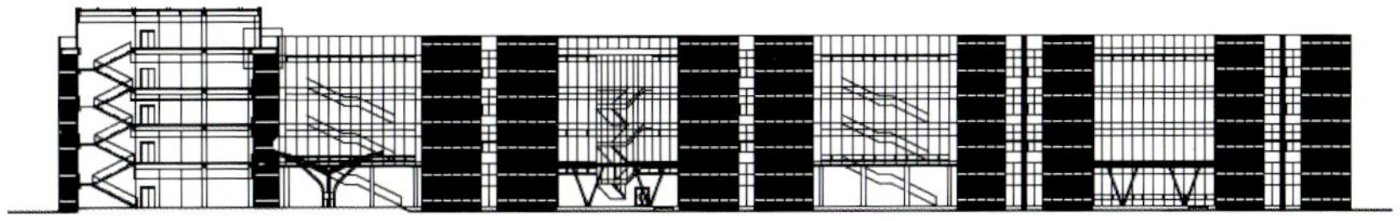

技术中心剖面图

XIAMEN ROYAL VICTORIA HOTEL

厦门帝元维多利亚大酒店

项目业主：厦门帝元维多利亚大酒店有限公司
项目地点：福建 厦门
用地面积：90 341平方米
建筑面积：71 877平方米
建筑功能：酒店
客房总数：324间
设计时间：2006年
项目状态：2010年竣工
主创设计：张淳崴、毛津川
获奖情况：2011年上海市建筑学会第四届建筑创作奖佳作奖

厦门帝元维多利亚大酒店集度假休闲、商务会议功能于一体，符合当今世界酒店设计最高标准的白金五星级酒店标准。酒店主体建筑位于地块中央，客房部分一南一北形成两条条形主楼，中央由大堂吧贯穿联系。酒店别墅区布置于地块东侧，环形道路将其与酒店区划分开，形成相对独立安静的区域。建筑定位高贵庄重，结合厦门多外来建筑的传统，酒店建筑形式采用国际滨海酒店常采用的仿西班牙式建筑造型。提取券廊和红瓦等造型元素，丰富细部设计，营造温馨情调。在立面上增设门廊和“塔”的造型设计，丰富了建筑轮廓，打破长板建筑给人的呆板感觉。建筑具有浓郁的地中海传统风格和皇家建筑气氛，打造出高级酒店的造型特色。

GUIZHOU KAILI MIAO TOWNSHIP DONGZHAI HOTEL

贵州凯里苗乡侗寨大酒店

项目业主：贵州省凯里嘉瑞禾酒店管理公司
项目地点：贵州 凯里苗乡
用地面积：333 330平方米
建筑面积：181 620平方米
客房总数：522间
设计时间：2011年
项目状态：方案阶段
主创设计：张淳崴、唐昳

酒店主楼长约150米，高4层，横跨60米宽的两座山头，最大限度地保证了山上的绿化树木不受破坏。从入口广场开始，沿着山谷依山势建造的具有苗乡侗寨风格的2~3层的民居建筑，一直延展至山谷深处，形成自然“村落”，其功能主要是零售商业、各类餐厅及酒吧。

在“村落”的上空，是架设在山谷中的玻璃天棚，将“村落”覆盖其中，当人们在“村落”中的弯曲步道上漫步时，玻璃天棚起到了遮风挡雨的作用。

酒店建筑采用的现代风格造型与材料，和当地苗乡、侗寨的传统建筑文化有机地融合在一起。

ARCHITECTS

AEL 雅尚

张杰

出生日期：1967年8月
职　　务：总经理
职　　称：国家一级注册建筑师
籍　　贯：中国 香港
教育背景：1989年7月　毕业于东南大学建筑系
工作经历：2003年至今　AEL深圳市雅尚建筑景观设计有限公司

主要作品

规划及建筑设计类

东莞万科松山湖1号
大连万科假日风景示范区
大连万科假日风景一期
中山万科城市风景二期
中山万科城市风景商业街
广州万科四季花城湖畔商业街
长春万科兰乔圣菲联排别墅
沈阳万科兰乔圣菲联排、独栋别墅
浙江临安电力大厦
浙江余杭电力大厦
东莞宏远江南第一城
万科17英里别墅室内设计

吕敏

出生年月：1967年9月
职　　务：设计董事
职　　称：高级建筑师
籍　　贯：中国 香港
教育背景：1989年7月　毕业于东南大学建筑系
工作经历：2003年至今　AEL深圳市雅尚建筑景观设计有限公司

主要作品

规划及建筑设计类

东莞万科麓湖别墅
东莞万科松山湖1号
大连万科假日风景示范区
大连万科假日风景一期
中山万科城市风景二期情景洋房、联排别墅
中山万科城市风景商业街
广州万科四季花城湖畔商业街
长春万科兰乔圣菲联排别墅

景观设计类

深圳万科东海岸四期
深圳万科新都市花园一期
中山万科城市风景三期3C、四期
广州万科四季花城二期、三期
武汉万科高尔夫城市花园
武汉万科城市花园

深圳市雅尚建筑景观设计有限公司成立于2003年，公司创始人具有海外从业的背景和国内一线地产开发集团设计管理的经验。公司下设建筑部、景观部，参股广东尚华工程设计有限公司（建筑综合甲级设计资质），提供建筑、景观、室内设计从方案到施工图等全套工程设计咨询服务。公司现有100多名员工，配备建筑师、景观设计师、结构工程师、机电工程等各类高级专业技术人才。

主要客户

包括万科集团各个区域公司、万达、宏远、国信、名流等国内一流的地产开发商，历年建成的设计作品遍布华南、华中、华东及东北地区，作品类型包括别墅、住宅、办公、酒店和商业综合体等项目的规划、建筑、景观、室内设计。设计的项目具有地域跨度大、项目类型广的特点。

设计理念

侧重于建筑造型的美学方面的发挥与创造，深入到建筑构件层级的设计，同时强调建筑与景观及室内的结合，近年来尤其是万科集团的一些项目委托公司从规划设计、建筑设计到景观设计提供全程的设计服务；部分项目提供专项的立面设计服务。

景观设计

强调景观与规划建筑和市场定位的结合，提供精细的设计和周到的现场配合服务，尤其在绿色环保新科技的应用方面取得成功的经验，完成的数个设计在雨水收集利用等方面都达到国家绿色三星标准。

BIM（建筑咨询模型）

配合公司的设计理念及造型设计的需求，在国内业界还未普及，国外业界仅用于大型公共建设计的情况下，公司从2006年开始就前瞻性地应用BIM（建筑咨询模型）作为公司所有项目的设计手段， BIM模型深入到线脚、栏杆等建筑的细部构件，使这一时期公司的设计作品在建筑空间、造型的广度和精细度上都大大地提高。智能精确的BIM模型除了拓宽公司设计作品的想象空间和设计深度外，还为客户提供了精确详尽的设计图，减少各个专业之间的碰撞，从而加快建造速度，减少了施工中的错误，减少施工成本。我公司的BIM模型还可以在设计图纸完成的同时，为业主提供精确的工程量统计，压缩项目招标前期的工程量计算周期。

地址：深圳市福田保税区金花路1号振和大厦西座六楼
电话：0755-83864582/83864580
传真：0755-83860396
电子邮箱：行政部：admin@ael.com.cn
　　　　　项目部：project@ael.com.cn
网 址：www.ael.com.cn

TIANYI BAY CLUB HOUSE, ARCHITECTURE, LANDSCAPE DESIGN

天邑湾会所建筑景观设计

项目业主：东莞市富通铸创房地产开发有限公司
用地面积：2 000平方米
设计时间：2009年
设计单位：深圳市雅尚建筑景观设计有限公司

项目地点：广东 东莞
建筑功能：会所
竣工时间：2010年
主创设计：张杰、吕敏

在热带风格的现代建筑里面，生态建筑是最大的一个流派。这个流派强调尽量利用自然条件增加建筑物的通风采光，而且注重对日光和雨水的再利用，从而达到节约能源的效果。

这些建筑的外观一般比较通透和清爽。例如百叶式的白色外墙和暖色的墙面。此外，遮阳处理也是热带建筑的特色。

由于热带地区常年天气炎热，适宜户外活动，故园林必然成为不可缺少的部分。

热带园林最大的特点是还原最自然的风情，充分运用当地材料，如植物、桌椅、石材等都取材于当地，强调简朴、舒适的度假风情。

对热带园林的提炼——运用现代造景手法，既体现原汁原味的热带风情，又与当地自然环境完美地融合。通过仔细的观察和提炼，运用它特有的形感和小品。热带园林的“精髓”可以在富通天邑湾花园景观空间中得到进一步升华。我们运用现代的设计手法，加上热带园林独有的形感，特有的景观小品，与东莞当地的环境融合，把热带园林的“精髓”体现出来。

华丽的热带风格创造出鲜明的社区形象，利用景墙、水景、 特色的雕塑、肌理变化、空间变化等讲述了热带风情与时尚的优雅与精彩。

ZHONGSHAN VANKE SUN MOON PARK PLANNING, ARCHITECTURE, LANDSCAPE DESIGN

中山万科朗润园规划、建筑、景观设计

项目业主：中山市万科房地产开发有限公司
项目地点：广东 中山
用地面积：76 000平方米
建筑面积：200 000平方米
容 积 率：2.0
建筑功能：双拼别墅、联排别墅、空中院墅、高层住宅、商业、会所
设计时间：2010年
竣工时间：2012年
设计单位：深圳市雅尚建筑景观设计有限公司
主创设计：吕敏、张杰

项目结合基地特色和周边景观资源，规划形成高档低密度别墅区和高层围合大花园空间两个区域。建筑与景观设计融合浪漫的西班牙风情，明快的暖色基调涂料墙面，泥红色陶瓦和由弧形陶瓦叠砌的鱼鳞状花格，精心而华丽的手工瓷片，营造出古朴、自然、浪漫的生活空间，构筑有独特品质的景观环境，强调人流动线在公共空间、半公共空间、半私密空间的趣味转换，构成丰富的景观系统。

联排别墅南立面图

叠墅南立面图

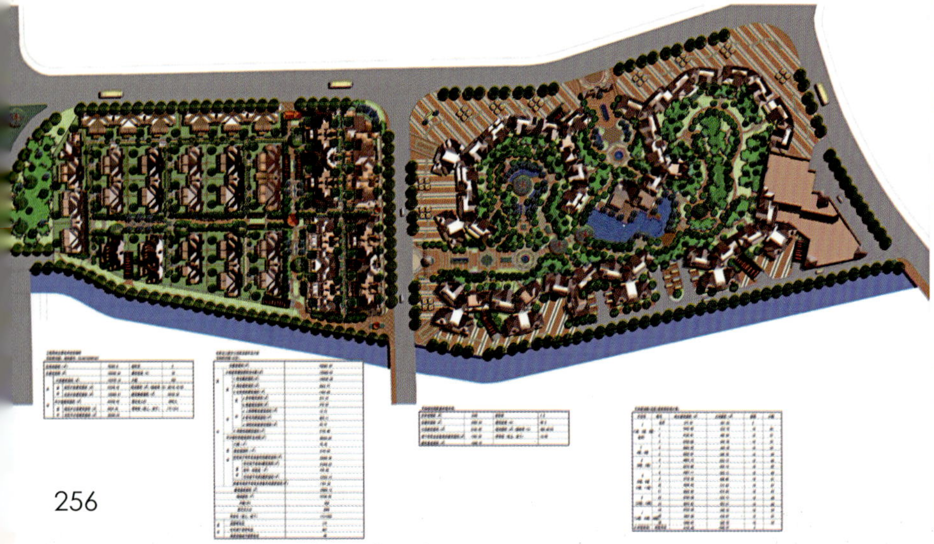

Sun Moon Park
万科·朗润园

DONGGUAN VANKE LAKE SCAPE VILLAS PLANNING, ARCHITECTURE, LANDSCAPE DESIGN

东莞万科麓湖花园规划、建筑、景观设计

项目业主：东莞市万科房地产开发有限公司
用地面积：150 000平方米
容 积 率：0.9
建筑类型：双拼别墅、联排别墅、会所
竣工时间：2012年
主创设计：张杰、吕敏
获奖情况：2010年第七届中国别墅节中国山水别墅金奖、中国别墅创新奖
2010年东莞市房地产十大最热销楼盘
2010年东莞市广播电视台颁发东莞市最佳宜居楼盘

项目地点：广东 东莞
建筑面积：140 000平方米
景观面积：40 000平方米
设计时间：2010年
设计单位：深圳市雅尚建筑景观设计有限公司

项目结合基地特色和周边景观资源，规划充分利用山体景观及水系景观，再造一条人工水系景观带，别墅临水而居，依山而建，每栋别墅都有优雅的前院，宁静私密的后院和侧院，同时将周围山景尽收眼底。

山体公园——在小区西侧山体依山就势建造了一个以健身休闲为主的山体公园，在山体设计休闲平台及标志性特色亭。

水系——利用原始高差和起伏地形关系，因水而带出景观（驳岸生态、旱溪、跌水）。

湖——湖面与会所相连，拉近人与水的距离。

泳池——湖面与泳池连成一体，形成无边界泳池，扩大了泳池视野空间。

驳岸处理——整个水系以生态为主，处理手法通过草坡延伸到水中。

公共休闲空间——会所以围合式景观布局突显西班牙式庭廊。由美丽的林荫大道穿过具有浓郁西班牙风情的入口门楼，进入临湖的喷泉主广场，欣赏倒映在水中的会所的西班牙式庭廊，围合式景观叠水瀑布，开阔的湖面，水系延伸到绿树花卉掩映的别墅群落。

示范区样板房展示效果图

水系景观透视图

北立面图

南立面图

临水面图

Lake Scape Villas
万科麓湖别墅

WUHAN VANKE GOLF CITY GARDEN PLANNING, ARCHITECTURE, LANDSCAPE DESIGN

武汉万科高尔夫城市花园规划、建筑、景观设计

项目业主：武汉市万科房地产开发有限公司
项目地点：湖北 武汉
建筑面积：160 200平方米
景观面积：56 500平方米
建筑功能：别墅、高层、集中商业
设计时间：2010年
竣工时间：2011年
设计单位：深圳市雅尚建筑景观设计有限公司
主创设计：吕敏、张杰
获奖情况：2010年武汉市优秀住宅小区奖
2010年武汉市优秀住宅小区规划设计奖
2010年武汉市优秀住宅小区环境景观奖
达到国家绿色建筑三星标准

一、建筑设计

合理借鉴淳朴西班牙建筑的风格特色，充分反映出地中海沿岸国家优美的人文和自然景色，因地制宜的材料选择，尊重自然（地理、地形、气候条件等），宜人的尺度感，适宜居住和生活的氛围。结合该社区叠拼别墅应塑造的居住品质和内在文化内涵，主要通过以下建筑符号和元素的有机组合和应用体现出西班牙建筑形态的丰富内涵和韵味。

二、景观设计

将周边东西湖水景资源和高尔夫球场景观充分引入，赋予住户丰富、优雅、浪漫的景观空间。

湖滨——结合自然条件，突出社区的滨水性，强调对湖景的最大限度的开放共享，尽最大可能让社区建筑“拥水观湖”。

半岛——通过开放空间、景观通廊增强半岛两侧的景观联系、视线通透，组团与湖的位置不同形成各具特质的居住组团。

高尔夫——考虑高尔夫尊贵、休闲的消费层面，项目特质应与高尔夫蕴含的生活方式相契合。

核心区外住区——项目地处城市核心区边缘，作为与城市快节奏紧张生活对比，强调规划体系的轻松自由，景观的舒朗开敞，户型的舒适与均好。

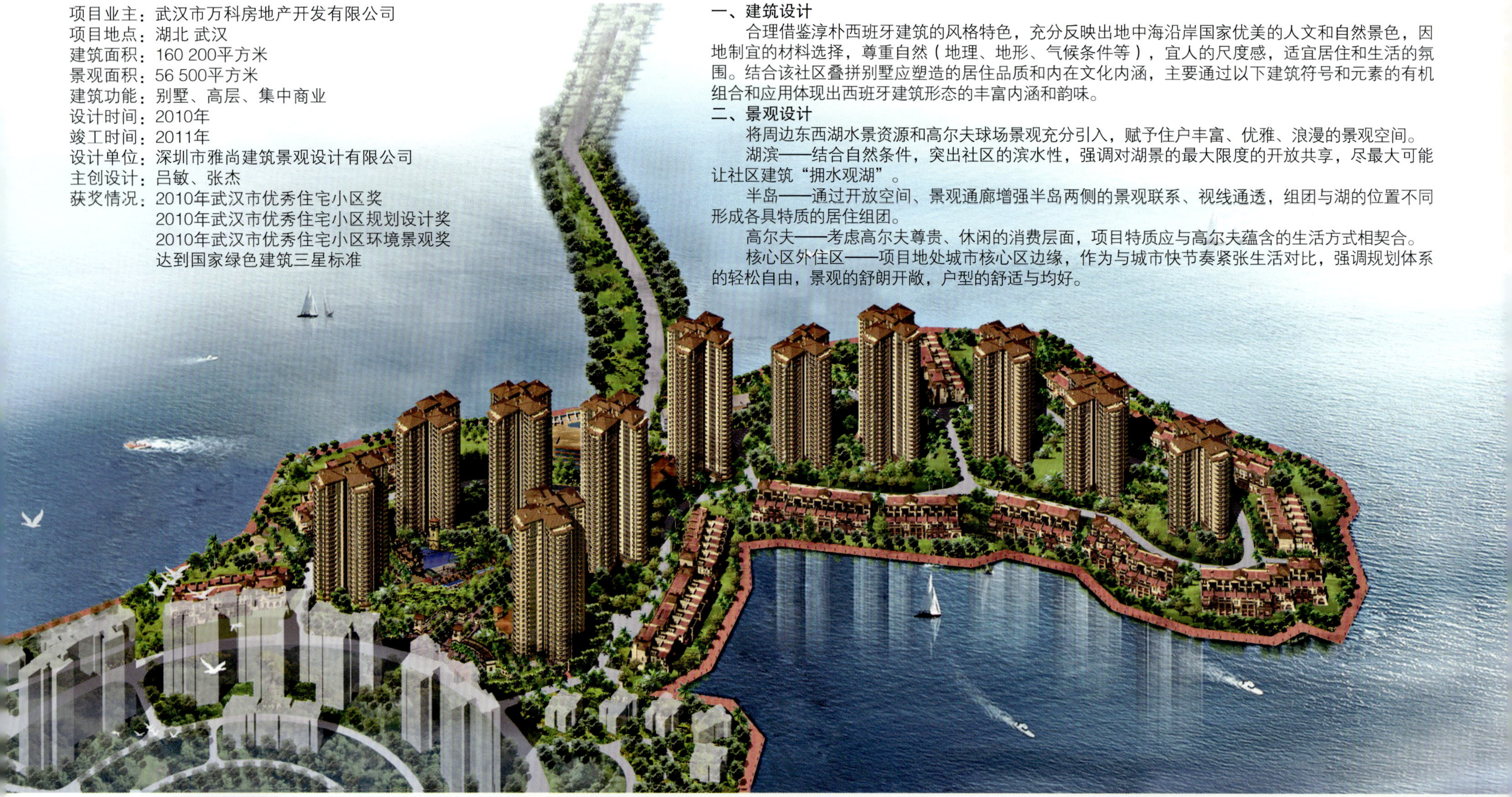

ZHEJIANG LIN, AN POWER CENTER BUILDING PLANNING ARCHITECTURAL, LANDSCAPE, INTERIOR DESIGN

浙江临安电力中心写字楼规划设计、建筑设计、景观设计、室内设计

项目业主：浙江临安市供电局
项目地点：浙江 临安
用地面积：25 000平方米
建筑面积：44 000平方米
容 积 率：1.6
建筑类型：写字楼
设计时间：2004年
竣工时间：2005年
设计单位：深圳市雅尚建筑景观设计有限公司
主创设计：张杰、吕敏
获奖情况：浙江省建设工程钱江杯奖

一期总平面图

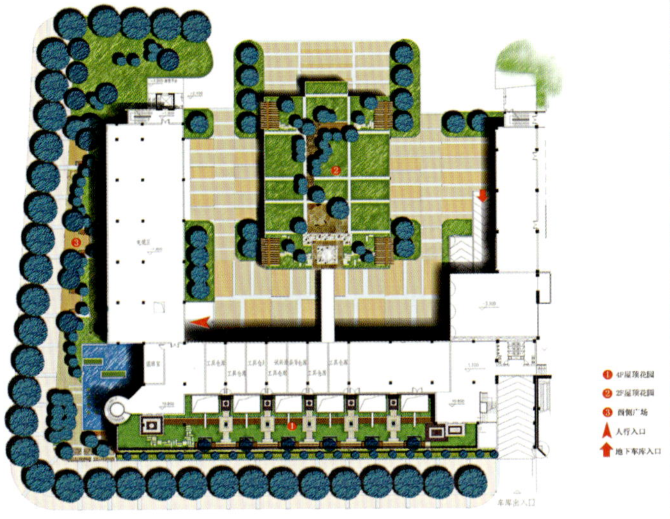

二期总平面图

一、建筑造型

设计以现代简捷的设计语言，运用外露的结构、楼梯等元素，结合建筑虚实的体块和线性构件，创造通透、轻灵的建筑形体。

外墙材料采用涂料、金属构件和砂岩，形成自然与人工材质的对比。

二、景观设计概念

景观设计强调差异性和建筑空间的通透性。建筑单元之间的庭园通过瀑布、叠水渗透进地下车库，与垂直交通——电梯部位和半地下室车库大堂形成整体，减少车库的封闭感，以声、光、植物的形式将地下车库与内部庭园相联结，使地下车库犹如围绕于庭园之中，成为庭园景观的延续。

庭园景观以软质植物、沙、水、木板为主，着重于营造宁静、松弛、休憩的氛围。

南广场景观以硬质景观为主，着重于广场的可停留性，人流的聚集、疏导性。设计几何形状的种植和户外座椅，便于小型户外聚会交流。

ARCHITECTS

华太设计 SINO-SUN 深圳市华太国际建筑设计有限公司

钟柏青

深圳市华太国际建筑设计有限公司执行董事/设计总监。

于1995—2000年就读于沈阳建工学院建筑系，获建筑学学士学位。

从事建筑设计至今10余年，先后于深圳市设计总院、中建国际、清华苑参与国内众多建筑项目设计，累积了丰厚的设计经验。其中包括深圳茂业百货和平店、金地翠堤湾、深圳中旅国际公馆、深圳政协联谊大厦、深圳麒麟山庄室内游泳馆和网球馆、2008奥运会国家游泳馆（水立方）等重要工程。其后于2007年，钟柏青作为合伙人创建深圳华太设计，至今已负责、担任设计各类型众多建筑项目，如天津滨耀广场、镇江远洋香奈城、华南师范大学增城学院、新东方龙湾等。在大型公建、城市综合体及大型住宅等方面有较高造诣。

地址：深圳市南山区登良路23号汉京国际大厦
电话：0755-86270605
传真：0755-86270737

华太设计经过多年的辛勤耕耘，已发展成有一定品牌的优秀设计团队，也是国内建筑设计界有一定影响的设计公司。公司以建筑设计为主，同时涉及规划、景观及室内设计。其建筑作品遍及全国，服务于不同类型的客户。华太人以“厚德载物，自强不息”为理念，重在传承与发展。所承者，乃务实、稳健之风。所传者，实为创新、发展之气。一个作品，必以务实的作风运营、创新的手法设计，二者得兼，方能称为好作品。华太设计理念：把握时代潮流、关注市场导向、专注设计细节、尽心服务客户。主要客户包括保利地产、远洋地产、宝安深鸿基地产、招商地产、香江地产、光耀东方集团、华夏麒麟集团等。

NEW ORIENTAL · DRAGON BAY

新东方·龙湾

项目地点：山东 聊城
用地面积：260 000平方米
建筑面积：780 000平方米
设计时间：2009年
竣工时间：2011年
设计单位：深圳市华太国际建筑设计有限公司
设计团队：钟柏青、付俊、罗莉

新东方·龙湾坐落于聊城东昌湖（古城保护区）湖畔，周边有千亩带状公园、千年古运河环绕东、北两侧，位列2010年聊城市“十个重点建设项目”之一，被评为“2009CIHAF中国名盘”。项目由六大龙文化主题景观组团组成，规划建成聊城首席原生态湖景社区。项目涵盖高标准幼儿园、商务会所、时尚商街、市人民医院分院、百大连锁超市等全功能配套，成就终极置业梦想，创领聊城人居新高度。

HUIZHOU OAKS VILLA

惠州橡墅

项目地点：广东 惠州
用地面积：24 500平方米
建筑面积：101 970平方米
设计时间：2009年
竣工时间：2010年
设计单位：深圳市华太国际建筑设计有限公司
设计团队：钟柏青、潘海、王海

“橡墅”取意为向别墅靠近，在目前用地紧张，房价高昂的前提下，用相对低廉的成本，争取到城市空中别墅般的享受，是本项目的定位及出发点。平面上，每户均为3层空间，入户层为公共交流空间、门厅、客厅等。下层为厨房、餐厅、家庭厅等家庭聚会的私人空间。上层为卧室，各种功能空间独立，互不影响。立面上不采用复杂的装饰，尽量降低建造成本，建筑上部以玻璃、木材及涂料为主，结合外窗百叶、顶部处理以及局部首层架空，再通过材质对比、颜色对比等处理手法，使得整座建筑具有现代感，挺拔通透。

ZHENGZHAOJING JIAYUAN

正兆景嘉园

项目地点：广东 深圳
用地面积：28 449平方米
建筑面积：94 400平方米
设计时间：2012年
竣工时间：2013年
设计单位：深圳市华太国际建筑设计有限公司
设计团队：钟柏青、罗莉

正兆景嘉园项目位于深圳光明新区核心区，紧临新区的特色沿河生态景观轴。方案设计力求在打造茅州河水岸田园生活的同时，也能享受到繁华市区带来的都市生活。为保证各个楼都能获得良好的沿河景观，平面布局西南朝向的景观面呈现阶梯状排列。主要采取地下停车形式，以保证内部景观及交通流线。小区内部景观以中央水景花园为主，内部水景与沿河水景相呼应，打造都市水岸田园小区。

BINYAO PLAZA

滨耀广场

项目地点：天津
用地面积：18 282平方米
建筑面积：193 945平方米
设计时间：2011年
设计单位：深圳市华太国际建筑设计有限公司
设计团队：钟柏青、刘华平、莫继东

滨耀广场坐落于天津响螺湾地区，属于天津滨海新区核心区建设项目。滨耀广场总高度为216米，总共49层。地下共两层，分为地下停车场和设备用房。裙房部分分为商业部分和希尔顿酒店配套用房，B塔楼5~17层为希尔顿酒店，17层为避难层，19~49层为酒店式公寓。A塔为办公写字楼，18层为避难层。滨耀广场建成后将成为响螺湾地区的标志性建筑之一。建筑外立面外墙采用天然石材与金属竖向条板的组合方式，体现其尊贵、稳重的特点。项目在强调建筑形象概念新颖的同时，兼具能源节约与工程造价的经济性。

SINO-OCEAN XIANGNAI TOWN

远洋香奈城

项目地点：江苏 镇江
建筑面积：715 000平方米
设计单位：深圳市华太国际建筑设计有限公司
占地面积：276 100平方米
设计时间：2012年
设计团队：钟柏青、刘华平、付俊、莫继东

远洋香奈城坚持“以人为本”，强调人与环境和谐，力争做到总体规划布置合理，交通流畅清晰，功能分区明确，产品分配合理，为用户提供多种精心设计的房型。建筑造型与立面设计在力求在满足功能的前提下，丰富创新，使其在周边地带具有鲜明的建筑个性。协同周边地块的商业、居住区规模，形成区域性商业、生活中心。资源共享，利用绿化景观价值，与周边教育设施共享。体现独特的人文及地方特色，贯彻“以人为本、天人合一、和谐共存”的设计宗旨。

JIN DI FAN HUA UPTOWN

锦地繁花骏园

项目地点：广东 惠州
用地面积：32 800平方米
建筑面积：127 162平方米
设计时间：2011年
设计单位：深圳市华太国际建筑设计有限公司
设计团队：钟柏青、潘海、朱绍丹、杨萍

锦地繁花骏园项目位于惠州大亚湾西区，交通便捷。方案设计将小区道路与四周城市道路相结合，采用“内外双重环”的设计方式，既满足了消防要求，又能保障小区内部的交通不受干扰。地下车库入口设置在西侧、南侧和东侧，合理实现人车分流的理念。将小区景观与城市景观有机结合，创造出生动、富有层次的庭院景观。

RESIDENCIAL AREA IN GUANLAN
观澜某项目 广东 深圳

INTERNATIONAL EDUCATION CENTER OF ZENGCHENG COLLEGE, SOUTH CHINA NORMAL UNIVERSITY
华南师范大学增城学院国际教育中心大楼 广东 广州

JINXIANG WANJUAN MOUNTAIN RESIDENTIAL AREA
金祥·万卷山 海南 保亭

DIAMOND INTERNATIONAL APARTMENT
金钻国际公寓 广东 惠州

ZHONGTONG LONGYUAN RESIDENTIAL AREA
中通龙源 广东 惠州

BAOAN · NUMBER ONE GOLDEN COAST
宝安·壹号金岸 广东 惠州

ARCHITECTS

深圳大学建筑设计研究院
THE INSTITUTE OF ARCHITECTURAL DESIGN & RESEARCH, SHENZHEN UNIVERSITY

钟中

出生日期：1972年6月13日
籍　　贯：上海

职务
深圳大学建筑与城市规划学院/副教授/硕士生导师
深圳大学建筑设计研究院/副总建筑师
Z&Z STUDIO工作室主持人

职称
国家一级注册建筑师
深圳市建设工程评标专家

教育背景
1991—1996年　深圳大学建筑系/建筑学学士学位
1997—2000年　深圳大学建筑与土木工程学院/工学硕士学位
2013年至今　华南理工大学建筑学院/博士研究生学位

工作经历
1996年至今，任职于深圳大学建筑设计研究院，先后担任建筑师、室副主任、工作室主持人、室主任、院长助理、副院长等职。
现任深圳大学建筑设计研究院副总建筑师、Z&Z STUDIO工作室主持人。

主要作品
深圳实验学校小学部
广西工学院科教中心
昆明时代广场
海口城市海岸
北京国家大剧院国际竞标
深圳百仕达红树西岸
深圳市盐田区行政文化中心
宁波新闻文化中心
常州万泽大厦
昆明时代小镇
深圳宝安大浪行政服务中心
深圳市社会福利中心（新址）
深圳市海普瑞生物医药研发制造基地

个人荣誉
中国建筑学会第九届青年建筑师奖
深圳市十佳青年建筑师
中国建筑学会建筑创作佳作奖
广东省优秀建筑创作奖

学术研究
先后撰写学术论文10多篇，分别发表在《建筑学报》《南方建筑》等专业刊物。

建筑思想
建筑设计与城市规划关乎国计民生，在中国社会发展和持续高速城镇化进程中起到至关重要的作用，设计质量与实施效果的好坏将极大影响所在区域的形象、交通、空间乃至环境、生态和经济。设计师因此责任重大，更应谨慎对待、反复论证、全面思考、果断决策，顾及大众利益、符合公共政策、承担社会责任。
主张在环境、功能、空间、形式、技术5方面对设计创作进行综合诠释：创作应关注“天时、地利、人和”三者的多因素平衡，而非仅仅“功能”与“形式”之间的辩证关系；创作应反映最新的时代科技与材料水平（天时）、适应所处的环境和气候特点（地利）、满足使用者对功能、空间、形式的需求及变化（人和）；创作不但是个人行为，更依靠团队合作体现集体意志。

地址：广东省深圳市南山区南海大道深圳大学北门
建筑与城市规划学院B座
电话：0755-26732802/26732803
传真：0755-26732801/26534005
网址：www.suiadr.com
电子邮箱：archjy@126.com

深圳大学建筑设计研究院成立于1984年，是建设部批准的全国综合甲级设计单位，设上海分院、西安分院和施工图设计文件审查中心3家分支机构，主要从事城镇规划、居住区规划设计、建筑工程设计和施工图设计文件审查、室内外装修设计和园林设计，涉及建设前期咨询、规划研究、社区评价等研究课题，完成的项目遍布全国数十个大中城市。

深圳大学建筑设计研究院拥有各类专业技术及管理人员275人，其中国家一级注册建筑师32人，一级注册结构工程师15人；教授级高工12人，高级工程师55人；博士后、博士、硕士、研究生42人，留学归来的设计人员达10多人。建院20年来，共获国家、省部、市各级优秀设计和科技奖80项；1995年被深圳市评为勘察设计单位综合实力50强第三名，2000年通过ISO 9001质量管理体系认证，2002年和2004年被深圳市企业评价协会评为中国深圳行业十强企业，2006年被建设部评为“十五”全国建筑业技术创新先进企业。

深圳大学建筑设计研究院自成立之日起，即全力投入深圳经济特区的建设和深圳大学的建设中，坚持与深圳大学建筑、规划系紧密结合，走出一条生产、教学、科研三赢的局面。至今本院超过百人次出国进行专业考察和参加国际学术会议，承担了国家、省部级科研课题40多项，担任了市政府多项大型工程的顾问工作，并与多个国际著名建筑事务所和万科、中海等多家著名房地产开发商有全方位的合作关系。

25年来，深圳大学建筑设计研究院通过设计实践，充分体现了建筑师们对现代建筑内涵和本质的理解，以乐观折中的，谦和而又执着的态度，对待和处理建筑与生存环境的辩证关系，以其不拘一格的形式和形态，超越建筑师个人的体验和风格，写意地表达了对现代建筑的诉求。

SHENZHEN EXPERIMENTAL PRIMARY SCHOOL

深圳实验学校小学部

项目业主：深圳市教育局
项目地点：广东 深圳
建筑功能：教育
用地面积：20 751平方米
建筑面积：14 498平方米
办学规模：42个班
建筑层数：5层
建筑高度：20.3米
设计时间：2002年
竣工时间：2004年
设计单位：深圳大学建筑设计研究院Z&Z STUDIO工作室
主创设计：钟中
设计团队：高青、钟波涛、殷子渊等
获奖情况：2011年中国建筑学会第六届建筑创作佳作奖
2011年广东省第六次优秀建筑创作奖

项目围绕都市高密度下“城市型小学”的理性思考而展开，在充满条件限制的矛盾和挑战下，寻求项目综合“平衡”的创作构思。

设计注重整体性，延续了深圳实验学校建校以来始终遵循的“底层架空、庭院围合、蓝白基调”的传统脉络；强调建筑的逻辑语言，采用构成手法及红黄蓝三原色对比以体现现代感，讲求空间塑造及其空间序列的层次感，西侧集会广场与田径场在城市开放空间形态上与实验学校初中部的校园开放空间遥相呼应、“连”成一体，既自我营造了良好的校园氛围，也为拥挤的城市留出宝贵的“呼吸空间”。

东立面图

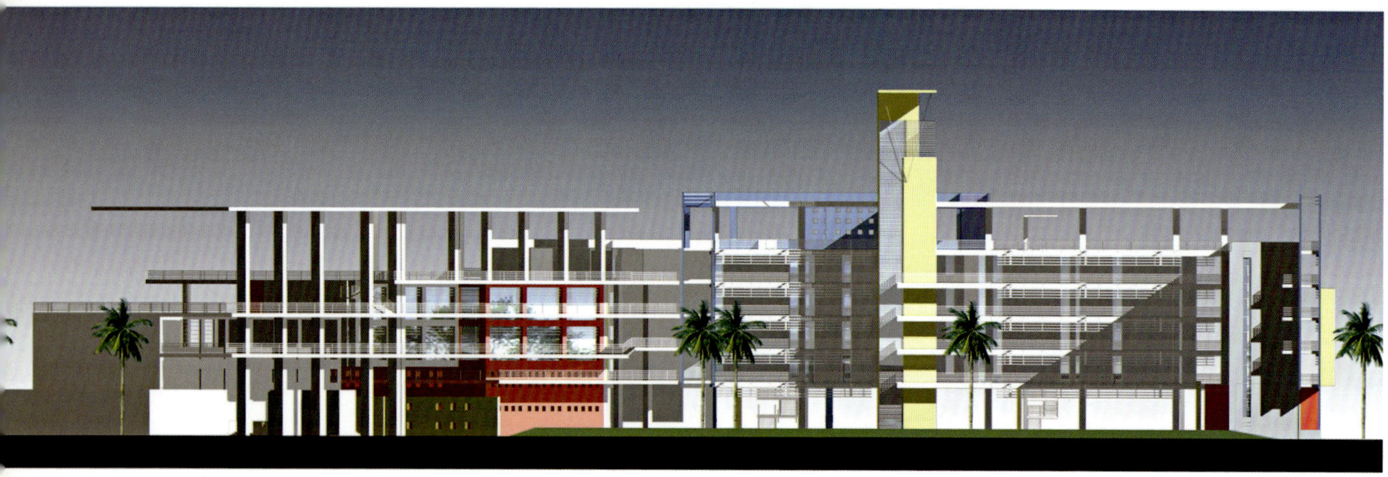

南立面图

西立面图

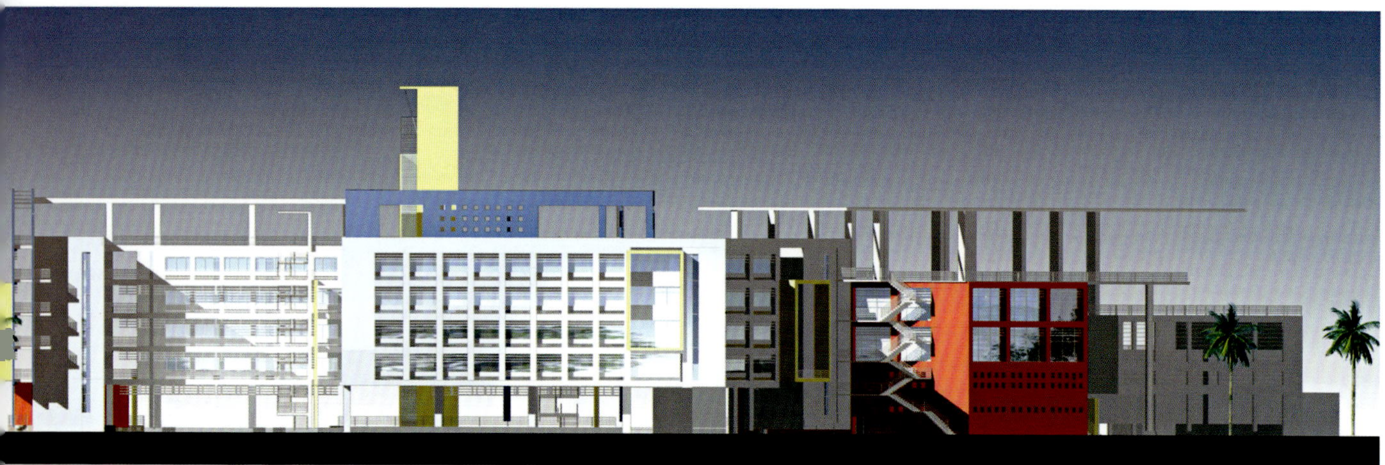

北立面图

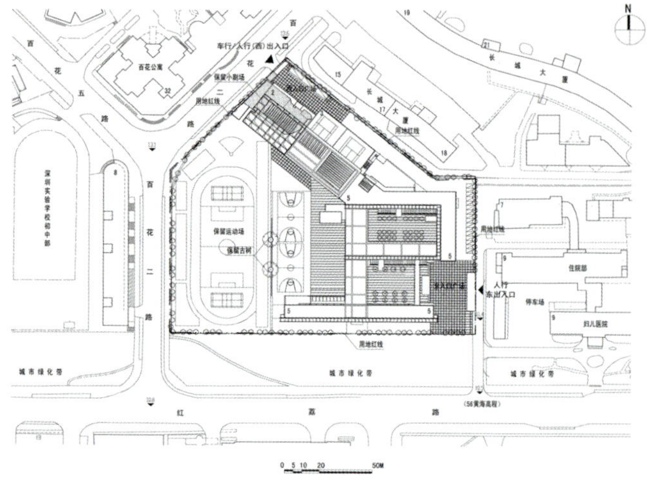

总平面图

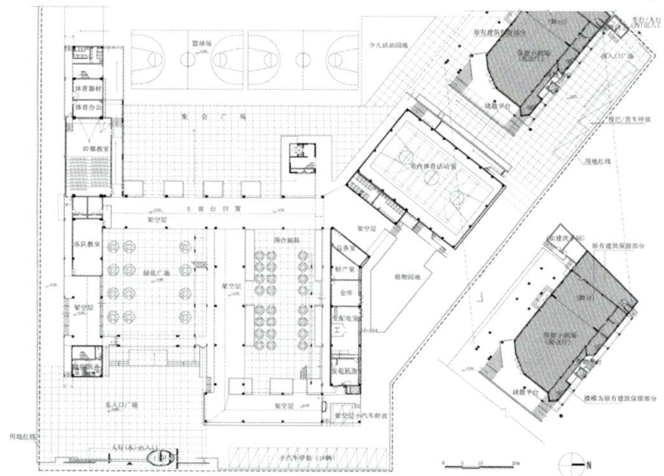

首层平面图

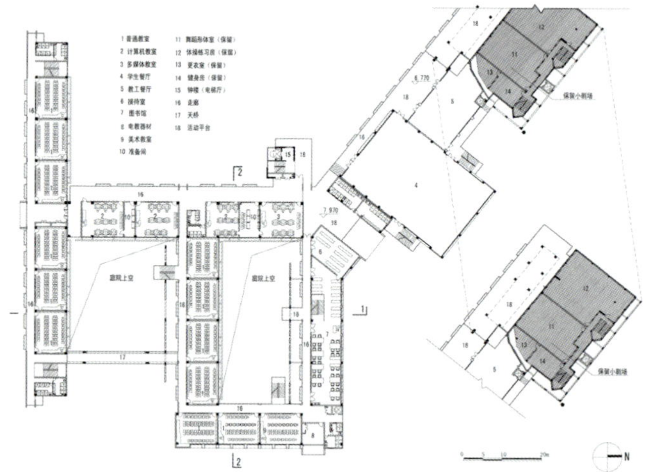

三层平面图

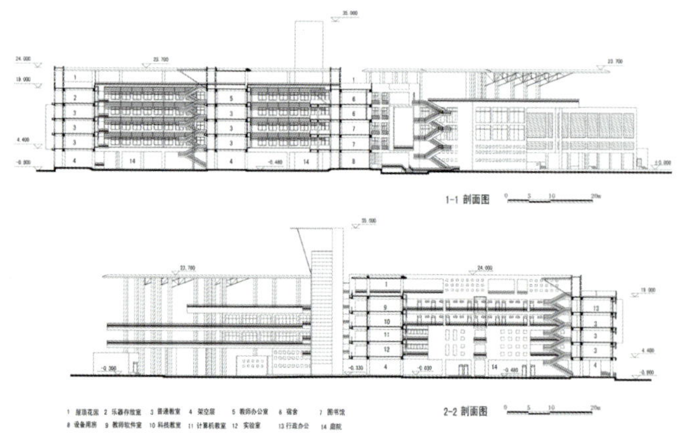

剖面图

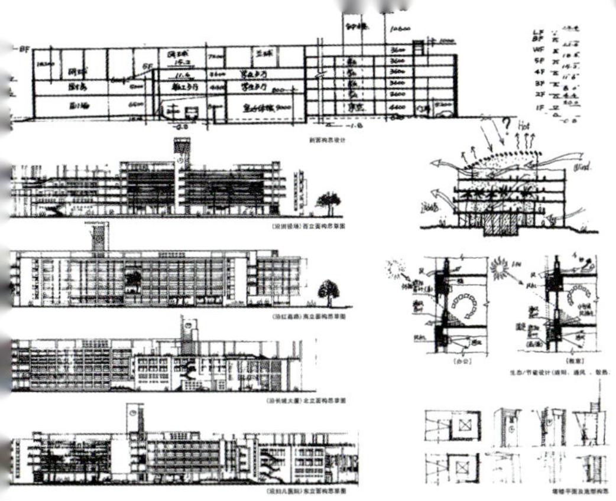

SCIENCE EDUCATION CENTER OF GUANGXI UNIVERSITY OF TECHNOLOGY

广西工学院科教中心

项目业主：广西工学院（后改名为广西科技大学）
项目地点：广西 柳州
建筑功能：教育
用地面积：38 364平方米
建筑面积：92 814平方米
建筑高度：54.9米
设计时间：2004—2006年
竣工时间：2012年
设计单位：深圳大学建筑设计研究院Z&Z STUDIO工作室
主创设计：钟中
设计团队：陈佳伟、陈佳伟、顾宗年、钟波涛、吴忠华、黄岸辉、何良、裴乐锋、王业珠等

项目位于柳州市河东区的新开发区，处在初具“山水校园”特色的广西工学院新校区南端，是目前广西高校已知的最大单体建筑。

用地北高南低，三面山体环抱，包括科教中心建筑群及中心花园两部分，居于新校区中轴线，体量和风格处于“核心”地位；建筑群基于8.4米×8.4米单元格网展开，满足功能及灵活配置需要；楼栋南北向布置并形成各具特色的院落，结合坡地形成架空层以及自东向西贯穿的4层架空“生态绿龙”。科研实验主楼高15层居于中央而强调中轴对称，其余6层高附楼对称布置于四周，与临近的其他已建、待建楼栋在尺度上相协调，各功能相对独立又相互联系便捷。

按“人车分流”原则，采用“鱼骨式”组织人车交通，并引入“二层架空步行系统”成为立体架构网络，为今后校区建设的“生长延伸”服务；建筑形式较为纯粹朴素、方正规矩，强调自身的逻辑语言与对比关系，主楼中央高10层贯穿开敞的门洞连通前后广场空间，其标志性成为柳州城市形象的代表和新校区建筑群的南大门；运用写意手法的中心花园“U”形水道与坡地，概括了“壶”形的柳江形态与喀斯特地貌等地方文化脉络。

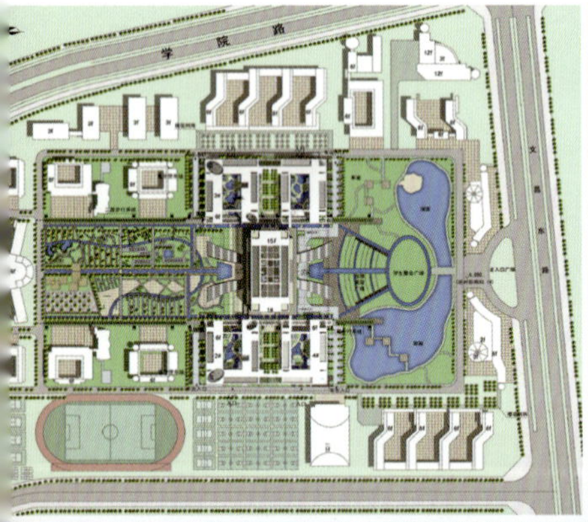

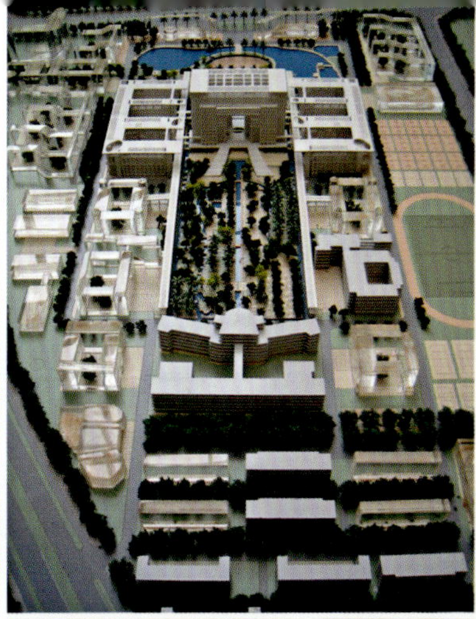

总体西立面图

2、4号楼东立面图

3、5号楼西立面图

YUNTONG & FUBON TIMES SQUARE, KUNMING

昆明云铜富邦时代广场

项目业主：云铜地产 + 富邦基业（联合开发）
项目地点：云南 昆明
建筑功能：住宅、商业
用地面积：11 593平方米
建筑面积：101 935平方米
建筑高度：89.9米
设计时间：2005—2006年
竣工时间：2008年
设计单位：深圳大学建筑设计研究院Z&Z STUDIO工作室
主创设计：钟中、赵阳
设计团队：王鹏、高文峰、黄岸辉

昆明时代广场（富邦商厦）位于昆明市中心金马碧鸡坊东侧，基地具有极高的商业价值，是位于重要商业地段，集商业、办公和住宅（公寓）为一体的综合体高层建筑。

商业裙房引入"内街"的概念和下沉式商业广场，充分挖掘地段内外和上下的商业价值，创造活跃的商业氛围。外部交通方面经分析，西侧的书林街和北侧的金碧路是主要的人流方向，同时也具有变为步行街的可能性，机动车出入口都安排在南侧道路上，协调了周边车流和人流的关系，交通组织更趋合理。

在立面设计与城市空间的关系上，金碧路历史上是昆明著名的商业街，保持着法国殖民地建筑风格，金碧路改造后周边的新建建筑都对这一传统和历史有着不同的反映。因此项目有意识地遵循了这一原则，对历史和现状的城市形态做出呼应。在塔楼顶部塑造大型的"亭子"，在裙房部分利用圆形拱券，体现法式建筑的形式，同时更多地注意西部裙房的立面尺度与相邻金碧广场的呼应。

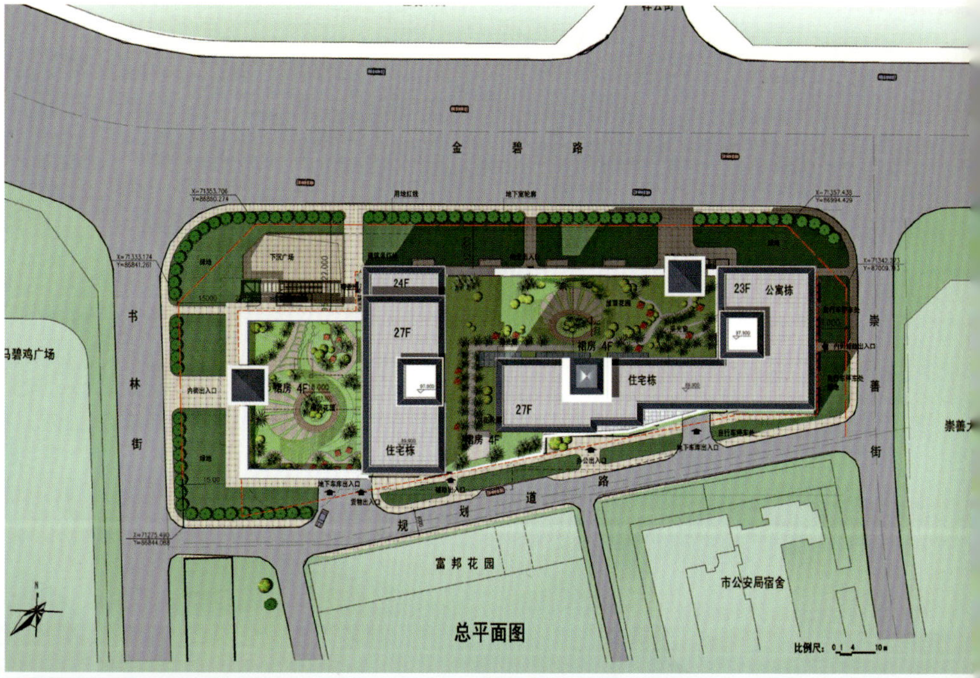

总平面图

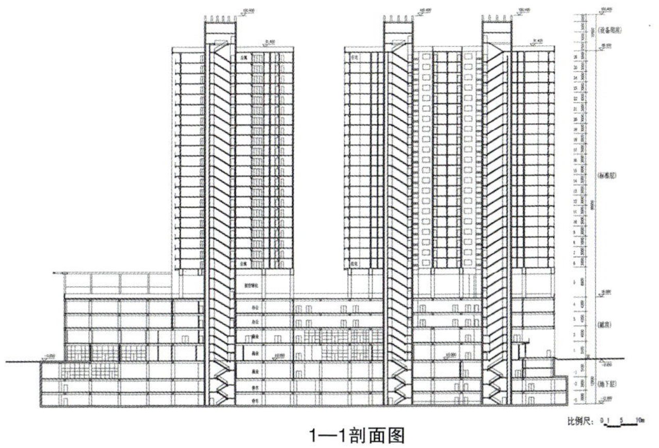

1—1剖面图

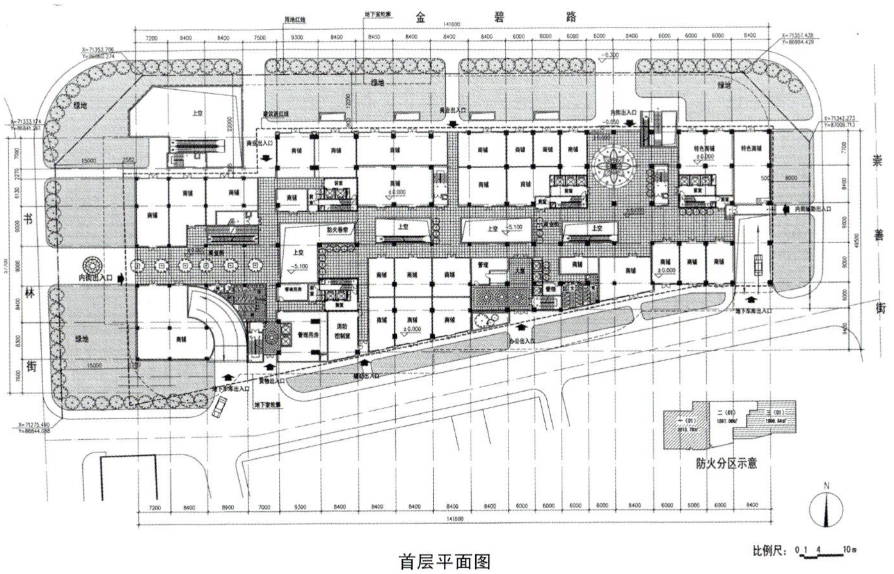

首层平面图

标准层平面图

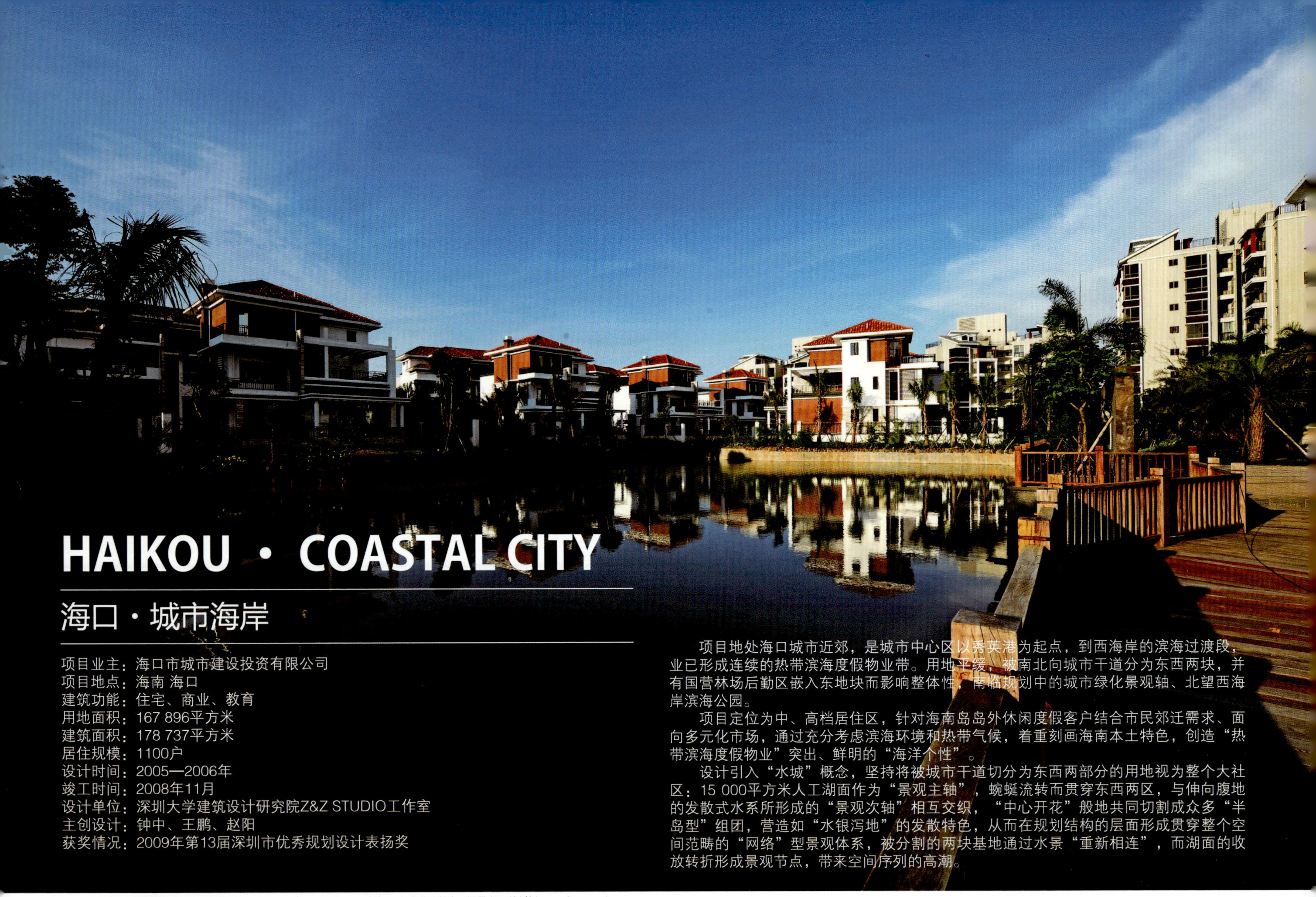

HAIKOU · COASTAL CITY

海口·城市海岸

项目业主：海口市城市建设投资有限公司
项目地点：海南 海口
建筑功能：住宅、商业、教育
用地面积：167 896平方米
建筑面积：178 737平方米
居住规模：1100户
设计时间：2005—2006年
竣工时间：2008年11月
设计单位：深圳大学建筑设计研究院Z&Z STUDIO工作室
主创设计：钟中、王鹏、赵阳
获奖情况：2009年第13届深圳市优秀规划设计表扬奖

项目地处海口城市近郊，是城市中心区以秀英港为起点，到西海岸的滨海过渡段，业已形成连续的热带滨海度假物业带。用地平缓，被南北向城市干道分为东西两块，并有国营林场后勤区嵌入东地块而影响整体性，南临规划中的城市绿化景观轴、北望西海岸滨海公园。

项目定位为中、高档居住区，针对海南岛岛外休闲度假客户结合市民郊迁需求、面向多元化市场，通过充分考虑滨海环境和热带气候，着重刻画海南本土特色，创造“热带滨海度假物业”突出、鲜明的“海洋个性”。

设计引入“水城”概念，坚持将被城市干道切分为东西两部分的用地视为整个大社区：15 000平方米人工湖面作为“景观主轴”，蜿蜒流转而贯穿东西两区，与伸向腹地的发散式水系所形成的“景观次轴”相互交织，“中心开花”般地共同切割成众多“半岛型”组团，营造如“水银泻地”的发散特色，从而在规划结构的层面形成贯穿整个空间范畴的“网络”型景观体系，被分割的两块基地通过水景“重新相连”，而湖面的收放转折形成景观节点，带来空间序列的高潮。

总平面图

29栋组合南立面图

29栋组合北立面图

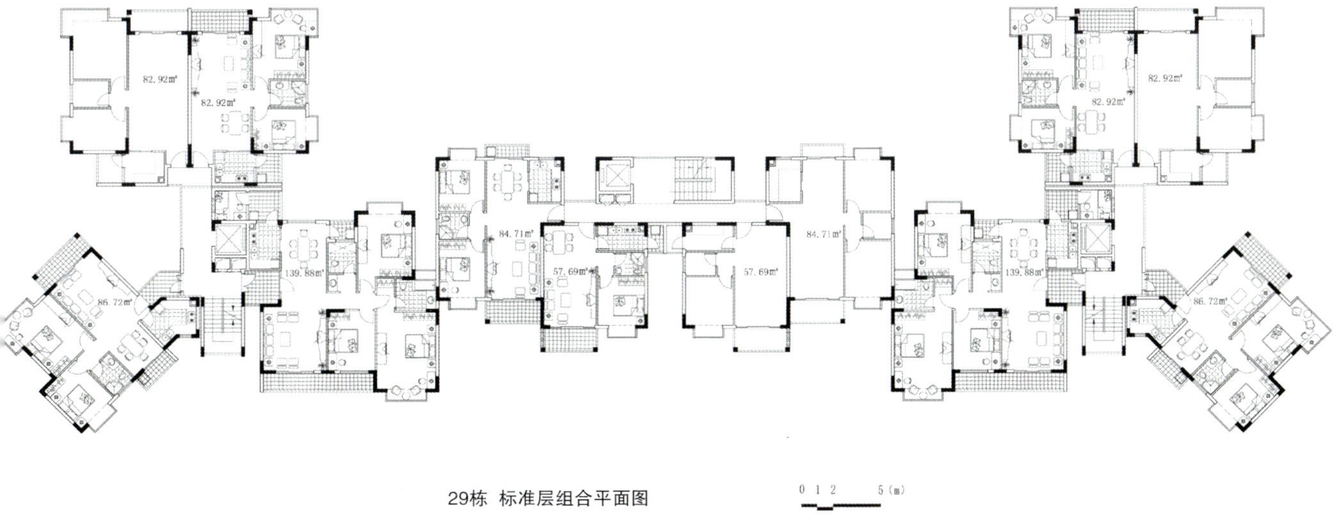

29栋 标准层组合平面图

41栋组合北立面图

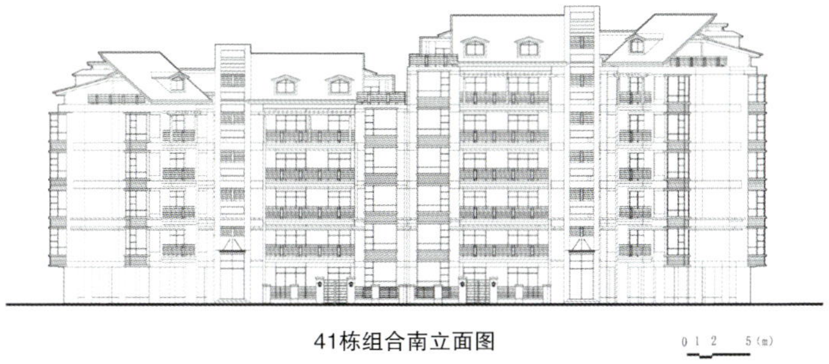

41栋组合南立面图

物园建筑设计事务所

www.zoo-architects.com 上海/奥克兰（新西兰）

邹可

生于1980年，事务所创始人

教育背景

1999—2004年 哈尔滨工业大学建筑系/获建筑学学士学位

2006—2008年 荷兰代尔夫特理工大学/获理学硕士学位

毕业课题《Transportation hub 中转核》完成于 TU Delft Hyperbody 研究所

导师：Kas Oosterhuis 教授（荷兰ONL事务所创立者），Nimish Biloria博士，Ing.Henriette Bier博士

工作经历

2004—2006年 东北建筑设计研究院（深圳分院）/建筑师

2008—2009年 荷兰 Christian Muller office，Rotterdam建筑事务所/主持建筑师

2009—2010年 荷兰 UN Studio，Amsterdam 建筑事务所建筑师

2010年至今 上海物园建筑设计事务所（Zoo design studio）/创办合伙人、设计总监

东北院工作期间主持及参与主要项目

青岛第二机关幼儿园

深圳宝安机场

河南新郑国际机场（竞赛一等奖，已建成，主创建筑师）

南京静海寺商业街规划设计

哈尔滨移动办公大楼（二等奖）

汇龙花园居住区规划设计

中山大学体育场体育馆竞标

深圳宝安国际机场候机大厅设计

昆明玫瑰湾居住区规划设计

昆明玫瑰湾商业街规划设计

荷兰工作期间主持及参与主要项目

荷兰 venlo市政厅

荷兰 乌特勒支 市政厅

杭州来福士酒店 双子塔

获奖情况

2003年 葫芦岛公园标志物竞赛 佳作奖

2008年 荷兰代尔夫特理工大学 荣誉毕业生

2008年《鹿特丹中转核》荷兰 Archiprix2009，硕士研究生毕业设计大奖赛，佳作奖（代尔夫特理工大学两件选送参赛作品之一）。

2008年《转译城市》第三届北京双年展，代尔夫特理工大学选送参展作品

地址：上海市普陀区曹杨路1222弄13号楼2002室

电话：18221174602

网址：www.zoo-architects.com

电子邮箱：zoostudio@163.com

上海物园建筑设计事务所（Zoo design studio）由建筑师邹可于2008年成立于荷兰代尔夫特市，是一家主要从事建筑与城市设计工作，同时承接城市艺术与景观，室内设计与展示、产品与家具设计任务的综合型设计事务所。目前事务所业务主要遍及中国、荷兰和新西兰3个国家。项目类别囊括了由城市设计及规划到私家住宅别墅等不同尺度的设计咨询工作。事务所成员具备来自国内外不同的专业资历，拥有良好的国际设计视野和敏锐洞察力，在不同地域的设计实践中积累了丰富的专业经验，并建立了独具特色的设计风格和理论基础。

物园建筑设计事务所创始人、主持建筑师邹可，2004年毕业于哈尔滨工业大学建筑系并获得建筑学学士学位，2004—2006年任东北建筑设计研究院（深圳分院）建筑师，2006—2008年就读于荷兰代尔夫特理工大学，获理学硕士学位，2008—2010年分别在荷兰鹿特丹Christian Muller office和荷兰阿姆斯特丹UN Studio 建筑事务所任主创建筑师。2008年邹可在荷兰代尔夫特市创立了Zoo design studio并于2011年与合伙人李睿分别在中国上海和新西兰奥克兰市开始建筑实践。

FUNEN PARK, SCULPTURE PARK DESIGN

Funen Park 雕塑公园设计

项目业主：Heijmans 建筑开发集团
项目地点：阿姆斯特丹
建筑功能：公共艺术装置
用地面积：1 000平方米
建筑面积：600平方米
设计时间：2009年
项目状态：建成
设计单位：上海物园建筑设计事务所
主创设计：邹可

项目是建筑设计事务所与荷兰著名艺术家 Gabriel Lester及studio 015工作室合作完成的城市雕塑作品。整体雕塑群犹如一系列碎片散布在居住区内，由核心的景观雕塑和水池为中心向南北延伸，以碎片的印象和对整体记忆为出发点，使人增强了对整个社区的整体认知和方向感。

DAQING PETROLEUM PRICE INFORMATION HEADQUARTERS

大庆石油报价资讯总部

项目业主：新华社
建筑功能：商住办公综合体
建筑面积：600 000平方米
项目状态：未建成
设计团队：邹可、陈响亮、丁诚

项目地点：黑龙江 大庆
用地面积：240 000平方米
设计时间：2010年
设计单位：上海物园建筑设计事务所

建筑师在分析了大庆作为悠久的中国石油城市的发展历史后，确定了自然与工业相结合的设计指导原则。通过对大庆独有的大地景观——“油田”的分析，我们制定了“生态浮岛”策略，将石油产业和立体生态相结合，并以人工岛屿为融合平台，岛屿之间以连廊联系，这种空间处理赋予各产业组团独特的身份性，同时也使整个园区以极富动感的有机建筑群的方式呈现出来。

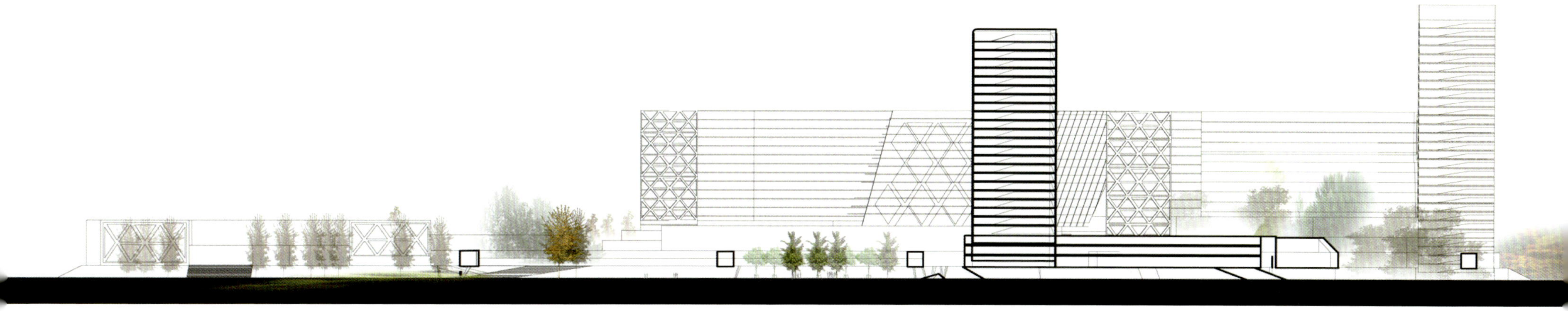

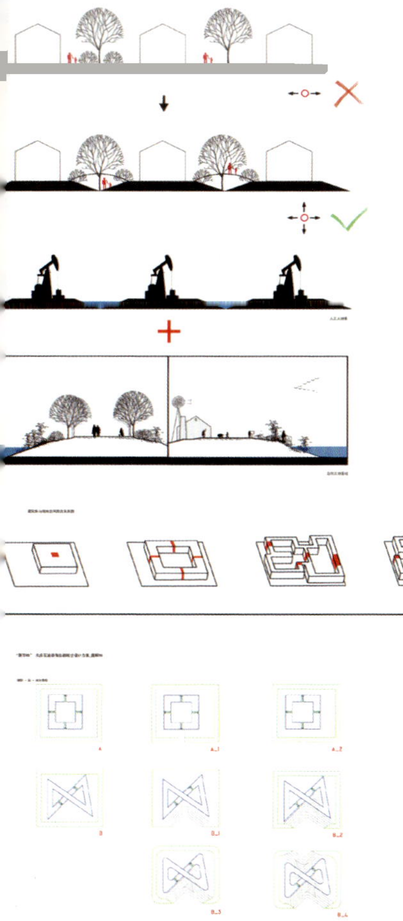

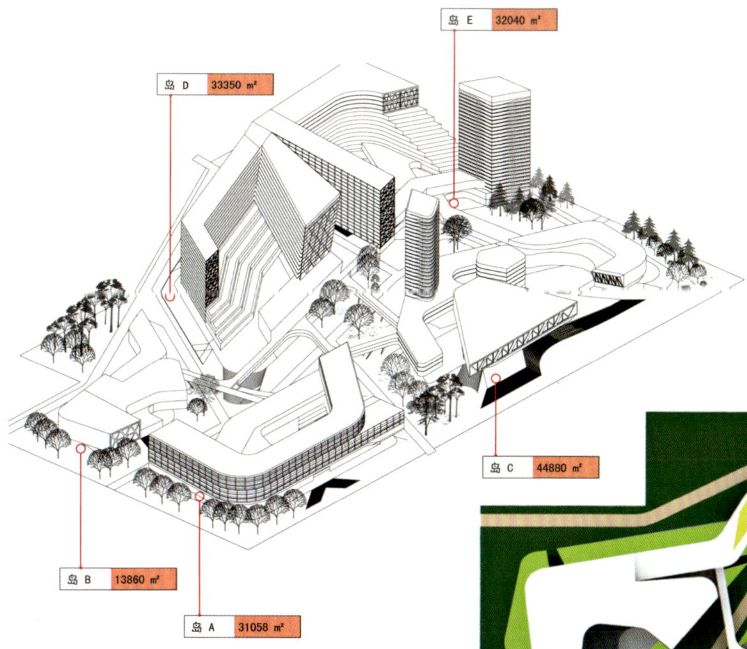
岛 E 32040 m²
岛 D 33350 m²
岛 C 44880 m²
岛 B 13860 m²
岛 A 31058 m²

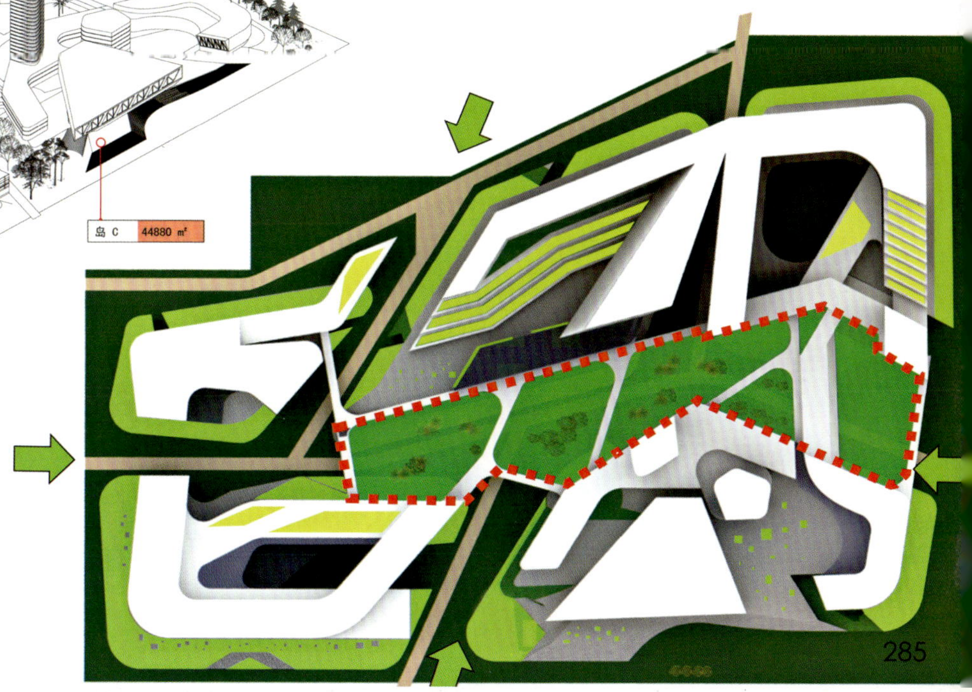
核心景观带“绿色链条”
场地基础绿化
核心绿化区域
岛体坡面绿化种植
建筑屋顶绿化覆盖
硬质铺地

FUTURE HALL OF DEPARTMENT OF ARCHITECTURE OF ZHEJIANG COLLEGE OF CONSTRUCTION

浙江建设职业技术学院建筑系未来馆

项目业主：浙江省建筑技术学校
建筑功能：小型观演
建筑面积：310平方米
项目状态：未建成
设计团队：邹可、陈响亮

项目地点：浙江 杭州
用地面积：376平方米
设计时间：2011年
设计单位：上海物园建筑设计事务所

未来馆建立在已有建筑系馆的二层平台上，作为临时建筑，建筑师采用了嵌入和填充的手法。嵌入，是指结构；填充，则是空间。建筑师希望这个流线型的金属结构体能够与原有的混凝土方体建筑形成对比效果，强化彼此图像的功能。

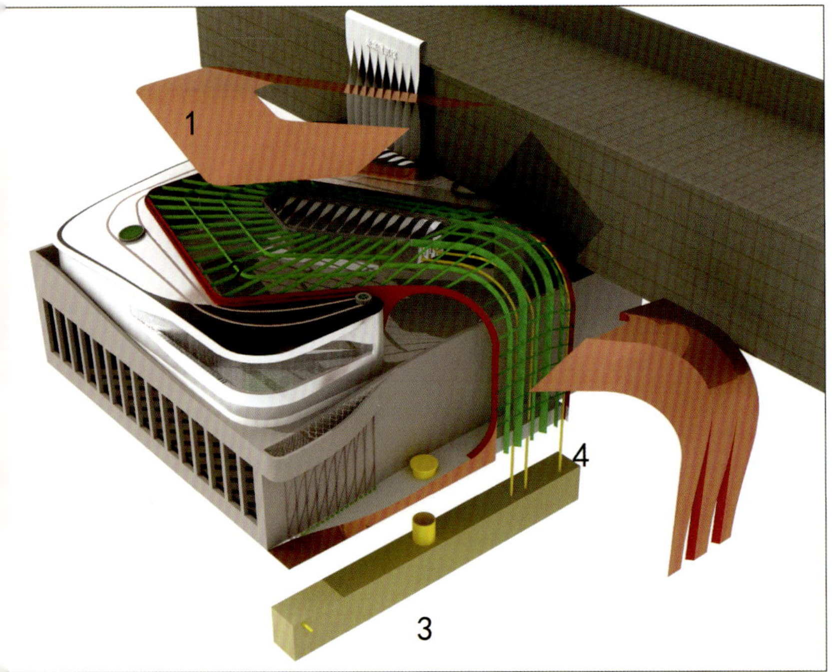

主体结构解析

1. 主体屋面板（铝板）
2. 主体支撑屋架（轻钢结构）
3. 蓄水槽
4. 雨水收集导管及再利用抽水管

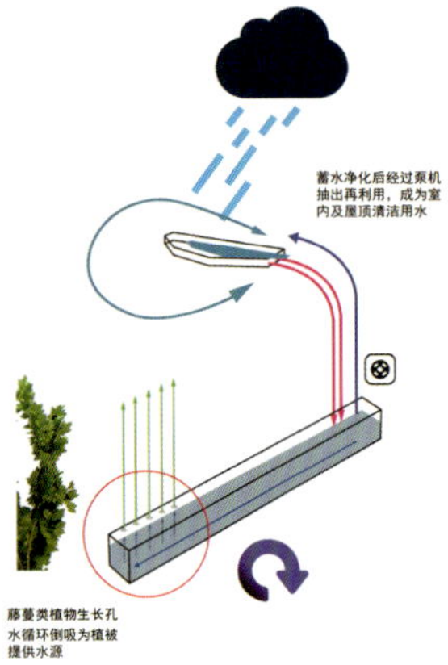

水循环利用流程图

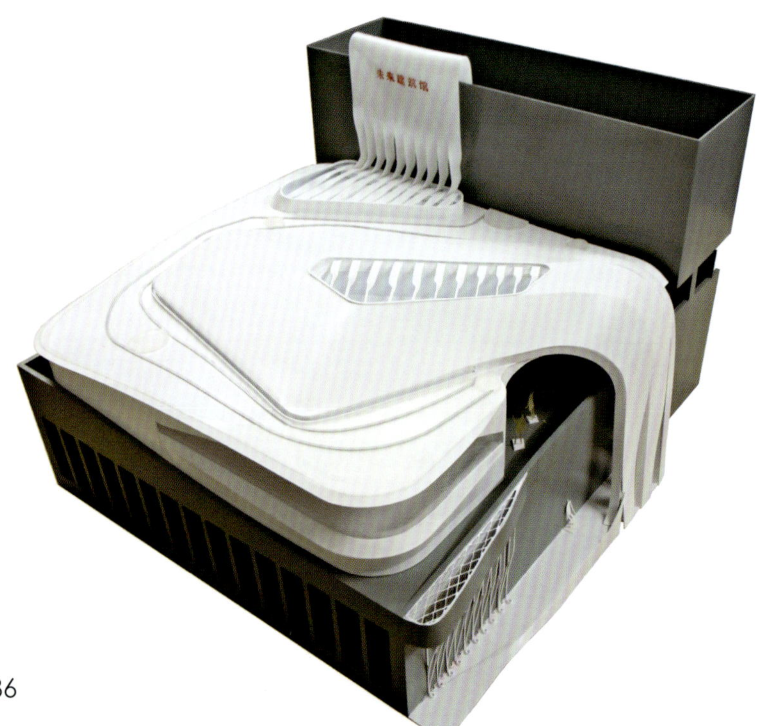

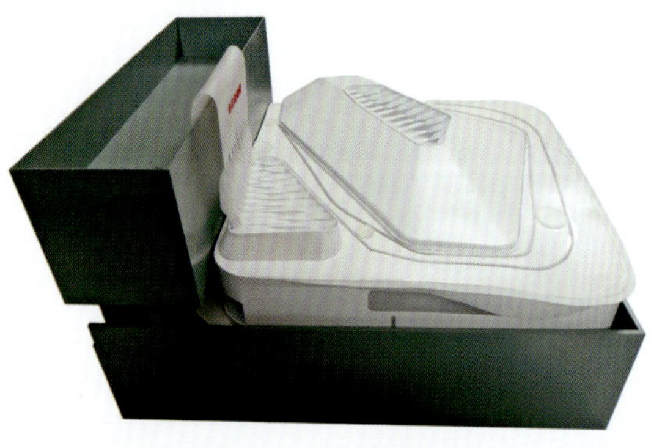

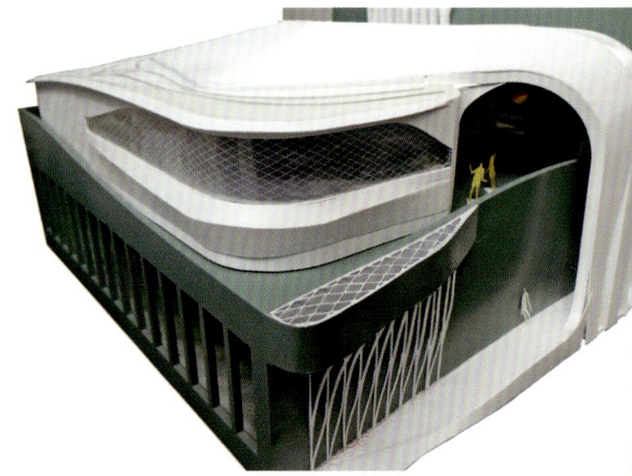

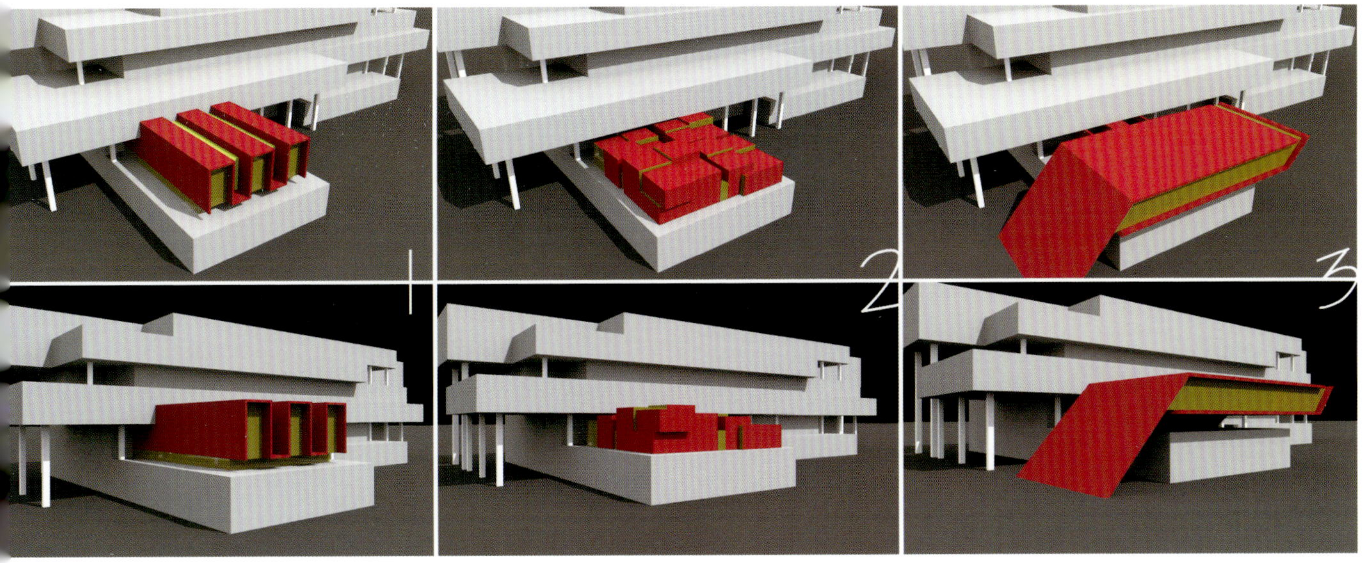
1
2
3

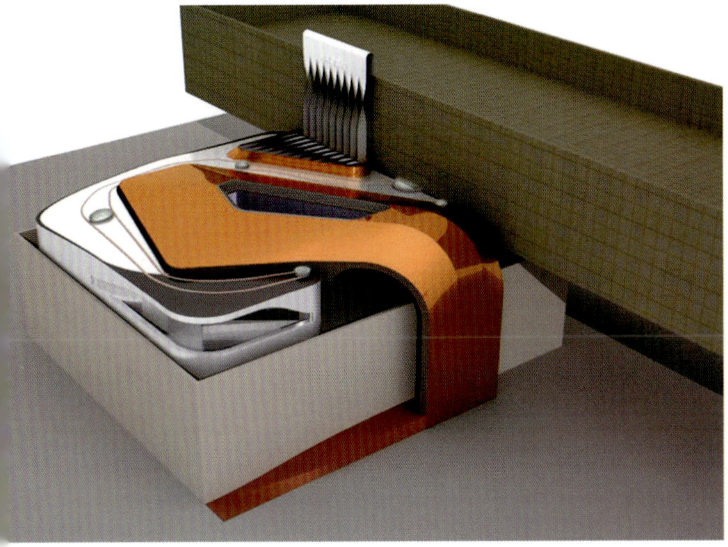

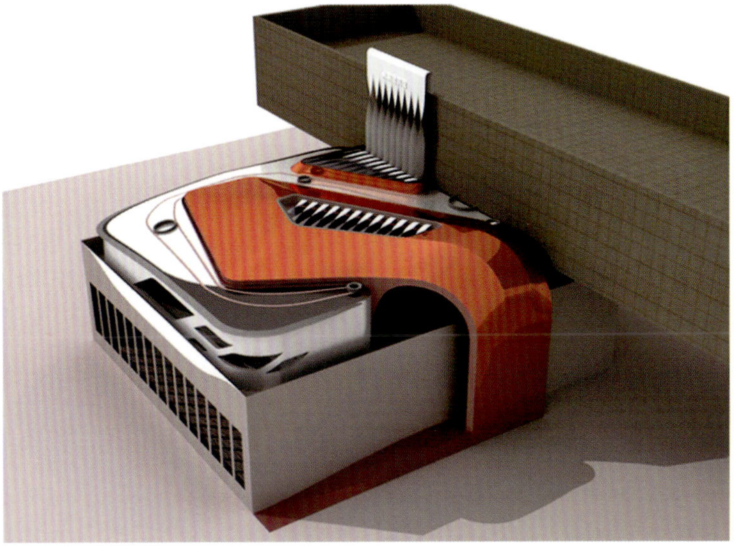

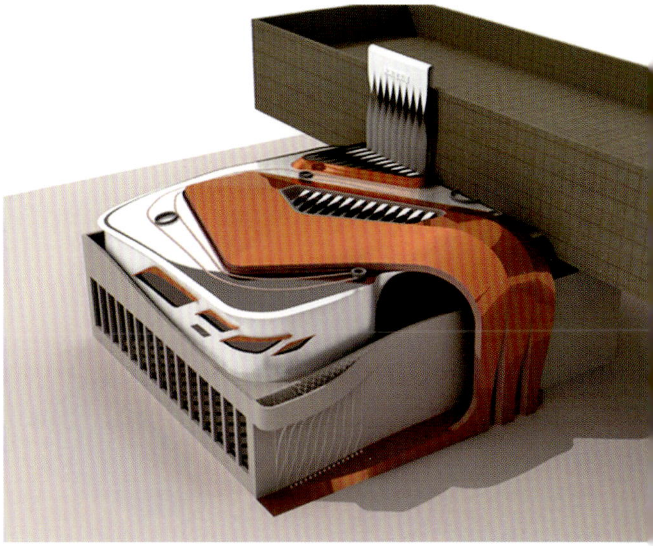

实训楼

实训楼

JINGJIANG DISABLED REHABILITATION CENTER

靖江市残疾人康复中心

项目业主：靖江市残疾人联合会
项目地点：江苏 靖江
建筑功能：医护管理办公综合体
用地面积：10 955平方米
建筑面积：15 000平方米
设计时间：2011年
项目状态：未建成
设计单位：上海物园建筑设计事务所
设计团队：邹可、陈响亮

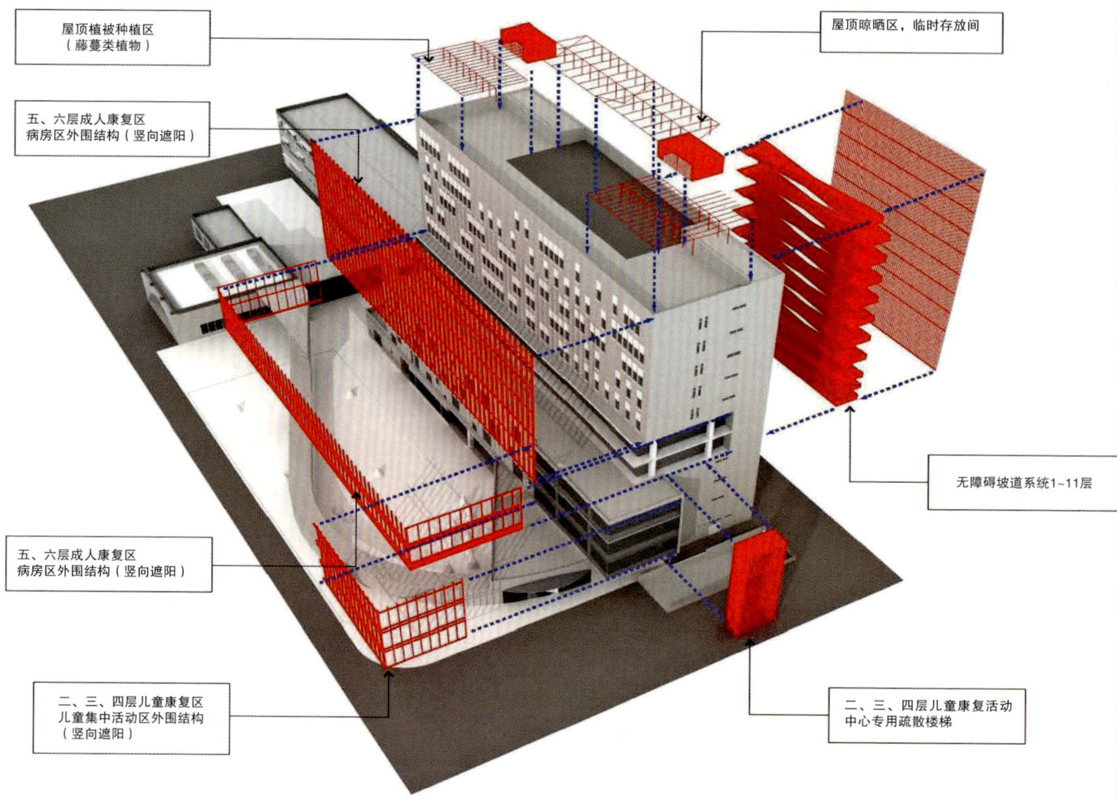

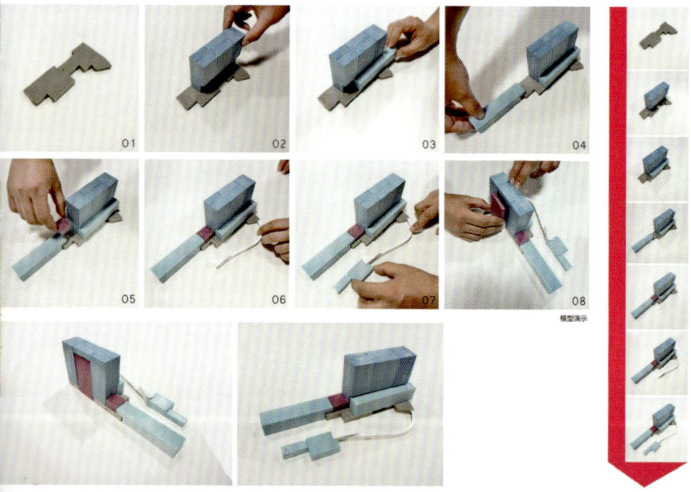

建筑沿北侧场地横向展开增加了自身的体量感，并极大地提高了功能房间南向的采光效果。主体建筑设计以厚重的体量感突出建筑所担负的责任和社会义务，通过大体块的穿插和标准的立面构件模数达到统一中求变化的外观效果，素雅的立面材质和竖向挺拔的遮阳构件给人以朝气和信心，表达了建筑体针对残障人士所提供的有力保障和支持。南部的景观部分借用了江浙地区古典园林的构建方法将场地的公共性分开层次，使具有不同的使用频率和荷载的公共区域集中在不同的景观层面，做到了动静分区、流畅转换的空间效果。

南立面图

ROTTERDAM TRANSIT HUB

鹿特丹中转核

项目业主：荷兰铁路公司
建筑功能：城市交通中转综合体
建筑面积：18 000平方米
项目状态：未建成
设计团队：邹可

项目地点：荷兰 鹿特丹
用地面积：12 000平方米
设计时间：2008年
设计单位：上海物园建筑设计事务所

方案是对鹿特丹市现有火车站的改造设计，意在将全新的城市互动空间理念融汇到现代城市的“触点部分”即城市的交通建筑核心。在此方案中建筑师不仅结合了现代的传媒和交互技术手段，同时更将交通空间扩大至整个城市与外界的沟通关系网络。将交通核心视为城市的信息中枢，并将城市各区位视为生命体的各种组织，以这种生命的观点去进行空间的设计。该方案不仅是对车站空间设计的讨论，同时也试图揭开未来城市中除了人本身的生命存在之外，在城市的广义范畴内同样具有生命运行的空间规律。

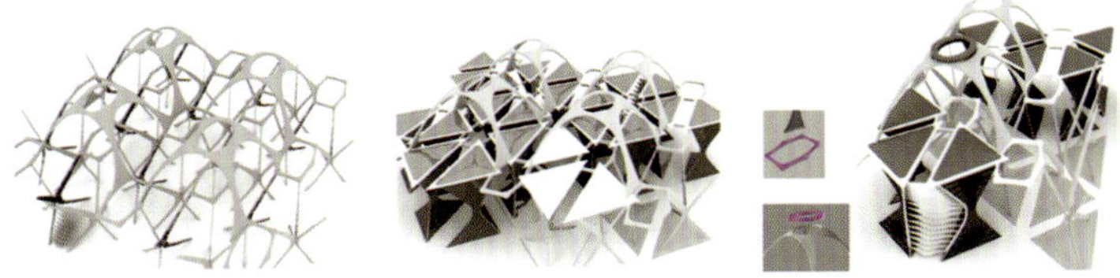

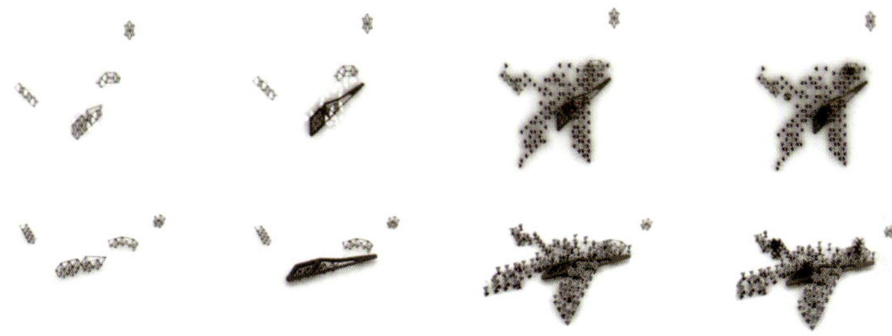

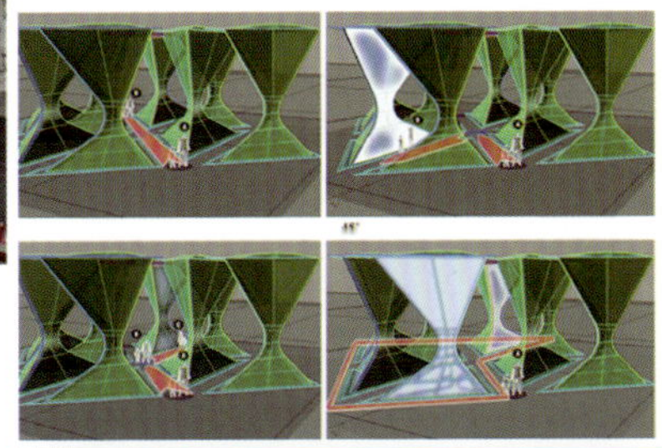

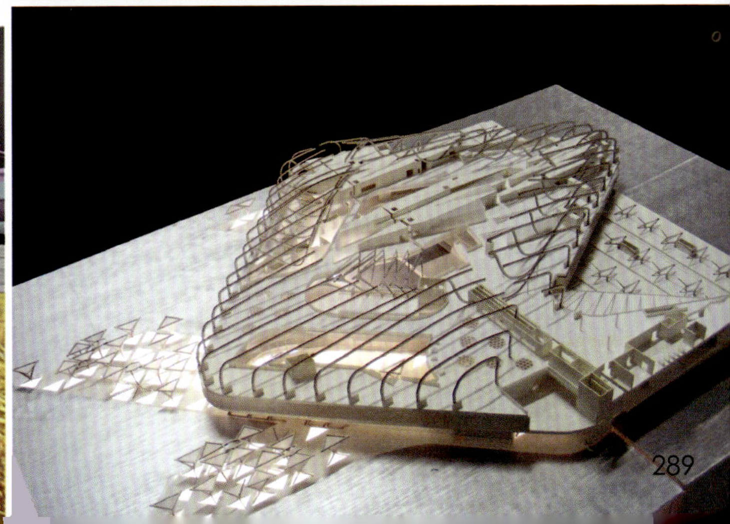

SIAD 蘇州設計

苏州设计研究院股份有限公司
Suzhou Institute of Architectural Design Co.,LTD

查金荣

1990年毕业于清华大学建筑系，研究员级高级建筑师，国家一级注册建筑师。现任苏州设计研究院股份有限公司总经理。多年来从事建筑设计和建筑理论研究，特别对历史文化传承和绿色节能环保两方面进行了长期深入的实践性探索。由其主持设计的多项作品已获得国家、部省、市等各级优秀工程设计奖，并具有一定的社会影响力，广受好评。

教育背景

1990年 清华大学/建筑学学士学位
2004年 香港大学/房地产硕士学位

主要获奖作品

苏州设计新办公楼——星海街9号厂房改造项目	获国家三星级绿色建筑运行标识 获江苏省优秀工程设计一等奖
书香世家·平江府酒店	获江苏省优秀工程设计一等奖
苏州大学理工实验楼	获江苏省优秀工程设计一等奖
苏州伊顿国际学校	获中勘协优秀设计二等奖
苏州慈济园区规划设计建筑工程	获江苏省优秀工程设计一等奖
苏州太湖文化论坛国际会议中心	获江苏省优秀工程设计二等奖
东山宾馆三期综合楼	获江苏省优秀工程设计三等奖
江苏省木渎高级中学新校区	获中勘协优秀设计二等奖

个人荣誉

江苏省优秀青年建筑师
江苏省优秀勘察设计师
江苏省有突出贡献的中青年专家
江苏省建筑师学会建筑创作专业委员会委员
江苏省“333工程”培养对象
苏州科技学院兼职教授
东南大学工程硕士联合培养导师

地址：江苏省苏州工业园区星海街9号
邮编：215021
电话：0512-65150100
传真：0512-65230783
网址：www.siad-c.com

苏州设计研究院股份有限公司前身为创建于1952年的苏州市建筑设计研究院。目前拥有在编员工500余人，其中，享受国务院政府特殊津贴专家2人，省突出贡献的中青年专家1人，江苏省“333工程”人才11人，江苏省抗震审查专家3人。教授级高级建筑师、教授级高级工程师40余人，高级建筑师、高级工程师80余人，国家一级注册建筑师、工程师110余人，外籍设计师10多人。

公司目前业务涵盖建筑设计、规划与城市设计、景观、室内设计、绿色建筑咨询与设计总承包管理以及轨道交通上盖物业设计等，并与美国SOM、RTKL、Gensler、英国凯达环球Aedas、德国Henn、香港RMJM、日本安藤忠雄等多家世界知名建筑设计机构建立了长期合作关系。在“中国元素”与“绿色节能”两大发展战略的指引下，成功参与完成苏州博物馆、书香世家·平江府酒店及无锡尚德太阳能电力有限公司等多个优秀项目。近10年来囊获多个国家金奖，200多项省部级以上奖项。

苏州设计坚持走科技创新之路，大力推动企业转型升级。2011年，省级工程技术研究中心——江苏省（赛德）绿色工程技术研究中心落户我公司。同年，公司获得江苏省2011年度高新技术企业的认证，成为我省首家建筑设计行业高新技术企业。

苏州设计将始终秉承“传承历史，融筑未来”的使命，融合柔美、优雅的吴文化精髓，探索创新企业发展道路和适合现代城市发展的新形势、新风格，打造融经典与精致、创新与超越于一体的苏州设计品牌。

TAIHU CULTURAL FORUM INTERNATIONAL CONVENTION CENTER, SUZHOU

苏州太湖文化论坛国际会议中心

项目业主：苏州太湖国家旅游度假区管理委员会
项目地点：江苏 苏州
用地面积：43 865平方米
建筑面积：65 783平方米
设计时间：2007年
竣工时间：2009年
设计单位：苏州设计研究院股份有限公司
设计团队：查金荣、戴雅萍、蔡爽、陈苏琳、朱纪原、吴树馨、梅灵灵、陈苏、钱沛如等
摄　　影：查正风

设计将主体建筑结合山水轴线，以层层退台的形式化解了庞大的建筑体量对湖面的压迫感，为湖面留出一片广阔的背景。内部根据功能需要，将大空间通过巧妙的钢结构设计层层叠加，满足内部使用需求。在会议中心主体建筑的西南侧采用散点式的布局方式设计了一组1~2层高的餐饮接待楼，水面自南侧引入蜿蜒水体，至餐饮接待楼后扩大为一片宁静的池塘，衬托出这一区域的精致、典雅，宛如小家碧玉静立在“姑苏台”之侧。

SIAD NEW OFFICE BUILDINGS, XINGHAI STREET, NO. 9 PLANT TRANSFORM

苏州设计新办公楼：星海街9号厂房改造

项目业主：苏州设计研究院股份有限公司
项目地点：江苏 苏州
用地面积：18 547平方米
建筑面积：11 552平方米
设计时间：2009年
竣工时间：2010年
设计单位：苏州设计研究院股份有限公司
设计团队：查金荣、戴雅萍、蔡爽、吴树馨、袁雪芬、陈苏、华亮、钱沛如等
摄　　影：查正风

项目位于苏州古城东侧的工业园区，在最大化利用与保留原有建筑结构的前提下，结合适宜苏州地方气候与文化特色的建筑被动节能技术：开挖内部庭院，引入凉风习习的“穿堂风”，将上乘天光、下接地气的 “天井绿”变身为建筑的空中走廊，将江南民居天井里的 “四水归堂” 演绎为雨水回收系统；同时利用本土树种对建筑的气候进行调节，达到生态绿化与建筑的和谐统一。

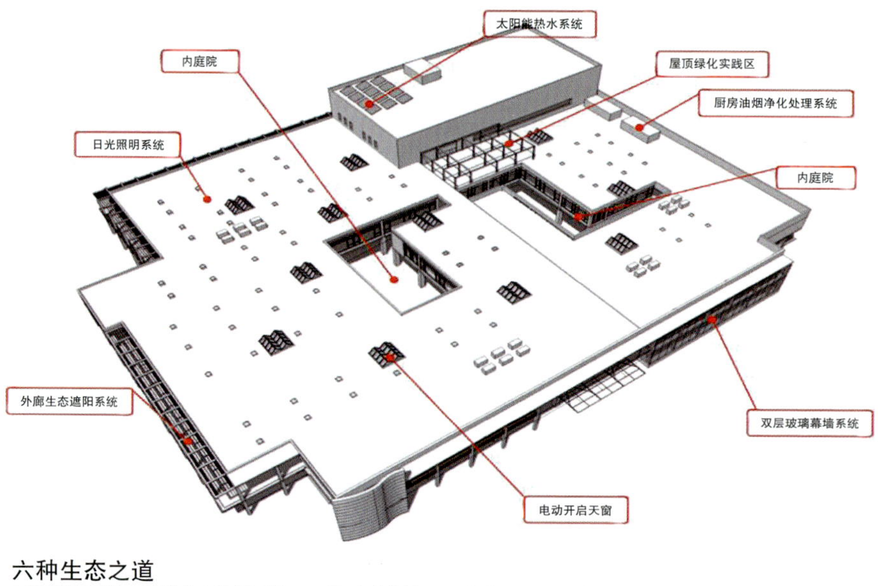

六种生态之道

日光照明系统、外廊生态遮阳系统、双层玻璃幕墙、雨水收集回用系统、自然内庭院、绿化覆盖的屋顶

SCHOLARS HOTEL · PINGJIANGFU

书香世家·平江府酒店

项目业主：苏州书香世家平江府酒店有限公司
项目地点：江苏 苏州
用地面积：15 798平方米
建筑面积：19 233平方米
设计时间：2009年
竣工时间：2010年
设计单位：苏州设计研究院股份有限公司
设计团队：查金荣、蔡爽、顾苗龙、梅灵灵、施澄宇、周永贵、刘仁猛、徐小舟、罗志君等
摄　　影：查正风

以苏州平江历史街区内一处旧厂区和控保园林改造成五星级酒店为案例，通过对旧建筑、园林改造与整合前后的对比，总结探索在追寻旧建筑、旧园林历史记忆的同时完美体现酒店的功能，并将这段历史文化延续在酒店设计的各个角落。“府邸之书香世家”“大堂之欲扬先抑”“游泳池之一线天光”“客房之别有洞天”的景象，在这里成就了“书香门第”的“蜕变”。

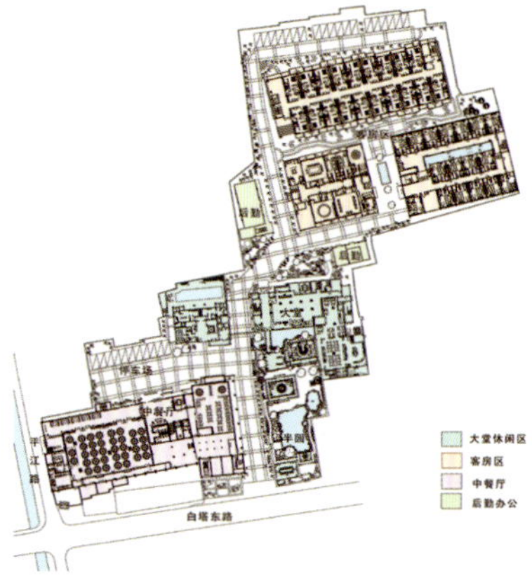

改造后总平面图

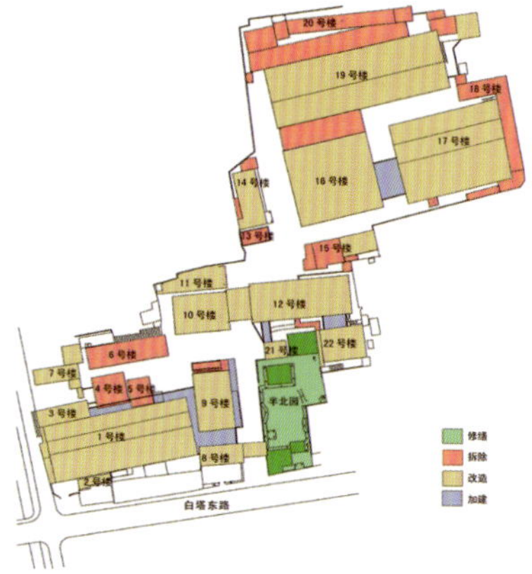

改造前总平面图

书香世家·平江府酒店
SCHOLARS HOTEL · PINGJIANG FU

知足轩

PLANNING AND DESIGN OF CONSTRUCTION WORKS OF SUZHOU CIJI PARK

苏州慈济园区规划设计建筑工程

项目业主：苏州慈济慈善志业中心有限公司
项目地点：江苏 苏州
用地面积：37 261平方米
建筑面积：63 218平方米
设计时间：2009年
竣工时间：2011年
设计单位：苏州设计研究院股份有限公司
设计团队：查金荣、张胜松、梅灵灵、叶永毅、陆建清、陈苏、沈丽芬等
获奖情况：江苏省优秀工程设计一等奖
摄　　影：查正风

项目位于原苏州21中旧址，苏州市古城区内西侧，西、南侧和外城河紧密相连，视野开阔，是环古城景观带上的一个重要节点。设计引入了"琉璃同心圆"的概念，以静思静舍为核心，静思堂、高科技健检中心、培训教育中心、慈济志业中心环绕周围，整个建筑群形式完整，组合有机。象征慈济世界宛如晶莹剔透的琉璃，辐射出力量，将全世界慈济人紧密团结起来。建筑形态处理上简洁大方，精巧雅致，既保持了慈济建筑文化的一贯特色，又不失优雅江南气质。

DONGSHAN HOTEL COMPOSITE BUILDING (PHASE III)

东山宾馆三期综合楼

项目业主：苏州市苏信项目投资管理有限公司
项目地点：江苏 苏州
用地面积：75 080平方米
建筑面积：14 835平方米
设计时间：2005年
竣工时间：2006年
设计单位：苏州设计研究院股份有限公司
设计团队：查金荣、蔡爽、梅灵灵、戴雅萍、陈苏、唐韶华、华亮、陆建清等
获奖情况：江苏省优秀工程设计三等奖
摄　　影：查正风

项目作为接待国家级首长及外国元首的基地，东临太湖，西面靠山，南面与历史悠久的苏州园林启园毗邻。综合楼以苏州传统文化为根本，结合现代建构技术，体现时代精神和苏州特色。设计摒弃了豪华、奢靡的负担感，多了几分山水环绕的家园感。为了减少西面环山公路、民房对宾馆的干扰，运用了人工堆山植树的阻挡方法，并将动力中心藏于土丘之下。而面向太湖的一侧则完全打开，美妙湖景尽收眼底。

ARCHITECTS

曾益海工作室

ZENG YIHAI STUDIO

曾益海

教授级高级工程师
国家一级注册建筑师
国家注册规划师
香港建筑师学会会员
湖南省建筑师学会副理事长

从事规划建筑设计工作 20 余年，现任中铝国际长沙有色冶金设计研究院总建筑师。

将可持续发展思想及生态设计策略与方法运用到规划建筑设计领域并进行了较深入的研究，技术创意充分结合项目所在地域的生态气候及文化特性。

项目设计既涵盖大型城市综合开发项目、高科技园区规划、人居环境规划，又同时关注现代乡土建筑的发展与研究。

在现代办公、通信、酒店、文化教育及居住建筑等多方面迭有佳作。

2008 年获湖南省建设厅、人事厅联合授予的“优秀勘察设计师”荣誉称号。

地址：湖南省长沙市解放中路199号
电话: 0731-84397140
传真: 0731-84458515
网址: www.cinf.com.cn
电子邮箱: zyh6889@126.com

中铝国际 CHALIECO

长沙有色冶金设计研究院有限公司

长沙有色冶金设计研究院有限公司成立于 1953 年，是我国最早设立的大型综合性设计研究单位之一。2011 年 3 月成为中铝国际工程有限责任公司出资设立的一人有限责任公司。

公司现有在册职工 800 余人，其中工程技术人员 667 人，包括全国工程勘察设计大师 1 人、全国有色金属行业设计大师 3 人、享受政府津贴专家 32 人、高级职称 268 人，460 余人次具备国家注册建筑师、注册结构工程师、注册采矿 / 矿物工程师等各类执业资格。经过 50 多年的努力，公司现已发展成为拥有采矿、选矿、地质、冶炼、建筑、结构等 37 个技术专业，可从事工程咨询、工程设计、工程总承包、工程监理、工程勘察、工程施工、环境评价、科学研究和技术开发等多种经营的大型国有企业。工程总承包连续 6 年被中国工程项目管理联合网评为“百强企业”。

在建筑设计领域，公司是最早取得建筑工程甲级资质的设计单位之一，在湖南省最早从事高层建筑设计。业务范围涵盖从民用到工业，从建筑到规划等方面，技术力量雄厚，设计经验丰富，承接过全国各地多个大型项目的规划及建筑设计，部分建筑成为所在城市的标志性工程，包括湖南国际金融中心、华天大酒店、湖南财信大厦、东方百联商厦、湘江壹号等多个设计项目获得省、部级和国家级优秀工程设计奖或科技进步奖。

ARCHITECTURE AND URBAN PLANNING COLLEGE, MODERN PACKAGING INSTITUTE AND SCHOOL HISTORY ARCHIVES, HUNAN UNIVERSITY OF TECHNOLOGY

湖南工业大学建筑与城乡规划学院、现代包装研究所、校史档案馆

项目业主：湖南工业大学
建筑功能：建筑与城乡规划学院、现代包装研究所、校史档案馆
建筑面积：17 695平方米
设计单位：曾益海工作室
设计团队：曾益海、杨智超、胡立凡

项目地点：湖南 株洲
设计时间：2013年
项目状态：在建

基地东面紧临校园轴线和图书馆，西面为风景秀丽的西湖，根据山、湖面、广场与场所的关系，整体布局采用平行、错位、对话的布局模式，形成了以中间圆形空间为参照的“U”形平面骨架及复合空间结构形态。院落把各个建筑单元有机串联起来，虚实相映，突显了建筑与院落、建筑与建筑之间的呼应。方案寻求建筑与环境的交流对话，顺应自然环境，有机的退合与生长，营造出唯美的建筑之画、校园之景。建筑突破常规的设计，以中国传统建筑砖的“砌”与“堆”，演绎建筑与文化共融的乐章。

建筑与城乡规划学院

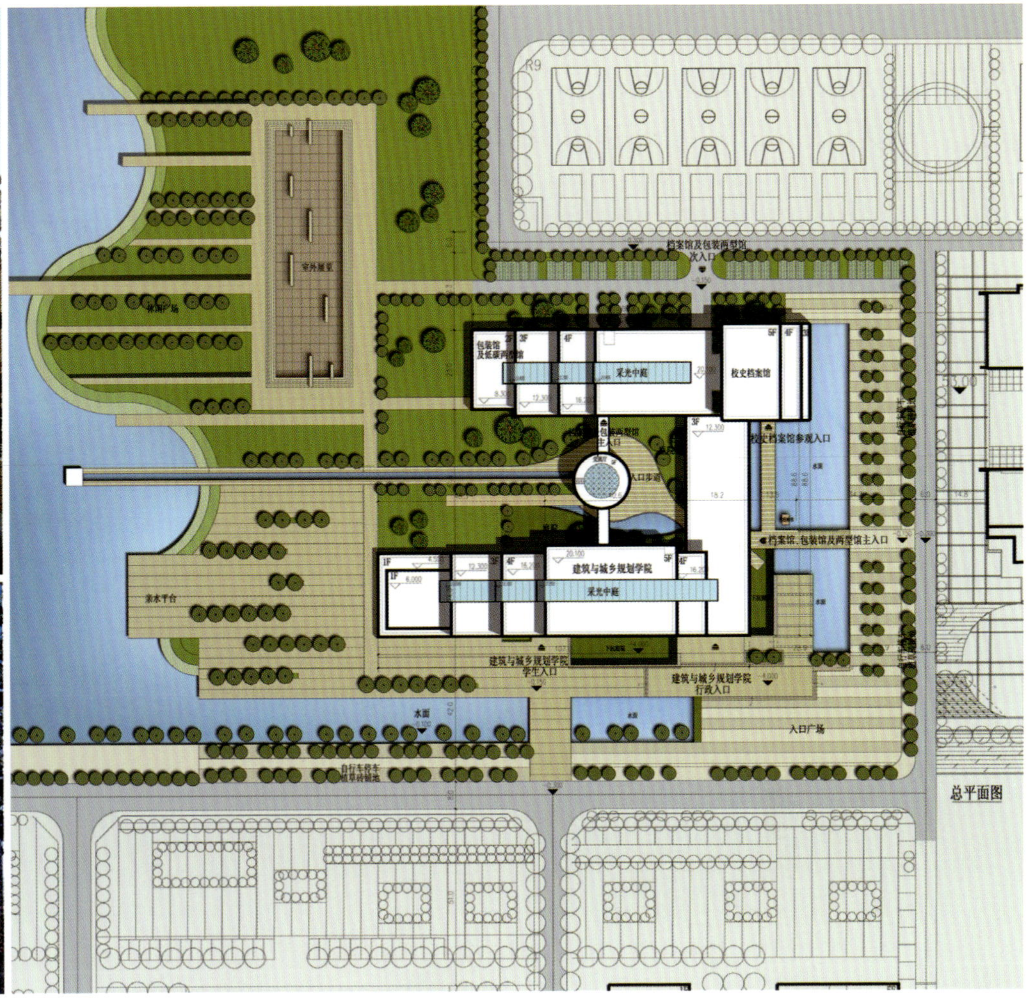

规划理念

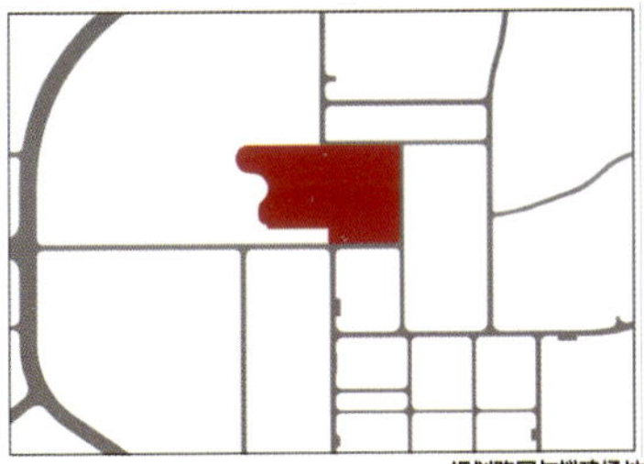

规划路网与拟建场地
位于校园主要环道内

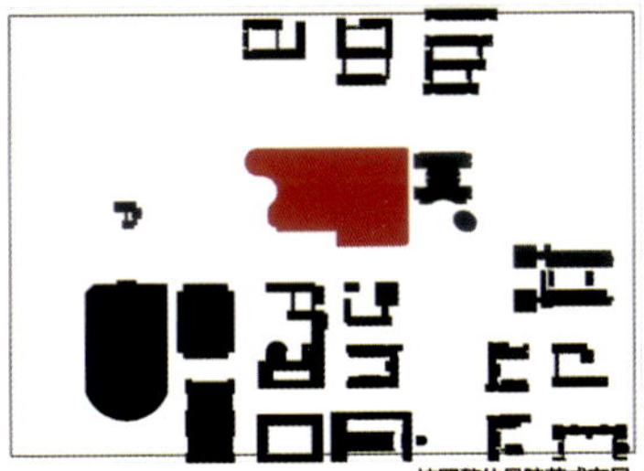

校园整体呈院落式布局

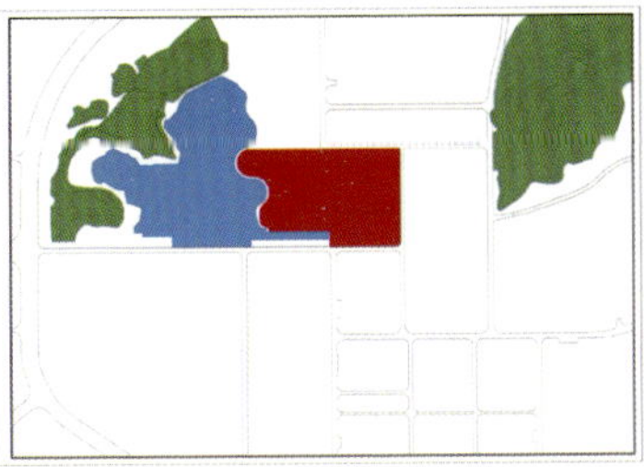

山体、水面与拟建场地
位于自然景观核心圈

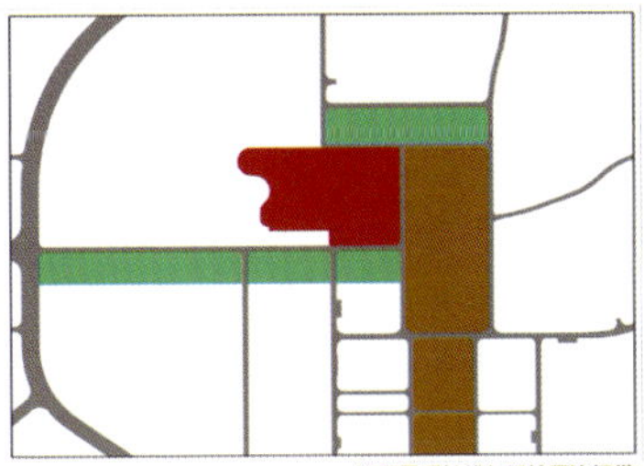

校园景观轴线与场地周边绿带
濒临校园空间主轴线

环境设计

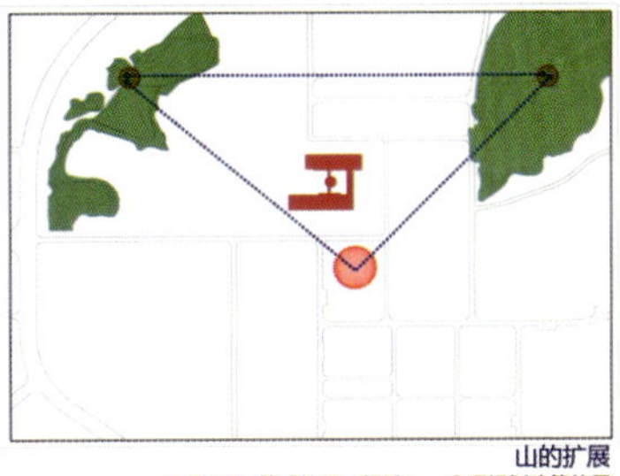

山的扩展

保留山体 筑成校园“绿肺”，合理规划建筑位置
山体，广场，建筑三者之间视线流畅，形成视线通廊

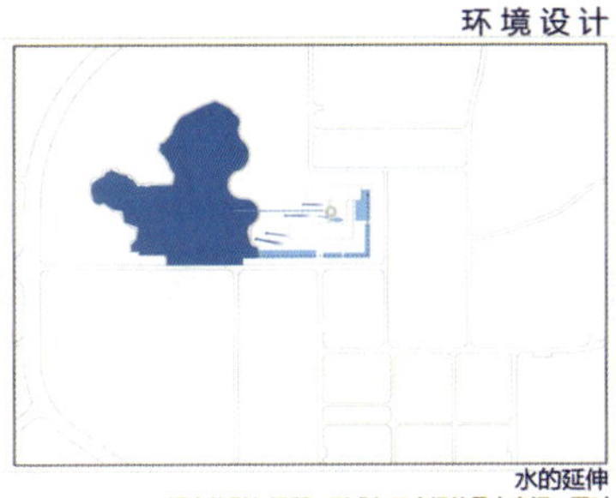

水的延伸

把水体引入场所，形成入口广场的叠水空间，同时
从建筑中心引出水槽，强化建筑对西侧水体的指向。
丰富场所内的空间环境，增加了空间情趣

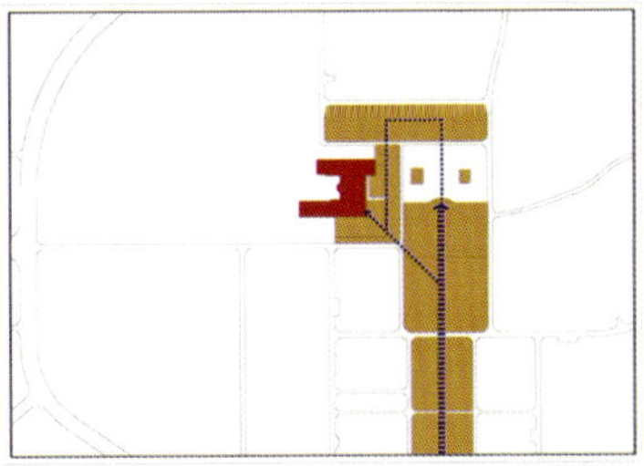

广场的沉淀

基地东南角设计入口广场，巧妙地咬合了校园中心广场，有机地
延续了校园空间环境界面，将校园公共空间引入建筑内部

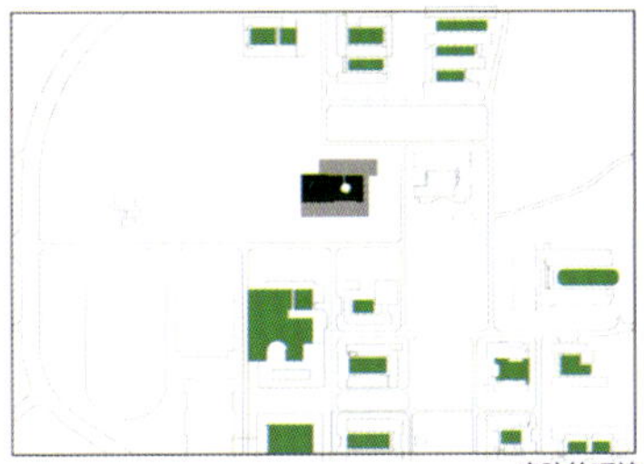

庭院的延续

延续校园庭院式布局，保持校园整体肌理的
一致，建筑内部围合成“U”形庭院

建筑设计理念之 建筑的自然属性

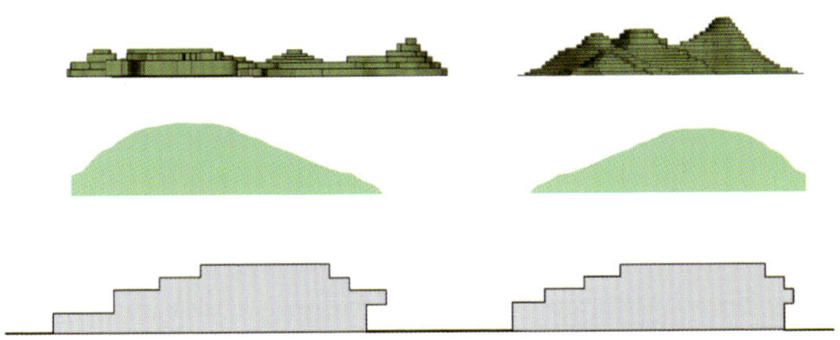

场地两侧保留山体

营造良好校园环境，山峰延绵
起伏的轮廓，触发设计灵感。

简化山体形象，提取山体元素

将起伏的山峰进行形象简化，
提取山峰最明显的视觉特征。

立面采用错位手法，强化建筑山体
雕塑感，用建筑语言表达山体元素

建筑侧面采用退台的处理方式拟山
形，正面采用凹凸错位的手法，强
调山体“堆砌”之态。

中国传统砖的型号与砌法

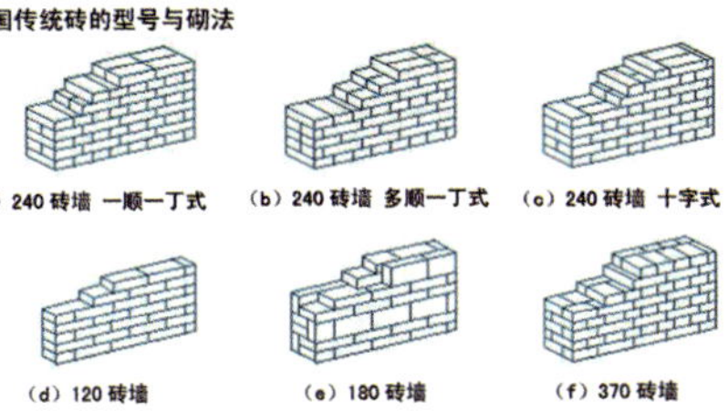

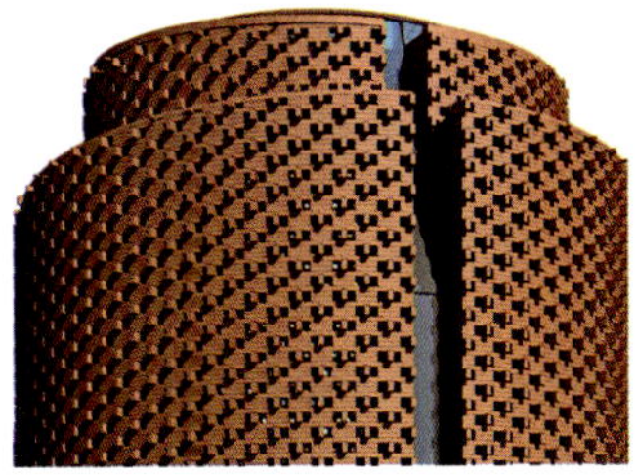

建筑设计理念之 建筑的文化属性

建筑是城市文化的重要载体，也是体现校园文化的重要标志。本方案通过大胆创新，突破常规的设计，以中国传统建筑“ 砖 ”文化为载体，通过砖的“ 砌 ”与“ 堆 ”巧妙设计，演绎了建筑与文化共融的乐章，彰显了建筑的细节之美、空间之美

MEIXIHU RESEARCH AND DESIGN CENTER OF MCC

中冶长天梅溪湖科研设计中心

项目业主：中冶长天
用地面积：78 061平方米
建筑功能：办公、科研
项目状态：方案
设计团队：曾益海、喻敏

项目地点：湖南 长沙
建筑面积：180 000平方米
设计时间：2013年
设计单位：曾益海工作室

梅溪湖是长沙最具活力的国际新城，湖光山色，环境优美。中冶长天科研设计中心设计方案强调基地与城市周围环境的交流与对话：营造门户形象，与艺术中心共存，延伸城市山水绿轴。方案以律动的规划、翼动的形态任由建筑自由伸展，通过节奏、叠加、连续曝光等手法，在静止的画面上，展示出连续的运动变化。各栋建筑敧侧多姿，不拘一格，形成具有特定湖岸场域气质的建筑群。岸边的建筑布置如同飞鸟翔集，随着音乐的节拍振翅欲飞，流动的建筑不再只为某个瞬间或特定角度的展示而设计，营造出现代建筑动态的、全景的审美意象，让“凝固的音乐”在湖面的波光中流淌。

HUNAN PROVINCIAL ART MUSEUM

湖南省美术馆

项目业主：湖南省文联
建筑功能：陈列、展览、收藏、研究
建筑面积：33 517平方米
项目状态：方案
设计团队：曾益海、胡立凡、朱鑫田

项目地点：湖南 长沙
用地面积：50 750平方米
设计时间：2013年
设计单位：曾益海工作室

美术馆是文化与艺术的重要载体，湖南省美术馆的建筑形态与空间是对湖南文化与艺术发展历程的诠释。方案融合传统与现代、区域与城市、技术与艺术，表达出对湖南人文特质的理解与再现。通过对最具地域代表性的湘江与岳麓山的空间分析，方案试图寻找建筑形态与三湘大地山水之间的同构关系，塑造一种与大地感应的线性而流动的空间结构，使人感受到独特的湖湘人文特质。方案创造性地以岳麓书院的庭院、天井等空间结构与当代展览空间有机组合，通过肌理、切割、裂变、虚空等设计手法，为参观者营造了穿行于一重又一重“画景”中的空间感受。

湖南省美术馆

INNOVATION BASE OF E-COMMERCE PRODUCTS OF CHINA MOBILE

中国移动电子商务有限公司电子商务产品创新基地

项目业主：中国移动电子商务有限公司
用地面积：67 234平方米
建筑功能：办公、科研
项目状态：方案
设计团队：曾益海、孙飞龙、高小懿
项目地点：湖南 长沙
建筑面积：100 432平方米
设计时间：2013年
设计单位：曾益海工作室

结合中国移动的企业理念体系及核心价值观，设计整体稳健、简约，表现出行业的理性与专业。中心景观、庭院景观、空中花园、屋顶景观等多个交流空间体现出以人为本的建筑感性。南北向的中心生态景观主轴贯通内外、联系南北，在重要节点位置布置广场，保证了功能布局与空间结构的完整性。东西向的生态景观轴将河道绿化带及山体景观引入地块，功能联系轴线将建筑、环境紧密结合起来。建筑内部设计人性化交流空间，使室内外环境交融，达到城市、建筑、环境的沟通和融合，创造了一个舒适、高效、生态、灵活的业务、办公及科研场所。

周凌工作室

周凌

南京大学建筑与城市规划学院/教授/建筑系副主任/硕士生导师

教育背景

2002—2008年　东南大学/建筑学院博士学位
1997—2000年　东南大学/建筑学院硕士学位
1989—1993年　昆明理工大学/建筑系学士学位

工作经历

2012—2013年　南京大学建筑与城市规划学院/建筑系/副系主任
2012年至今　南京大学建筑与城市规划学院/教授
2008年至今　担任江苏省南京市、浙江长兴市等地城乡建设系统/专家
2005—2012年　南京大学建筑学院/副教授/院长助理
2001—2005年　南京大学建筑研究所/讲师
2000—2001年　上海华汇建筑设计事务所/主任建筑师

个人荣誉

2012年　荣获《世界建筑》"WA"建筑奖
2012年　荣获南京大学京英奖教金
2011年　荣获江苏省高等教育教学成果奖二等奖
2011年　荣获全国第8、9、10届大学生建筑设计作业观摩评选 优秀教案奖
2011年　荣获南京大学教学成果特等奖
2011年　荣获南京大学石林集团奖教金
2010年　应邀参加威尼斯双年展
2009年　荣获南京大学建筑学院优秀教师奖
2007年　应邀参加上海首届40x40——华人建筑师展
2005年　主持瑞士联邦蒙德里索建筑学院国际工作营
2006年　主持挪威奥斯陆建筑学院国际工作营
2005年　应邀参加上海国际建筑设计规划展
2004年　荣获第五届中国青年建筑师奖（中国建筑学会最高荣誉奖）
2003年　荣获中国青年建筑师奖设计竞赛奖（中国建筑学会最高荣誉奖）

获奖作品

常州秀江南别墅区规划设计　荣获中国建筑设计奖（建筑创作）金奖
　　江苏省城乡规划一等奖
南京理工大学学生生活区　荣获江苏省城乡规划二等奖
南京大学教学综合楼　荣获江苏省城乡规划三等奖
宁通高速公路收费站房　荣获江苏省中青年建筑师建筑创作奖二等奖
西安城墙改造设计竞赛　荣获新纪元中国青年建筑师奖设计竞赛奖

代表作品

吴江滨湖新城/标志性建筑
绿地21世纪商城汽车mall、soho办公、影城
武进滆湖别墅规划设计
阿尔及利亚奥兰大学建筑系扩建
上海青浦生态厂房规划设计
江都市行政中心规划以及政府大楼设计
常州钟楼区政府大楼
绿地21世纪企业公园
泰州高港柴墟水景街区规划建筑设计
上海世博公园建筑七座
长江路长江南北货地块城市设计
南京大学百年纪念堂
兴化行中中心档案馆

地址：江苏省南京市汉口路22号南京大学建筑学院
传真：025-83621622
电话：025-83621621
网址：www.chinese-architects.com
电子邮箱：zl7070@163.com；zhoulingarch@yahoo.com

APARTMENT WITHOUT CORRIDOR

没有走廊的公寓

项目业主：私人
项目地点：江苏 南京
建筑面积：124平方米
建筑功能：住宅
设计时间：2007年
项目状态：建成
设计单位：周凌工作室
主创设计：周凌
摄　　影：周凌

没有走廊的公寓打破了中国常规户型三室一厅的格局，公寓没有采用固定的房间分类模式，而是将平面划分为不同的功能区。设计师将隐蔽的走廊放置到进深中部，两侧以家具的宽度定位，串联起开放的空间，在公寓中形成园林般的行走流线。

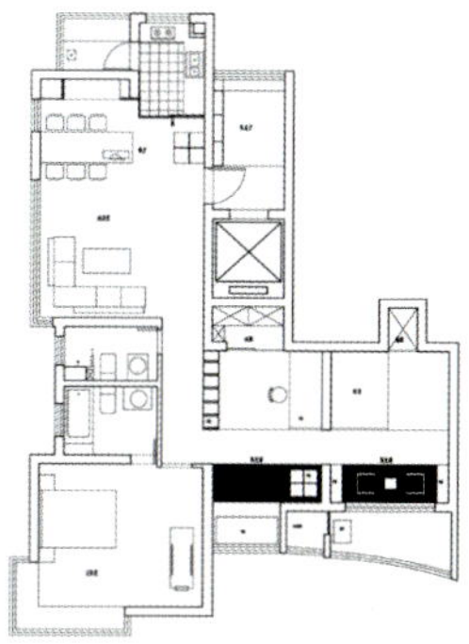

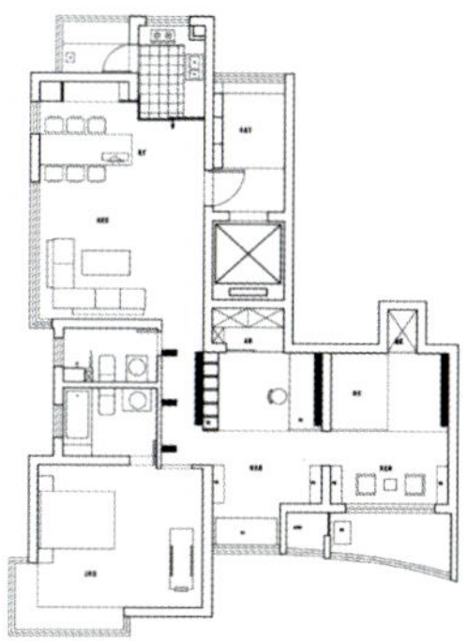

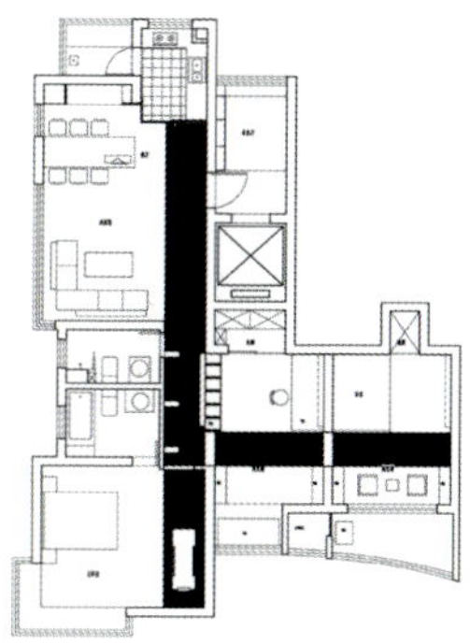

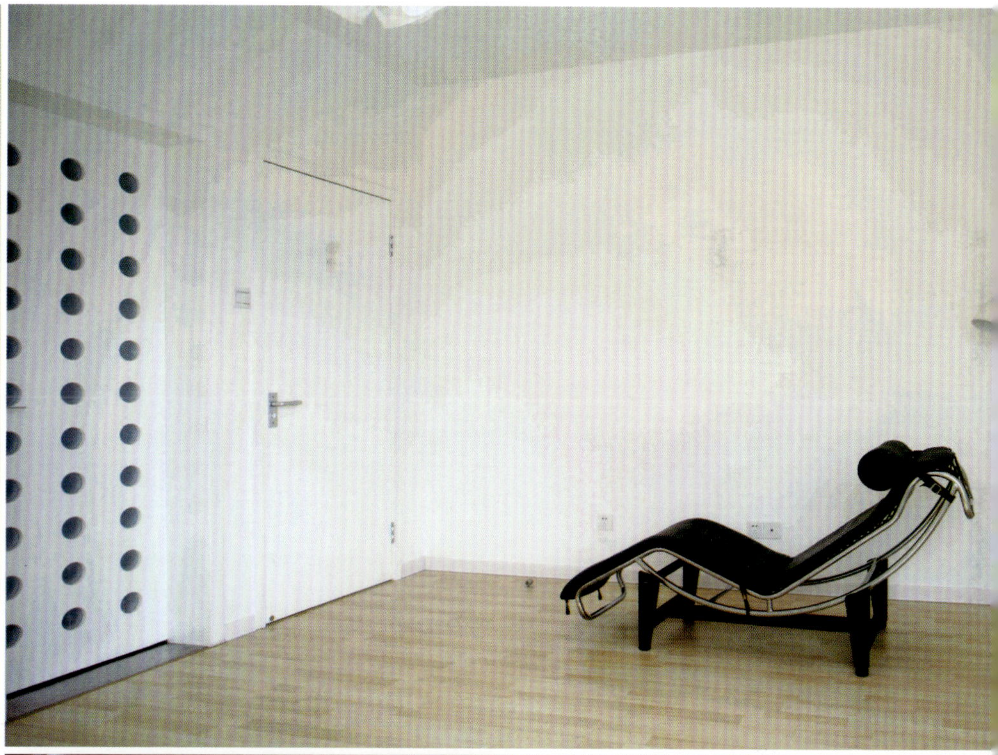

DAISHAN PRIMARY SCHOOL

岱山小学

项目业主：南京商茂房地产开发有限责任公司
用地面积：18 864平方米
建筑功能：学校
项目状态：在建
主创设计：周凌

项目地点：江苏 南京
建筑面积：11 910平方米
设计时间：2010年
设计单位：周凌工作室

这是一个位于坡地上的小学，主要的想法是使建筑成为一块顺应坡度的长方块，类似于一道石坎嵌在坡地上。建筑由一条长廊串联起来，东侧是特殊用途的教室和教师办公区，西侧是由18个班组成的普通教室，房间之间都安排了很多庭院供人活动。

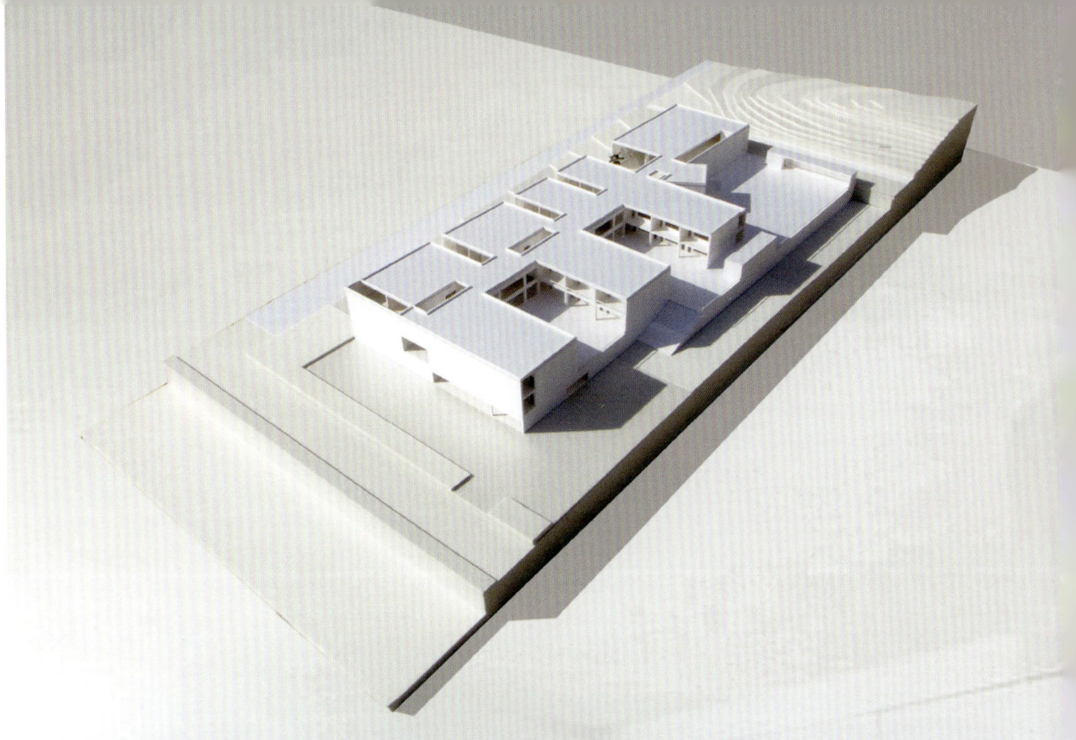

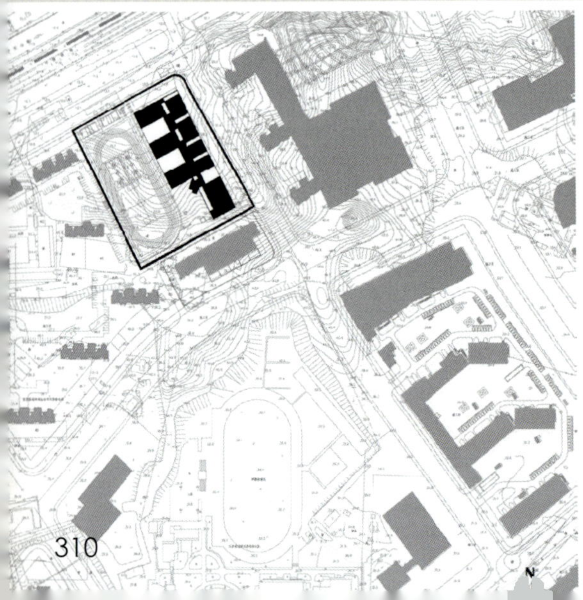

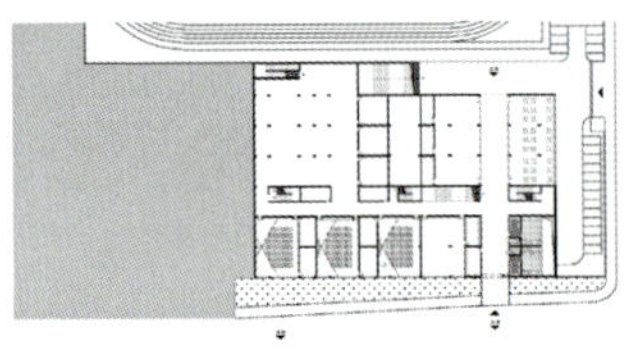

一层平面图

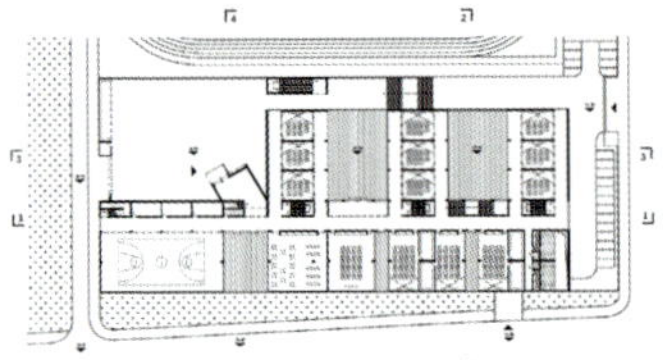

二层平面图

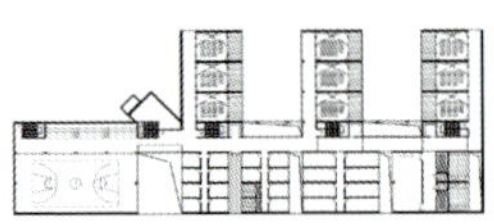

二层平面图

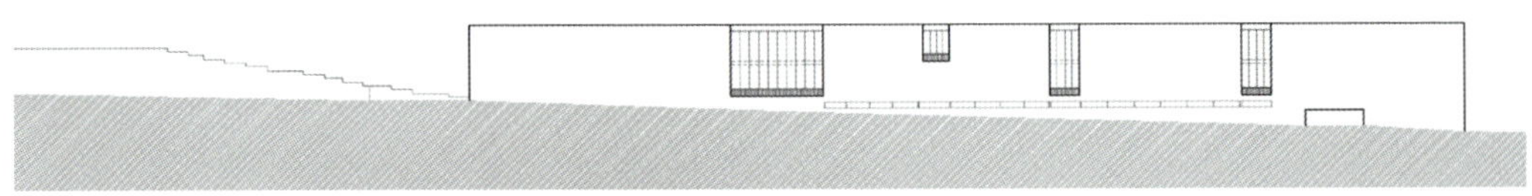

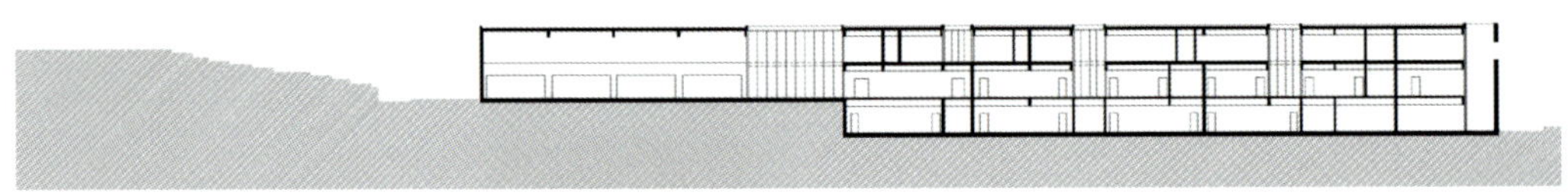

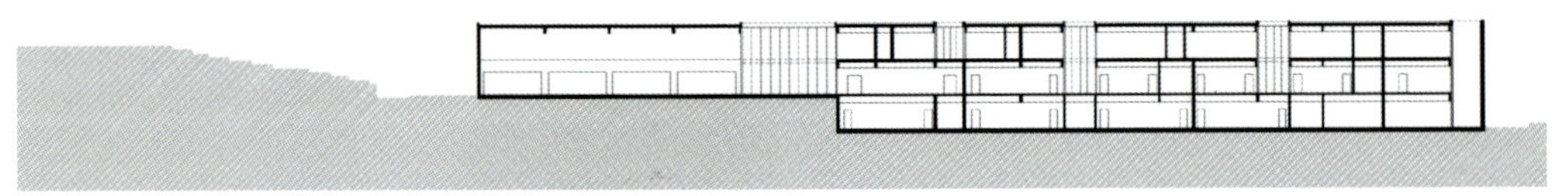

CHANGZHOU RIVERSIDE VILLAS

常州水乡院宅

项目业主：长兴集团有限公司	项目地点：江苏 常州
用地面积：145 319平方米	建筑面积：100 000平方米
建筑功能：住宅	设计时间：2008年
项目状态：建成	设计单位：周凌工作室
主创设计：周凌、王骏阳	摄　　影：金日摄影

项目规划设计秉承江南水乡的传统意象，在空间序列上汲取江南水乡的精髓，形式上摒弃传统符号再现，采用完全现代的手法、材料和建造技术来体现新时代的水乡风情。院宅单体以传统院落式住宅为原型，融合中式园林的做法，形成二进三院的经典户型。住宅组团之间采用前河后街的总体布局，粉墙黛瓦，增添浓浓的水乡情趣，勾起人们对江南水乡的追忆，营造和谐、自然的人居环境。

WUJIANG NEW TOWN CENTRAL PLAZA

吴江新城中心广场

项目业主：吴江滨湖新城管委会
项目地点：江苏 苏州
用地面积：55 000平方米
建筑面积：88 000平方米
建筑功能：文化、商业
设计时间：2011年
项目状态：方案
设计单位：周凌工作室
主创设计：周凌

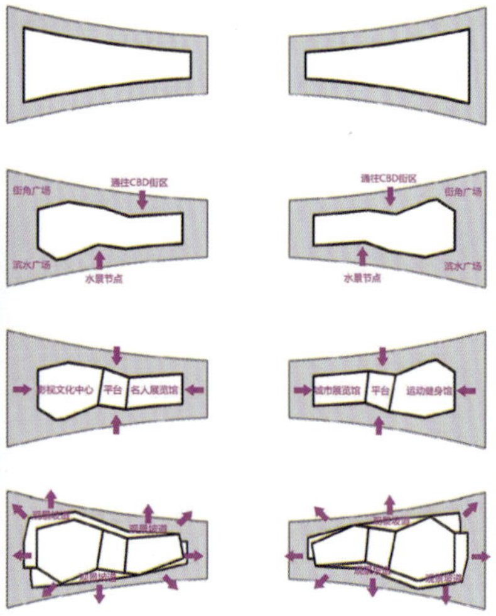
街角广场
通往CBD街区
滨水广场
水景节点
影视文化中心
平台
名人展览馆
城市展览馆
运动健身馆

交通分析图

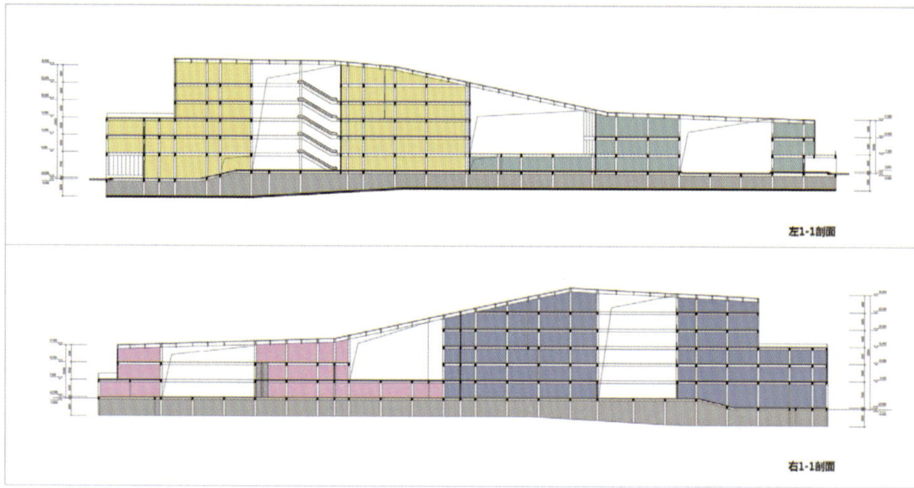
左1-1剖面
右1-1剖面

剖面图

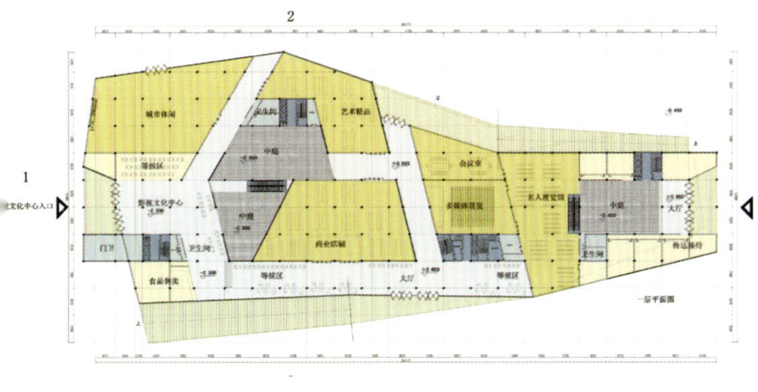

一层平面图

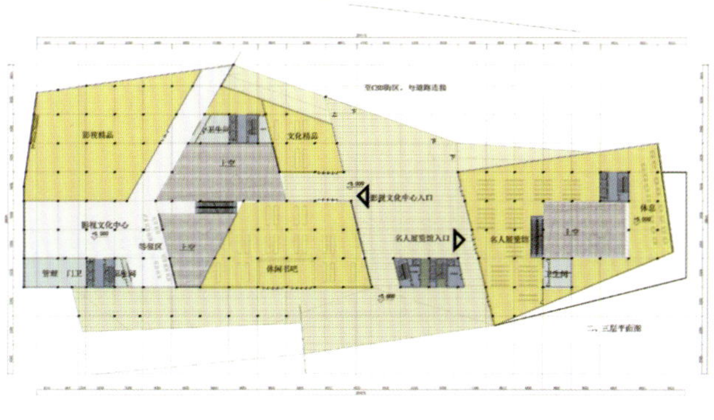

二、三层平面图

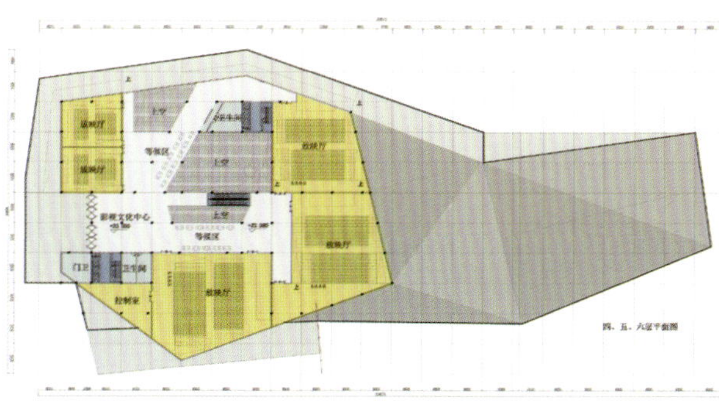

四、五、六层平面图

ARCHITECTS

郑重

副总经理/首席建筑师
国家一级注册建筑师

教育背景
1998年　沈阳建筑大学/学士学位
2009年　沈阳建筑大学/硕士学位

工作经历
1998—2005年　中国建筑东北设计研究院
2005年至今　沈阳万宸建筑规划设计有限公司/副总经理/首席建筑师

主要作品
辽宁省本溪市建设大厦、工会大厦及规划展示馆
辽宁省政府办公楼
辽宁省盘锦市广厦新城
辽宁省鞍山兴隆摩尔
辽宁省盘锦市辽河左岸

沈阳万宸建筑规划设计有限公司
SHENYANG WANCHEN ARCHITECTURE&PLAN DESIGN CO., LTD

沈阳万宸建筑规划设计有限公司为股份制有限责任企业，成立于2005年9月，具有中华人民共和国建设部颁发的建筑工程甲级设计资质及城市规划设计资质。

公司现有员工150余人，其中工程技术人员130余人，高级工程师19人，中级技术职称人员37人，国家一级注册建筑师4人，国家一级注册结构工程师5人，国家注册设备工程师3人，是一支既有理论知识，又有实践经验的高素质、高水准的设计团队。公司一直本着以人为本的管理理念，坚信员工的智慧和激情永远是公司发展的源动力，员工的团队精神永远是公司发展的最有力保障。

公司主要承揽建筑工程设计业务，自成立以来，坚持“以设计质量求生存，以诚信服务求信誉，以技术创新求振兴，以科学管理求发展”的宗旨，已先后完成了数百项、千余万平方米的工程设计项目，作品遍及辽宁省各主要城市以及吉林、黑龙江两省。业务范围涵盖大中型住宅园区、别墅、商业摩尔、酒店、写字楼、会展中心、博物馆、医院、学校等，诸如碧桂园花山、银河城别墅区、盘锦广厦新城、盘锦辽河左岸、长春世界名城、盘锦香堤水岸、葫芦岛金域华城、盘锦水韵澜庭、葫芦岛山城露园、葫芦岛龙湾恬园、阜新凯隆康桥、葫芦岛海天银座、鞍山兴隆大家庭、沈阳兴隆大奥莱、盖州兴隆百货、齐齐哈尔兴隆大厦、阜新大润发、盘锦兴隆宾馆、盘锦登舟宾馆、本溪天赐万豪酒店、盘锦辽滨接待中心、本溪建筑大厦、本溪工会大厦、辽宁省政府太原街2号办公楼、沈阳铁西区法院办公楼、阜新行政中心、葫芦岛人民银行办公楼、阜新会展中心、阜新国家矿山公园博物馆、昌图博物馆、本溪中心医院、骨科医院、中医院、康宁医院、盘锦职教城、本溪市卫生学校等。每一项作品都凝聚着设计人员的聪明才智和创作激情以及我们对追求品牌的执着，正是我们的不懈努力，使业主和社会认识了万宸、认可了万宸。

努力争创辽沈地区第一建筑设计品牌一直是万宸不懈的追求，为社会和业主回报优秀的作品和优质的服务是万宸一贯的执着。目前，全公司员工正以饱满的工作热情、精湛的业务水平期待着与您的合作。

地址：沈阳市和平区胜利南大街92号胜利大厦14楼
电话：024-83507869
传真：024-83507865
网址：www.wcjzsj.com
电子邮箱：wanchensj@sina.com

INCENSE EMBANKMENT WATERFRONT, PANJIN

盘锦香堤水岸

项目业主：辽宁京邦房地产开发有限公司
建筑功能：住宅小区
建筑面积：150 000平方米(一期)
项目状态：在建
设计单位：沈阳万宸建筑规划设计有限公司
主创设计：郑重
设计团队：张干阳、马玉才、李昕华、张涛、杨旭

项目地点：辽宁 盘锦
用地面积：2 000 000平方米
设计时间：2011年9月—2012年5月

项目基地基本为矩形，地势平坦、开阔。周边居住配套设施尚不完备。

路——用地西侧为营盘公路，利用此路现有的通向用地的两个入口，引出园区主路和环路。

水——用地西侧为天然水渠，引水入园，在园区中心做一个中心湖面，提高产品品质。

高压线——用地现状有多条高压线穿过，为解决这些问题，建筑师采用多种方式，将园区内道路、水流与景观绿化结合高压线布置，既解决了高压线问题，又解决了园区的景观与交通问题。

项目以洋房、小高层和别墅为主，局部为高层公寓。围绕湿地景观，充分利用景观资源，形成脉络感强烈的高品质生态别墅区。洋房和小高层组合布置形成多个组团，并在中心岛和湖边设计了多栋高层生态景观公寓。

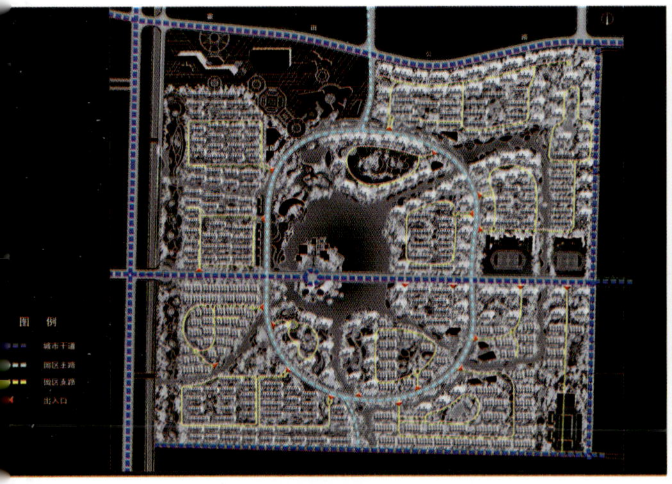

交通分析图

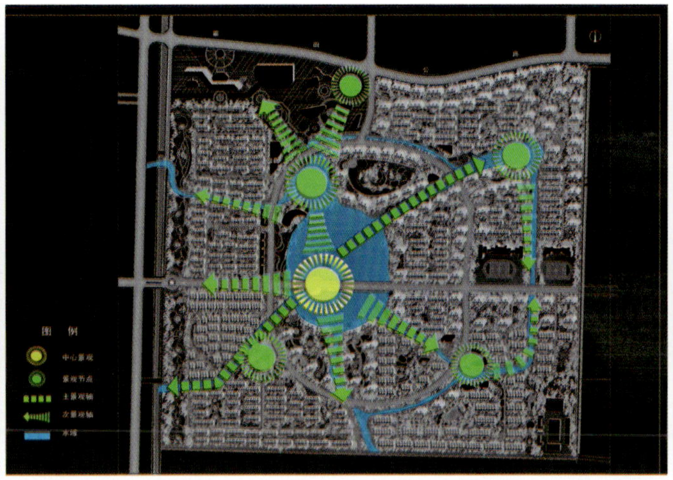

景观分析图

体块分析图

XINGLONG HAPPY FAMILY,ANSHAN

鞍山兴隆大家庭

项目业主：鞍山兴隆宝通房地产开发有限公司
项目地点：辽宁 鞍山
建筑功能：商业综合体
建筑面积：420 000平方米
设计时间：2011年1月—2011年12月
项目状态：在建
设计单位：沈阳万宸建筑规划设计有限公司
主创设计：郑重
设计团队：张千阳、周一谋、张涛、杨旭

项目建筑面积420 000平方米，是集商业、餐饮、儿童娱乐、体育公园、影院、不夜城等多业态的大型商业MALL。在MALL的功能形态上又叠加了运动休闲的功能板块，是比MALL更具包容性的综合体。

形象构思出发点是中国传统中象征财富、价值和吉祥的“金元宝”，从具象出发，以寓意为线索，把传统的形象和美好寓意在富于时代感的建筑立面上，重新焕发出新的生机。

面积配比分析

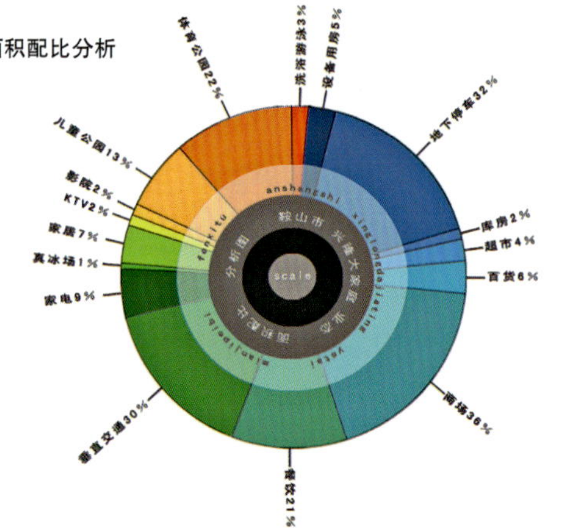

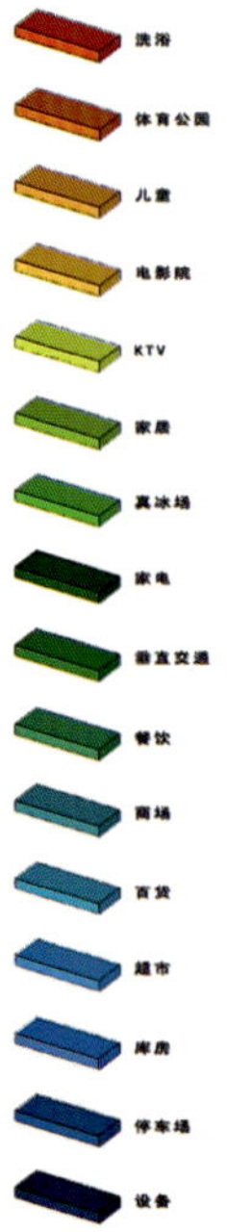

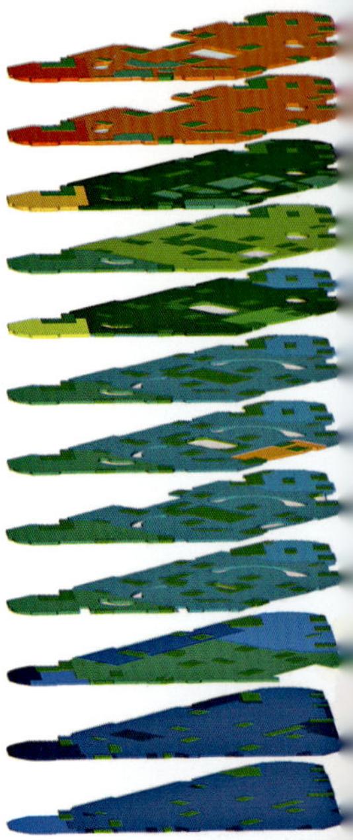

东北角立面图

东立面图

北立面图

西南角立面图

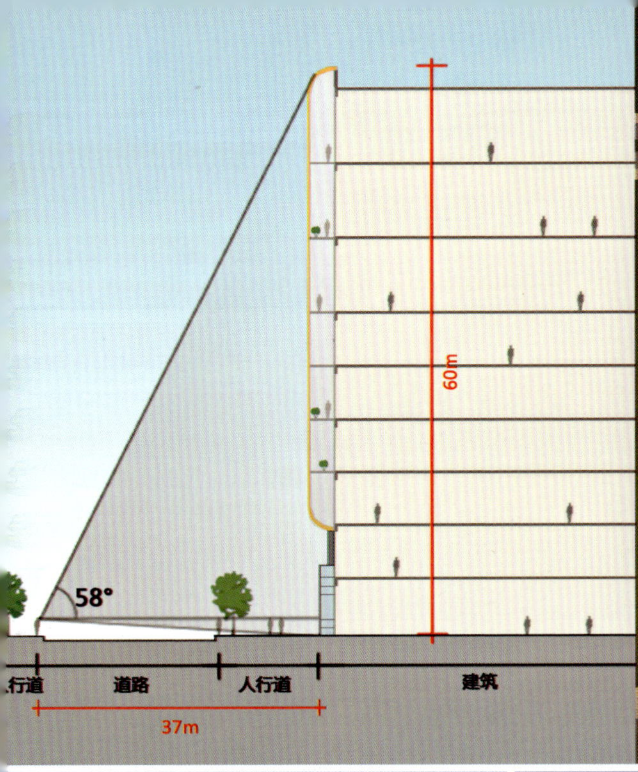
60m
58°
行道
道路
人行道
建筑
37m

大家庭
Happy Family
CHANEL

XINGUANGSHA (PHASE I), PANJIN

盘锦新广厦一期

项目业主：盘锦新广厦房地产开发有限公司
项目地点：辽宁 盘锦
建筑功能：住宅
建筑面积：400 000平方米
设计时间：2008年1月—2009年12月
项目状态：建成
设计单位：沈阳万宸建筑规划设计有限公司
主创设计：郑重
设计团队：张干阳、张涛、杨旭

本项目为综合地产开发项目，包括青年路文化商业街、影视城、公寓、办公、高档住宅、商业、宾馆等功能区。规划中以 条开发的水系景观连接各个开发形态形成多元融合并与城市周边区域互动的综合性地产大盘。立面形象为现代风格，中式韵味飘逸俊朗的钢屋面体系，整体的灰白色系，都反映出褪去浮华后的内敛和精致。

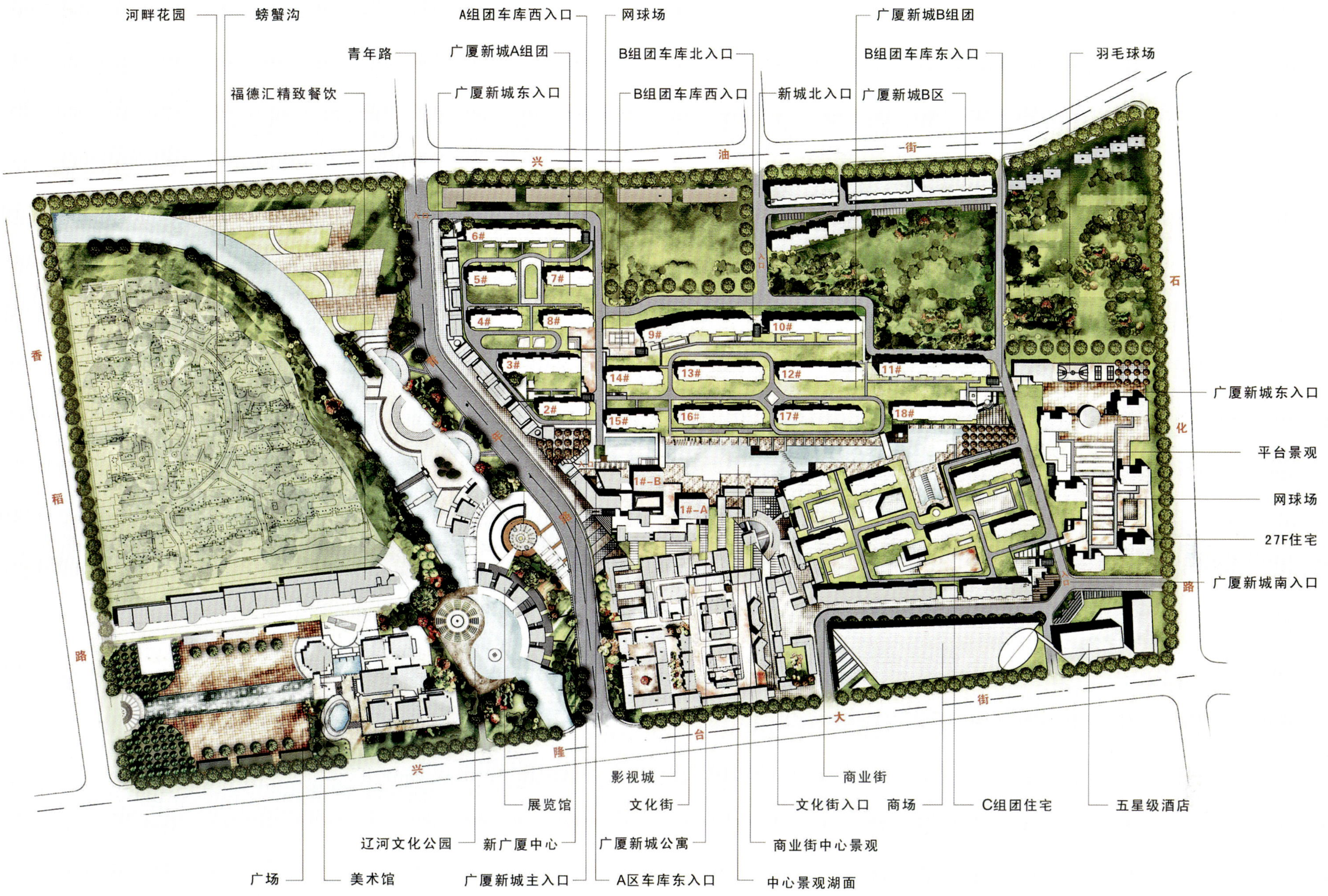
河畔花园
螃蟹沟
青年路
福德汇精致餐饮
A组团车库西入口
广厦新城A组团
广厦新城东入口
网球场
B组团车库北入口
B组团车库西入口
新城北入口
广厦新城B组团
B组团车库东入口
广厦新城B区
羽毛球场
兴油街
香稻路
石化路
兴隆台大街
广厦新城东入口
平台景观
网球场
27F住宅
广厦新城南入口
影视城
文化街
展览馆
辽河文化公园
新广厦中心
广厦新城公寓
广场
美术馆
广厦新城主入口
A区车库东入口
商业街
文化街入口
商场
C组团住宅
五星级酒店
商业街中心景观
中心景观湖面

STROLL ALONG THE MEDITERRANEAN, PANJIN

盘锦漫步地中海

项目业主：辽宁四方置业有限公司
项目地点：辽宁 盘锦
建筑功能：住宅
建筑面积：160 000平方米
设计时间：2010年1月
项目状态：建成
设计单位：沈阳万宸建筑规划设计有限公司
主创设计：郑重
设计团队：张干阳、张涛、于洋、杨旭、周丹

建筑师在进行总体规划设计时充分考虑基地的周边环境，基地西侧原有一条河流，充分利用水景优势，打造与城市天然融合的地中海原味风情。规划了贯穿南北方向的中心景观轴，从入口广场直到基地南侧的大型景观区，形成了园区景观的互动。

景观规划设计以人为本，完善小区景观绿化体系，结合步行空间序列规划设计了一条绿化景观带，通向园区的中心景观点。入口喷泉景观广场和中心轴，通过台地回廊小桥流水被有机地联系起来，形成一个完整的水景绿化系统，在其间布置水面、台地、假山、瀑布等景观细节，都是独具地中海特色的景观。景观绿地结合水系，为住户提供一个驻足、休息、集会、娱乐的港湾。

洋房南立面图

洋房北立面图

ARCHITECTS

WOODS BAGOT

周葆元

执行总监
伍兹贝格（上海）工作室

背景资料
美国建筑师学会会员
美国雪城大学/建筑学硕士学位
美国加利福尼亚大学加州大学欧文分校/理学学士学位

周葆元先生是一位在建筑设计和室内设计领域有着15年丰富工作经验的美国注册建筑师，在业界卓有声望，无论是作为项目的设计师或执掌人，还是在综合管理和工作室拓展方面。作为工作室的负责人，他是上海分公司的高级管理者，分管其绩效、成长、方向和运营管理。

周葆元先生在加入伍兹贝格之前，是美国Gensler设计公司的工作室总监和高管，负责在上海的亚洲总部的发展；以往的执业经历也包括Wilson Associates（威尔逊）中国区的执行总经理，负责区域内的全面发展和项目执行。他在中国境内的时间超过10年，业务领域涵盖各种规模的办公楼、酒店、综合开发、零售商业、总体规划项目的建筑和室内设计以及给众多的国际企业和当地公司提供品牌定位和业务策略顾问服务。此外，他也是一位兼职教授，在清华大学讲授过设计和项目管理的课程。

周葆元先生能够从项目的初始概念到施工阶段全程执行，习惯从全盘思考的模式来处理设计和管理挑战，以确保各类项目的强力执行。

主要作品

上海瑞安创智园办公园区	上海铁狮门办公园区	上海江森自控中国总部
北京王府井希尔顿酒店室内	上海浦东四季酒店室内	南京洲际酒店室内
千岛湖喜来登度假村室内	昆山格兰云天大酒店	上海耐克总部
成都中航广场	广州正大广场	上海美国学校多媒体图书馆

地址：上海市黄浦路99号上海滩国际大厦1001室
电话：021-63565999
传真：021-63259596
网址：www.woodsbagot.com

伍兹贝格是一家世界领先的建筑师事务所，1869年成立于澳洲，在亚洲的业务发展已经迈入第26个年头。

伍兹贝格目前在全球拥有16个事务所，以“一个全球工作室”的理念，横跨亚、欧、北美洲，中东及澳大利亚五大区域，擅长五大设计领域：航空交通、教育医疗、生活方式、体育场馆及办公场所。我们致力于构筑美好的自然及人文环境，倡导“零排放”的绿色环保建筑理念。

在亚洲，伍兹贝格设有北京、香港、上海和新加坡工作室，拥有逾200名员工，并得到北美纽约和旧金山工作室的支持；专注于规划、酒店及度假村、综合体、零售、办公等领域，通过世界五大区域紧密合作，能够为客户提供全球视野的高品质设计方案 。

除了满足业主的商业目标外，我们在设计过程中不断加入了符合当地文化情境的元素。当地悠久的历史和区域的社会崇尚激发了我们的设计灵感，使我们的设计成果得到了升华。

WENLING INTIME 5-STAR HOTEL

温岭银泰五星级酒店

项目业主：温岭银泰购物中心开发有限公司
建筑功能：酒店+酒店式公寓
用地面积：38 443平方米
竣工时间：2015年

项目地点：浙江 温岭
建筑高度：300米
建筑面积：127 169平方米
设计单位：伍兹贝格（上海）工作室

酒店是温岭城市新的整体规划中的焦点。两边被河流环抱，四周皆是美丽的湿地景观和山脉，新的度假酒店将成为充满活力的、令人向往的目的地，从而促进当地经济文化的发展。

除了位于塔楼内的住宅和酒店客房，该项目还包括宴会厅/会议设施以及各式各样的餐饮服务。

设计处处确保高品质的客户体验，包括南方海滨美食体验、步行街、位于塔楼和裙楼的多层中庭空间、屋顶花园、特色俱乐部和位于塔楼最顶层的观景台。

GUANGZHOU FINANCIAL CITY GREENLAND CENTER

广州金融城绿地中心

项目业主：绿地集团
项目地点：广东 广州
建筑功能：零售+办公
建筑高度：180米
用地面积：31 000平方米
建筑面积：85 000平方米
竣工时间：2015年
设计单位：伍兹贝格（上海）工作室

为了区别于周边地块的大量办公和零售项目，广州金融城绿地中心将新的设计方法运用到传统的办公塔楼空间。

1. 高层空中庭院，当中层/低层核心筒关闭时，开放的空间形成一个中庭，将光线带入室内，同时也灵活地连接起楼层和平台花园。

2. 传统办公楼（2 050平方米）。

3. 低层庭院办公楼。此处的中庭位于一个更大的开放式空间内（3 000平方米）。

4. 大型开放式办公楼（4 000平方米）灵活地转换为餐饮区，并与下面的零售裙房相邻。

要求保持高层区2 000平方米的开放式空间，减少中庭区域，增加边上悬挑，从而达到面积的平衡。因此打造了一种新的建筑形式，从而区别于周围的办公塔楼。

3层楼高的零售裙房，在自然通风循环、层叠花园、公共节点以及周围的连接枢纽处均采用绿色设计。

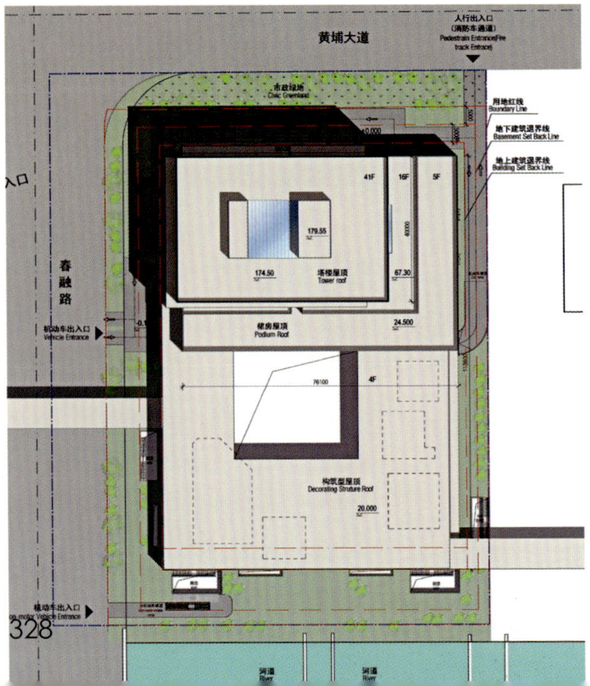

ZHENGZHOU TIANDI RADISSON BLU HOTEL

郑州天地丽笙酒店

项目业主：郑州茂丰置业有限公司
项目地点：河南 郑州
建筑功能：酒店
设计内容：室内设计
建筑面积：34 000平方米
竣工时间：2014年
设计单位：伍兹贝格（上海）工作室

郑州天地丽笙酒店是一座五星级的商务及水疗酒店，它由著名的卡尔森酒店集团管理，在郑州的高星级酒店物业中占有一席之地。

酒店由273间客房组成，同时拥有宴会厅、会议设施、餐饮设施、健身中心以及奢华水疗设施等。

酒店室内设计以现代风格为主，从建筑和室内设计的各处细节都体现出设计内涵与深厚的中原文化在细节和材质上的完美融合。

ARCHITECTS

张凯

华中科技大学/建筑学硕士学位
东南大学/建筑学博士学位
英国UK.LA太平洋远景国际设计机构/大中华区总裁
南京环洋远景建筑规划设计顾问有限公司/董事长
南京泛奥建筑规划设计顾问有限公司/董事长
黑龙江嘉达置业有限公司/董事
宁夏久远置业有限公司/董事、副总经理
杭州当代投资有限公司/董事

个人荣誉
中国房地产协会专家委员会委员　亚洲建筑规划师杰出100强
中国建筑规划设计突出贡献人物　江苏建筑规划十大影响力人物
亚洲建筑规划设计风云人物　法国建筑师协会会员（编号20090618）
中房商协城市规划与建筑设计专业委员会委员

申丽萍

华中科技大学/建筑学硕士学位
东南大学/建筑学博士学位
南京大学——美国康奈尔大学EMBA
英国UK.LA太平洋远景国际设计机构/大中华区董事长
南京环洋远景建筑规划设计顾问有限公司/总经理
南京泛奥建筑规划设计顾问有限公司/总经理
黑龙江嘉达置业有限公司/董事
宁夏久远置业有限公司/董事
杭州当代投资有限公司/董事

个人荣誉
中国房地产协会专家委员会委员　亚洲杰出建筑规划师
法国建筑师协会会员（编号20090619）　中房商协城市规划与建筑设计专业委员会委员
南京市六合区政协委员

英国UK.LA太平洋远景国际设计机构（UK.LA Pacific Long—Range Planning & Developping Design Consult Ltd.）是一家英国专业设计公司，旗下设计机构遍布英国、中国香港和南京、上海、郑州。公司致力于城市与建筑的功能规划和空间设计，业务范围涵盖城市规划、建筑设计、景观设计、建设工程咨询等诸多领域。在设计的各个阶段，公司秉承“专业、创新”的宗旨，不断在设计作品上精益求精，近年来在实践中所展示的创造性能力、先锋的设计理念和不懈的探索精神得到了公众和学术界的广泛认可，为江苏规模最大的境外设计机构之一。

UK.LA的核心优势来源于其独特的多专业、多文化和国际型的主设计师群和设计团队。公司云集了一批不同年龄，具有不同背景经历的设计师，他们带来了创新的设计概念和手法，先进的设计管理经验和各种文化的精华。多种文化的融合和碰撞，形成了UK.LA独树一帜的创作风格，凭借对自然、文化和经济环境的高度责任感和洞察力，UK.LA形成了“适用、和谐、创新、低碳、环保”的创新原则，满足绿色建筑要求，在设计理念和技术手段上不断追求更高的境界，引领时代潮流。

UK.LA的核心优势还来源于对卓越设计的不懈追求和坚韧探索，不论是在总建筑面积550万平方米的乌江新城的规划中，还是在郑东新区意大利格拉姆集团的超高层双塔格拉姆国际中心的建筑设计中，公司都充分分析设计任务中每个要素的重要性和整体性，根本宗旨是实现设计最优化的理念，将城市设计、建筑设计、景观设计、生态设计交汇融合，自始至终将创造性、和谐性和超越性完美统一作为一个完整的卓越的设计提供给客户。

21世纪的中国，社会、经济、城市与建筑等各个方面均发生着巨变，资本、技术和思想领域都进行着前所未有的交流，城市空间和建筑作品必须适应这一潮流，在走向全球化的同时，必须发扬自身文化的特点，发掘本土文化的魅力。UK.LA的团队在结合世界先进理念的同时融入中国本土的建筑元素和语汇，UK.LA公司一直重视与开发商和政府建立和发展伙伴关系，准确把握市场脉搏，在业务不断扩展的过程中以创新的设计和优质的服务，赢得了众多客户的信赖与支持。

地址：南京奥体大街128号奥体名座大厦F座10楼
电话：025-84739678
传真：025-87763798
网址：www.ukladesign.com
电子邮箱：ukla2000@126.com

主要奖项
2011年中国最具创新力设计机构　2010年中国最具业主满意度设计机构
2009年中国最具影响力境外设计机构　2009年国际建筑设计创意企业金奖
2008年中国建筑设计行业十大最具创意品牌机构　2007年亚洲建筑规划设计奥斯卡国际风尚大奖
2007年中国建筑规划设计诚信百强品牌机构　2006年江苏十强诚信品牌设计机构　法国建筑师协会会员单位（编号20090618）

ARCHITECTURAL PLANNING AND DESIGN FOR SEVILLE COAST

塞维亚海岸建筑规划设计

项目业主：海南儋州双联置业有限公司
项目地点：海南 儋州
用地面积：1 010 000平方米
建筑面积：880 000平方米
设计单位：英国UK.LA太平洋远景国际设计机构

规划区位于海南儋州白马井镇，距海口市135千米，西临大海，具有得天独厚的景观优势。地块分为居住板块与度假板块两个独立的功能板块。

高档滨海社区与海上度假区这两个区域通过一条横贯东西的中央景观大道连接为一体，由东向西的序列依次为商业步行街—会所—景观大道—湿地公园—沙滩游乐区—内港游乐区—百米海景酒店。

在整个项目规划建设过程中，我们积极倡导生态节能和低碳环保的设计理念，推广生态技术工程及其应用。力争使本项目成为儋州首席“低碳零排放示范社区”，在进一步保护自然生态环境系统的同时，提升居住品质和舒适度。

RECONSTRUCTION ARCHITECTURE AND PLANNING DESIGN FOR VILLAGE-ZHANGZHUANG VILLAGE, ZHENGZHOU

郑州・张庄城中村改造建筑与规划设计

项目地点：河南 郑州
用地面积：327 500平方米
设计单位：英国UK.LA太平洋远景国际设计机构

项目位于郑州市中心城区的核心位置，北侧和东侧紧临郑州两大城市干道郑汴路和中州大道。用地被多条城市道路分割为若干地块，包括3块商业用地，1块商住综合用地，1块教育用地，1块公共绿地和多块居住用地。

总体定位：郑州中心城区新兴大型城市综合体，国际时尚生活街区。

1. 打造新一代集“吃、住、游，购、娱、休”为一体的综合性时尚商业街区。
2. 打造面向21世纪的生态住区，塑造优美现代、低碳生态、宜人方便的特色社区环境。
3. 把握时代脉搏，通过富有创意的设计，使之成为富有深刻文化内涵，又充满全新的时代气息的现代居住天堂。

LOUIS VUITTON

LOUIS VUITTON
HILTON

HOTEL

GRAMM INTERNATIONAL CENTER, ZHENGZHOU

郑州格拉姆国际中心

项目业主：意大利格拉姆财团 罗马市政府
项目地点：河南 郑州
用地面积：82 000平方米
设计单位：英国UK.LA太平洋远景国际设计机构

郑州格拉姆国际中心是受意大利格拉姆财团和罗马市政府委托，郑州唯一一家外商独资房地产开发企业独立开发的商业地产项目。该项目现为中原第一高楼。

意大利是欧洲文明的摇篮，河南是中国黄河文明的发源地，在我们的设计中，希望通过意大利文化和中国文化的交融与碰撞，建筑语言的融会，塑造现代、高效，具有时代特色，体现中意两国文化的地标性建筑。

建筑造型层层收进，寓意“芝麻开花节节高”，顶部造型宛如钻石般熠熠生辉，成为郑东CBD一颗耀眼的明珠。

该项目登上罗马商报头版，在意大利引起瞩目

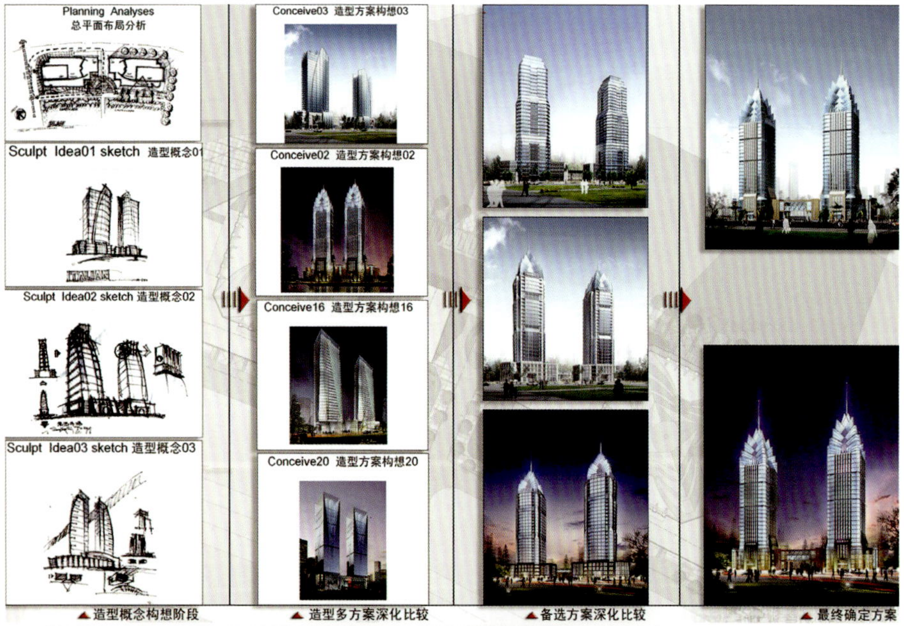

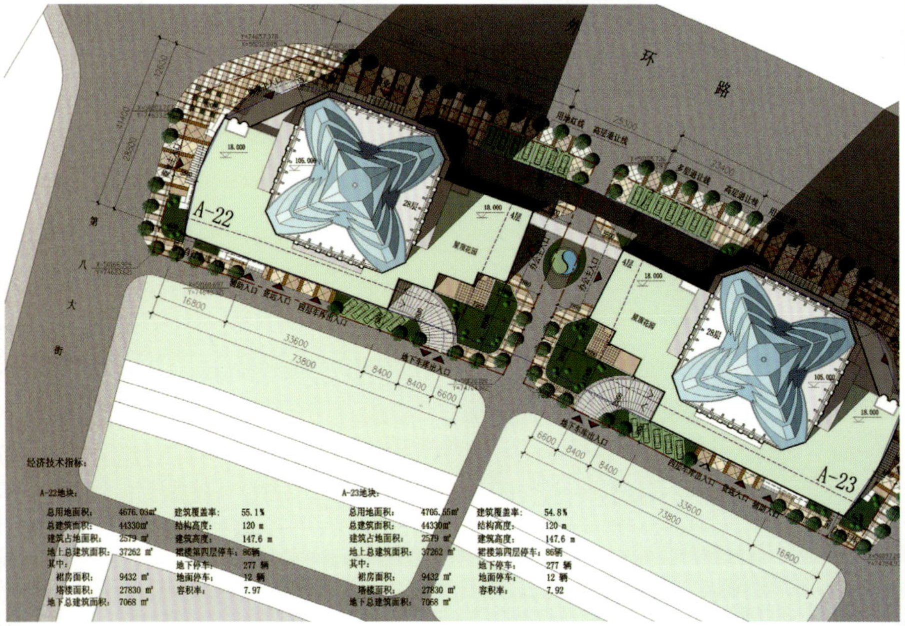

CONCEPTUAL DESIGN FOR QINGHUA · DAXIDI PROJECT, ZHENGZHOU

郑州清华·大溪地项目规划设计

项目地点：河南 郑州
用地面积：2 500 000平方米
设计单位：英国UK.LA太平洋远景国际设计机构

依据该项目性质、规划方针和项目定位对基地进行功能布局，分为休闲娱乐区、配套商业区、康居住宅区等。

整个地块由"龙"形生态轴统领，蜿蜒灵动的绿化生态轴线贯穿基地，同时由多条横向控制轴、纵向控制轴交错构成整个规划结构。地块整体功能分为片状游览区、商业片区以及住宅片区，其中商业片区位于中部，通过商业区沟通旅游片区及住宅区。整个地块则形成了"一心、多轴、多片区、多组团"的规划结构。

整体规划体现具有城市副中心功能，同时拥有集休闲、旅游、度假功能于一体的高档住宅区应有的配套设施，项目关注高档住区内老人、儿童、学生、成人以及外来旅游者等的各类需求。

CONCEPTUAL DESIGN FOR YAOWAN ANCIENT TOWN, XINYI CITY, JIANGSU

江苏新沂市窑湾古镇规划设计

项目业主：新沂市政府
项目地点：江苏 新沂
用地面积：1 000 000平方米
设计单位：英国UK.LA太平洋远景国际设计机构

窑湾古镇是目前苏北地区在京杭大运河滨水古镇中保存最完好的一个。它形成于春秋战国时期，明清时期达到鼎盛。古镇有发达的水系，分别是大运河、后河以及护城河，形成独特的半岛形态。

窑湾古镇滨水景观规划在京杭大运河于2013年接受联合国世界历史文化遗产评估的背景下展开，本次规划中充分考虑了窑湾古镇在京杭大运河遗产中的地位——在保护窑湾特有的“镇有前后河，城在两湖中”的滨水古镇形态的同时，打造中国“苏北第一运河古镇”。

项目的总平面规划，设计了3条水轴、4大功能区、13组景观节点。

景观规划着力打造的窑湾新“十三”景，旨在将窑湾3条河的沿线打造成展示窑湾历史和文化的重要景区，并通过景观步道紧密联系，形成窑湾穿越时空的翡翠项链。

RED SUN RISING SUN CITY, NANJING

南京红太阳旭日上城

项目业主：江苏红太阳集团
项目地点：江苏 南京
用地面积：1 000 000平方米
建筑面积：2 000 000平方米
设计单位：英国UK.LA太平洋远景国际设计机构

项目地处中国东南部交通要地，南京长江大桥北端。依托长三角区域经济强劲发展的大背景，借助“南京市发展长江两岸，建设跨江发展的国际化大都市”的发展战略，将建成一个集购物、度假、旅游、休闲、娱乐、文化于一体的综合性、标志性商业城及一个国际化高档大型居住区。为南京市“跨江发展、两岸齐飞”的重要领航项目。规划中的旭日上城将成为中国乃至全球城市综合开发的一大亮点。

设计构想主要依据基地临水之特征，以中国江南水乡之风貌结合托斯卡纳生态人居之理念，以塑造一个具有住（居住）、游（休闲）、创（文化）之“生活理想国”，提供南京市浦口区一个悠闲的、舒适的、崭新的居住环境。同时依据基地和城市文脉，旭日上城也将成为建筑与公共开放空间相结合的独特典范。

总平面图

旭日上城